普通高等教育"十一五"国家级规划教材
普通高等教育国际经济与贸易专业系列教材

国际商务谈判

第3版

主　编　刘向丽
副主编　崔日明　王厚双
参　编　王韶玲　张　弛　姜　卉
　　　　冯　鸣　魏　馨　肖　鹏

机械工业出版社

本书较为全面地介绍了国际商务谈判的各个阶段、程序及应注意的问题，包括谈判前的准备、谈判的进行以及谈判各个阶段的技巧、谋略等。本书的特色在于理论和实践相结合，大量地借鉴了心理学、行为学等学科的研究成果，并且每章开头都有一段案例导读，可以提高读者学习和阅读的兴趣。

本书可供国际经济与贸易、国际商务专业及经济管理类相关专业师生使用，也可供社会读者自学之用。

图书在版编目（CIP）数据

国际商务谈判/刘向丽主编．—3版．—北京：机械工业出版社，2020.5（2024.8 重印）

普通高等教育"十一五"国家级规划教材　普通高等教育国际经济与贸易专业系列教材

ISBN 978-7-111-65058-4

Ⅰ.①国… Ⅱ.①刘… Ⅲ.①国际商务-商务谈判-高等学校-教材 Ⅳ.①F740.41

中国版本图书馆 CIP 数据核字（2020）第 041374 号

机械工业出版社（北京市百万庄大街 22 号　邮政编码 100037）
策划编辑：常爱艳　　　　　责任编辑：常爱艳　商红云
责任校对：张莎莎　陈　越　封面设计：鞠　杨
责任印制：邓　博
北京盛通数码印刷有限公司印刷
2024 年 8 月第 3 版第 6 次印刷
184mm×260mm・15.25 印张・378 千字
标准书号：ISBN 978-7-111-65058-4
定价：45.80 元

电话服务　　　　　　　　　网络服务
客服电话：010-88361066　　机　工　官　网：www.cmpbook.com
　　　　　010-88379833　　机　工　官　博：weibo.com/cmp1952
　　　　　010-68326294　　金　书　网：www.golden-book.com
封底无防伪标均为盗版　　　机工教育服务网：www.cmpedu.com

前言

改革开放四十多年以来，对外贸易对我国经济增长、结构调整、拉动就业等做出了较为突出的贡献，我国已经成为世界瞩目的贸易大国，正以矫健的步伐向贸易强国迈进。当今世界，正处于百年未有之大变局中，全球化和区域经济一体化遇到不小的挑战，国际经济秩序、国际经贸规则面临深度调整，国际贸易发展的不确定性增大，全球价值链分工体系重新分化整合的进程正在加速。面对新的机遇和挑战，我国正在实施更大范围、更宽领域、更深层次的全面开放，拓展对外贸易多元化，健全促进对外投资政策和服务体系，加快自由贸易试验区、自由贸易港等对外开放高地建设，完善涉外经贸法律和规则体系。新形势、新政策、新举措下，国际贸易理论基础扎实、掌握国际经济与贸易法律法规和国际惯例、熟悉国际贸易业务内容和业务流程、熟练掌握国际商务谈判技巧的人才将是未来一段时间我国对外贸易发展的重要依托。为了适应人才培养的新需要，我们对第2版教材进行了修订。

本书较为全面地介绍了国际商务谈判的基本理论、我国对外商务谈判面临的新环境、国际商务谈判的准备、国际商务谈判各阶段策略、国际商务谈判技巧和谋略、国际商务谈判僵局的产生原因及处理、各国商人的谈判风格等。本书的特色在于理论和实践相结合，以实践为主。本次修订对每章开头的案例导读都进行了修改，既契合了时代需要，又可以提高读者的学习兴趣。

本书既可供国际经济与贸易、国际商务及经济管理类相关专业的本科生和研究生使用，也可供各类从事国际商务研究和实践的人员自学使用。

本书分工如下：刘向丽担任主编，崔日明和王厚双担任副主编。刘向丽修订第一、二、七、八章，魏馨修订第三章，肖鹏修订第四章，冯鸣修订第五章，姜卉修订第六章，王厚双修订第九章，王韶玲修订第十章，崔日明修订第十一章，张弛修订第十二章。

本书是在借鉴众多专家、学者和实际工作人员研究成果的基础上修订完成的，在此表示衷心感谢。同时，由于知识水平的限制，再加上时间仓促，本书还存在着不少不足乃至疏漏之处，全体编写者希望得到各界有识之士的批评指正。

为使用本书作为教材的授课教师提供免费的教学 PPT 课件、教学大纲、课后习题答案，请联系本书的责任编辑常爱艳索取：changay@126.com。

编　者

目 录 CONTENTS

前 言

第一章　国际商务谈判导论 ……………… 1
　【案例导读】 ………………………………… 1
　第一节　国际商务谈判概述 ……………… 2
　第二节　国际商务谈判的类型及其
　　　　　特点 …………………………………… 4
　第三节　我国对外商务谈判的基本
　　　　　原则 ………………………………… 14
　复习思考题 …………………………………… 16

第二章　国际商务谈判的基本理论 ……… 17
　【案例导读】 ………………………………… 17
　第一节　结构理论及其在国际商务
　　　　　谈判中的应用 …………………… 18
　第二节　需求理论及其在国际商务
　　　　　谈判中的应用 …………………… 21
　第三节　行为学理论及其在国际商
　　　　　务谈判中的应用 ………………… 25
　第四节　心理学理论及其在国际商
　　　　　务谈判中的应用 ………………… 27
　第五节　博弈论及其在国际商务谈
　　　　　判中的应用 ……………………… 30
　复习思考题 …………………………………… 34

**第三章　我国国际商务谈判的环境及其
　　　　　变化** ………………………………… 35
　【案例导读】 ………………………………… 35
　第一节　国际商务环境的周期性
　　　　　变化 ………………………………… 37
　第二节　国际贸易保护措施的变迁 … 44

　第三节　"一带一路"倡议及其
　　　　　主要领域和进展 ………………… 46
　复习思考题 …………………………………… 53

**第四章　国际商务谈判的人员构成和
　　　　　素质要求** ………………………… 54
　【案例导读】 ………………………………… 54
　第一节　国际商务谈判的人员
　　　　　构成 ………………………………… 57
　第二节　国际商务谈判人员的素质
　　　　　要求 ………………………………… 60
　第三节　谈判人员的培养和管理及
　　　　　谈判小组的禁忌 ………………… 63
　复习思考题 …………………………………… 66

**第五章　谈判背景因素的分析和信息
　　　　　收集** ………………………………… 67
　【案例导读】 ………………………………… 67
　第一节　背景因素的分析 ………………… 68
　第二节　谈判信息的收集 ………………… 74
　第三节　谈判双方工作关系的
　　　　　建立 ………………………………… 82
　复习思考题 …………………………………… 84

第六章　谈判方案的制订 ………………… 85
　【案例导读】 ………………………………… 85
　第一节　确定谈判的主题、目标、
　　　　　议程和地点 ……………………… 86
　第二节　确定谈判中各项主要交易
　　　　　条件的最低可接受限度 …… 91
　第三节　模拟谈判 ………………………… 93

第四节　谈判方案制订及修改的注意事项 …… 95
　　复习思考题 …… 96

第七章　国际商务谈判各阶段的策略 …… 97
　　【案例导读】 …… 97
　　第一节　开局阶段的策略 …… 99
　　第二节　报价阶段的策略 …… 102
　　第三节　讨价还价阶段的策略 …… 113
　　第四节　成交阶段的策略 …… 122
　　第五节　合同的签订及变更的策略 …… 124
　　第六节　谈判经验与教训的总结 …… 128
　　复习思考题 …… 129

第八章　国际商务谈判的语言和非语言沟通技巧 …… 130
　　【案例导读】 …… 130
　　第一节　国际商务谈判的语言特征 …… 131
　　第二节　国际商务谈判的语言沟通技巧 …… 133
　　第三节　国际商务谈判的非语言沟通技巧 …… 146
　　复习思考题 …… 158

第九章　国际商务谈判谋略 …… 159
　　【案例导读】 …… 159
　　第一节　国际商务谈判心理谋略 …… 161
　　第二节　国际商务谈判人员谋略 …… 166
　　第三节　国际商务谈判行为谋略 …… 171
　　复习思考题 …… 181

第十章　国际商务谈判僵局的产生原因及处理 …… 182
　　【案例导读】 …… 182
　　第一节　国际商务谈判僵局的产生原因 …… 183
　　第二节　国际商务谈判僵局的处理 …… 190
　　复习思考题 …… 198

第十一章　国际商务谈判礼仪 …… 199
　　【案例导读】 …… 199
　　第一节　谈判中的礼仪 …… 200
　　第二节　日常交往中的礼仪 …… 207
　　复习思考题 …… 211

第十二章　世界各国贸易谈判机制与商人的谈判风格 …… 212
　　【案例导读】 …… 212
　　第一节　我国主要贸易对象的贸易决策和谈判机制 …… 213
　　第二节　世界各国商人的谈判风格 …… 222
　　复习思考题 …… 236

参考文献 …… 237

第一章

国际商务谈判导论

【案例导读】

　　WF公司成立于1992年，位于大连市金普新区，是一家主要从事仓储叉车加工制造以及进出口贸易的公司。公司成立以来，利用大连在国际贸易中的港口优势及所在省份装备制造业底蕴较为雄厚的优势，不断发展生产、拓展业务渠道，增强与东南亚、非洲、中东欧的业务往来，扩大出口。

　　WF公司的生产企业主要加工生产各种电动叉车及配件等。作为面向全球的仓储叉车生产和销售企业，公司主要研发、设计、制造和销售适合于目标市场国家的各类仓储物流叉车。

　　公司下属的叉车生产企业，拥有700多名员工，各种较为先进的生产线以及检测设备。公司还设有研发部门，拥有中高级技术职称的科技人员30余人，在叉车设计选型、改造、蓄电池研发等方面具有一定的实力。公司生产三大类型16个系列的电动叉车和无人叉车。

　　WF公司生产的叉车广泛应用于物流中心、仓储物流企业、批发和零售企业、配送中心等诸多领域。产品轻便、环保，远销到世界很多国家和地区。

　　为了更好地融入"一带一路"倡议，扩大产品的销售区域，公司决定积极开拓南美市场。为了寻找到合适的客户，公司决定先参加一个具有国际影响力的展览会并提前做了认真准备。与叉车相关的展会和交易会类型较多，有综合型的也有专业型的，有大型的也有中小型的。WF公司结合自身的实际情况认为，虽然每年两届的广交会是国内最大的国际展览会，但高达十几万元或几十万元的参展费用加大了交易成本。一些规模不大的展会又难以吸引海外客商，效果不尽如人意。经慎重比较，公司选择参加专业性的展览会，这类展会的客户相对比较集中和专业，收费也比较合理。在同一年度相继举办的中国（广州）国际物流装备与技术展览会、郑州国际物流展、中国（山东）国际物流产业博览会中，公司决定参加广州的国际物流装备与技术展览会。在展位的位置方面，选择了距离卫生间较近的展位，因为大多数客户参展期间都会从此地路过，客流量较大。同时，公司将自己的拳头产品摆在客户第一眼即能看到的位置，并贴出大幅宣传喷绘画，配上灯光效果，让客户很远就能看到。公司还专门聘请了精通西班牙语和葡萄牙语的两位翻译，并提前将产品资料交给他们做准备。

　　公司为国际商务谈判所做的准备工作效果良好。在广州举办的国际物流装备与技术展览会上，公司展出的叉车产品受到了巴西客户S公司的关注。经过交流后，S公司表达了进一步沟通的意向，WF公司决定专门邀请对方到中国来进行国际商务谈判。

　　经双方配合和准备，一个半月后，S公司谈判代表一行三人来到中国大连进行谈判，WF公司为此次国际商务谈判做了精心的准备。为了营造一个良好的氛围，WF公司先邀请S公司谈判代表参观了省内周边的旅游景点，品尝了具有地方特色的美食。第二天晚上，S

公司谈判代表提出尽快开始正式谈判。

谈判开始后，WF公司首先展示了生产的各类叉车及蓄电池产品，产品外形、规格、功能等方面都可以满足巴西进口商的要求，双方很快达成一致意见。但是，在WF公司报价后，双方发生了分歧，对方觉得价格太高。WF公司坚持叉车的最低价格为6300美元/台，S公司谈判代表却坚持5900美元/台，不肯做出让步。S公司谈判代表之所以坚持这个低报价，是其认为WF公司产品的知名度不高，对产品品质和售后服务心中没底，且由于运输的路途非常遥远，运输费用和风险大。之后，WF公司和S公司谈判代表一直就价格问题进行磋商，谈了三天也未能取得进展。不过，在双方的谈判过程中，S公司谈判代表发现，WF公司对货款支付的安全问题非常重视，对南美国家进口商的商誉信心不足。为此，巴西谈判代表建议，如果WF公司接受S公司的报价，则S公司可以在签订合同后先支付30%的履约保证金，收到货物后，按照信用证支付的方式支付65%的货款，而将尾款保证金比例降低到5%。这一提议，十分符合WF公司的要求，双方终于签订了合同。

随着经济全球化的不断发展和我国市场经济体制的逐步完善，我国正由贸易大国向贸易强国迈进。与此同时，由于国际贸易的竞争越来越激烈，了解和掌握国际商务谈判知识也越来越重要。一个公司的成败，不仅取决于其技术水平、产品质量、产品价格，在很大程度上还取决于谈判人员的能力。实践证明，谈判是进行对外经济贸易活动的一个极其重要的环节，交易中涉及的品质、数量、价格、支付等所有交易条件都通过谈判予以确定。也就是说，买卖双方在一笔交易中的权利及义务将通过谈判确定下来，双方在这方面签署的协议具有法律的约束力，不得轻易改变。所以，谈判的结果如何，直接关系到国家的宏观利益和一个企业的微观利益。深谙商务谈判的奥秘，游刃有余于其中者，往往能在谈笑间获取可观的经济利益；不谙此道者，往往会精疲力竭、无所适从。因此，对于已经和即将从事国际贸易业务的公司、个人来说，学习国际商务谈判知识具有非常重要的现实意义。

第一节 国际商务谈判概述

一、国际商务谈判在国际贸易业务流程中的位置

国际商务谈判是一门实践性较强的学科，是国际贸易业务流程中非常重要的一个环节。

具体地说，一笔完整的国际贸易业务包括交易准备阶段、签约阶段、履约阶段。如果出现争议，还会增加违约处理阶段。其中，交易准备阶段的工作主要包括确定交易的货物和货源、市场调查、寻找交易对象和建立客户网络、交易对象资信调查。签约阶段的工作主要包括交易磋商和签订书面合同。在履约阶段，卖方应按合同或信用证的规定，按期、按质交货并收取货款；买方则要履行付款义务并收取货物。违约处理阶段是或有阶段。

国际商务谈判在整个业务流程中处于交易准备阶段的后半段和签约阶段的前半段，即从交易对象的确定到资信调查开始，重点研究交易磋商阶段，最后以签约结束。总的来看，国际贸易业务的各个阶段有机联系、相辅相成，前一阶段的工作是后一阶段工作的铺垫和基础。前一阶段的工作完成充分，会使后一阶段的工作完成得更加顺畅。所以，研究国际商务谈判，不仅要关注谈判过程本身，还要树立相互联系、相互依赖的观念，综观整个业务过程的全局，保持清醒的头脑，不但要完成好本阶段的工作，而且要为下一阶段的履约工作打下

良好的基础。

二、国际商务谈判的概念和特点

（一）谈判的含义、产生与发展

什么是谈判？一般来说，谈判是人们为了协调彼此之间的关系，满足各自的需要，通过协商而争取达到意见一致的行为和过程。美国谈判学会会长、著名律师杰德勒·尼尔伦伯格在其《谈判的艺术》一书中写道："谈判的定义最为简单，而涉及的范围却最为广泛，每一个要求满足的愿望和每一项寻求满足的需要，至少都是诱发人们展开谈判过程的潜在原因。只要人们为了改变相互之间的关系而交换观点，只要人们为了取得一致而磋商协议，他们就是在进行谈判……可以把谈判看作是人类行为的一个组成部分，人类的谈判史同人类的文明史同样长久。"哈佛大学教授约克·肯曾经说过："生存，就是与社会、自然进行的一场长期谈判，获取你自己的利益，得到你应有的最大利益，这就看你怎么把它说出来，看你怎样说服对方了。"可以说，只要人类之间有交往，就会有谈判。随着国际分工和专业化的发展，协调和谈判在维持人类合作中所起的作用将会越来越大。

人类为什么要谈判呢？从本质上说，是因为参与谈判的各方都有自己的需要，或者是自己所代表的某个组织有某种需要，而一方需要的满足有可能会涉及和影响他方需要的满足，在谈判中任何一方都不能无视他方的需要。因此，参加谈判的双方就不能仅仅以只追求自己的需要为出发点，而是应该通过交换观点进行磋商，共同寻找使双方都能接受的方案。

谈判的历史可能和人类的文明史一样长久。早在原始社会末期，随着生产力的发展，出现了私有财产，并出现了偶然的、简单的商品交换。当一个原始社会的人牵着一头牛与另一个人交换鸡蛋时，双方就要通过讨价还价才能确定两种商品的交换比率，即一头牛换多少个鸡蛋。到了奴隶社会和封建社会，随着私有制的确立和私有财产的增多，交换的商品种类和地理范围逐渐扩大，各奴隶制国家之间的交换当然也少不了谈判。当然，由于奴隶社会和封建社会属于自给自足的自然经济，商品交换在社会发展中所起的作用还比较有限。

尽管谈判的历史非常悠久，但一直没有形成一门系统的学科，谈判的知识只是作为国际贸易实务的一个组成部分而存在。直到1968年，美国谈判学会会长杰德勒·尼尔伦伯格写了《谈判的艺术》一书，从而使谈判学成为一门独立的学科。此书出版以后被翻译成多个国家的文字，得到了非常广泛的传播，各国学者以此为基础纷纷开创了适合本国国情的谈判理论和实务体系。

在分析了什么是谈判、为什么要谈判以及谈判的简史之后，接下来有必要对商务谈判做一简单说明。

（二）商务谈判的概念

谈判的种类很多，有外交、政治、军事、经济谈判等。商务谈判是经济谈判的一种，是指不同利益群体或个体之间，以经济利益为目的，就双方的商务往来关系而进行的谈判，一般包括货物买卖、工程承包、技术转让、融资等的谈判。

（三）国际商务谈判的概念

国际商务谈判是国际商务活动中不同的利益主体，为了达成某笔交易，就交易的各项条件进行协商的过程。谈判中，利益主体的一方通常是外国的政府、企业或公民；另一方是我国的政府、企业或公民。国际商务谈判是对外经济贸易工作中不可或缺的重要环节。在现代国际经济活动中，许多交易都要经过艰难、烦琐的谈判，尽管有不少人认为交易的商品是否优质、技术是否先进或价格是否低廉决定了谈判的成败，但事实上交易的成败往往在一定程度上取决于谈判的成功与否。对谈判的作用应客观地对待，既不能夸大，也不能贬低。

例如，发展中国家与发达国家谈判建立一个合资企业，由发展中国家提供生产场地，发达国家提供先进技术。兴办这样一个合资企业，发达国家的目的和需要可能是：利用技术上的优势，通过设立合资企业，绕过直接贸易的障碍，开拓发展中国家广阔的市场或扩大原有市场份额，以获得长期丰厚的利润。而发展中国家的目的和需要可能是：利用先进技术，提高本国的生产率，积极争取扩大出口，开拓国际市场，并带动国内经济的整体健康发展。显然，双方的目的和需要是既统一又矛盾的。其统一性表现在：如果双方都要达到各自的目的，就必须通过建立合资企业才能实现。其矛盾性表现在：发达国家提供技术的目的，是要开拓市场和获取利润；发展中国家的目的是吸收外国先进技术来提高国内的技术水平，积极发展出口，而不是单纯让出国内市场。总之，没有市场，拥有先进技术的发达国家就不感兴趣；同样，没有先进技术，发展中国家也难以接受。对发展中国家来讲，是以市场换技术，而发达国家则是以技术换市场。这是双方既统一又矛盾的利益关系。双方就是带着这种既统一又矛盾的需要和目的来参加谈判的。通过谈判，寻找双方都能接受的方案，使矛盾在一定条件下缩小，最后获取对双方都有利的结果。

（四）国际商务谈判的特点

国际商务谈判既具有一般贸易洽谈的共性，又具有对外经济贸易谈判的特殊性。

共性体现在以下两点：一是国际商务谈判的目的集中而鲜明地指向经济利益。二是几乎在所有的国际商务谈判中价格都是谈判的核心内容，占据最显赫、最重要的地位。

特殊性体现为三点：首先，国际商务谈判既是一笔交易的商洽，也是一项涉外活动，具有较强的政策性。其次，国际商务谈判商讨的是两国或两个地区的企业之间的商务关系，因此，应按国际惯例办事。最后，由于国际商务谈判涉及面很广，因此，对从事外贸商务谈判的人员在专业知识方面提出了更高的要求。

总的来说，国际商务谈判集理论性、政策性、知识性、艺术性于一体。从理论上看，国际商务谈判综合性强，涉及经济学、市场学、营销学、管理学、心理学、行为学、语言学、人类学等多种学科的内容，运用了多种学科的基础知识和科研成果。从实践上看，国际商务谈判讲求实用，重在解决实际问题。它既有规律性和原则性，又有灵活性和创造性。

第二节　国际商务谈判的类型及其特点

国际商务谈判可以按目标、交易地位、所属部门、谈判地点和谈判标的等不同的标准分成不同的类型。

一、按目标分类

（一）不求结果的谈判

不求结果的谈判主要表现为一般性会见、技术性交流、封门性会谈。从这三种表现形式看，有不求结果的情况，也有准备未来结果的情况。

1. 一般性会见

一般性会见是谈判的初级阶段或是准备阶段。会见可以是高级的，也可以是中低级的；可在行政人员之间进行，也可在技术人员之间进行。在与高级行政人员会见时，旨在确定方向性或可能性，气氛热情友好，注意培养友谊和连续性。与中低级行政人员的会见，则具有较强的探询性与表述性，要注意礼貌，并力争会见对方高级领导，以求得到更多的信息。与技术人员的会见，则应较注重商品的性能，或者介绍自己商品的优点，要注重第一印象，时间上要视对方方便。无论与什么类型的人员会见，均应重视信息的传递，努力创造具有吸引力的形象。

2. 技术性交流

这是交易的前奏。它的表现形式也较丰富，如报告会、讨论会、演示或展示等。不管其表现形式如何，其共同特点是：①广告性强，即大力宣扬自己的商品在质量、性能方面的优越之处；②审视性强，对交易方的技术能力充分地提问或讨论。若不是合作性技术交流，而是盈利性、交易性的技术交流，必然具有保守性，技术人员的技术解释与介绍、要听从领导的意见，保守技术秘密，隐藏商品缺陷。

3. 封门性会谈

无论是主动约请还是应约会谈，只要是想封门，即堵死某项交易的可能性，或了结正在进行中的谈判，它就具有一个明显的特点，即"外交上的委婉性"，找出各种貌似客观、合理的理由和条件，若对方达不到这样的要求，就只能知难而退。另一特征是开"远期空头支票"。为了不伤害与对方的友谊，谈判人在封门时，常常做远期、有条件的许诺，使对手可望不可及，可气不可恼。若是封谈判中的某项交易的门，还会伴有"卸责陈述"，即要罗列、分析不能继续谈判的责任在对方，以减缓对方情绪上的压力；甚至在自我批评时，仍会转嫁到与己无关的客观原因上，做到有错而无过，"请见谅了"，而溜之大吉。优秀的谈判者，从不在封门的尴尬的谈判中刺激对方的情绪。

【案例分析】

1985年，某国的工业贸易代表团来我国谈判，该国大使事先找到了我国有关领导，要求促成贸易合作。有关领导指示，在可能的前提下，尽量与对方达成协议。

谈判的主要项目之一是对方要向我国出口矿山设备，但对方的矿产设备比不上先进国家的水平，而且要价高。中方谈判代表认为，如果按对方的要求达成协议，中方的损失太大了，谁也承担不起；而考虑到两国之间的关系，又不便直截了当地拒绝对方的要求，非常为难。

在冥想苦思之后，中方主谈想出了一个好办法。经过周密研究，中方提出一项新提案，要求对方拿出一台矿山设备，到我国北方某严寒地区的矿山进行一定时间的试验。如果在-40℃的严寒中，设备工作性能可靠，我方就可以留购，并批量购买。至于不能经受-40℃严寒的考验的结果，那就不必多说了。

对方谈判代表表示他们要回去研究研究。两个月后，对方答复说，他们的这些设备虽然经过了工业试验和一定时间的使用，但他们国家的最低温度只有-20℃，要适应我国-40℃的工作条件，目前在技术上还有一定的困难。所以，对方放弃了向我国出口矿山设备的要求。

在这个实例中，由于双方政治上的关系密切，对对方提出的贸易要求，中方无法接受，但又无法直截了当地拒绝。中方代表巧妙地运用客观条件和事实，提出一个对方无法实现的条件，对方只好知难而退，主动放弃原先的谈判要求和目标。

封了谈判的门、拒绝了别人，又让对方不发火，这就是委婉推脱的威力所在。

（二）意向书与协议书的谈判

为了明确双方交易的愿望，保持谈判的连续性、交易的可靠性，谈判双方提出签订意向书或协议书的要求。这可能是一场谈判的目标，也可能是结果。这两种文件有共同的特点，也有微小的差别。

从法律的角度来讲，这两种文件作为初步谈判结果的记录时，具有同样的效果：起到总结与展望的作用，但无约束力。但如果文件中包括了明确的许诺，即对合作或交易标的、价格条件、实施期限比较具体地予以了规定时，文件就具有契约性，且具有约束力。协议书更具有两重性。是意向书、备忘录或准合同，还是合同，主要取决于写法。

从谈判的角度来讲，只要不涉及交易细节——合同要件，一般谈判气氛都较轻松、态度坦诚，地位平等，不以优势压人。但如果谈判内容已知，即为预定项目的一部分时，这种文件的谈判不是以"结果"的形式，而是以"目标"的形式出现，谈判气氛就会变得紧张甚至针锋相对，双方均为以后的谈判留余地。

不过，应注意的是，协议书有时亦具有契约的法律约束力，关键在于内容。有时谈判双方以达成协议为目标进行谈判，一旦达成协议并在协议书上签字，该协议书对日后双方就会有一定的法律约束。这时双方要慎重对待谈判，达成协议的内容要求准确无误。

（三）准合同与合同的谈判

准合同是带有先决条件的合同。该先决条件是指决定合同要件成立的条件，如许可证落实问题、外汇筹集、待律师审查或者待最终正式文本的打印、正式签字（相对草签而言）等。合同的谈判，是为实现某项交易并使之达成契约的谈判。所谓合同，即应具有最基本的要件，包括商品特性、价格、交货期。倘若不是商品买卖，那么广而概之，可理解成标的、费用、期限。一旦就这几个要件达成协议，合同的谈判也就基本结束了。

准合同与合同在形式上无根本区别，内容格式均一样，只是有时有草本或正式本之别。但二者在法律上有根本的区别。准合同可以在先决条件丧失时自动失效，而无须承担任何损失责任；而合同则必须执行，否则构成违约。因为这二者均是在诚意交易下所进行的谈判，所以从谈判的角度讲，二者无本质区别，所表现的谈判特征也相似。其特点如下：

1. 谈判直奔目标

双方谈判人员就上级或自己多次慎重考虑以后选定的交易目标进行谈判，因此会谈的议题十分明确。有经验的谈判人员，事先知道应做什么或不应做什么，从哪儿谈起，彼此也会相互关照，共同努力。

2. 谈判争议力强

商务交易是以利益贯穿其中，更何况商业的主旨就是获利。所以在合同的谈判中，必然要围绕责任与义务、给予与收益、风险与利益之类的问题争论。

3. 谈判手法多变

因为合同的谈判是围绕"权利与义务""利益与风险"等具体利益问题进行，双方均十分敏感。整个谈判过程虽说是在"诚实光明"的旗帜下进行，但双方人员绝不会简单从事，他们会采取各种攻防措施，如"攻心战""强攻战""蚕食战"等谈判中的谋略，来赢得尽可能多的利益。

4. 多以"批准"手续为回旋

在合同类的谈判中，除了商品简单或交易涉及面窄外，多在谈判结束时明确留有"申请批准"的余地。尤其是复杂的、大型的交易，即便谈判人地位较高，也常留此条件作为保护手段。当时间紧迫、谈判人地位较低时更用此"法宝"以防大意失误。

（四）索赔谈判

索赔谈判，是在合同义务不能或未能完全履行时，合同当事人双方进行的谈判。在众多的合同履行中，因种种原因违约或部分违约的事件屡见不鲜，因此，就给商务谈判形成了一种特定的谈判——索赔谈判。无论是数量、质量、期限、支付，还是生产、运输等方面的索赔谈判，均有以下特点：

1. 重合同

违约是相对于守约而言的，违与守均以"约"即合同为依据。合同是判定违约与否的基础条件。

2. 重证据

违约与否除了依照合同判定外，许多时候需要提供相应的证据来使索赔成立。质量问题需要技术鉴定证书；数量问题需要商检的记录；索赔问题需要电传、传真、信件、照片等证据。当然，索赔情况多种多样，所需证据难以一一罗列。

3. 重时效

不论是什么商品或什么服务或合作项目，索赔的权利均不是无限期的。出于公平、安全或减少风险的目的，交易双方在合同谈判时均订有有效索赔期。任何索赔都要在有效期内提出，过期则不负责任。展开索赔谈判之前，要检查合同的有关保证与索赔权限的规定，以确定该索赔谈判的必要性。

4. 重关系

索赔总不是一件令人愉快的事，谈判双方均处在问题的两端，十分难受。所以在谈判时，关系的影响也不可忽视。这里的关系表现为两种情况：签约人的关系及索赔后的关系。签约人之间互相理解，且在过去的交易中具有信誉，那么偶尔发生的索赔事件相对易于处理。

二、按交易地位分类

（一）买方地位的谈判

买方是指一切求购商品、服务、技术的一方。买方在国际商务谈判中的主要特点是：

1. 情报性强

但凡买主采购的谈判，首先要搜集大量技术水平与市场价格的情报，以确定自己的谈判目标。这种搜集情报的工作主要反映在谈判的准备阶段、开始阶段，甚至贯穿整个过程中。

2. 压价狠

买方在谈判中没有不压对方价格的，即使是老商品、老客户，买方也会以"新形势下""新的时代"或"新的用途"等词语来压倒相异点，追求更优惠的价格。若是初次交易就更难了。这个特点既普通，又为人习惯。

3. 度势压人

因为买方不想或不愿轻易掏钱，谈判中总会通过度量双方的地位强弱，来调整自己谈判的态度和压力的强度。人们常说："买主是皇帝"，从市场销售的角度来讲，也总是"顾客第一"。尤其是当市场上有多个供货渠道时，买方更会"品头论足"，施加压力。倘若面对市场短缺或卖方垄断的商品，买方也偶尔会"称臣"。所以，"度势"要根据自己的所处地位。给对手施压使其降价的事屡见不鲜，可谓买方谈判的鲜明特征。

（二）卖方地位的谈判

卖方是指所有提供商品、服务、技术的一方，卖方在国际商务谈判中的主要特点是：

1. 虚实相映

在谈判时，诚恳与强硬（态度诚实、交易心切与持价软中带硬的两种表现）态度并用；介绍的情况真真假假，似明若暗（为了拉住对方，介绍些真实情况，可又掺着水分，让人说不清其实际价值）。

2. 紧疏结合

为了应付买方谈判者的重压，卖方的谈判常表现为一时"紧锣密鼓"，似急于求成，一时又"偃旗息鼓"，但又留下"再见的可能"，待观察一阵买方动静后，再恢复谈判。采取这种形式，对卖方来讲，可以加强谈判地位，也有利于考虑各种方案或结果的细节。紧疏结合作为一种形式，常常被卖方谈判者采纳，自然也形成了他们自身参加谈判的必然特色。

3. 主动性强

由于卖方总是高度关注公司的市场占有率、收益率、投资回收率等问题，所以谈判的主动性较强。日本出口商出口谈判主动性极强，自不待言。美国人为推销其电话交换机，派大型专家团进行技术交流，派高级职员进行上层活动，构成一幅主动性极强的卖方谈判图。

（三）代理地位的谈判

代理谈判，是指受人委托参与某项交易或合作的谈判。代理有两种情况：一种是只有谈判权而无签约权，另一种是全权代理。两者在谈判中有相同点，也有不同点。

1. 相同点

（1）姿态超脱。因为是代理，财产不是自己私有的，谈判中较为超脱、"客观"。代理谈判人常用的一种策略是"貌似公允"，以迷惑、说服对手，常以"第三方身份"来评论买卖双方条件。

（2）谈判权限观念强。代理人的谈判十分注重自己的授权范围。因为代理人不是交易的主人，一旦超过授权范围而应允什么，今后合同也无法兑现，他也负不起责任。所以绝大多数有见识的代理人，总是谨慎地、准确地在委托范围内行事。

（3）态度积极。由于代理人地位居中，是受某一方委托，不是物主，客观上决定了其态度进取、积极。因为若代理人不采取进取、积极的态度，就不可能让委托人产生信心，从而给予他更大的谈判余地，也不可能让对方感到他的实力地位（至少心理上感觉）和易于接近的态度。

2. 不同点

二者最根本的区别是谈判目标不同。有签约权的代理人谈判，目标是成交签字。无签约权的代理人谈判，目标则是仅到成交为止。由于两者谈判的能动性和冲击力不同，谈判中要采取不同的谈判策略。

（四）合作者地位的谈判

合作者是指经济活动中的各方，愿以人力、管理、技术、资金协作来完成某个共同制定的目标，并按其协作的分量，分享实现预定的目标所带来的利益。这种谈判的特点是：

1. 共同语言多

由于合作双方均是因为"有心而无力"的形势所迫才寻求伙伴，自然就具有共同语言。为了把对方拉住，不可能一开始就咄咄逼人，必然要以甜言蜜语来劝说对方。游说的吸引力是主动的，虽不能说是"花言巧语"，但对抗性的确很小，无论从立场到用语，都是和平友好的，气氛是和谐的，双方会充分肯定共同之处的分量与价值。

2. 谈判面广而深

合作者谈判首先注意的是合作目标的可行性。为研究可行性，合作方的谈判人员"几乎"（说几乎，是因为双方在信息中仍会有保留）坐在"一条板凳上"，分析、研究双方专家提出的政策、经济、能源、地理文化、劳动力、资源、市场等方面的文件和资料。但要去伪存真，要归纳运用各种数据，最终得出盈利性的结论也并非易事。

3. 谈判直接性强

合作者谈判的中间环节不宜多。中间环节过多会带来许多问题：一是不容易直接了解合作对方的意图；二是合作复杂程度高，中间环节会破坏对合作的直接控制权；三是会在实际经营中加大费用支出，进而影响效益。在合作者的谈判中，双方可以带顾问、律师，但不要带代理人。

三、按所属部门分类

（一）民间谈判

民间谈判是指参加谈判的代表所属企业为私营企业，是企业本身的业务活动而不涉及政府活动，交易的内容纯属两个或多个私营企业的经济利益的谈判。民间谈判的特点如下：

1. 灵活性强

由于私营企业是老板当家，谈判中的条件可以很快由个人做出，而不必经过许多程序，因此谈判的灵活性较大。如果是技术条件，由于涉及的是企业利益问题，因此，企业做出技术保证完全是独立的，不必请示政府。尤其价格条件关键在于企业的盈利目标或支付水平，由企业代表决定即可。

2. 重私交

在谈判中，注重企业之间、领导人或谈判人之间的私交。关系深时则交易成功的可能性大；反之则小。例如，私营企业的领导在决策时常说"若是某先生这么说，那我们就采纳"，或者说"只要是您在负责谈交易，我们一定努力配合"等，就反映了私交对决策的影响。

3. 计较多

私营企业以生存为大，而生存在于利益，所以在民间谈判中经济利益是第一位的，难免斤斤计较。例如某个项目民间代表正在谈判，由于项目本身涉及政府的某项政策，政府代表传话要求企业成功交易，而企业的回答是："我可以成交，但按目前条件我要亏损，若政府能补贴我就干，否则，我不能干也无能力干。"当然，企业地位决定了他的态度。在我国也如此，要执行某个地区政策也会触及企业利益，此时，企业为了不亏本也会向主管部门提出这样的要求。

(二) 官方谈判

官方谈判是指由政府出面组织的谈判，或交易企业属政府管辖（资本和法人代表来自政府）且有政府代表参加（来自政府主管部门或驻在国使馆的外交官员）的谈判，以及所有执行政府间科技合作和经济贸易合作项下的谈判。官方谈判的特点如下：

1. 谈判级别高

因为官方谈判的内容多为要事、大事，政府机构系政权代表，要处理的问题必然与国家的政治、经济、国防、外交等有关，所以，参加或主持谈判的人员均有一定的级别。有的谈判可能涉及国家某部委或某部的领导，或下属的司局级领导，其普通的谈判助手也多为处长或熟练的业务员。

2. 保密性强

由于利益攸关，官方谈判的各方对谈判的保密性要求很高。因为涉及国家利益问题，无论是进口还是出口，对第三方必有影响。所以，为了避免第三方的干扰，官方代表们均会在谈判开始前，就明确保密要求及保密的具体条文。

3. 节奏快

官方谈判的成员素质及谈判人员所属的部门级别均决定了其谈判速度快。加之谈判人员日理万机，即便可以集中时间谈判，也只能在短时间内，所以官方性的商业谈判节奏快。往往是连续作战，一气呵成，甚至有时不主动让对方去进餐，故意拖延对方，以求对方做出让步。

4. 随谈随写

在官方谈判中，双方的主谈者和助手，都十分注重将双方意见及时写成文字，并译成相应语言。口头介绍、解释某种方案后，助手们往往马上就将此形成译文，或转译成本国文字以供研究。一般来说，这种谈判都会有两个或两个以上专业的翻译和速录员完成现场翻译和速录的工作，谈判结束后，合同草稿基本可以完成。

5. 用语礼貌

官方代表身系重任，位居高职，其见识、修养均决定了其自控能力很强。为了体现政府的形象，均会很谨慎地参与或引导谈判。他们表达意见，往往在坚持中又给对方回击的可能性；在反驳中又含有由衷的理解；在僵持中会找条转弯的路。因为是国际商务谈判，不可能像政治事件的谈判中那样言辞犀利、态度冲动，即使对对手的条件十分不满，出言仍须和气。

(三) 半官半民的谈判

半官半民的谈判是指谈判人员担负的谈判任务涉及政府和私营企业的利益；或者在我国社会主义市场经济体制下，有关政府关注的企业对外经济谈判；或是指有政府代表和企业代表共同参加的谈判。半官半民的谈判具有以下特点：

1. 制约条件多

因谈判的内容涉及企业和政府的利益，或受托时要兼顾两级意图，谈判代表深感束缚，须瞻前顾后，两头掂量。谈判人员若来自企业或政府，出于本位，均会有不同的考虑问题的角度和侧重点，这样也给谈判人员的行为带来压力和阻力。

2. 回旋余地大

由于有两方面的代表参加或代表了两方面态度（官方与民间）的代理人参加，虽然增加了谈判的复杂与制约因素，但也给解决谈判中的困难增加了回旋余地。

3. 表达方式要求兼顾官民两方

作为谈判代表，在陈述理由的过程中，或在处理与对手的礼仪中，以及对每场谈判做出的小结中，均要兼顾到"官方"与"民商"代表的反应和他们各自的地位及要求。谈判中忽略此方面会带来矛盾。

四、按谈判地点分类

（一）客座谈判

客座谈判，是指在谈判对手所在地组织有关贸易的谈判。"客座"从某种意义上讲，也可以说在"海外或国外"。客座谈判具有以下特点：

1. 语言过关

在国外谈判首先是语言问题。不仅要会说当地语言，也要会写，否则就需要双方达成一个统一的工作语言。一旦确定了共同的工作语言，双方代表均应熟悉，否则，谈判将遇到麻烦，甚至无法进行。

2. 客随主便与主应客求

身处异国会有拘束感，若是初次出征或初到该国，许多陌生的事物会造成无形阻碍。刚开始谈判多为客随主便，较多地尊重主人的方便。

3. 易坐"冷板凳"

客居他乡的谈判人员会受到各种条件的束缚，如客居时间、上级授权的权限、国内同事的要求、远距离通信的困难等。面对顽强的谈判对手，可以施展的手段有限；除了市场的竞争条件外，就是让步或者坚持到底。

4. 审时度势、反应灵活

出国谈判非易事，谈判代表的行为是关键。故所有派出国外谈判的代表均应具备审时度势、反应灵活的能力。

（二）主座谈判

主座谈判是在自己所在国家、城市或办公所在地组织的谈判。主座谈判的特点如下：

1. 谈判底气足

由于在自己所在国家或地区，从谈判的时间表、各种谈判资料的准备，到新问题的请示，均比较方便，从而为主座谈判人员壮了胆，保了底，其谈判起来很自如，自然底气很足。在商务谈判中主要表现为"心中有底"。这样，主谈人在掌握谈判的火候、谈判谋略和技巧的运用上，就有更大的把握。

2. 以礼压客

东道主一般总是以礼节来表现自己，无论是"表演"还是"真情"，都必须懂得礼貌待客。礼貌的深度是不同的，包括邀请、迎送、接待、洽谈组织等，要根据对象的不同，做到深浅有度。

3. 一二线兼顾

因为谈判战场在自己的家门口，主座谈判人员就有条件了解客座主谈人员内部的情况，或者采取有利于本方的辅助行动。

所以，主座谈判人员在谈判中总是要兼顾内外多方面情况，尤其是向助手们讲明谈判意图，向上级及时汇报谈判中的问题。也只有做到内外兼顾，才可以有效地发挥主座谈判的优势。

(三) 客主座轮流谈判

客主座轮流谈判是指在一项国际商务交易中，谈判地点互易的谈判。客主座轮流谈判的特点如下：

1. 时间与效益相应

客主座轮流谈判的出现，说明了交易的不寻常，至少不会是单一、小额的商品买卖。它可能是大宗的商品买卖，也可能是成套项目的买卖，这些复杂的谈判，花费的时间较长，对交易效果的影响也较大。因此，当国际商务谈判进入客主座轮流谈判的状态时，双方主谈人必然会考虑时间表对双方利益的影响。时间表有时会促使人们决定是否采取这种形式。

2. 阶段利益目标

客主座轮流情况的出现，说明双方的交易复杂，每一次换座谈判必会有新的理由和目标。

3. 换座不换将

客主座轮流谈判也可能引起将帅的更换。在谈判中换人，尤其是更换主谈人，是不利于谈判的，但这种情况在实践中仍常常发生。从谈判的复杂性讲，这种谈判应强调主谈人出场的连贯性。由于公司的调整、个人的升迁、时间安排等客观原因，或由于谈判策略的需要，以及主谈人出现重大失误等主观原因，会出现中途换将的情形发生。

五、按方式分类

(一) 口头谈判

口头谈判是指双方的谈判人员在一起，直接地进行口头交谈协商。这种谈判方式的好处是便于双方谈判人员交流思想感情，双方谈判人员随着日常的直接接触，会由"生人"变为"熟人"，产生一种所谓的"互惠要求"，因此，在某些谈判中，有些交易条件的妥协让步完全是出于情感上的原因。一般情况下，在口头谈判中，即使实力再强的谈判人员也难以保持交易立场丝毫不动摇，或者拒绝做出任何让步。口头谈判还可以通过观察对方的面部表情、姿态动作，借以审察对方的真实意图及交易的可靠性。

(二) 书面谈判

书面谈判是指谈判双方不直接见面，而是通过电报、互联网、传真和信函等方式进行商谈。这种谈判方式的好处在于，在阐述自己的主观立场时，用书面形式比口头形式显得更为坚定有力。在向对方表示拒绝时，书面谈判要比口头谈判方便得多，在双方已经建立起个人交往的情况下更是如此。这种谈判方式还比较节省费用。当然，书面谈判也有缺点，例如，不便于谈判双方相互了解，信函、电报等通信媒介所能传递的信息量有限。因此，这种谈判方式只适用于交易条件比较规范、明确，内容比较简单，谈判双方彼此比较了解的情况。对于一些内容比较复杂而双方又缺少必要了解的谈判，这种方式是不适用的。随着现代通信事业的发展，通过即时通信工具进行谈判的形式也逐渐发展起来。

六、按谈判标的分类

（一）货物买卖谈判

货物买卖谈判的标的是普通货物或商品，买卖双方要就商品的品质、数量、包装、保险、运输、检验、价格、支付等主要条件进行详细磋商，以达成合同。

作为货物出口的一方，比较关注货物的价格、货款的支付和保险、运输、检验等条款。在全球化条件下，企业只有不断开拓国际市场，才能提高经济效益，才能不断提高技术水平、改善经营管理，从而为自身赢得更大的发展空间。

作为货物进口的一方，比较关注购进商品是否能满足销售业务的需要，适应消费者的需求。同时要掌握好进口价格，减少进口环节，合理选择进口货物来源地，选择适当的进口时机和确定适当的批量（即均匀进口）。

（二）加工贸易谈判

加工贸易包括来料加工、来件装配、来样制作三种类型。加工贸易的主要含义是，由外商提供一定数量的原材料、零部件和元器件，由我国的工厂按对方要求的品质、规格和款式进行加工装配，成品交由对方处置，我方按照约定收取工缴费作为提供劳务的报酬。它是一种简单的国际经济交易方式。

在加工贸易谈判中，双方之间不是买卖关系，而是委托加工关系，因而谈判的核心是工缴费的高低，而不是货物的品质和价格问题。

（三）技术贸易谈判

技术贸易谈判是指技术权利所有者和技术接受方就技术的内容、使用范围、价格条件、支付方式、所生产的产品质量以及技术的保密等问题进行的谈判。

技术贸易谈判与货物买卖谈判的主要区别在于：技术贸易转让的多是使用权而非所有权；技术贸易是一个相对较长时期的合作过程；价格难以确定；很难一次付清全部货款；涉及的制度和法律障碍较多等。

（四）服务贸易谈判

服务贸易包括跨境交付、境外消费、商业存在和自然人流动。为了谈判、统计等工作的需要，WTO对服务贸易进行了部门分类。《服务贸易总协定》将服务贸易分为专业性服务，通信服务，建筑服务，分售服务，教育服务，环境服务，金融服务，健康及社会服务，旅游及相关服务，文化、娱乐及体育服务，交通运输服务，其他服务12个部门。

服务贸易谈判与普通货物买卖谈判的主要区别在于：服务贸易具有无形性；服务提供者和消费者的移动具有复杂性；交易双方存在较为严重的信息不对称；涉及的法律法规障碍非常多等。

（五）工程承包谈判

工程承包是指一个工程建筑企业通过国际通行的投标或接受委托等方式，与兴办一项工程的发包人或业主签订合同或协议，以提供技术、劳务、设备、材料等，负责承担合同所规定的工程设计、施工、安装设备等任务，并按合同规定的价格和支付条款，向发包人收取工程款和相应的利润。

由于工程承包是一种综合性的交易，涉及劳务、技术、设备、材料、土建工程等许多方面，交易的期限比较长，因而交易双方面临的风险也非常大。工程承包谈判是一种非常复杂的谈判，担任此类谈判的负责人和主谈人都是具有丰富实践经验的工程技术方面的专家。

（六）租赁业务谈判

租赁业务谈判是企业之间就机器设备的租赁事宜进行的谈判。从性质上看，租赁业务是典型的贸易与信贷、投资与融资相结合的综合性交易，双方在谈判中要就机器设备的选择、交货、维修保养、到期后的处理、租金的计算及其支付、合同期内租赁方与承租方的义务与权利等问题进行具体的磋商。

（七）合资合作经营谈判

我国已经成为发展中国家中吸引外资最多的国家，"走出去"战略成为我国的一级战略，将有越来越多的企业会参与到合资合作经营的谈判中。合资经营是由两个或两个以上的国家或地区的公司、企业、经济组织或个人，按一定比例联合投资，共同兴建企业的一种生产经营方式。合作经营是由两个或两个以上的国家或地区的公司、企业、经济组织或个人，通过双方协商同意，按照双方所签合同，共同兴办企业的生产经营方式。

合资合作经营谈判由于涉及投资股权和比例的计算、生产用地和机器设备的作价、技术的先进性和适用性、知识产权保护、生产产品合格率的宽严、合资企业的经营管理和利润分配等问题，而且履约时间长，因而属于国际商务谈判中难度较大的一种，必须由富有经验且精通技术、商务、法律的人员来担任主谈人。

第三节 我国对外商务谈判的基本原则

我国是社会主义市场经济国家，相当一部分外贸公司属于国家所有，这样就要求谈判人员在进行对外谈判时要兼顾国家利益和企业利益，不能为了追求个人和企业的片面利益而损害国家的利益。为此，根据我国对外经济贸易的一贯政策，我国对外商务谈判中应遵循平等互利原则、友好协商原则、灵活机动原则、合理合法原则、适当使用谋略和技巧原则等。

一、平等互利原则

该原则的基本含义是，在国际商务活动中，双方是为了满足各自需要才坐在一起进行磋商的，如果没有平等的地位，就不可能有真正意义上的谈判。所以，在对外商务谈判中必须坚持平等互利原则。就是说，谈判双方在法律地位上一律平等，根据各自的需要与可能，进行平等的磋商，互惠互利。

一次成功的谈判，每一方都必须让对方得到某些好处，否则，对方就没有理由参加，而可能退出谈判。如果一方退出，那么另一方也不会获得任何好处。如果一方带着彻底击败另一方的想法来参与谈判，那么就是在心理上没有做好准备。

国际商务谈判的每一方都必须做好各项准备，在平等的基础上，满足对方的某些要求。不但自己要遵循这一原则，而且也要让谈判对手知道这一原则。

【案例分析】

我国曾有一个水电工程项目面向全世界招标。我国从国外争取到一笔数额很大的优惠贷款，我方就水电设备采购选择供货商时，为便于统一标准以利于评估，按照国际惯例，同意由各国厂商用信用证支付方式报价（我方开证），最后A公司中标。当供货合同将要签字时，我方内部就付款方式产生了分歧。在通常情况下，利用这类国外贷款我方都是以托收方式付款的，因为采用信用证方式付款，我方业主没有审单权（银行有），风险较大，另外，开立信用证要支付较高的开证费，所以，提出改用托收方式付款。但是A公司对此表示强烈反对，他们提出原来的报价是基于L/C方式付款而计算的，若中方一定要改为托收方式，则合同价格要增加110万美元。经了解，A公司若以托收方式收款，其间隔时间比L/C方式收款要长10天左右，这就意味着要多占用其资金10天，即等于其要承担大致相当于向银行借款10天所需支付的利息的资本成本，整个供货合同分8次付款，则累计起来A公司差不多要多承担110万美元的银行利息。我方业主为此请教银行专家，设法做到了开立L/C的费用与托收方式支付的银行费用相同。同时为了减少风险，中方业主与供货商谈判商定，并得到双方开户银行确认，有关L/C方面的条款将确保把真正的支付地点放在中国。在这样的条件下，中方业主内部很快统一了思想，一致同意采用L/C方式向A公司付款，由此加快了向外方的付款时间，避免了外方所要承担的额外费用，同时又使我方避免了因合同价格提高而带来的损失，体现了平等互利原则。

二、友好协商原则

谈判本身就是一个协商的过程，协商的态度至关重要，要体现出"友好"。双方采取友好的原则进行谈判，共同寻求一种安排，使得双方结束谈判时，都感到远比他们开始谈判时的情况要好，这样做的目的是为了寻求"双赢"。当然，在许多国际商务谈判中，谈判双方的动机和目的具有很大的差异，双方应友好协商，努力减少这些分歧，求得一个双方都满意的结果。因此，在谈判中出现争议时要冷静处理，任何情况下都要想到和顾及言语和行为的后果。

三、灵活机动原则

灵活机动原则可以从两个方面看。一方面，谈判进行过程中，如果遇到对手的交易条件与我方的预定方案相比对我方较为有利时，我方应适时提高交易条件以争取获得更大的利益。另一方面，谈判中在不放弃一些重大原则的前提下，对如何谋求双方的一致以实现整体目标，还需要一定的灵活性。特别是要根据不同的谈判对象及不同的环境和条件，因事、因地、因人制宜地变更谈判策略，以达到最后的目标。

【案例分析】

我国某企业打算从国外引进一组大型化工设备，事先技术部门已经制订好了技术规划方案。后来消息公布以后，国外卖主十分踊跃，6个国家的10多家公司纷纷表示愿意承办这个项目。我方在此情况下，要求国外公司提供较详细的方案以做对比。经过审阅，我方技术人员从这些方案中发现了更先进、更经济的工艺，了解了许多最先进的技术，这样便适时地将原有方案做了修改，使我方的方案变得更为完善。我方最后以合理的价格获得了最先进的设备，也选择到了最合适的合作伙伴。

四、合理合法原则

在国际商务谈判中，双方所处国家的法律制度通常存在着差异，有时差异还很大。这就要求谈判人员在使用语言和书面文字时考虑法律后果。一方面应符合我国各种层次和类型法律中的有关规定，不能做出有损于我国法律权威性的原则性让步；另一方面，做出的一切承诺均应在法律所允许的范围内。

五、适当使用谋略和技巧原则

在国际商务谈判中，既要坚持原则，又要留有余地。对某些非原则性问题，必要时在某些情况下可以使用谋略和技巧来达到自己的目的。但是应注意的是，谋略和技巧的使用不能有损国格、人格。

复习思考题

1. 简述国际商务谈判的概念。
2. 国际商务谈判按谈判地点和谈判方式可以分为哪些类型？
3. 我国对外商务谈判的基本原则有哪些？

第二章

国际商务谈判的基本理论

【案例导读】

20世纪50年代至今，美日之间的贸易摩擦与贸易谈判绵延不绝，在现代贸易史上极具代表性和典型性。美日贸易谈判，无论在过程结构和实力结构、行为、心理，以及谈判层次、类型、频率、对象和方式上都有较大的研究价值。

第二次世界大战后，日本经济在较短时间内得以恢复并实现了赶超，20世纪60年代末就成为世界第二经济大国和强国。不过，与此相伴随，20世纪50年代中后期开始，日本就与美国在纺织品、皮革贸易上发生了摩擦，此后一路升级，在钢铁、家电、机床、汽车、半导体等领域的贸易摩擦愈演愈烈，日本经济实力的增强也让美国产生了较大的警惕心理，"日本威胁论"喧嚣一时。1985年9月，《广场协议》签署后，日元大幅度升值，却并没有改变美日贸易失衡的局面，日本对美国贸易顺差仍然居高不下，贸易政策成为美国对外关系的焦点议题。1988年，美国国会通过了《1988年综合贸易与竞争法》，之后，美国开始寻求与日本进行贸易谈判，日本也意识到应该把谈判作为一种管控美日经济关系困境的方式。

1989年5月，美国将日本列为进行不公平贸易的主要国家之一，并在不久后公布的《1989年国家贸易评估报告》中将日本的《大店法》以及知识产权保护、服务业开放、市场准入以及政府采购等一系列贸易行为列入损害美国产业发展和出口商利益的范畴，认为其违反了公平竞争的原则。日本政府一方面对美国采取的单边主义行动表示抗议，另一方面也显示了希望通过谈判解决贸易问题的积极姿态，还提出了讨论造成美日贸易失衡的美国国内原因。1989年7月，美日贸易谈判开启并计划在1990年春季左右达成中间协议，在一年之内签署最后协议。随后，两国共同组建了一个联合工作小组，其中包括美国的六个部门，国务院、财政部、贸易代表为三个共同主席，还有商务部、司法部和经济顾问委员会。日本的外务省、大藏省、通产省①为三个共同主席，经济企划厅和公平贸易委员会是小组成员。随着谈判的不断深入，联合小组也有所扩大，不断有其他部门加入到谈判中。

谈判过程屡有波折。从着手准备到1990年6月28日公布最终报告，各项谈判工作才基本结束。实际上，美国国会通过《1988年综合贸易与竞争法》后即开始为谈判做准备。为此，美国政府列举了关于日本的一系列问题，贸易谈判代表还编制了一张美日贸易关系的备忘录，内容主要包括五个方面：第一，联合欧共体（欧盟前身）对日本施加压力；第二，实施出口强化措施；第三，在"超级301条款"下锁定日本违反条款的特定部门；第四，用非贸易手段打开日本市场；第五，启动一项包括宏观经济和贸易政策的一揽子谈判。随后，美国国会举行了几场关于"超级301条款"与美日贸易政策的听证会。1989年5月25

---

① 2001年日本中央省厅改革后，被改名为经济产业省，简称经产省。

日，美国公布了"超级301条款"的国家名单，这一阶段的表态和行动均比较强硬。启动谈判之前，两国在日本举行了几轮部长级磋商。1989年6月28日至29日，美日两国政府开始磋商，商讨达成协议的条件，美国同意日本在谈判中找出自己的结构性问题。7月14日，两国政府首脑在七国集团巴黎峰会上宣布正式开始谈判。

第一阶段谈判于1989年9月4日至1990年1月30日进行。由于美日各执一词，双方分歧较为严重，谈判进展缓慢，一度陷入僵局。美国列出了240项条款清单，涉及事项繁多，使得日本深为不满。美国国内舆论则要求对日本采取更为强硬的政策，两国政治经济关系陷入紧张状态。

第二阶段谈判于1990年1月31日至4月5日进行，取得了重大突破，达成了中期报告，取得了阶段性成果。1990年1月31日，两国在瑞士伯尔尼举行秘密会谈，谈判的性质也由单纯的经贸谈判逐渐政治化。2月22日至23日，美国提出三项基本要求：日本政府需要在未来10年内将公共投资占国民生产总值的比例提高到10%；废除不合理的《大店法》；对非法销售处以10%的罚款。美国还在其他议题上对日本施加不同程度的压力。日本在相关议题上做出了重要妥协，美国也在削减财政赤字等议题上做出了让步。1990年4月5日，双方达成了中期报告，两国政府均表示中期报告对整个谈判进程意义重大。

中期报告出炉之后，美日代表很快又投入到新一轮谈判中。一开始，日本政府拒绝接受将公共投资占国民生产总值的比例提高到10%的要求，这也是谈判不能实现突破的主要原因。最终，日本政府在国内外的双重压力之下做出重要让步，在"储蓄投资形式议题"上做出了最大妥协，在"分配体系议题"上做出了中等程度的妥协，在"排他性商业行为和企业集团议题"上做出的妥协程度最低。美国提出的要求并非仅仅针对贸易，而是针对日本崛起的经济实力，对日本进行打压符合美国的国家利益。两国于1990年6月28日签订了最终协议。

此后，美国和日本政府又在贸易问题上进行了相应的谈判，但频次有所下降，谈判的议题也开始多样化。

第一节　结构理论及其在国际商务谈判中的应用

一、谈判的过程结构理论及其在国际商务谈判中的应用

（一）谈判的过程结构理论的主要内容

谈判结构理论的代表人物是马什和斯科特。其中，马什通过对谈判结构的研究，提出了一套纵向谈判结构理论。马什认为，一次商务谈判通常是由六个阶段构成的，即计划准备阶段、开始阶段、过渡阶段、实质性谈判阶段、交易明确阶段、谈判结束阶段。谈判者在谈判的各个阶段中，应充分运用心理学、对策论、经济学和法学的知识及其分析方法对谈判进行系统的分析，并根据谈判计划、原则、策略和目标的要求，采用一切可能的措施、技巧和手段，实现自己的谈判目标。

斯科特则从横向方面规划出一套谈判结构理论。他认为，任何一次商务谈判实际上就是一次运用谈判技巧的实践，而谈判技巧则是谈判者以心理学、管理学、社会学、经济学、政治学、法学等为指导，并在长期的实践中逐渐形成的，以丰富实践为基础的本能行为或能力，此种本能行为将被一定的谈判方针所规范和驱动。谈判方针则主要表现为三种，即谋求

一致的方针、皆大欢喜的方针和以战取胜的方针。所谓谋求一致的方针，是指谈判气氛友好，当事人通过共同努力以寻求互惠互利的最佳谈判结果为目的的谈判方针；所谓皆大欢喜的方针，是指谈判当事人以寻求各方都能接受的、折中的谈判结果为目的的谈判方针；所谓以战取胜的方针，是指谈判当事人一方以战胜对方为最终目的的谈判方针。

斯科特认为，谈判方针要依靠一系列相应的谈判策略、方法和技巧来实现，而同一谈判策略、方法和技巧又可以为不同的谈判方针及不同的目的服务，谈判各方对于谈判策略、方法和技巧的运用是一个斗智的过程。因此，谈判者即使是为了某一特定的谈判方针或目的，在运用有关谈判策略、方针和技巧时，也应随时根据实际情况进行必要而又及时的调整。从这个意义上说，谈判策略和技巧的运用不单是一个实施的过程，也是一个调整的过程。

（二）谈判的过程结构理论在国际商务谈判中的应用

马什的纵向谈判结构理论和斯科特的横向谈判结构理论被广泛运用。大多数谈判类教材的编写都是按照纵向和横向的章节顺序编排的，本书也是如此。同时，众多的谈判工作者也都十分推崇二人的理论，他们在实际工作中也往往将两者结合起来，即首先按照马什的纵向谈判结构理论将谈判划分为若干个阶段，然后在各个阶段按照斯科特的横向谈判结构理论策划出基本的谈判方针，并根据基本的谈判方针去规范和驱动各阶段的谈判。

二、谈判的实力结构理论及其国际商务谈判中的应用

谈判的实力结构理论是霍普金斯大学教授威廉姆·扎特曼提出来的。威廉姆·扎特曼认为，现有的谈判理论过于强调谈判者性格的影响，虽然谈判者的性格对谈判的过程及其结果有重要的影响，但在谈判中起决定性作用的往往是谈判的结构，尤其是谈判的实力结构，谈判的实力结构决定了谈判的形式和结果。

（一）谈判实力结构理论的主要内容

谈判实力结构理论主要分析了谈判双方之间的实力处在不同结构下的可能结果，在这里，"实力"指的是"行为者A在与行为者B谈判过程中，利用其掌握的资源，以图导致产生一些变化，得到自己希望的结果的方式"，或"某一方为促使另一方采取某种行为所采取的行动"。这说明，实力是与时间和金钱不一致的一种要素。当然，在任何谈判中，双方都有权否决谈判协议或合同，这项要素的实力上是对称的。

1. 实力结构对称模型

威廉姆·扎特曼认为，谈判双方实力对称或均等是一种最简单的结构模型。当然，所谓实力均等是相对而言的。在这种情况下，如果双方在磋商过程中形成僵局，任何一方作为单方面力量都无法解决问题，必须借助于谈判才能化解僵局。所以，谈判者为克服认识到的或即将来临的僵局以及打破僵局所做的努力，实际上就是反对结构平等和寻求不需要通过谈判就可以达成协议的过程。在这种情况下，实力实际上就是某种形式的自我识别，是指谈判者的洞察力。谈判者在行使否决权之前会做出一些让步以尽量打破僵局，并且能在回顾过去或展望未来的过程中对僵局有一个正确的认识。

实力均等是一种静态环境，它并不能告诉我们该如何打破谈判僵局。互惠则是对实力均等的动态解释。尽管互惠不能解决所有的问题，但它仍然是一种行为规则。谈判方在起点公平的基础上进行谈判，并希望能在程序平等的基础上做出让步，最后找到一个公平合理的解决方案。互惠是一种先利人后利己的行为，是实力均等的双方努力使其从谈判中得到最大收

益的结果。即使并不是谈判方的每一方让步都能使对手相应让步，谈判双方也会希望，就最终的结果来看，他们是互惠的。先做出让步的谈判者希望谈判对手也能够做出让步作为回报，如若不然，他们就会有一种被欺骗的感觉，从而最后拒绝签署谈判合同。更进一步地说，即使除了基本否决权之外，谈判者的实力并不均衡，但是他们仍然希望通过互惠实现动态平衡。

当然，无论从谈判双方还是从谈判结果看，都很难对平等进行衡量。但是，其普遍含义仍然十分明确，即当谈判者觉得平等的时候，往往能够使谈判得到最有效的结果。而且，当他们认为谈判过程和结果非常公平的时候，往往会得到最满意的谈判结果。

由于和完全平等的谈判方一样，完全公平的结果在现实中几乎不可能存在，因此，从对称得出的结论表明，当谈判者将个别的讨价还价变为整体协商的时候，仍然会尽他们最大的努力，将讨价还价的边界推向最优的交换结果，尽量使他们从谈判中获得最大的收益。实际上，谈判的实力结构平等可以使双方免于纠缠立场平等问题，而把精力专注于为平等的结果创造更大的收益。也就是说，要得到整体收益为正的结果，最重要的不是绝对平等地分配收益，而是进行平等的交换。

2. 实力结构不对称模型

如果谈判双方的实力结构不对称，即一方实力相对较强而另一方相对较弱，比较普遍的观点认为实力较强者会是最后的胜利者。威廉姆·扎特曼认为，实力来自于某些资源，拥有这些资源的谈判方可以因为另一方的某些行为或不行为而对其进行惩罚或奖励；或者，它也有可能来自于某些要素，这些要素决定了另一方容易受上述奖励或惩罚影响的敏感程度。在最简单的情况下，可以把正在谈判的合同本身作为一种奖励进行分析，这种奖励同等地适用于谈判双方。然后，可以根据双方对达成这个合同的迫切程度而不是他们对收益分配的影响力做出区分。由于谈判双方对达成合同的迫切程度不同，从而导致他们对另一方否决权的敏感程度不一样。那么，如何来衡量谈判一方对另一方否决权的敏感程度呢？威廉姆·扎特曼提出了一个安全点标准，也可以把它叫作"次优"标准，即通过对谈判一方可以选择的替代方案进行评价，通过将替代方案的价值转变为谈判结果，谈判者可以改变谈判对手的立场。相对而言，替代方案的价值较高的谈判者具有更强的谈判实力，而谈判者的财富实力对谈判实力的影响并不是最重要的。

威廉姆·扎特曼的研究结果表明，一般来说，在谈判的开始阶段或谈判过程中，实力更强的一方可以将实力转化为获胜的行为，而实力较弱的一方将承受较大的损失。此时，实力较弱的一方可以通过从实力更强的谈判方那里获取支持或者从外部团体那里获取实力的方法，使双方的谈判实力趋于均等。当然，实力较弱的一方究竟应该采取哪些措施以摆脱困境，仍然存在很大的争议。

(二) 谈判实力结构理论在国际商务谈判中的应用

谈判双方的实力完全对称或均等在现实的交易中是很难出现的，更多的情况是谈判双方的实力结构并不对称。当然，根据谈判的实力结构理论，判断谈判双方实力的标准并不是财富、公司规模等要素，而是对交易所要达成的合同的迫切程度。由于在讨价还价中谈判实力较强的一方通常拥有较大的影响力，实力较弱的一方在谈判的准备阶段就应该采用适当的谋略，如通过运用制造竞争、借助外力干预等达到增强本方实力的目的。

所以，谈判的实力结构理论为国际商务谈判中各种谋略和技巧的运用提供了充分的理论依据。

第二节 需求理论及其在国际商务谈判中的应用

一、需求层次论的主要内容及其在国际商务谈判中的应用

(一) 需求层次论的主要内容

需求层次论是由心理学家马斯洛（A. Maslow）提出来的，这是一个受到广泛关注的理论。他于1943年在《人的动机理论》一文中，把人的需要分成生理需要、安全需要、友爱和归属的需要、尊重的需要、自我实现的需要五个层次，1954年，他又在《激励与个性》一书中，在尊重的需要后面又增加了求知的需要和求美的需要，把人的需要分成七个层次。按其重要性依次是：

（1）生理需要。这是为维持人类自身生命的基本需要，如食物、衣着、水、住所和睡眠。马斯洛认为，在这些需要还没有满足到足以维持生命之前，其他的需要都不能起到激励人的作用。

（2）安全需要。这些需要是避免人身危险和不受丧失职业、财产、食物和住所等威胁。

（3）友爱和归属的需要。当生理及安全的需要得到一定的满足后，友爱和归属的需要便占据主导地位。因为人类是有感情的动物，人们希望与别人交往，避免孤独；希望与同事之间和睦相处，关系融洽；希望归属于一个团体以得到关心、爱护、支持、友谊和忠诚，并为达到这个目的而做出努力。

（4）尊重的需要。当一个人的第三层次的需要得到满足以后，他通常不只是满足于做群体中的一员，而是开始产生尊重的需要。它包括自尊和受人尊重两个方面。自尊意味着在现实环境中希望自己有实力、有成就、能胜任和有信心，以及要求独立和自由。受人尊重是指要求有名誉或威望，可看成希望得到别人对自己的尊重、赏识、关心、重视或高度评价。自尊需要的满足使人产生一种自信的感情，觉得自己在这个世界上有价值、有实力、有能力、有用处。而这些需要一旦受挫，就会使人产生自卑感、软弱感、无能感。

（5）求知的需要。人有知道、了解和探索事物的需要，而对环境的认识则是好奇心作用的结果。

（6）求美的需要。人都有追求匀称、整齐和美丽的需要，并且通过从丑向美转化而得到满足。马斯洛发现，从严格的生物学意义上说，人需要美正如人的饮食需要钙一样，美有助于人变得更健康。

（7）自我实现的需要。这是马斯洛理论中最高层次的需要，指的是一种使人能最大限度地发挥自己的潜能并完成某项工作或某项事业的欲望。马斯洛认为，即使以上所说的六个需要都得到了满足，人们往往仍会产生新的不满，除非本人正在从事合适的工作。音乐家必须演奏音乐，画家必须绘画，诗人必须写诗，这样才能使他们感到最大的快乐。自我实现的需要，指的就是使个人潜能得以实现的向往。这种向往可以说成是希望自己越来越成为自己所期望的人物，完成与自己能力相称的一切事情。

马斯洛认为人们的上述需要基本反映了在不同文化环境中人类的共同特点。人类的需要基本是由低级到高级逐层次出现的，当某一层次的需要得到相对满足时，其激发动机的作用随之减弱和消失，此时更高层次的需要则成为新的激励因素。因而，人类的基本需要是一种

有相对优势的层次结构。

虽然马斯洛的需要层次论在一定程度上符合人们的直觉，易于理解，得到了广泛的传播，但是学术界对其理论还是存在颇多质疑，马斯洛本人也未能提供出有说服力的证据。不过，很多学者仍然认为这一理论对于行为科学、管理科学的研究具有一定的借鉴意义。

（二）需求层次论对国际商务谈判的意义

1. 为摸清谈判对象的动机提供了理论基础

需要转化为动机，动机推动人们去从事某种行为，包括从事谈判活动。掌握需求层次论，有助于谈判者知己知彼，找出对方参与谈判背后的需要，分析如何选择不同的方法去适应、抵制或改变对方的动机，了解每一种需要的相应动力和作用，以便选择最佳的谈判方法。

2. 为多种谈判方案的制定提供理论基础

（1）搞清各自的"需要"是制定谈判方案的前提。众所周知，谈判前要制订谈判方案，而成功谈判方案的制订是由多种因素共同决定的，其中一个非常重要的因素就是谈判双方的"需要"。所以，弄清楚双方的"需要"是制订谈判方案的前提，否则，制订出来的方案将无法付诸实施，也毫无意义。

（2）满足某种需要不是只有一种途径，而是有多种途径和多种方案可供选择。对大量陷入僵局的谈判案例的研究表明，在很多情况下，由于人们认定只有自己提出的方案才是唯一可以接受的，从而导致谈判搁浅、形成僵局，并最终使谈判破裂。其实，正如俗话所说的那样——"条条大路通罗马"，满足双方需要的方案有很多，可能只是在获利的程度上有所不同。聪明的谈判者总能在谈判前设想出满足双方需要的、可供选择的多种途径与方案，以便在谈判中随时加以运用，逐步引导谈判走向成功。

3. 为谈判谋略和技巧的运用提供了理论依据

（1）生理需要与谈判。谈判是一种消耗大量体力和脑力的高级智力劳动，同时还要承受极大的心理压力。如果谈判人员的生理需要得不到保证，就会影响到谈判人员的精力与情绪，影响预定谈判目标的实现。生理需要在谈判中主要表现为谈判者对衣、食、住、行的需求。对衣着的需求是穿着整洁得体，符合自己的形象和气质，得到对方的认同，增加己方的谈判气势。谈判者对食的需求是营养丰富，符合自己的口味和饮食习惯，并合乎安全、卫生的要求。谈判者对住的需求，是指要符合自己的身份、地位和居住习惯，有一个安静、舒适和方便的居住环境，这样有利于消除疲劳、恢复精力、体力，也有利于保持友善的心理。谈判者对行的需求，是指有交通、通信的便利条件，以便随时和上级部门取得接触和联系，提高谈判效率。

谈判过程中谈判者的生理需求要求作为谈判主座的一方除了为谈判本身做周密的部署外，还要考虑为对方提供良好的衣食住行条件，这样可减轻对方参与客座谈判的紧张、怀疑和巨大心理压力，营造一个良好的谈判气氛。

当然，也有的主座谈判方故意在衣、食、住、行方面，包括休息方面，使用一些使对方感到不便的做法，或打乱对方事先的安排，故意使对方陷入或疲劳、或安逸、或惊奇的境地，从而达到己方的目的。

（2）安全需要与谈判。安全需要主要表现在人身安全和地位安全。人身安全是指处于客座的谈判者，由于对当地的社会民情、风俗习惯、治安交通等情况不了解，通常会缺乏安全感。主座一方应尽可能地在各方面予以照顾，如专人负责接送，陪同参观、游览、购物和解说等。地位安全主要表现在双方谈判者都可能会把达成协议作为自己的任务，甚至错误地认为达成一个不太理想的谈判协议总比达不成协议、一无所获的结果好。这是委曲求全以及谈判中一再退让的症结所在。对于这个问题，谈判者及其上级应对谈判的平等互利有一个正确的认识，不能简单地以是否达成协议作为标准来考核谈判人员的业绩。

（3）友爱和归属的需要与谈判。谈判者都希望双方之间能建立友好关系，得到对方的友谊。另外，也希望己方谈判班子内部加强沟通和协作，共同争取谈判的成功。因此，作为主座谈判的一方，应当持有一种友好合作的心态，利用一切机会，包括言语、表情、宴请、娱乐、赠送礼品等，发展与对方的友谊，建立良好的人际关系。一旦双方建立了良好的人际关系，彼此之间就更容易沟通和了解。同时，谈判班子的负责人应当保持班子内部的团结和协作，充分听取每个成员的意见，尽量采纳其合理部分，并对不能采纳的意见做出合理的解释。但在谈判桌上，全体成员应口径一致、团结作战，不能把任何分歧和意见显示出来，以免给对方可乘之机。

（4）尊重的需要与谈判。每个谈判者都希望得到谈判对手的尊重。要想得到对手的尊重，必须首先尊重对手。因此，在谈判过程中，谈判者要处处表现出对对手的尊重。首先，应当尊重其人格。使用言语时，要文明礼貌，而不要使用侮辱、攻击和谩骂的言语。其次，应尊重对手的身份和地位。在谈判中，双方的身份和地位应该对等，即使有差距也不要太大。否则，身份和地位较低的人员与身份和地位较高的人员进行谈判时，后者会以为是对其的不尊重，会影响谈判进行，甚至造成谈判破裂。最后，应尊重对手的学识和能力。有时在谈判中，对方会有意无意地搅乱谈判秩序，或故意混淆一些本来很明确、浅显的概念，这时也不要贬低、嘲笑或讥讽对方学识浅薄，而只要从正面将问题予以澄清即可。

（5）求知的需要与谈判。谈判者都有求知的需要，如果对谈判对手提出的报价、名词概念、条款和让步理由有疑问时，会通过提问方式加以澄清，这就要求回答的一方必须小心应对。同时，作为客座谈判的一方会对主座一方的实力进行多方面的探察，通过参观工厂、与工人和管理人员闲聊的方式了解主座一方的生产经营状况，这更要求主座一方谨慎应对，以免泄露经营秘密或商业秘密。

（6）求美的需要与谈判。谈判者要从外表、衣着、言语、姿态等各个不同方面向对方展现己方谈判人员的良好素质和精神面貌，同时，作为主座谈判的一方要尽量安排能给人带来良好感官享受的谈判场所作为洽谈地点，以便给对方带来愉悦的心情，为促进交易达成创造良好条件。

（7）自我实现的需要与谈判。谈判者自我实现的需要是通过谈判取得的成绩来体现的。谈判者在谈判中获得的利益越大，自我实现需要的满足程度也越高。自我实现的需要可以说是谈判者最高的需求，也是最难满足的需要。因为受到双方谈判目标的制约，只能是在为己方争取最大谈判利益的前提下，尽量满足对方自我实现的需要。

二、消费者需求理论及其在国际商务谈判中的应用

（一）消费者需求理论的主要内容

消费者需求理论包含的内容非常广泛，既包括需求方面的经济理论，也包括消费者心理学、消费者行为学等。由于本书不是专门研究消费者行为的，对消费者需求理论的介绍将仅

限于经济学中的需求理论,而国际商务谈判涉及的心理学和行为学知识请见本章的其他部分。

1. 需求价格弹性

在需求分析中,弹性经常被用来测量需求对影响其变动的因素的变动的反应程度,即一个自变量值的变动的百分比所引起的需求量变动的百分比。在需求函数中,有需求价格弹性、需求收入弹性、需求交叉价格弹性等,其中,需求价格弹性是国际贸易双方最为关注的。需求价格弹性是需求量对于市场价格变动的反应程度,或者说,是需求量变化的百分比与价格变化的百分比的比率。

假定在需求函数中,所有其他的变量保持不变,需求价格弹性可以按下面的公式计算:

$$E_P = \frac{\Delta Q}{\Delta P} \cdot \frac{P}{Q}$$

式中　$\Delta Q/\Delta P$——需求函数对价格的偏导数;

　　　　P——需求曲线某一点上的价格;

　　　　Q——需求曲线某一点上的需求量。

需求价格弹性是负值,表明需求量与市场价格之间是反向变动关系。根据商品的需求量对价格变动反应程度的大小,可以把需求价格弹性划分为五种,用 $|E_P|$ 表示需求价格弹性的绝对值,这五个弹性范围如下:

$|E_P| > 1$,为需求有弹性,即需求变化的百分比大于价格变化的百分比。

$|E_P| = 1$,为需求单位弹性,即需求量变化的百分比等于价格变化的百分比。

$|E_P| < 1$,为需求无弹性,即需求量变动的百分比小于价格变化的百分比。

$|E_P| = \infty$,为需求完全弹性,即需求量因价格的变动而无限变动。

$|E_P| = 0$,为需求完全无弹性,即需求量不随价格变动。

影响需求价格弹性的因素,概括地说,有以下五个方面:

(1) 是否为必需品。如为必需品,需求价格弹性小。

(2) 有无替代品。如有替代品,则需求价格弹性较大。

(3) 是否是耐用品。如为耐用品,需求价格弹性大,而非耐用品的需求价格弹性小。

(4) 是长期需求还是短期需求。一般说来,长期需求的需求价格弹性较大,短期需求的需求价格弹性较小。

(5) 购买者的收入花在该项商品上的比率。如比率较大,则需求价格弹性较大;如比率较小,则需求价格弹性较小。因此,重大支出项目的需求价格弹性必大。

2. 需求收入弹性

需求收入弹性是指需求量对收入变动的反应程度,用公式表示为

$$E_Y = \frac{\Delta Q}{\Delta P} \cdot \frac{Y}{Q}$$

式中　$\Delta Q/\Delta P$——需求函数对收入的偏导数;

　　　　Y——需求曲线某一点上的收入;

　　　　Q——需求曲线某一点上的需求量。

反映收入与需求量之间关系的函数称为恩格尔系数。

根据需求收入弹性的大小,可以将需求收入弹性划分为以下三种:

$E_Y > 1$，需求量变动的比率大于收入变动的比率。

$E_Y = 1$，需求量变动的比率等于收入变动的比率。

$E_Y < 1$，需求量变动的比率小于收入变动的比率。

大体上说，非生活必需品，如耐用品、奢侈品，其需求收入弹性大；而那些人们生活中不可缺少的必需品，如粮食、衣物等，其需求收入弹性小。因为按照人们的需求层次和消费方式，无论收入水平如何，首先必须满足最基本的生理需要和生活需要，然后才会考虑购买耐用品、奢侈品。而当收入下降的时候，也首先考虑满足最基本的生理需要和生活需要，而削减对不甚紧要的耐用品与奢侈品的需求。

影响需求收入弹性的主要因素有：

（1）某种商品的消费支出占消费者收入或总支出的百分比。显然，占消费者收入或总消费支出百分比较大的商品，在收入变动的时候将首先发生变动，故有较大的需求收入弹性。

（2）人们的收入水平本身也决定需求收入弹性。恩格尔发现，当消费者收入超过一定水平之后，其用于某些商品上的支出占总支出的百分比将会下降，这意味着人们的消费水平提高。在较低的收入水平、消费水平下，原来被看成耐用品和奢侈品的，如彩电、冰箱、空调、笔记本电脑等，占据消费者总支出的相当大的份额。在收入水平提高、消费水平提高之后，这些东西成了生活必需品，其占消费者总支出的份额下降了。在这种情况下，这些商品的需求收入弹性也下降了。

（二）消费者需求理论在国际商务谈判中的应用

需求价格弹性在国际商务谈判中最大的用途，是帮助出口商做出价格决策。在需求有弹性的情形中，适宜采取降价的决策；而在需求价格弹性小的情形中，则适宜采取提价的决策。由于非弹性需求的商品一般为生活必需品，提价对消费者的购买行为的影响相对要小一些。

需求收入弹性对于进出口商的经营决策具有重要的意义。因为需求收入弹性表明需求变动与收入变动的关系，为进出口商掌握随收入变动而引起的需求变动趋势，进而为经营、销售决策提供了有用的分析和预测工具。

第三节　行为学理论及其在国际商务谈判中的应用

一、行为学理论的产生及其主要内容

行为学是20世纪中期兴起的理论思潮和边缘学科，它借助数学、生物学等自然科学和人类学、心理学等社会科学的各项研究成果，得出了一些较有价值的分析结论，这些结论反过来又被应用到经济学、管理学、人类学、生物学等的研究中。

20世纪40年代，系统论和控制论的提出和运用，引起了不少学者的研究兴趣，开始有学者探讨人的行为产生的因果关系。1949年，在美国芝加哥大学的一次跨学科的科学讨论会上，有学者提出了如何运用现有的知识来研究人的行为的规律性。会上有学者提议把这种综合各学科的知识系统来研究人的行为的科学叫作行为科学（Behavioral Sciences）。接下来，1952年又成立了"行为科学高级研究中心"。1953年美国福特基金会邀请了一批著名学者，

经过慎重讨论，才把研究人的行为的科学定名为"行为科学"。1956年正式发行《行为科学月刊》。

《美国管理百科全书》给行为科学下的定义是："行为科学是运用研究自然科学那样的实验和观察的方法，来研究在一定物质和社会环境中的人的行为和动物（除了人这种高级动物之外的其他动物）的行为的科学。已经确认研究行为所运用的学科包括心理学、社会学、社会人类学和与研究行为有关的其他的学科。"

这个定义指明了下列三个要点：

（1）人的行为的产生实际是个体对外部环境所做出的反应。用一般的数学公式来表示，行为是个体心理特征和外部环境的函数，公式为

$$B = f(P_{a,b,c}, E_{m,n,o})$$

式中　B——行为；

　　　$P_{a,b,c}$——人的一系列个体特征；

　　　$E_{m,n,o}$——影响人的行为的一系列外部环境特征。

这个公式反映了人的行为的最一般规律。

（2）研究行为规律，应当采用研究自然科学所用的实验和观察的方法。

（3）行为科学是一个学科群，它和社会科学一样，是一门综合性的科学，包括一切与行为有关的学科。

行为科学运用的范围极广。把行为科学运用到教育方面，就构成教育行为学，如运用行为改造方法来改造人的消极不良行为等；把行为科学运用到医学领域，就构成医疗行为学，如运用行为疗法治疗精神病等；把行为科学运用到政治领域，就构成政治行为学，如在美国统治集团就用行为科学知识来处理政治集团内部、国家之间的冲突和矛盾，以及用来缓和国内外的各种矛盾等；把行为科学运用到对刑事犯罪人员的审讯中，揭示受审的犯罪嫌疑人的行为含义等。

二、行为学理论在国际商务谈判中的应用

根据行为学的研究，任何事物的运动都有其内部原因和外部原因，人的行为也不例外，影响人的行为的因素可以从内、外两个方面去寻找。

影响人的行为的内在因素主要包括生理因素、心理因素、文化因素和经济因素。其中，生理因素包括遗传因素、体质状况、生理需要、生物节律规律等方面。心理因素涉及以下内容：包括感觉、知觉、思维和认知在内的心理活动过程；包括价值观、理想、信念和态度在内的个性倾向性心理特征；包括气质、性格和能力在内的个性非倾向性心理特征。文化因素包括个人所接受的文化教育以及个人的专业技术、职业道德观念、礼仪等。经济因素主要是指个人所处的经济地位。

影响人的行为的外在环境因素主要包括组织的内部环境因素和组织的外部环境因素。其中，组织的内部环境因素涉及群体、领导和整个组织三个方面。群体方面包括人际关系、信息沟通、内聚力、冲突与气氛等；领导方面包括领导素质、领导作风与方法、激励方法与制度等；整个组织方面包括组织设计、组织结构、规章制度、工作设计、组织文化、组织变革、绩效考核等。组织的外部环境因素包括条件因素和人群团体因素。条件因素主要涉及国内及国际的经济、社会文化、政治法律、自然地理等；人群团体因素

包括的内容比较多，如家庭、亲友、产权所有者、竞争者、客户、供应商、各级政府、群众团体等。

从影响人的行为的诸因素可以看出，行为学理论在国际商务谈判中有着非常广泛的应用，从谈判开始前的环境因素分析、信息收集，到谈判人员的配备和管理、谈判方案的制订、谈判桌上的双方争斗、商务谈判的礼仪等，都离不开行为学理论研究成果的指导。也可以这样说，从全局的角度看，行为学理论是对国际商务谈判影响最大的一门科学，本书相关的章节中也大量地使用了行为学理论的研究成果。

第四节　心理学理论及其在国际商务谈判中的应用

心理学是研究人的心理现象及其规律的科学。心理学的产生和发展历史悠久，古代中国和古代希腊、罗马奴隶社会时期的哲学思想中蕴涵着心理学知识，欧洲中世纪的官能心理学和文艺复兴时期的经验心理学标志着唯物主义的认识论和方法论成为心理学的主要研究方法。到了近代，英国和法国的经验心理学，德国的理性心理学、实验心理学，以及美国的机能心理学和使用心理学获得了迅速的发展。近年来，英国心理学研究的主要趋势仍然是实验心理学，但在个性心理学、社会心理学、发展心理学和工程心理学方面也取得了很多研究成果。在当代的美国，很难看出心理学的思想主流，但认知心理学中的三种理论有着广泛的影响，包括新结构主义的认知心理学、信息加工的认知心理学和心理主义的认知心理学。现代德国心理学取得的成就是比较明显的，其研究中占比重较大的是对弗洛伊德（S. Freud）及其学生荣格（C. G. Jung）和阿德勒（A. Adler）的精神分析学派的研究，这方面的成果在全世界有广泛的影响，而且在国际商务谈判中也有所应用，下面简单介绍其研究的主要内容。

一、心理学理论的主要内容

从心理学理论的发展史可以看出，心理学研究起步早，流派众多，研究成果比较丰富。这里主要介绍在中国颇有影响的奥地利的精神病医学家弗洛伊德及其学生荣格和阿德勒的理论，其他相关理论散见于本书其他章节。

（一）弗洛伊德理论

弗洛伊德认为，人的个性是一个整体，在这个整体之内包括彼此关联而相互作用的三个部分。这三个部分分别称为本我（Id）、自我（Ego）、超我（Supergo）。由于这三部分的相互作用而产生的内在动力，支配了个人的所有行为。

（1）本我（或无意识）。弗洛伊德认为，本我是个性结构中最原始的部分，这部分是人生来就有的，包括一些生物性或本能性的冲动（最原始的动机），这种冲动是推动个人行为的原始动力，外在的或内在的刺激都可促成这种冲动。由本我支配的行为不受社会规范道德标准的约束。

（2）自我（或潜意识）。随着个体出生后的成长，而从本我中逐渐分化出自我。在本我阶段，因为个体的原始冲动需要得到满足，这就必须与周围的现实世界相接触、相交往，从而形成自我适应现实环境的作用。例如，因饥饿而使本我有原始的求食动机，但何处有食物及如何取得食物等现实问题，必须靠自我与现实接触才能解决。因此，个性的自我部分受

"现实原则"（Reality Principle）所支配。

（3）超我（或有意识）。超我在个性结构中居于可控制地位的最高层，是由于个人在参与社会生活的过程中，接受社会规范、道德标准、价值观判断等后将其变为指导自己行动的准则而形成的。平常所说的理性文明都属于超我的范围。

弗洛伊德认为，本我寻求满足，自我考虑到现实环境的限制，超我则按社会规范来衡量是、非、善、恶。并且指出，本我、自我和超我三者不是分立的，乃是彼此相互作用而构成的个性整体。本我的冲动与欲望应该在合于现实条件下，为社会规范所允许下，得到适当的满足。弗洛伊德的理论又称为老心理分析论。

（二）荣格理论

荣格是弗洛伊德的杰出学生，由于师生两人后来理论观点不同，于1913年分裂。荣格理论与弗洛伊德理论有下列三点不同：

（1）承认潜意识是支配行为的内在因素，但主张潜意识有两种：一种叫作个人潜意识（Personal Unconscious），是由个人压抑自己的意识经验而形成的；另一种叫作集体潜意识（Collective Unconscious），是由人类多代遗传演化积累而形成的。两种潜意识共同支配人的行为。

（2）个性的发展并不取决于人本能的冲动，而是受个人为达到自我实现的内在潜力所引导。

（3）自我才是个性结构的核心，而自我又取决于两种态度或倾向，一种为外向，另一种为内向。这两种倾向是根据人的感情显露与否来划分的，而且把人的不同特征进行不同的组合就成为具有不同个性结构的人。其中，内向人的特点是害羞、喜欢独自工作，在情绪上受到压力和内心冲突时总是反躬自省，自己责备自己。外向的人相反，他们的特点是喜欢与人做伴，善于交际，喜欢选择可以和别人直接接触和打交道的工作，如对外联系、推销和采购等。当然，这种内向、外向的划分方法不是绝对的。实际上典型的内向和外向的人很少，大多数人是介于两者之间的，而且人的性格又是各不相同的。正因如此，荣格后来又发展了自己的理论，把人在生活中特别是在与人交往中的性格特点分为敏感型、感情型、思考型和想象型四类。虽然一个人可能同时具有两种或两种以上类型的性格特点，但其所具有的主要特征总是属于某一类型的。

另一位心理学家麦迪（S. R. Maddi）在荣格把个性分为内向、外向的基础上，把人由于出生后受到环境压力的影响而逐渐形成的高忧虑、低忧虑两个因素考虑在内。他认为，人们为了应付环境的压力，企图减轻这种忧虑的痛苦，因而就会逐渐发展形成各种适应的行为方式。例如，某一个孩子由于缺乏父母的爱而感到孤独和不安所产生的忧虑，可以变成对人仇恨和敌对的方式，也可能变成对人羞怯和温顺的方式。因此，麦迪认为，研究人的个性应当考虑内向、外向和高忧虑、低忧虑这四个因素，以四个因素的不同组合形成的四种不同个性结构，如表2-1所示。

表2-1　四种个性结构

	高忧虑	低忧虑
外向	紧张、激动、情绪不稳定、爱社交、依赖	镇静、有信心、信任人、适应、热情、爱社交、依赖
内向	紧张、激动、情绪稳定、害羞	镇静、有信心、信任人、适应、温和、冷淡、害羞

（三）阿德勒理论

阿德勒也是弗洛伊德的学生，后因与其老师的观点不同而分离。他的主要观点是：

（1）他不同意弗洛伊德的原始本能的无意识冲动是人的行为动力的看法，他强调个人争取优胜（Striving for Superiority）意识才是人的行为的主要内动力。

（2）他认为，在人的个性结构中起核心作用的是意识，而不是潜意识。个人不但能意识到自己的行为，而且能有计划、有方向地去追求成就以胜过他人。

可见阿德勒不再像其老师那样过分注重生物或本能的因素，而是转而强调人个性发展中的社会因素。

荣格、阿德勒的理论又称为新心理分析论。

二、心理学在谈判中的运用

谈判或许是个人所做的事情中最困难的一种。从事国际商务谈判的人除了需要精通商务知识、技术知识外，还必须具备许多其他专业知识，其中一个重要的分支就是心理学知识。因为谈判总是在人与人之间进行的，所以在某种程度上说，左右谈判结果的是人。因为谈判是人类的一种行为，并且是一种复杂的、高级的行为，所以，要取得谈判的成功，不仅要研究谈判本身，更要研究参与谈判的人。

尽管人类的行为看起来错综复杂，但却是可以预测、可以理解的。西方心理学家研究发现，在人的行为中有各种各样的可预测因素，并有着可认识的内在规律。如果把个人的行为看作是一个大的群体行为的组成部分，那么在一定条件下，就不难对它们做出预测。所以，尽管各种各样的商务谈判千变万化，各种各样的谈判者错综复杂，但仍然可以用与谈判有关的心理知识去分析、判断对方的内心世界，并从中获得对谈判各种可能性的洞察能力，从而在谈判中占据主动地位，争取谈判的最后成功。

与谈判有关的心理学知识有文饰心理、压抑心理、移置心理、投射心理、角色心理等。

（一）文饰心理

一个人用对自己最有利的方式来解释一件事情，就是文饰心理在起作用。

狐狸与葡萄的寓言故事众所周知，其实，狐狸对葡萄想得厉害，只是当它意识到自己无法得到葡萄时，为了自我安慰，便掩饰一无所获的失败感，说它根本不想要。这就是文饰心理。

各种各样的谈判中，少不了有"文饰"的心理现象。对方把其要求或条件描绘得天花乱坠，甚至吹嘘得"天上有，人间无"，其实就是文饰心理在起作用。一场谈判结束，谈判者想为谈判的结果吹嘘一番，表明自己的突出作用与贡献，这也是文饰心理在发挥作用。

（二）压抑心理

一个人在自己有意识的思想中，排斥那些令其感到厌烦的或痛苦的情感和事物，就叫作"压抑"。在人们的日常生活中，令人不快的往事或不愿承担的义务就常常会被"忘掉"。弗洛伊德坚持认为，这种"遗忘"是有动机促发的，而不是偶然发生的。

有时，一次国际商务谈判进程一拖再拖，可能就是其中一方的压抑心理在起作用。因此，如果在谈判中遇到这种情况，应该分析对方是否对谈判的条件、甚至谈判的本身不太满意。

(三) 移置心理

人们往往迁怒于无辜者，拿他们当"出气筒"或"替罪羊"。这样的事例比比皆是。一个做丈夫的，上班时挨了上司的训斥，回家后无缘无故地发脾气，同妻子吵架、打骂孩子，这就是移置心理在起作用。

移置心理在谈判中时有出现。倘若对方有平白无故、莫名其妙的情绪变化，就很有可能是移置心理在起作用。

(四) 投射心理

一个人把自己的动机加在别人的头上，就是在"投射"。这经常是一种完全无意识的行为。"以小人之心，度君子之腹"就是一种投射心理起作用的典型描述。其实，"投射"是人们理解和思考外部事物的最普通、最重要的方法之一。这种行为的过程是无意识的，也就是说，这个人并不知道，他是在把自己的意志强加给外部的人或事，是在给它们涂抹主观色彩，甚至对它们加以歪曲。

在谈判中，有时会遇到一些欺诈成性的对手，事后这些人往往会以"人人都在骗人，人人都在被骗"的理由来辩解，这就是用投射心理来安慰自己。难怪萧伯纳说过，一个说谎者受到的最大惩罚，莫过于他不能再相信任何人了。

(五) 角色心理

角色心理又称"角色"扮演心理，是指这样一种行为方式：一个人有意识地掩盖了自己的真面目，扮演成另一种人。

这就是说，虽然只有两个人在谈判，却至少有四种角色（有人甚至认为有六种角色之多）穿插其中。一方是真实的你和你现在扮演的谈判角色，另一方是对手的"真我"和对手扮演的谈判角色。由于谈判角色是由各自的上级和个人所处的环境决定的，难免有时会与各自的"真我"发生各种各样的冲突。例如，你的"真我"认为，对手的谈判条件是合情合理的，而根据上级的要求，你却不得不加以坚决反对。或者，对手提出的谈判条件明明中你的意，但谈判经验告诉你，绝不能流露真情，必须扮演谈判者的角色，继续要挟对手或说服对手，期待他做出更大的让步。其实，不管角色扮演得多么好，出于人的本性和弱点，都会在谈判中不知不觉地流露出一些真实思想来，也就是说，任何一方都会出现两种角色。掌握这种心理知识在谈判中非常有用。高明的谈判者不会被对方的谈判角色所迷惑，他们善于体会对手的言外之意，善于从对手的一举一动中发现对手的真实思想，从而占据谈判的主动地位，所以在谈判中总是高出对手一筹。

心理学的研究解释了人们头脑中的种种神秘现象的本质。由此可以认识到，在国际商务谈判中，人们总是会自觉或不自觉地产生上面提到的种种心理和行为。老练的谈判家能把坐在对面的谈判对手一眼看穿，猜测出对方在思考什么、将如何行动和为什么行动。

第五节 博弈论及其在国际商务谈判中的应用

博弈论也称对策论，是研究决策主体（个人、团队或组织）在一定的环境条件和规则下，同时或先后，一次或多次，从各自允许选择的行为或策略中进行选择并加以实施，并各自从中取得相应结果的过程。在博弈过程中，每个决策主体的选择受到其他决策主体的影响，而且反过来影响到其他决策主体的决策。个人、团队或组织之间的决策行为相互影响的例子很多，寡头市场上企业的价格和产量的决策和均衡就是一个典型的例子。

一、博弈论的产生和发展

与博弈论有关的零星研究在 19 世纪初期就出现了，但博弈论的真正发展还是在 20 世纪。20 世纪 20 年代，法国数学家波雷尔用最佳策略的概念研究了许多具体的决策问题，虽然没有建立起博弈论的理论体系，但却做出了有益的尝试。第二次世界大战期间，博弈论的思想和方法被运用到军事领域中，显示出了它的重要作用。1944 年，冯·纽曼（John Von Neumann）和摩根斯特恩（O. Morgenstern）合作出版了《博弈论和经济行为》，在该著作中阐发了一些数学模型，提出了一些有用的概念，标志着博弈论的初步建立。

20 世纪五六十年代，博弈论获得了较快发展。一批著名学者，如纳什、塞尔腾和海萨尼相继发表了一些产生了重要影响的文章，1994 年的诺贝尔经济学奖是对他们成就的极大肯定。

严格地说，博弈论并不是经济学的一个分支，而应归属到数学中的运筹学中，它实质上是一种研究问题的方法，在军事学、公共选择、国际关系、政治学和经济学中都被广泛使用。博弈论在经济学中的绝大多数应用模型都是在 20 世纪 70 年代中期之后发展起来的，80 年代中期以后，博弈论逐渐成为主流经济学的一部分，受到了越来越多的重视。

二、博弈论的构成要素和类型

博弈包括下列几个要素：参与者、策略或行为、信息、支付函数和均衡。参与者即在所定义的博弈中做出决策、承担结果的个人、团队或组织（也包括国家和国际组织）。策略或行为指的是各参与者各自可选择的全部策略或行为的集合，即每个参与者在进行决策时可以选择的方法、做法或经济活动的水平、量值等。在不同的博弈中可供参与者选择的策略或行为的数量很不相同，即使在同一博弈中，不同参与者的可选策略或行为也常常不相同，有时只有有限的几种，甚至只有一种；有时又可能有许多种甚至是无限种可选策略或行为。信息指的是参与者在博弈中的知识，特别是有关其他参与者的特征和行动的知识。支付函数是指参与者从博弈中获得的效用水平，对应于各个参与者的每一组可能的决策选择，博弈都有一个结果表示各个参与者在该策略组合下的所得和所失，即收入、利润、损失、量化的效用、社会效用和经济福利等，这个结果可以是正值，也可以是负值或零。均衡即指所有参与者的最优战略或行为的组合。

博弈的划分可以从两个角度进行。第一个角度是参与者行动的先后顺序，从这个角度看，博弈可以划分为静态博弈和动态博弈。静态博弈指的是博弈中，参与人同时选择行动或虽非同时选择，但后行动者并不知道前行动者采取了什么具体行动；动态博弈指的是参与人的行动有先后顺序，且后行动者能够观察到先行动者所选择的行动。第二个角度是参与人对有关其他参与人（对手）的特征、战略空间及支付函数的认知。从这个角度看，博弈可以划分为完全信息博弈和不完全信息博弈。完全信息博弈指的是每一个参与人对所有其他参与人（对手）的特征、战略空间及支付函数有准确的认知；否则，就是不完全信息博弈。将上述两个角度的划分结合起来，就可以得到四种不同类型的博弈——完全信息静态博弈、完全信息动态博弈、不完全信息静态博弈、不完全信息动态博弈。博弈的类型不同，博弈的均衡也将不同。

三、不同类型的博弈问题及其在国际商务谈判中的应用

（一）完全信息静态博弈及其在国际商务谈判中的应用

所谓完全信息静态博弈，即各博弈方同时决策，且所有博弈方对博弈中的各种情况下的得益都完全了解的博弈问题。完全信息静态博弈的例子较多，比如说囚犯困境、智猪博弈、齐威王与田忌赛马等。

囚犯困境应该是博弈论中被引用频率最高的例子，它说明了个人理性与集体理性的矛盾问题。现阶段，我国对外贸易发展面临的一个严峻问题就是各外贸企业之间大打价格战，导致"肥水流入外人田"。外商一来，各企业一哄而上，争相降低外销商品的报价。大家都知道这样做的结果，可是都没有动力去改变现状。

智猪博弈反映出了在垄断竞争市场上大企业与小企业之间的关系问题。我国对外贸易面临的另一个突出问题就是出口商品结构不尽合理，政府和学界都呼吁企业加快技术创新。但是，要想提高出口产品结构，就要进行研究与开发，要投入巨额的研究和开发费用，这只有垄断竞争市场上少数大企业才能承担得起，所以中小企业只能选择观望等待。问题是一旦大企业推出了新产品，众多中小企业立刻模仿，由于中小企业没有研发投入，所以生产成本低，这样很快就走到"价格战"的老路上去，导致大企业无法收回研究与开发的成本，丧失了利润激励，所以也渐渐失去了技术创新的动力。

齐威王与田忌赛马是我国古代非常有名的运用谋略的故事，说的是田忌的谋士孙膑如何运用谋略帮助田忌以弱胜强战胜齐威王。这一博弈在国际商务谈判中有广泛的应用。通常，国际商务谈判中的当事人双方和个人在经济实力、谈判能力上是不对等的，这样，处于弱势的一方就必须采用谋略和技巧来与强势一方相抗衡，以便为本方争取较大的利益。通常，双方在谈判之前都会广泛地搜集情报，寻找对方的弱点并在谈判中抓住不放。因为谈判的结果是合同各项条款的综合，而不能仅关注单个项目的得失。中外不少谈判人员都通过谋略的运用为自己的国家、企业和个人争得了利益和荣誉。

（二）完全信息动态博弈及其在国际商务谈判中的应用

与静态博弈不同，动态博弈的根本特征是各博弈方不是同时，而是先后、依次进行选择或行动。由于动态博弈所研究的决策问题的参与者的行为分先后次序，且后行为者在自己行为之前能观察到此前其他参与者的行为，这就意味着动态博弈中各博弈方在关于博弈进程的信息方面是不对称的，意味着后行为的博弈方有更多的信息帮助自己选择行为。一般来说，这是后行为方的有利条件，因为他们可减少决策的盲目性，有针对性地选择合理的行为。

完全信息动态博弈在国际商务谈判中有非常广泛的应用。如在报价阶段，谈判双方通常都要准备几套行为方案，先报价的一方完成报价以后，还价的一方就可以从事先准备的方案中采取有针对性的策略，而不会盲目选择。

当然，完全信息动态博弈在讨价还价的具体过程中还有更广泛的应用。为了使分析简化，假设谈判双方卖方报价和买方还价的价格差是1000美元，剩下的问题是双方就如何让步以消除这1000美元的差距进行磋商。首先，由卖方提出一个分割比例，对此，买方可以接受也可以拒绝。如果买方拒绝卖方的方案，则他应提出另一个方案，让卖方选择接受与否。如此循环往复。在上述循环过程中，只要有任何一方接受对方的方案，谈判就宣告结

束，而如果方案被拒绝，则由另一方再次提出新方案。一方提出一个方案和另一方选择是否接受为一个阶段。再假设由于谈判费用和利息损失等，每进行一个阶段，双方的得益都要打一次折扣，折扣率为 δ，$0 < \delta < 1$。折扣率也称为消耗系数。如果不限制讨价还价的阶段和次数，则这一过程可以大致描述如下：

第一阶段，卖方的方案是自己让步 S_1，买方让步 $1000 - S_1$，买方可以选择接受或不接受。接受则双方让步分别为 S_1 和 $1000 - S_1$，谈判结束；如买方不接受，则开始下一阶段。

第二阶段，买方的方案是卖方让步 S_2，自己让步 $1000 - S_2$，由卖方选择是否接受。接受则双方让步分别为 δS_2 和 $\delta(1000 - S_2)$，谈判结束；如卖方不接受，则进行下一阶段。

上述各个阶段中的 S_1、S_2 都是 $0 \sim 1000$ 之间的实数。

根据夏克德和萨顿的分析，对一个无限阶段博弈来讲，从第三阶段开始（假如能达到第三阶段的话）还是从第一阶段开始，结果应该是一样的。在无限阶段讨价还价博弈中，从第一阶段开始和从第三阶段开始，都是由卖方先出价，然后双方交替出价，直到一方接受为止。因此，博弈就转变为这样一个问题，即买方和卖方的讨价还价如果进行到第三阶段，则双方让步一定是 $(S, 1000 - S)$，这就形成了一个三阶段讨价还价博弈。根据逆推归纳法等，计算出的解为 $S = 1000/(1 + \delta)$，这就是本博弈中卖方的均衡出价，买方接受并获得 $1000 - S$。

（三）不完全信息静态博弈及其在国际商务谈判中的应用

不完全信息静态博弈是指在博弈中至少有一个博弈方不完全清楚其他某些博弈方的得益或得益函数。

国际经济贸易中的拍卖和投标属于不完全信息静态博弈的例子。在拍卖交易中，由于各竞拍方只知道自己对拍卖标的的估价，并不知道其他竞拍者的估价，所以每个竞拍者不知道其他竞拍者的得益。在国际公开招标、投标的例子中，由于投标书都是密封递交的，每个投标方在决定各自的标价之前都无法知道其他投标者的标价。

这种类型的博弈中，拍卖的均衡结果是，每个博弈方的最佳反映是他的报价为自己对拍品估价的一半。这种决定拍卖出价的原则实际上反映了博弈方面的一个基本矛盾，即出价越高拍中的机会越大，但得到的利益就越小；而出价越低拍得的机会就越小，但一旦拍得获得的利益就越大。采用兼顾拍得机会和得益大小的折中方法是其最佳选择。在国际公开招标中，如果投标单位超过两家时，情况就变得比较复杂。

（四）不完全信息动态博弈及其在国际商务谈判中的应用

不完全信息动态博弈是指至少有一个博弈方对其他某些博弈方的得益不是非常清楚。对买方来说，经常存在的情况是自己对想要买的商品的真正价值并无十分的把握，这就足以使买方在交易中犹豫不决了。除此之外，他对卖方的进价更是缺乏了解，因此他无法确定什么价格是卖方真正愿意接受的最低价格，以任何价格成交都无法使他确定是否做了一笔成功的交易。同样的，对于卖方来说，有时也会不真正了解自己所销售商品的价值，比如到底应该加上多少折旧、多少风险系数、人工费如何确定等。

实事求是地说，任何国际商务谈判在一定程度上都可以说是不完全信息动态博弈，因为交易一方无法完全清楚另一方究竟有多想做成这笔买卖，这也就是为什么许多交易中买卖双方总是从"漫天要价、就地还钱"开始,慢慢进行讨价还价的原因,因为双方都想从这个过程中获得更多的关于对方估价和得益的信息,以便为自己争取更多的利益。

复习思考题

1. 谈判的过程结构理论的主要内容是什么?
2. 简述需求层次理论对国际商务谈判的意义。
3. 消费者需求理论能够用于指导国际商务谈判的哪一环节?
4. 与谈判有关的心理现象有哪些?
5. 博弈论对国际商务谈判有哪些贡献?其有何不足?

第三章

我国国际商务谈判的环境及其变化

【案例导读】

东南亚某发展中国家人口数量居世界第四位，经济发展潜力较大。其国内第四大城市B是历史名城，曾于1955年主办促进亚非国家之间发展经济和争取民族独立等问题的国际会议，会议公报中提出了著名的"十项原则"，对国际关系影响颇深而被载入史册。B市距离该国首都J市大约150km，向首都供应蔬菜、水果等日常生活用品，同时也被看作是首都的"后花园"，也称"小巴黎"，气候适宜，风景宜人。两地之间经济交流和人员往来较为密切，但交通情况很不理想，虽然有一条高速公路、一条铁路相连，但高速公路交通堵塞严重，铁路开行的是绿皮火车，单程时间往往要三个小时以上，节假日交通情况更不理想。

为促进两地经济发展，急需改善两地间的交通，建设高铁是一个较为合理的选择。为此，精明的日本公司早在2008年就开始跟踪这一项目，先后做了三次可行性研究，花费了1500万美元，并将建设高铁的报告提交给了该国政府，期待得到这一合同。但是，该国先后两届政府对有关方案都未置可否，表明其对日本提出的方案并不十分满意，试图寻找更能满足该国需要的合作模式。2014年该国新一届政府上台，因其之前在基础设施建设方面取得了较突出的成果而得到民众的认可，所以准备加快这一高铁建设。当年11月，该国总统参加在北京举行的亚太经合组织领导人非正式会议期间参观访问了天津，体验了中国高铁。2015年3月，该国总统先后出访了日本和中国，考察了日本的新干线。日本和中国政府均对项目表现非常积极，竞争也日趋激烈。中国政府向该国总统表示，该国制订了基础设施建设的宏大计划，中国政府鼓励更多实力强、资质好、信誉优的中国企业赴该国投资兴业，参与高铁、轻轨、临港产业园区等项目建设，不仅与该国企业分享技术和经验，而且确保工程进度和品质，会成为该国基础设施建设的最佳搭档。

2015年3月和4月，中国和该国有关部门与企业分别签署了关于高铁项目开展合作的谅解备忘录和框架安排。日本则先后四次派特使访问该国，同时不断优化可行性研究报告。2015年7月，日本特使访问该国期间提交了优化后的新方案，在贷款利率、配套措施等方面提出更加优惠的条件。该国政府难以取舍，决定召开专门会议比较两国方案。

中国处变不惊，沉着应对，按照既定方案稳步推进。8月10日，中国国家发改委主任作为习近平主席特使，专程赴该国向该国总统面呈中方可行性研究报告，宣介中方方案的主要内容、突出优势和建设目标，积极回应该国的重点关切，表达双方合作把该高铁建设成两国务实合作标志性项目的诚意与信心。为了公平竞争，中国明确要求该国正式关闭可行性研究报告后，再对中日双方方案进行评审。但是，8月26日，日本再次派特使出访，再次调整、优化方案，降低了要求为贷款提供主权担保的比例，并提出加强两国海洋合作，包括帮助该国发展东部地区等配套优惠条件。8月28日和31日，中国约见该国相关部门负责人，再次就高铁项目做工作。期间，该国媒体突然集中炒作中国产品质量、高铁安全以及所谓中国劳工入侵等问题。中国立即采取行动，摆事实，讲道理，并到该国首都举办了高铁展览，通过模型、图片、视频、演讲和接受采访等方式，深入细致介绍中国高铁的技术经验、安全性能以及中方方案的综合优势；邀请三批该国媒体朋友到中国亲身体验中国高铁的舒适与安全。中国指出，任何国家在安全记录上都不是尽善尽美的。就在当年7、8月间，日本新干线也因电缆起火而多次停运。关于高铁事故，如果将事故数量和高铁总里程做对比，会得出更为客观的结论。

2015年9月2日，中日两国高铁方案最终比较探讨的部长会议召开。为了更科学地做出决策，该国聘请了美国波士顿咨询公司对方案进行了比较，但波士顿咨询公司并未给出具有决定性意义的建议。该国部长会议给出的结论是，因政府担保和技术方案不适当，同时退回中日两国高铁建设方案，BJ高铁项目取消。但中国并没有放弃，提出了新的方案，尊重该国提出的不使用政府预算、不提供主权担保的决定，同意在友好协商、平等互利基础上进行合资修建，该国占股60%，中方占股40%，双方作为该BJ高铁的共同业主，是名副其实的利益共同体和命运共同体。中国坚持义利并举、以义为先，承诺向该国转移高铁技术，进行本地化生产，帮助该国培训高铁管理和运营人才，在推动中国高铁走出去的同时，把中国高铁技术与经验带到该国，与该国人民分享中国高铁的发展成就。这种诚意让该国十分感动。10月1日，该国国营企业部部长表示，中国与该国合作承建的BJ高铁项目已有更详细的进展，双方在高铁时速、车站数量、投资总额上基本达成了一致。中方将通过中国国家开发银行（CDB）提供大约75%投资总值的贷款，贷款期限为40年，并加上10年的缓期。其余25%的投资额，将由该国四家国企和中国铁路总公司（CRC）合组的财团承担。中国企业与该国企业合作生产高铁车厢，以实现最少50%本土原材料含量的目标。高铁的建设和运营，中方将提供专业工程师，其他员工将优先聘用当地居民。中方还将进行技术转移，包括线路设计、信号系统、操作训练等。

2015年10月17日，中国铁路总公司与该国四家国有企业签署协议成立合资企业，标志着中国企业正式赢得BJ高铁项目。

2016年1月21日，BJ高铁项目开工奠基。3月16日，该国交通部与双方合资公司签署项目特许经营协议，这是该国交通部第一次将铁路的特许经营权给予一家外资持股企业，标志着BJ高铁的全面开工建设获得重要法律保障。

根据协议，两国企业建立的合资公司对BJ高铁的特许经营权为期50年。协议签订后，该国交通部颁发"高铁建设和运营许可证"。其后，由双方企业联合体承建的BJ高铁项目5km先导段实现全面开工，该国国营企业部部长视察先导段建设现场。

2017年4月4日，两国企业合作建设BJ高铁的总承包（EPC）合同终于在该国首都签署。

之后，作为"一带一路"建设重要成果的该项目进入全面实施阶段。

2018年6月，BJ高铁项目22处控制性工程取得突破，标志着项目建设进入全面实施推进阶段。2018年9月，由中国自主研发的出口海外高铁用超大直径泥水气压平衡盾构机下线，这台盾构机用于该高铁工程建设。

2019年5月14日，该条高铁首条隧道贯通，全长608m。2019年9月，项目全线首座连续梁顺利合龙，全线首榀箱梁架设成功，为后续铺轨工作奠定基础。

中国驻该国大使平均每个月一次到现场视察工作，了解情况。中方国内的主管部门高层领导也多次到现场指导。可以说，从项目竞标开始，到持续的谈判，再到建设的全面提速，中国倾注了大量的心血。

项目施工期间，也面临着诸多不确定因素，如各种施工许可、征地搬迁、非政府组织和环保人士的质疑、宗教节日的休假、雨季施工等。双方政府和企业正在克服重重困难，力争按计划时间完成建设。

BJ高铁项目是中国"一带一路"倡议和该国"海洋支点"战略对接的重大项目。是国际上首个由政府主导搭台、两国企业对企业进行合作建设和管理的高铁项目，也是中国高速铁路从技术标准、勘察设计、工程施工、装备制造、物资供应到运营管理、人才培训、沿线综合开发等全方位整体走出去的第一个大项目，对于推动中国高铁走出去，具有重要的示范效应。该项目的谈判，虽屡经波折和变化，但最终实现了协议签订。

国际商务谈判对环境的变化是非常敏感的，制度环境、制度安排诸因素都有直接或间接的影响。当今世界，正处于百年未有之大变局中。这一趋势下，技术进步速度加快。这种大变局对所有国家都是一种考验，对于世界市场中的企业更是一种考验。在各种力量不断分化、重组，利益格局重新调整的过程中，国际商务谈判的重要性大大提高，对外贸企业的经营能力提出了更高的要求，对商务谈判人员的业务能力、沟通能力和应变能力也提出了更高的要求。

第一节　国际商务环境的周期性变化

无论从历史的角度来分析，还是从现实的情况来考察，国际商务环境的实质是世界各国在国际商务活动中所面临的制度环境和技术环境的总和。任何国际商务交易都是在一定的环境下发生和进行的，任何国际商务谈判都不能忽略环境的变化和影响。国际商务环境与世界经济、政治形势密切相关。从世界经济的角度看，其发展是具有周期性的，于是，国际商务环境的变化也必然呈周期性，世界各国政府、企业乃至个人都会为了应对这种周期性变化而采取一定的措施，概莫能外。

一、第二次世界大战前国际商务环境的周期性变化

根据康德拉捷夫的长周期理论，从19世纪中期到20世纪中期，国际经济发展处于"上升波"的时期是1847—1873年、1894—1913年，此时期世界贸易增长率较高，自由贸易政策占据主流地位，国际商务环境较为宽松。19世纪中期至20世纪中期，国际经济发展处于"下降波"的时期是1874—1893年、1914—1945年，此时期世界贸易增长率呈急剧下跌态势。在"下降波"中，技术革命对经济发展的推动力迅速下滑，经济结构的错动加剧，造成各国经济增长缓滞，相互需求普遍萎缩，从而引起世界范围内生产与市场之间矛盾的尖锐化，导致贸易保护政策泛滥，国际商务环境恶化。

例如，1874—1893年第一个"下降波"时期，就曾迫使以废除《谷物条例》、中止《航海条例》、签订《科布登条约》等一系列重大事件为主要过程的自由贸易的进程出现了显著逆转。先是法国在19世纪70年代中止了它与英国和比利时之间的通商条约，继而在19世纪80年代，法国制定了新的《普通关税法》（1881年）和《航运法》（1881年），法意之间爆发了大规模的贸易摩擦，英国出现了"公平贸易"联盟。19世纪90年代，法国又进一步制定了《梅林关税法》（1892年），英国则着手组建"帝国关税同盟"。这些事件形成

了贸易保护主义浪潮。

在1914—1945年的"下降波"期间，贸易保护主义浪潮此起彼伏，特别是20世纪30年代"大危机"，发展成为持续较久的贸易保护主义浪潮，影响深远，教训深刻。某些欧洲国家因贸易保护主义而导致经济陷入严重衰退，失业激增，民众不满情绪急升。1921年英国实行《保护工业法》，对多种重要工业制成品（光学器械、科学仪器、各种化学品等）规定高额进口税，即征收从价税33.33%。法国、比利时、德国、奥地利、意大利、匈牙利、波兰以及印度、澳大利亚和其他一些国家，也分别提高了工业品或农产品的进口税率。美国于1922年实行所谓"竞争性关税"，平均税率超过30%，其中农产品和原料平均进口税率达38.10%，其他商品平均为31.02%，以抵制别国促进出口措施的影响。许多国家还征收反倾销关税，美国、英国、新西兰在1921年，澳大利亚在1922年，南非在1923年，比利时在1924都曾实行过。1930年5月，美国国会通过《斯穆特—霍利法案》，提高了890种商品的进口税率（其中有50种商品由免税改为征税），农产品和原材料的平均进口税率升至48.92%，其他商品的平均进口税率升至34.3%。结果，1931年美国进口商品的平均税率比1914年高出41.5%。美国这一行动成为"关税战"迅速升级的导火线。美国提高关税的法令刚付诸实施，立即有33个国家提出抗议，7个国家采取报复措施，此后不久，共有45个国家提高了关税，以对美国进行报复。1931年年底到1932年年初，美国又先后颁布法令，对一些进口工业品和农产品征收10%～100%的进口税，这个行动更是火上浇油，"关税战"日趋白热化。

长期实行自由贸易和保护关税相结合政策的英国，直到1930年，多达83%的商品仍然免税进口，只有17%的货物是纳税进口的。但从1931年起，英国的政策发生了重大转折，在放弃金本位货币政策的同时，也最终放弃了自由贸易原则，转而推行全面的高保护关税政策。1931—1932年，英国先后颁布《非常进口法》《紧急关税法》《1932年进口税法》等，大大增加应纳税进口的商品种类（1934年有75%的进口商品要缴纳关税），并且规定了较高的关税税率。与此同时，英国还采取了一项影响重大的行动，于1932年7月在渥太华召开英联邦会议，制定了英国及英联邦其他成员国之间在贸易上相互提供优惠待遇的关税制度，即英联邦特惠制。其主要内容是，英国对来自英联邦其他成员国进口的商品给予免税或减税优待，对来自成员国外的农产品则采用高额关税；英联邦其他成员国对来自英国进口的工业品给予减税优待，对来自英联邦范围外的货物则提高关税率。英联邦特惠制以关税为武器，目的在于维护英国在英联邦范围的特殊地位与利益，以阻止其他国家对英联邦市场的渗透。美国一方面在同菲律宾、古巴的贸易交往中实行优惠关税；另一方面则极力破坏英联邦特惠制。美国于1935年同加拿大签订双边贸易协定，1938年又同英国签订贸易协定。

除关税战外，非关税壁垒战也从此引入了贸易政策的范畴之中，包括但不限于进口配额制、许可证制、外汇管制等。1929—1933年"大危机"发生后，物价猛跌，商品倾销和争夺世界销售市场现象加剧，法国、比利时、荷兰及瑞士纷纷实施了进口配额制，最早用于谷物、肉类、乳制品、酒、亚麻、煤等，后来扩至工业制品。第二次世界大战前，在本国进口中受各种数量限制的进口所占比重，在法国、比利时、荷兰及瑞士分别达58%、24%、26%及52%。在德国和意大利，几乎一切进口都受到数量限制。英国于1939年9月通过《政府管制对外贸易的非常职权的法令》，规定绝大多数商品进口必须领取许可证，只有英联邦各国或英镑区各国的某些商品除外。美国在1940年7月通过法令实行出口许可证制度，到 1941 年 12 月开始实行进口许可证制度，一切进口主要商品都要领取进口许可证。一些国家还曾对某些商品实行禁止进口或出口。

外汇管制也于 20 世纪 30 年代初盛行起来，当时只有部分国家实行，到第二次世界大战时期，所有交战国及其领地和许多中立国都实行了外汇管制。

二、第二次世界大战后国际商务环境的周期性变化

第二次世界大战结束后到 20 世纪 70 年代初，世界经济增长进入了"黄金时期"，国际贸易的发展远远超过国际生产的增长。1948—1973 年，世界工业生产的年均增长率为 6.1%。1947 年，世界各国出口总额为 476 亿美元，进口额则为 509 亿美元，1974 年，世界各国出口总额和进口总额分别为 8400 亿美元和 8532 亿美元。这一时期，贸易自由化占据主流地位。

1973 年开始到 20 世纪 90 年代初期，世界经济进入"下降波"，国际贸易的发展速度也有所减弱。在"下降波"时期，新贸易保护主义兴起。其主要表现在五个方面：①被保护的商品不断增加，从农产品转向工业品、服务和高科技产品，贸易保护主义所涉及的领域不断扩大；②限制进口措施的重点从关税壁垒转向非关税壁垒；③反补贴和反倾销案件数量不断增加；④管理贸易政策日益合法化，据统计，1974—1980 年管理贸易占进口贸易的比重，日本从 56% 上升到 59%，美国从 36% 上升到 46%，欧共体从 36% 上升到 45%；⑤贸易政策的重点从限制进口转向鼓励出口。

20 世纪 90 年代初到 2008 年间，经济全球化发展迅猛，国际贸易增长较快。1991 年两个平行市场的消失，1993 年"乌拉圭回合"谈判的结束及 1994 年相关协议的签署，1995 年世界贸易组织的建立，以及区域经济一体化的第二次浪潮等，使得贸易自由化重新成为国际经济政策的主导，国际商务环境明显改善。

在经历了一个接近 20 年的贸易自由化浪潮后，2008 年美国次贷危机引发国际金融危机以及欧债危机后，世界经济复苏乏力，国际贸易的增长幅度下降，成为第二次世界大战后增长最慢的时期。贸易保护主义的兴起使得国际市场的竞争日益激烈。2016 年，随着英国脱欧进程的开启以及美国对外政策中的单边主义兴起，美国退出 TPP，重新谈判《韩美自由贸易协定》《北美自由贸易协定》等，显性和隐性贸易保护措施的使用都有所增多，比如，以保护国家安全、保护知识产权和约束强制性技术转让为名而采取的先进技术出口管制、外资审查加强、实体清单发布等措施，以及以保护人类健康和安全为由的卫生和植物检疫措施（SPS）实施、以提高产品技术要求而人为设置技术障碍的技术性贸易壁垒（TBT）均呈迅速上升的趋势，贸易保护主义再次抬头，自由贸易理念日趋边缘化。

三、当前国际商务环境的特点

当前的国际商务环境，贸易保护主义占据重要地位，国际商务环境有所恶化。从历史经验看，本轮贸易保护主义至少要持续 20~30 年时间，大约到 2035 年之后会发生较为重大的变化。与以往相比，当前国际商务环境具有一定的特点，主要表现在以下三个方面。

（一）贸易摩擦和争端较为频繁地发生于双边层次

在双边贸易争端中，美国挑起的贸易摩擦占据了较大比重，主要集中于美韩、美欧、美日、美中、美印等。比如，旧版《韩美自由贸易协定》来之不易，谈判过程历时 6 年，

2007 年签署，2012 年 3 月生效。美国政府指责韩国以设置非关税壁垒的方式阻碍美国汽车、机械等制造商在韩国扩大市场，强迫要求韩国修改该协定。2017 年 10 月，双方启动谈判，很快在 2018 年 3 月 28 日达成了一致并于 2018 年 5 月 1 日生效。又如 2017 年 5 月，美国总统在意大利参加七国集团首脑会议期间，公开表达了对德国对美巨额贸易顺差的不满，认为德国没有给予美国产品以平等的准入待遇。2018 年和 2019 年，美国与日本、欧盟、中国、印度等发生了多起双边贸易摩擦。

（二）区域经济一体化的发展出现差异化趋势

近年来，区域经济一体化的发展水平参差不齐。欧盟和北美的区域经济一体化进程有所放缓，东亚地区则有所加快。

1. 欧盟和北美区域经济一体化遭遇挫折

2016 年英国脱欧，2017 年美国退出 TPP，2018 年 11 月，美国、墨西哥、加拿大三国签署新的《美国—墨西哥—加拿大协定》以替代《北美自由贸易协定》等，都给了欧盟和北美地区的区域经济一体化进程以重大打击，充分暴露了现有区域经济合作机制的风险和不确定性。

英国与欧盟及其前身欧共体的关系可谓"分久必合，合久必分"。第二次世界大战后，欧洲一体化进程开始起步，1950 年的"舒曼计划"、1951 年的"煤钢联营"到 1957 年的"罗马条约"都曾邀请英国加入，但英国出于多重因素考虑，最终未加入，没能成为欧共体的初创成员国。然而，欧共体成立后，内部分工和贸易发展迅速，法国和德国的经济规模很快超过英国，英国对外贸易体系的重大变化、美国希望加强对欧洲控制等内外因素的叠加，导致英国转变了态度。1961 年，英国第一次提出了加入欧共体的申请，但因英国和英联邦的关系以及法国因顾虑英美"特殊关系"持反对态度，于 1963 年宣告失败。法国担心，一旦英国加入欧共体，将成为美国加强对欧洲控制的楔子、植入欧共体的"特洛伊木马"。1965 年，英国第二次提出入欧申请，美国大力支持并采取了相应的措施，荷兰、意大利和联邦德国也表态同意，1967 年 11 月，法国总统戴高乐再次否决了英国的申请，并进一步指出，英国有朝一日会成为欧共体的一员，但那时他将不在总统之位上。1970 年，英国第三次提出了加入欧共体的申请，1972 年 1 月终获批准。1973 年 1 月 1 日，英国与丹麦、爱尔兰正式成为欧共体成员。加入欧共体后，英国确实搭上了区域内贸易扩展、分工深化、经济增长的"快车"。1953—1972 年，英国 GDP 增长了 2.36 倍，远低于联邦德国的 5.64 倍和法国的 6.49 倍。1973—1992 年，英国 GDP 增长了 6.13 倍，不仅远远高于自身前 20 年的增长，而且也高于法国的 5.31 倍和联邦德国的 6.11 倍。然而，当 1993 年升级后的欧盟加快了货币合作并于 1999 年开始采用统一的货币欧元时，英国却为了维护自身金融强国的地位而拒绝加入欧元区。2008 年的国际金融危机和随后爆发的欧债危机，导致欧盟各国矛盾增多。与此同时，欧盟不断强化货币政策和财政政策的同步性，要求成员国让渡更多主权，英国认为自身承担的义务太多而获取的利益不大，离心倾向不断加强。最终，欧债危机中的分歧和移民问题成为英国脱欧的导火索，并在 2016 年 6 月的公投中得以爆发。之后，英国内部就脱欧方案历经多次讨论仍难以达成一致，脱欧进程多次推迟。英国脱欧严重阻滞了欧盟一体化进程，不利于欧元国际地位的提升，增加了欧盟国家的内耗，欧盟原来具有的区域经济一体化榜样的地位也大大下降。

美国政府于 2017 年 1 月 23 日宣布，正式退出《跨太平洋伙伴关系协定》（Trans-Pacific Partnership Agreement，简称 TPP），当时距这一协定的正式签署还不满一年。《跨太平洋伙伴关系协定》的前身是"跨太平洋战略经济伙伴关系协议"。2002年，新西兰、智利和新加坡在APEC峰会上就建立FTA举行了谈判，文莱于2005年4月加入谈判并最终签署协议。2005年7月，智利、新西兰、新加坡和文莱四国签订了"跨太平洋战略经济伙伴关系协议"（TPSEP）。2008年9月，美国决定参与谈判，并邀请澳大利亚、秘鲁等一同加入。2009年11月，美国正式提出"扩大跨太平洋伙伴关系计划"，澳大利亚和秘鲁同意加入。美国借助TPP的已有协议，开始推行自己的贸易议题，全方位主导TPP谈判。自此，"跨太平洋战略经济伙伴关系协议"更名为"跨太平洋伙伴关系协定"，开始进入发展壮大阶段。2010年，马来西亚和越南成为TPP谈判成员。2011年11月和2012年10月，日本、墨西哥和加拿大先后宣布加入TPP谈判。2015年10月，12个国家结束"跨太平洋战略经济伙伴协定"（TPP）谈判，达成《跨太平洋伙伴关系协定》。2016年2月4日，《跨太平洋伙伴关系协定》（TPP）在新西兰的奥克兰正式签署，当时的12个成员国包括美国、日本、新加坡、澳大利亚、新西兰、加拿大、墨西哥、智利、文莱、秘鲁、马来西亚、越南，基本涵盖了太平洋沿岸大部分国家，贸易总额约占世界的25%，国内生产总值约占世界的40%。《跨太平洋伙伴关系协定》需要各国立法部门（国会、议会）批准通过。但由于美国内部分歧大，加上民主党、共和党两党总统候选人均反对，掌控国会参众两院的共和党高层对部分条款不满意，《跨太平洋伙伴关系协定》在奥巴马任内未能获得国会批准。2016年11月10日，日本通过了TPP协议。2017年1月，美国宣布退出。2017年11月11日，除美国外的11国宣布就继续推进TPP达成一致，11国将签署新的自由贸易协定，新名称为《全面且进步的TPP》（Comprehensive Progressive Trans-Pacific Partnership，简称CPTPP）。2018年3月，经过近四个月的不懈努力，上述11国代表在智利首都圣地亚哥举行了CPTPP的签字仪式。尽管目前CPTPP还处于各成员国国内立法机构批准后方能最终生效的阶段，但作为亚太地区首个大型经济一体化协议，CPTPP的动向值得重视，同时，其包含的更高水平和更深层次的开放措施也需要继续进行研究。

《北美自由贸易协定》（North America Free Trade Agreement，简称NAFTA）签署于第二次世界大战后第二轮区域经济一体化浪潮的起始时期。1989年，美国和加拿大两国签署了《美加自由贸易协定》。1991年6月，美国、加拿大、墨西哥三国开始就自由贸易协定正式展开磋商，经过14个月的谈判，1992年8月，美国、加拿大及墨西哥三国签署了《北美自由贸易协定》。1994年1月1日，该协定正式生效。2016年，美国总统候选人多次宣称，《北美自由贸易协定》是美国有史以来参与的最糟糕的贸易协议，伤害了美国的利益，如果无法在重新谈判中达成一致，美国将退出这一协定。2017年1月25日，为了应对移民问题，美国总统签署"行政命令"，宣布在美墨边境开工筑墙。关于如何解决筑墙的资金问题，美国总统多次表示应该由墨西哥承担，即通过重新谈判《北美自由贸易协定》，美国可以从中获得一部分额外收入，用来支付边境墙的费用。2017年4月和6月美国做出初裁、11月终裁决定对加拿大软木产品征收反补贴和反倾销税，这是美加延续多年的木材贸易摩擦的持续，也具有象征意义。在美国的不断施压下，2017年8月，北美三国就重新拟定《北美自由贸易协定》开始谈判，其间，美国一直态度强硬，加拿大和墨西哥虽然多次表达了不满，但于事无补。2018年11月30日，美国、墨西哥、加拿大三国领导人在阿根廷首都布宜诺斯艾利斯签署《美国—墨西哥—加拿大协定》（简称USMCA），替代《北美自由贸易协定》。

2. 东亚区域经济一体化有所加快

欧洲和北美的区域经济一体化进程遭遇变化的同时，区域经济一体化进程一向滞后的东亚地区却在迎头赶上，进程有所加快。

2019年11月，东盟十国和澳大利亚、新西兰、中国、日本、韩国、印度的国家元首和政府首脑于泰国曼谷召开的第三次"区域全面经济伙伴关系计划（Regional Comprehensive Economic Partnership，简称 RCEP）"领导人会议取得了重大进展。

RCEP 由东盟规划和推动。2011年2月，东盟经济部长会议产生了组建区域全面经济伙伴关系的草案，其后得到东盟十国领导人的正式批准。2012年8月召开的"10＋6"（东盟十国和中国、日本、韩国、印度、澳大利亚、新西兰）经济部长会议原则上同意组建 RCEP，尽早达成自由贸易协定、增加经济活力成为各方共识。2012年11月，在柬埔寨举行的东亚领导人系列会议期间，东盟十国与中国、日本、韩国、印度、澳大利亚、新西兰的领导人，共同发布《启动＜区域全面经济伙伴关系协定＞谈判的联合声明》，正式启动这一覆盖16个国家的自贸区建设进程。2013年5月，RCEP 第一轮谈判在文莱举行。本轮谈判正式成立货物贸易、服务贸易和投资三个工作组，并就货物、服务和投资等议题展开磋商。历经多次谈判后，2017年11月，RCEP 领导人会议发表联合声明强调，RCEP 有助于经济一体化和实现包容性增长，敦促各国代表加紧磋商以早日达成协议。这是 RCEP 磋商开始5年多后首次领导人会议，不仅为进入攻坚阶段的磋商注入动能、指明方向，更向世界发出强烈信号，本区域国家将进一步加强合作，逆全球化难阻东亚区域一体化的进程。2018年11月，我国总理李克强出席第二次 RCEP 领导人会议时表示，RCEP 是基于 WTO 规则基础上更高水平的区域合作协议，在贸易保护主义、单边主义抬头的背景下，这一协定的达成，有利于区域各国向世界发出积极信号。2019年11月4日，第三次区域全面经济伙伴关系协定领导人会议在泰国曼谷举行，会后发布的联合声明指出，15个 RCEP 成员国（除了印度）已经结束全部20个章节的文本谈判以及实质上所有的市场准入问题的谈判，将启动法律文本审核工作，以便在2020年签署协定。

与其他经济大国相比，我国参与区域经济合作的步伐一直较为稳健，也避免了许多风险。截至2019年10月底，我国与25个国家签署了17个自由贸易协定。2019年10月16日，《中华人民共和国政府与新加坡共和国政府关于升级＜自由贸易协定＞的议定书》正式生效。2019年11月，中国和新西兰宣布正式结束两国间的自由贸易协定升级谈判。除了中国—东盟自由贸易区、亚太经合组织外，上海合作组织的经济合作也逐步升级。随着 RCEP 谈判的结束，我国区域经济一体化进程迎来了新的面貌。

（三）经济全球化进程放慢、多边贸易体制面临重大改革

经济全球化是一个历史范畴，伴随着资本主义对世界市场的争夺而展开。18世纪欧洲的资产阶级工业革命直接推动了经济全球化的进程，使得产品的供给与需求、生产与消费带有全球性。19世纪末20世纪初，伴随着第二次科技革命的兴起，以资本主义工业为主导的资本主义世界经济体系在全球迅速推广。20世纪90年代初期以来，随着国际政治格局的变化、科技革命的深入，资本雄厚、技术先进、生产和销售占绝对优势的跨国公司把整个世界的生产、交换、分配和消费组成一个以跨国公司为主导的全球生产网络，进而把不同的国家和地区连接成为一个互相联系、互相依赖的统一体。信息网络技术消除了地区、国家的空间障碍，使各个国家都处于一个紧密联系的生产、贸易、信息网络之中。经济全球化是一个非

常复杂的过程，主要体现在生产全球化、贸易全球化、投资全球化和金融全球化。当前的"逆全球化"思潮，可能导致全球化进程滞缓。不过，美国长期以来奉行的对外政策，造就了全世界大多数国家对全球化的高度依赖，全球化依然具有较为雄厚的基础、较为强烈的需求。如果这一进程被逆转，将会影响世界大多数国家的经济增长和就业稳定。

当前的国际贸易保护主义也冲击了现有的多边贸易体制。众所周知，现有的多边贸易体制由美国主导和建立，来之不易，美国也从中受益良多。1995年世界贸易组织正式取代临时生效长达47年的关贸总协定，世界各国/地区对世界贸易组织推动贸易自由化的能力有过诸多期待。在关贸总协定临时适用生效期间，共举行了八轮多边贸易谈判，使缔约方的关税大幅度下降，非关税壁垒有所减少，促进了国际贸易的发展。其中，第八轮谈判（"乌拉圭回合"）的参加方数量达到139个，达成的双边协定的数量为26400个。

关贸总协定是在美国的策动下成立的，历次多边贸易谈判也主要是由美国发起的。前五轮谈判是在美国展延了《互惠贸易法》之后倡议举行的，1962年美国通过了《扩大贸易法》，主导了第六轮多边贸易谈判，第七轮谈判是在美国尼克松总统的倡议下举行的，因此又曾被称为"尼克松回合"，在此期间，美国通过了《1974年贸易法》，并根据这项法案参加谈判，第八轮谈判也是由美国倡导的，其中只有第四轮谈判由于美国国会对美国政府代表团的授权有限，谈判规模缩小。在历次谈判中，美国都竭尽全力维护自身的利益，一方面促使其他国家降低贸易壁垒、开放市场，另一方面尽量不将本国可能受到外国竞争的商品列入进行谈判的货单中。此外，美国还利用"例外条款""国家安全条款"等特殊规定，在自己认为必要时撤销已减让的关税或提高进口关税。可见，多边贸易谈判早已成为美国争夺国外市场和保护本国市场的重要手段。

世界贸易组织建立以来，只发起了一次多边贸易谈判，即"多哈回合"。由于各缔约方矛盾重重，"多哈回合"多次启动、多次暂停，目前仍处于僵持状态。

2017年以来，美国采用间接手段和直接手段不断破坏多边贸易体制。间接手段上，以国家安全名义推行单边主义和贸易保护。2018年2月，美国发起了232调查，指出进口钢铁和铝产品严重损害美国国内产业安全，3月8日宣布对进口钢铁和铝制品分别征收25%和10%的关税。之后，给予欧盟、澳大利亚、加拿大、墨西哥、阿根廷、韩国和巴西临时豁免权。5月31日，宣布对欧盟、加拿大和墨西哥征收钢铝关税，并威胁对汽车进口发起232调查。美国的主要贸易对象中，除日本、印度、中国、俄罗斯受影响较大外，欧盟、加拿大和墨西哥也未能幸免，成为钢铝贸易争端的主要受害国。从美国与欧盟和日本的贸易谈判看，未来的贸易争端将继续延伸。

美国政府毫不掩饰地对多边贸易体制提出直接批评或加以破坏。一方面直接指责WTO并认为其出现了两大缺陷，即无法维护美国的贸易权益、不受美国控制且透明度存疑，应进行全面改革。另一方面采用直接阻挠的手段损害WTO的权威性，2017年12月，WTO第十一届部长级会议期间，美国代表在准备会议公报时拒绝使用"多边贸易体制的中心地位"字眼，且一直在抵制WTO上诉机制启动法官候选人遴选程序，致使上诉机构法官候选人遴选难以完成，影响了WTO贸易争端解决机制有效性的发挥。在美国的要求下，WTO改革无可避免，缔约方将会在改革方案上展开激烈的博弈和多轮次的谈判，将持续较长时间。

对于众多国内市场规模较小、较多依赖国际生产网络的国家来说，国际市场竞争更加激烈，国际商务环境更加复杂。

第二节 国际贸易保护措施的变迁

2008年国际金融危机和欧债危机后，世界各国经济复苏不明显，经济结构调整缓慢，国际贸易保护主义和单边主义卷土重来，各国贸易保护措施的出台更加频繁。本轮贸易保护主义的政策措施，与以往历次危机中的措施有所不同。纵观以往，国际贸易保护主义依次经历了从政治、经济、行政到法律手段的演变路径，其对应的保护措施分别为闭关锁国、关税措施、非关税壁垒、贸易救济措施。而本轮国际贸易保护政策和措施具有综合性，将政治、经济、行政、法律手段整合到了一起，贸易制裁和禁运、关税、非关税壁垒、贸易救济措施同时使用。贸易保护措施的变迁，具有内在的逻辑性和复杂性，需要高度重视。

一、国际贸易保护措施的变迁路径

自从国际贸易产生以来，贸易保护措施也如影随形地产生了。按照国际贸易保护措施的初衷或者性质看，其发展依次经历了政治、经济、行政、法律到综合手段的演变路径，其对应的贸易保护手段分别为闭关锁国与贸易制裁和禁运、关税措施、非关税壁垒、贸易救济、"一揽子"措施。

"闭关锁国"的性质属于政治措施，在德川幕府时期的日本、李氏王朝时期的朝鲜、明清时期的中国、20世纪60年代到80年代的缅甸都体现得较为典型，是一种较为极端的防御型贸易保护措施。而一个国家对另一个国家采取的限制贸易的政治措施，以贸易制裁和禁运最为典型，美国是实行这一措施最为频繁的国家。

众所周知，关税是一种历史悠久的贸易保护措施，关税的征收，最初的目的多为获取财政收入，因而关税的性质属于经济措施。只是到了近代，由于国内税源的增多，关税的初始功能才逐渐淡化，成为保护国内市场和限制进口的重要手段。但在某些国家，关税仍然是财政收入的重要来源。

非关税壁垒在资本主义发展初期就已出现，20世纪30年代有所增加，20世纪70年代开始成为各国限制进口的主要手段。非关税壁垒的性质属于行政措施，制定得比较迅速，制定的程序也较为简便，具有隐蔽性和歧视性。

贸易救济措施出现于20世纪初期，20世纪90年代中期以来已成为贸易保护的最重要手段。20世纪90年代"冷战"格局结束后，世界进入"一超多强"的单极化世界格局和世界秩序中，美国从中获益颇多。由于贸易救济措施是由进口国企业根据国内相关法律规定发起的，其性质属于法律措施，具有更大的隐蔽性和名义上的合理性，符合各类国家的客观需要。

2008年金融危机后，美国经济实力相对下降，为了长久保持自身优势和国际地位，美国开始采取"一揽子"措施，即在保护美国国家利益的基调上强化竞争意识，综合采用经济、科技、政治、军事、文化、外交和舆论等手段遏制、进而肢解和瓦解有可能对美国地位带来挑战的潜在对手。这一措施是原有一系列手段的升级。

长期以来，国际贸易保护措施基本都是以一种手段为主，其他手段为辅。比如，第二次世界大战结束后，西方国家对苏联和社会主义国家实行了贸易制裁和禁运措施，20世纪80

年代，美国对日本的遏制主要采用了金融手段。而在本轮贸易保护主义政策中，"一揽子"的复合手段并用成为典型特征，即综合运用政治、外交、军事、文化、舆论、科技、经济手段，全方位地实施贸易保护主义。

比如，美国在和韩国重新谈判《韩美自由贸易协定》成功后，仍不放松要求，从驻韩美军军费上对韩国施加了多重压力。这一方法，也用在了欧盟国家身上。在要求印度加入"印太战略"上没有获得实质性进展后，取消印度的普惠制待遇。在和中国的贸易摩擦中，则更是综合运用了几乎所有的手段。在东亚，美国一直在阻挠中日韩经济上的整合，实施"亚太再平衡"战略后不久，"岛争"使当时的中日韩自贸区谈判陷于停顿，"萨德"也阻碍了当时刚生效不久的中韩自贸区效应的发挥。因"亚太再平衡"战略收效甚微，2016年开始，美国又酝酿了"印太战略"，2019年6月，《美国国防部印度—太平洋战略报告——充实军备、伙伴关系和促进地区互联》正式出炉，其内容表明，美国意欲扩大对太平洋的投入并将安全范围西扩到印度洋，同时动员其盟友与伙伴加强防务以确保印太地区的安全、繁荣、自由和开放，维护美国主导的政治、经济和安全秩序，确保美国塑造大国云集、人口密集、战略地位极其重要且生机勃勃的"新东方"，最终服务于美国对整个世界的领导权。这份报告指责中国快速崛起并成为既定秩序的修正者，但依然强调美中是竞合关系。报告认为，中国在很多方面是美国具有共同目标的合作伙伴，中国现在依然与美国拥有伙伴关系。事实上，中美两国同为世界经济和贸易大国，合作是双赢的。

国际贸易保护政策、措施的演变，其演化日益复杂，应对上也更为不易，具有多重性和综合性。

二、国际贸易保护措施变迁的原因

国际贸易保护措施的变迁，既有直接原因，也有间接原因；既有长期原因，也有短期原因；既有经济原因，也有非经济原因。综合起来看，经济危机、国家利益和利益集团是贸易保护措施变迁的主要原因。

（一）经济危机是贸易保护措施变迁的主要诱因

国际贸易政策的演变历史证明，经济繁荣是自由贸易发展的契机，而经济危机则成为贸易保护措施变迁的重要诱因，这一特点从19世纪就开始出现。例如，1873年的危机改变了19世纪前半期自由贸易的进程。1929年开始的"大萧条"，贸易保护主义势头凶猛，发达国家之间爆发了"关税战"。同样，1973年开始的经济危机扭转了第二次世界大战后自由贸易化的进程，非关税壁垒措施日益泛滥。2007年开始于美国的次贷危机，2008年下半年蔓延到全球，成为世界性金融危机，贸易保护主义抬头趋势明显，2018年以来还愈演愈烈。

（二）国家利益是贸易保护措施变迁的根本原因

自从弗里德里希·李斯特明确地以"国家主义"挑战亚当·斯密的"世界主义"以来，世界各国无不把其贸易战略的核心放在国家贸易利益最大化上，即以最小的成本获取最大的收益。各国制定贸易政策的出发点和落脚点就是"趋利避害"——在国际贸易活动中以最小的损失谋取最大的利益，由此形成了一部"利益"的争夺史。15世纪至17世纪，重商主义在各国贸易政策中占主导地位，以方便本国积累更多的货币财富。18世纪，英国率先发起和完成了工业革命成为"世界工厂"，此时英国最大的利益所在是实行自由贸易政策，于是，处于当时的国际分工核心地位的英国就竭力倡导自由贸易政策。后起的德国和美国则竭力主张贸易保护主义，旨在保护本国工业的发展。第二次世界大战后，由于美国成为最强经济大国，其最大的利益所在是实行自由贸易政策，因此形成了战后的自由贸易浪潮。

次贷危机引发的国际金融危机爆发以来，美国经济实力相对下降，为了维护自身的超级大国和强国地位，除了采取措施吸引制造业回归、大规模减税外，还在高科技领域公开打压竞争对手。德国、日本、法国等也为了维护国家利益而做出了较为务实的选择。国家利益成为当前贸易政策呈现出周期性的主要原因，并成为贸易保护措施变迁的根本原因。

（三）利益集团是贸易保护措施变迁的主要推动者

利益集团对贸易政策的影响已经得到了越来越多学者的认同。按照标准的国际政治经济学分析，一国利益集团可分为进口竞争集团、出口集团和消费者集团三种，其中，进口竞争集团对贸易保护和进口限制措施的需求最为强烈；出口集团如果遭受的贸易报复较轻或受到的影响相对较小，不会反对贸易保护措施；消费者集团由于人数众多且分散，并存在着投入与产出的不对称，很难有组织地反对进口限制措施的实施。因此，只要进口竞争集团进行院外游说活动的收益大于成本，就会积极行动，推动政府制定有利于其自身利益的贸易政策，即限制进口。许多国家政府首脑的选举和国会选举与利益集团的活动存在着密切的联系，利益集团的活动会使政府政策偏离国家整体福利最大化的目标，贸易政策成为少数利益集团相互协调和讨价还价的结果。保护贸易的实施，会对国际分工和国际生产网络造成一定的破坏，影响参与其中的所有国家。

第三节 "一带一路"倡议及其主要领域和进展

一、"一带一路"倡议的提出

（一）共建"丝绸之路经济带"的倡议

2013年9月7日，国家主席习近平出访哈萨克斯坦时，在纳扎尔巴耶夫大学发表题为《弘扬人民友谊 共创美好未来》的重要演讲，首次提出了以"五通"为核心的共建"丝绸之路经济带"的倡议。习主席指出，为了使欧亚各国经济联系更加紧密、相互合作更加深入、发展空间更加广阔，我们可以用创新的合作模式，共同建设"丝绸之路经济带"。这是一项造福沿途各国人民的大事业。我们可从以下五个方面先做起来，以点带面，从线到片，逐步形成区域大合作：第一，加强政策沟通；第二，加强道路联通；第三，加强贸易畅通；第四，加强货币流通；第五，加强民心相通。

（二）共建"21世纪海上丝绸之路"的倡议

2013年10月3日，国家主席习近平访问东盟时，在印度尼西亚国会发表了题为《携手建设中国—东盟命运共同体》的重要演讲，提出共建"21世纪海上丝绸之路"的倡议。习主席指出，东南亚地区自古以来就是"海上丝绸之路"的重要枢纽，中国愿同东盟国家加强海上合作，使用好中国政府设立的中国—东盟海上合作基金，发展好海洋合作伙伴关系，共同建设"21世纪海上丝绸之路"。中国愿通过扩大同东盟国家各领域务实合作，互通有无、优势互补,同东盟国家共享机遇、共迎挑战,实现共同发展、共同繁荣。

就此,"一带一路"国际经济合作倡议全面形成。

(三)"一带一路"倡议升级为国家级规划

2013年10月,我国召开了全国周边外交工作座谈会。习近平主席提出:"要同有关国家共同努力,加快基础设施互联互通,建设好丝绸之路经济带、21世纪海上丝绸之路。"

2013年11月,十八届三中全会通过了《中共中央关于全面深化改革若干重大问题的决定》,其中在构建开放型经济新体制方面要"建立开发性金融机构,加快同周边国家和区域基础设施互联互通建设,推进丝绸之路经济带、海上丝绸之路建设,形成全方位开放新格局"。

2013年12月,中央经济工作会议提出了2014年经济工作的六大任务,其中不断提高对外开放水平的重要方向之一是"推进丝绸之路经济带建设,抓紧制定战略规划,加强基础设施互联互通建设。建设21世纪海上丝绸之路,加强海上通道互联互通建设,拉紧相互利益纽带"。

2014年3月,《政府工作报告》提出2014年的主要经济工作之一是开创高水平对外开放新局面。报告强调要"抓紧规划建设丝绸之路经济带、21世纪海上丝绸之路,推进孟中印缅、中巴经济走廊建设,推出一批重大支撑项目,加快基础设施互联互通,拓展国际经济技术合作新空间"。

2014年12月,中央经济工作会议上提出要"构建全方位对外开放新格局,推进丝绸之路经济带和21世纪海上丝绸之路合作建设"。"一带一路"倡议由最初的国际经济合作倡议升级为国家经济发展的重要规划。

二、"一带一路"的范围与总体构想

(一)"一带一路"涵盖的范围

从倡议提出到实施至今,"一带一路"涵盖的范围越来越大,越来越多的国家从最初的观望到开始积极参与其中。

"一带一路"涵盖亚、非、欧、南美的约70个国家,总人口40多亿,占全世界的近2/3,经济规模占全世界的约1/3,货物和服务出口占全球约1/4。

在国际层面,丝绸之路经济带的地域范围从中国向西延展至中亚、西亚、独联体国家及中东欧国家,向南延展至南亚。21世纪海上丝绸之路,从中国出发向东南延展至东南亚、经南亚至东北非,同时向东南延伸至南太平洋和南美国家。丝绸之路经济带和21世纪海上丝绸之路在南亚和西亚地区交汇,形成涵盖亚非欧的广泛合作区域。

在国内层面,丝绸之路经济带涉及新疆、陕西、甘肃、宁夏、青海、内蒙古、黑龙江、吉林、辽宁、广西、云南、西藏、重庆13个省、自治区、直辖市,21世纪海上丝绸之路囊括上海、福建、广东、浙江、海南5个省、直辖市,"一带一路"范围包括18个省、自治区、直辖市。

(二)"一带一路"的总体构想

2015年3月28日,在博鳌亚洲论坛上,中国发布了《推动共建丝绸之路经济带和21世纪海上丝绸之路的愿景与行动》(以下简称《愿景与行动》),明确阐述了中国推进"一带一路"倡议的总体构想,确立了共建原则、框架思路、合作重点、合作机制、中国各地开放态势等，充分体现了国内外统筹对外开放的新理念。

第一，共建"一带一路"的发展目标是"打造政治互信、经济融合、文化包容的利益共同体、命运共同体和责任共同体"。

第二，共建"一带一路"将秉承"共商、共建、共享"的理念，以及"开放合作、和谐包容、市场运作和互利共赢"四大原则。

第三，共建"一带一路"的总体框架是基本形成两大网络和五大通道。两大网络分别是安全高效的陆海空通道网络和高标准自由贸易区网络。五大通道是指构建涵盖"一带一路"自东向西、陆上和海上延展的五条跨区域大通道。在丝绸之路经济带上有三条通道：中国经中亚、俄罗斯至欧洲（波罗的海）；中国经中亚、西亚至波斯湾、地中海；中国至东南亚、南亚、印度洋。在21世纪海上丝绸之路上有两条：从中国沿海港口过南海到印度洋，延伸至欧洲；从中国沿海港口过南海到南太平洋。

第四，共建"一带一路"将以政策沟通为重要保障、以设施联通为优先领域、以贸易畅通为重点内容、以资金融通为重要支撑、以民心相通为社会根基、五大方向同步协调推进区域合作。

第五，共建"一带一路"将以现有双边及多边合作机制为主要支撑，同时与创新型的合作机制，包括亚洲基础设施投资银行、丝路基金以及"一带一路"国际高峰论坛等相互补充，高效推进共建进程。

第六，打造国内外统筹开放的"一带一路"建设格局。以我国西北、东北地区，西南地区，沿海和港澳台地区，内陆地区为主要区域，确定其参与"一带一路"建设的开放定位以及合作重点。

《推动共建丝绸之路经济带和21世纪海上丝绸之路的愿景与行动》的发布标志着"一带一路"由倡议步入实施阶段。

三、"一带一路"的主要方向

"一带一路"是我国主动参与全球经济合作的首倡，也是参与全球治理的新尝试，是名副其实的"中国方案"。

（一）新型国际合作理念

习近平主席指出，"一带一路"是将我国"和""合"的传统处世之道理念与世界共同的历史文化遗产——丝绸之路精神，即"和平合作、开放包容、互学互鉴、互利共赢"有机结合的典范。"一带一路"涵盖了我国"亲诚惠容"的周边外交理念和"共商共建共享"的全球治理与国际经济合作理念。中国贯彻亲、诚、惠、容的周边外交理念。"亲"，是指我们与周边国家很亲近，感情好。"诚"，是指对周边国家的态度真诚。"惠"是指利益的相互给予。"容"是指我们能容纳周边国家，能以大度容人的态度与周边国家相处。在世界格局趋于多元化背景下，"亲、诚、惠、容"外交理念阐述了中国外交的核心信仰，传递了中国声音。中国奉行与邻为善、以邻为伴的周边外交方针和睦邻、安邻、富邻的周边外交政策，通过共商、共建"一带一路"使周边国家搭乘中国发展"便车"，使中国的发展成果更多惠及周边国家以及更多国家的人民，让各国共享，与各国携手实现和平、发展、合作的愿景，打造利益共同体。

（二）"一带一路"建设的机制保障

"一带一路"是泛区域经济合作倡议，打造了全新的经济合作平台，开创了一种新型的国际经济合作模式。"一带一路"框架下的国际经济合作与其他国家推进的合作模式差异在于不设标准，也没有门槛，任何一个国家都可以根据自身的发展水平、经济结构、法律制度、营商环境和文化传统的特点探讨符合其国情的合作模式。"一带一路"是双边、多边及区域相结合的混合国际经济合作模式，"一把钥匙开一把锁"的合作方式充分体现了"一带一路"国际合作模式的创新性与包容性。

（三）"一带一路"建设的方式

以国际直接投资为主要形式的"一带一路"建设将遵循市场规律和国际通行规则，充分发挥市场在资源配置中的决定性作用，坚持企业主导、政府推动。以企业为主体、市场为导向，企业自主决策、自负盈亏、自担风险。政府加强统筹协调，制定发展规划，改革管理方式，提高贸易和投资便利化水平，完善支持政策，营造良好环境，为企业"走出去"创造有利条件。鼓励国有企业、民营企业、大中小微企业等各类企业共同参与，保障各方受益，实现互利共赢，使合作可持续发展。

（四）形成全方位对外开放的新格局

"一带一路"将改变我国以东南沿海为主的对外开放态势，形成全方位、平衡的对外开放新格局。体现为，在对外开放的方位上东西并重、陆海联动，既有沿海沿边沿江开放，也有内陆腹地开放；在对外开放的对象上，既向发达国家开放、也向发展中国家开放；在对外开放的方式上，将"引进来"与"走出去"相结合，国内外统筹协调。

四、"一带一路"建设的主要领域和进展

"一带一路"建设的重点领域在于经贸合作，积极推进"五通"，即政策沟通、设施联通、贸易畅通、资金融通、民心相通，以点带面，从线到片，参与国之间的经济要素有序自由流动，资源高效配置和市场深度融合，共同构建开放、包容、均衡、普惠的区域经济合作构架。"一带一路"倡议是中国向世界提供的最大公共产品之一，涉及区域之广袤，合作成员之众多，治理模式之深刻，操作层面之繁杂，都是前所未有的。正因为如此，"一带一路"倡议自提出至今，在国际社会经历了一个从疑惑到争议再到广泛支持的过程，取得的进展和成果都超出预期。

（一）政策沟通

政策沟通是设施联通、贸易畅通、资金融通、民心相通的基础和保障，是在政策和法律上为区域经济融合"开绿灯"。在"一带一路"进行贸易、投资合作和基础设施建设方案合作的时候，合作双方在合作的领域首先要进行政策层面的沟通，研究政策层面能够保障合作成功的可行性以及实施要求。政策作为上层建筑，其制定和实施的过程是相当复杂和严谨的，"一带一路"合作的国与国之间，地区与地区之间的政策沟通，是一项涉及方方面面的系统工程，所涉及的所有问题，均需各国政府之间的紧密配合。因此，政策沟通是"一带一路"建设的基础，其关键在于能否获得国际社会的广泛认同。"一带一路"倡议提出至今，中国一直寻求并实现了与不同国家和地区的发展战略和计划的对接，如哈萨克斯坦的"光明大道"、蒙古国"草原之路"、俄罗斯的"跨欧亚大通道建设"、欧盟的"容克计划"、英国的"北方经济引擎计划"、波兰的"琥珀之路"、印度尼西亚的"全球海洋支点"等，

均与"一带一路"实现对接合作。同时积极探索多边的合作机制，利用多边外交和首脑外交，在国际场合和多边组织中推广"一带一路"倡议，如 2016 年 9 月与联合国开发计划署签署关于共同推进"一带一路"建设的谅解备忘录，随后国家领导人又在金砖国家领导人会议和亚太经合会议上推动"一带一路"建设。2016 年 11 月 17 日，"一带一路"倡议被写进第 71 届联合国大会决议，呼吁国际社会为"一带一路"倡议建设提供安全保障环境。

为了促进"一带一路"建设和加强国际认同，中国举办了"一带一路"国际合作高峰论坛。第一届论坛于 2017 年 5 月 14 日至 15 日在北京举行，29 位外国元首、政府首脑及联合国秘书长、红十字国际委员会主席等 3 位重要国际组织负责人，以及来自 130 多个国家的约 1500 名正式代表出席论坛。2019 年 4 月 25 日至 27 日，第二届"一带一路"国际合作高峰论坛在北京成功举行，论坛的主题是共建"一带一路"、开创美好未来。包括中国在内，38 个国家的元首和政府首脑等领导人以及联合国秘书长和国际货币基金组织总裁共 40 位领导人出席圆桌峰会。来自 150 个国家、92 个国际组织的 6000 余名外宾参加了论坛。论坛期间，与会各方就共建"一带一路"深入交换意见，普遍认为"一带一路"是机遇之路，就高质量共建"一带一路"达成广泛共识，取得丰硕成果。各国政府、地方、企业等达成一系列合作共识、重要举措及务实成果，中国作为东道国对其中具有代表性的成果进行了梳理和汇总，形成了第二届高峰论坛成果清单。清单包括中方提出的举措或发起的合作倡议、在高峰论坛期间或前夕签署的多双边合作文件、在高峰论坛框架下建立的多边合作平台、投资类项目及项目清单、融资类项目、中外地方政府和企业开展的合作项目，共 6 大类 283 项。

目前，已有 127 个国家和 29 个国际组织同中方签署"一带一路"合作文件。第二届论坛期间，有关国家和国际组织同中方签署了 100 多项多双边合作文件，一些国家和国际金融机构同中方签署了开展第三方市场合作文件。这些都是对构建全球互联互通伙伴关系的重要贡献。

（二）设施联通

设施联通是"一带一路"建设的优先领域，不连不通、连而不通、通而不畅的现象是"一带一路"沿线最大的"瓶颈"之一，严重制约着经济的发展。

根据世界银行的资料，"一带一路"上近 20 个国家的基础设施发展水平较低，包括东南亚、南亚和部分中亚国家，已制约其经济发展。世界贸易组织专家分析，基础设施相对较差国家比基础设施中等水平的国家对外贸易额减少 1/3。"一带一路"很多国家正处在工业化、城市化的起步或加速阶段，对能源、通信、交通等基础设施需求很大，但供给严重不足，面临建设资金短缺、技术和经验缺乏的困境，因此大力推进基础设施的互联互通和国际大通道建设便成为"一带一路"建设的亮点与难点，也是"一带一路"国家的关切点。

设施联通将拓展各国在陆路、海洋、航空以及互联网等领域相关项目及设施建设，同时加强运输便利化的制度协调，力争打造安全高效的陆海空通道网络，使互联互通达到新水平。除交通基础设施以外，还将加强能源基础设施互联互通合作，共同维护输油、输气管道等运输通道安全，推进跨境电力与输电通道建设，积极开展区域电网升级改造合作。同时，还将共同推进跨境光缆等通信干线网络建设，提高国际通信互联互通水平，畅通信息丝绸之路。加快推进双边跨境光缆等建设，规划建设洲际海底光缆项目，完善空中（卫星）信息通道，扩大信息交流与合作。最终实现基础设施全方位、立体化、网络状的大联通。

目前，中国与 40 多个沿线国家实现空中直航，共签订了 130 多个公路、铁路、海运等运输协定。一批国际公路、铁路通道正在加紧建设之中,在中亚中欧之间开通了多条客货运输道路通道,新亚欧大陆桥和中欧班列累计数量不断增加。中国企业在"一带一路"沿线承担了多个大型项目,在电力、通信设施和交通领域均有重要进展,一批标志性项目落地,如中交集团承建的蒙内铁路(蒙巴萨—内罗毕铁路)于2017年5月底建成通车。2019年7月底,中国成功完成肯尼亚蒙内铁路和内马铁路交汇点内罗毕南站行车指挥控制系统换装工程,实现了肯尼亚首个铁路枢纽站——内罗毕南站的升级改造,两条铁路达到组网运营条件。中国的铁路装备已经实现了各洲的全覆盖。未来10年,"一带一路"沿线基础设施投资将进一步加大,为设施联通注入强劲动力。

【案例分析】

为了参与由中国提出的"一带一路"倡议并期望从中获益,2018年年底,某东盟国家高级官员透露,该国将向中国投资者提供价值600亿美元(约4000亿元人民币)的新项目。一些中国官员和专家也前往该国家进行考察,寻找可融资项目。该国海事部副部长表示,自2017年以来,该国一直在与中国政府就总价值500亿~600亿美元的基础设施项目进行接触,其中包括总价值350亿美元的四座水电站项目,以及建设煤矿坑口发电厂、工业园区、港口等。不过,该国副部长表示,该国坚持所有项目交易都采用B2B(商业对商业)方式进行,拒绝接受政府对政府的借贷,因此所有项目达成协议的时间比预期要长,这种方式可以帮助该国规避因政府借贷而带来的风险。另外他还表示,中国的任何投资都必须聘用当地工人,使用最先进、最环保的技术,并允许转让技术。此外,中国电力建设集团公司曾在一份声明中表示,2018年10月,该公司和该国某水电能源公司签署了一座电厂一期工程的采购和施工合同,项目价值178亿美元。可见,"一带一路"倡议已经给沿线国家带来了实实在在的改善基础设施和提高技术水平的机会,该倡议的广阔市场前景已经被越来越多的国家所认识,越来越多的国家和企业正在加强与中国的合作。

(三) 贸易畅通

贸易畅通是"一带一路"建设的重要内容,古代丝绸之路首先是一条贸易之路,只有在贸易畅通的情况下才会产生设施联通和资金融通的需求,才有了民心相通的物质基础。中国与"一带一路"国家的贸易额约占中国进出口总额的1/4,在为沿线国家提供大量工作岗位的同时也有力地推动了产业升级,加速了沿线国家的工业化进程。我国已经成为全球制造业大国,装备制造能力强、质量好、性价比高,具备资金、技术、人才、管理等综合优势。与此同时,我国还拥有约3万亿美元的外汇储备,居全球第一位,成为世界主要资本输出国,对外投资快速发展,为企业"走出去"奠定了重要物质基础,也为"一带一路"沿线国家借助外力发展本国经济创造了有利条件。

中国积极探索建立经贸合作区,出现了一批具有示范效应、运作良好的标志性园区,如泰中罗勇工业园、柬埔寨西哈努克港经济特区。同时,互联网技术的发展为贸易畅通提供了新渠道,在提高交易效率的同时大大降低了贸易成本。跨境电子商务方兴未艾,在5G部署加快的情况下,中国利用自身国内市场的发展经验,搭建跨境电子商务平台,大力推动电子商务"走出去"。

同时,贸易保护主义抬头的形势下,中国致力于推动"一带一路"沿线贸易投资便利化与自由化进程,消除贸易与投资壁垒,提高通关效率,促进各国开放市场,形成更加公正合理的国际贸易规则,进一步完善全球经济治理规则与秩序。拓宽贸易领域,优化贸易结构，挖掘贸易新增长点，促进贸易平衡。创新贸易方式，发展跨境电子商务等新的商业业态。建立健全服务贸易促进体系，巩固和扩大传统贸易，大力发展现代服务贸易，包括教育、医疗、旅游、科技等具有人文交流与贸易往来双重功能的合作领域，提升法律咨询、金融服务和通信服务等领域的合作，为扩大投资创造良好条件。把投资与贸易有机结合起来，以投资带动贸易发展。

同"一带一路"沿线国家拓展相互投资领域，开展农林牧渔业、农机及农产品生产加工等领域深度合作，积极推进海水养殖、远洋渔业、水产品加工、海水淡化、海洋生物制药、海洋工程技术、环保产业和海上旅游等领域合作。加强资源深加工技术、装备与工程服务合作。由此，一方面可以带动我国相关产业设备的出口，另一方面也有利于促进沿线国家和地区经济的发展，提升工业化水平，增加就业与税收。与此同时，在对外投资过程中还加强各国在新一代信息技术、生物、新能源、新材料等新兴产业领域的深入合作，推动建立创业投资合作机制。

（四）资金融通

加强基础设施互联互通是共建"一带一路"的重要方向，"一带一路"沿线国家大多为新兴经济体和发展中国家，这些国家基础设施建设需求旺盛但资金紧缺，融资缺口巨大。通过筹集各方资金共建"一带一路"是一项异常迫切而又艰巨的任务。

构建多边金融机构，弥补现有国际金融体系的不足，为"一带一路"建设提供有效的金融支持。积极推进亚洲基础设施投资银行、金砖国家开发银行和丝路基金等金融机构的运行，同时推动中国—东盟银行联合体、上合组织银行联合体等区域金融合作平台，以银团贷款、银行授信等方式开展多边金融合作，大力吸收国际金融机构和各国主权基金参与相关项目建设，引导商业性股权投资基金和社会资金为"一带一路"项目提供融资支持。积极建设亚洲货币稳定体系、投融资体系和信用体系。推进本币互换与本币结算，推动人民币的国际化进程，大力发展亚洲债券市场等。

随着贸易的拓展，人民币投资和跨境业务日益受到"一带一路"沿线国家的关注，推动了人民币国际化的进程。目前，我国对"一带一路"沿线国家累积的直接投资已经达到我国对外直接投资总额的20%，其中1/5以上是人民币直接投资。中国将进一步拓展人民币离岸业务，利用人民币离岸市场，把握金融领域的数字化、网络化大趋势，创新区域金融合作方式，同时稳定人民币汇率，为"一带一路"建设提供金融动力。

构建区域投资风险监管及防范体系。"一带一路"以发展中国家和新兴经济体为主，相对于发达国家，投资风险比较高。根据中国出口信用保险公司的评估，"一带一路"沿线国家的平均投资风险等级为5.5级，在总评级为9级的标准中风险处于中偏高水平，有效防范投资风险是一项艰巨任务，为此应签署双边"监管合作谅解备忘录"，建立区域高效监管协调机制，构建区域性金融风险预警系统，建立跨境风险和危机处置的交流合作机制等。

（五）民心相通

民心相通是"一带一路"建设的人文基础。古丝绸之路既是商路，也是各国文化交流的纽带。加强人文交流是提升我国软实力的保障，也是"一带一路"建设的重要抓手。相对于经贸合作而言，人文交流是我国开展国际合作的短板，提升潜力巨大。"以利相交，利尽则散；以势相交，势去则倾；惟以心相交，方成其久远"。国家关系的发展，说到底要靠人民心通意合。国之交在于民相亲，民相亲在于心相通。"一带一路"倡议提出以来，中国同沿线国家的人文交流机制不断完善,高层互访,互派留学生,签证便利化进一步推进。目前,我国与"一带一路"沿线的多个国家已达成学历互认。一系列文化交流活动丰富多彩,如文化年、旅游年、艺术节、电影节等。同时依托"孔子学院"在丝路国家不断推广中国传统文化,如汉语、书法、武术等。民心相通在于相互理解和相互认同,我们要有文化自觉和自信,充分把握传统文化与时代的共鸣点,讲好中国故事,塑造好国家形象,增强话语的说服力和感召力。切记要尊重和欣赏不同文化,文化交流互鉴的理想境界应该是各美其美,美人之美,美美与共,天下大同。唯有民心相通,"一带一路"才能成为和谐的"大合唱",具有扎实的民意基础。

复习思考题

1. 简述国际商务环境周期性变化的主要表现。
2. 简述国际贸易保护措施的变迁路径。
3. 简述"一带一路"倡议提出的过程。
4. "一带一路"建设的主要领域有哪些?

第四章
国际商务谈判的人员构成和素质要求

【案例导读】

2017年，日本钢铁企业神户制钢大规模造假丑闻浮出水面，且事态持续升级，影响范围不断扩大，受到影响的企业已超过500家，其中不乏波音、空客、丰田、三菱等多家世界500强企业。日本制造走下神坛，不再是神话。其实，早在2000年，中国的三峡工程就差点被日本钢铁坑了。事情经过是怎样的呢？

2000年5月8日上午，湖北省出入境检验检疫局⊖驻三峡工程办事处检验员王先生正在当班，接到三峡工程开发总公司下属国际招标有限公司来人的报验："从日本进口的一批热轧钢板到货了，请尽快检验。左岸电站工地最近就要投入使用。"这批钢板主要是用来制作直径12.4m的引水钢管，直接相连于左岸7～14号水轮发电机组的蜗壳部位，将被浇筑在混凝土坝身上永久使用。三峡工程有关专家指出，这是承接三峡工程心脏的主动脉血管，直接关系到三峡工程的内在质量，上上下下都很重视。特别是承受着来自库内393亿m^3水形成的几十万吨、甚至是几百上千万吨的强大压力，所以对板材质量的屈服强度、抗拉强度、延伸性能和冲击韧性等技术要求极高。

为此，三峡工程在2000年初运用国际招标方式，优中选优地选定了日本钢铁制造业巨头住友金属工业株式会社生产的低合金碳素结构钢板。总合同量达4000t，价值170多万美元，要求2000年5月全部运抵三峡坝区，6月份投入使用。此次报检的首批共60块，重669.408t，货值28万多美元。按照工程进度要求，这批钢板如果检验合格，立即被巨型卷板机加工成1/3弧状，然后吊运到施工现场焊接成引水管通道。

左岸电站是三峡二期工程中的核心工程，1998年浇筑站房基座，2000年是左岸电站水轮发电机组安装的关键时期，贻误一天，就有可能对一环扣一环的三峡工程建设带来影响。次日上午，王先生向出入境检验检疫局驻三峡工程办事处余主任报告了有关情况，早早来到会议地点，与这批进口货物相关的三峡工程开发总公司下属的几个单位，和监理单位西北水利设计院，以及日方住友金属都派出项目负责人或代表，就这批钢板检验事宜进行了商谈。大家依据王先生的意见确定了检验程序，然后，一起来到钢板存放现场实施抽样。经抽样检测，这些钢板每块长13.15m左右，宽1.72～2.03m不等，厚度均为58mm，平均每块重11t。抽检的样板尺寸规格和外观质量均符合合同要求。

5月11日，王先生又会同三峡工程方面从5块样板中，截取大小尺寸为250mm×60mm的样坯，送往国营403厂实验室进行化学成分和物理性能实验，这是我国检验检疫部门认可的钢材实验室。然而，检测结果却出人意料，实验报告显示，在检测的屈服强度、抗拉强度、延伸性能、冲击韧性等四个项目中，1～4号试样的冲击韧性达不到合同要求，也与日

⊖ 根据机构改革方案，原国家质量检验检疫总局的出入境检验检疫管理职责和队伍目前已划入海关总署。

方合格单提供的技术数据相差甚远。

检验结果出乎所有人的预料，日本是世界钢材生产强国，从品种规格到质量精度无一不世界领先，怎么会有问题呢？而且厂检合格单做得很细致，详尽列出了各类技术项目的检验数据，且这些结果远远超过合同要求。有人质疑，会不会是我们的实验室满足不了要求，才检出不合格的呢？种种猜测和议论，给三峡工程办事处的检验检疫人员带来了巨大的压力。把合格当成不合格，影响了三峡工程建设进度，检验检疫部门负不起这个责任，自身的声誉也将受损；把不合格当成合格，一旦三峡工程出了质量问题，检验检疫人员也就成了千古罪人！

三峡工程办事处余主任和检验员王先生俩人商量后，决定扩大抽样比例，进行二次实验，在原来5块样板的基础上，再增加抽取5块样板，重新进行4个项目的全面检测，重点做好冲击韧性和延伸性能实验。5月30日至6月6日，余主任带领王先生天天守候在实验室，组织人员一次次认真地进行检测。实验中，他们还邀请三峡工程业主的监理单位，对从制样到检测的每个环节都实行跟踪监理，进行全程录像，再一次证明，中国检验检疫部门对这批钢材的检验是认真的、科学的、严格的，实验室的加工条件、人员素质、技术标准及检测方法也都具备了实验要求，完全有能力承担起这一并不尖端的常规实验。

第二次的实验报告出来了，样品仍然不合格。同时还发现不少检测数据不是分布在一个相对集中的区域内，离散度很大，由此进一步判定板材整体质量不均匀。三峡工程办事处的检验检疫人员再次断定这批钢板有质量问题。余主任和王先生迅速把这一重大情况向宜昌市出入境检验检疫局领导做了汇报。最后，经研究确定，立即向三峡工程业主通报检验结果。三峡工程业主有关方面把检验结果向日方三井物产株式会社和住友金属工业株式会社做了通告，要求日方尽快派人前来处理。

谁知日方却以傲慢的口气，回绝道："不可能，不可能！我们是世界上一流的名牌企业，绝不会出现这样的质量问题。你们的检验数据忽高忽低，太令人难以置信了！"最后表示，他们希望看到中国检验检疫的正式结果证书，否则是不会前来洽谈的。

为慎重起见，6月13日，余主任和王先生带着有关资料和样坯赶到湖北省出入境检验检疫局，就有关情况做了专题汇报。局领导指示将有问题的两个炉号、4块试样送武汉钢铁研究所，就冲击韧性和拉伸性能进行再次实验。结果显示，其中3块试样的冲击韧性依然不合格！一套样坯，两处实验场所，三次检测均出现不合格。该批钢板存在品质缺陷，已毫无疑问。6月19日，三峡工程办事处在三次检验结果的基础上，拟出了编号为4200041000002808的品质不合格证书，经省局主管副局长审定签发，给日方以明确和肯定的答复。

接到中国官方检验检疫机构出具的不合格品质证书后，日方也似乎感到了事情不妙，迅速组成了阵容庞大的谈判小组，派三井物产株式会社总部代表植田浩幸及武汉办事处负责人川岛诚一郎、住友金属工业株式会社技术负责人大西一志及上海办事处的渡边太郎等有关专家人员赶到宜昌，就这一问题进行磋商。

6月22日上午，中日双方第一次坐在了一起，就钢板出现的质量问题开始谈判。中国检验检疫部门作为谈判的第三方，首先向日方通报了检验结果，并就整个检验过程做了全面详细的介绍。然而，日方对此不屑一顾，时不时打断中国检验检疫人员的发言，咄咄逼人地再三质问。一会儿说中方抽样不规范，一会儿说中国实验室条件太简陋，一会儿又说检测标准是不是不科学……凡此种种，归结一点，对这一结果表示怀疑，不能接受。还一再反复强调,他们的钢板是按合同要求规规矩矩组织生产的。面对日方的无理狡辩,我检验检疫人员也毫不示弱,不卑不亢、有理有据地一一予以回应和驳斥。

谈判双方各执一词,互不相让,你来我往,频频过招。末了,日方看使出浑身解数也压不住中国谈判人员的质疑,不得不向宜昌市出入境检验检疫局提出复验要求,并由三峡工程办事处与日方三井和住友两家株式会社一起,在工地现场进行共同抽样。这一次又从全部炉号中抽取12块钢板(包括前面所抽取的10块),再从其上截取尺寸为300mm×85mm的样坯。日方同时还把2号和9号钢板的试样,带回日本本土进行检验。

根据我国法律法规的相关,同时参考日方要求,中方特意聘请湖北省出入境检验检疫局化矿处刘处长为专家组组长、高级工程师刘工程师和钢材科邓科长为专家组成员,组成复验专家小组,具体承担这批钢板的复验和证书的复核工作。专家们慎重筛选决定,把所取样坯送往中国进出口商品质量认证委员会认定的武钢集团质检中心进行检测。

正当专家小组在武汉准备展开工作之机,不料"留守"的日方代表川岛诚一郎、渡边太郎二人按总部的"旨意",向专家小组提出了一个个非分要求:首先一定要由他们在武汉选实验室,遭到中方拒绝后,又提出希望参加实验全过程,从样坯加工和试样检测都能够在场。

对日方这一"鬼把戏",几位专家心知肚明,复验室能受日方左右?这是大是大非的原则问题,更是国际贸易中一个国家尊严和主权的体现。刘处长义正言辞地指出:"我们的复验,是按照国际惯例和我国的法律依法进行的,本着科学公正和实事求是的原则,不会偏听偏信哪一方,也不会受任何一方的影响和支配。既然你们委托我们复验,我们有权利按规定选定实验室,并对结果负责。你们的这些要求,在国际贸易中无论哪国的公正鉴定机构都不会接受和答应的。"一席话,说得日方代表尴尬至极,再不提其他"想法"了。

7月4日,专家小组出具复验报告,正式传真到宜昌市出入境检验检疫局:"受其委托,根据国家出入境检验检疫局《进出口商品复验办法》的规定,对三峡工程办事处出具的编号为420004100002808品质不合格证书,按照TGT - TGP/EM200001JP合同规定,我们对检验该批进口钢板所依据的标准、方法及检验程序进行了审查,认为整个检验符合合同要求。三峡工程办事处与日方共同抽取的12块复验样品,专家组依据合同规定的标准,制订了检验方案,并决定此次实验在武钢CCIBLAC实验室进行。专家组对整个实验过程进行了监督,实验程序符合标准规定,检测结果见CCIBLAC实验室报告。根据报告,专家组认为编号为420004100002808品质不合格证书的检验结果是正确的。"

7月12日,中日双方在三峡坝区进行第二次谈判。这一次,日方派出了以高级专家、住友金属本部厚板部主任永吉明彦为代表的5人谈判小组。

中方首先向日方宣布复验结果,并紧紧围绕着钢板为什么会出现质量问题,日方厂检合格怎么解释,日方对三峡工程这一项目工期延误应负的责任,如何尽快向中方做出应有的赔偿并保证今后供货质量等关键问题,向日方展开了质询。

这一次,日方与上一回仿佛判若两人,不仅对中方友好客气,还表现出异乎寻常的恭敬。最后十分认真地表示"完全信服中国检验检疫部门的复验报告"。又承认因其采用了尚不成熟的"新"的生产工艺,致使钢板质量出现偏差。就此进一步做了一连串的"解释"。

后来,中方得知中国检验检疫的复验结果,与日方带回国内的样品检测结果是十分一致的。

日方谈判代表不得不站起来，对因其钢板质量问题给三峡工程建设带来的影响给予深刻道歉；对已检出的不合格炉号钢板答应全部退换；对剩余2个炉号暂未发现质量问题的14块钢板，愿意协助中方实施逐张检验，如不合格也一并退货。今后供货中，一定保证钢板质量。由此给中方造成的损失，日方"将尽快派人前来进一步洽谈，并积极进行赔偿"。

谈判结束后，检验检疫人员又按照谈判结果，应中日双方的申请，对另外两个炉号的钢板，进行了逐张取样检测，其结果仍达不到双方约定的合格要求。至此，日本住友金属工业株式会社发来的首批60块钢板，被整批判为不合格品，做全部退回处理。

三峡工程业主各方对中国检验检疫人员，在这次历经两个半月的引水钢管进口钢板检验、出证和谈判中，所表现出的严谨求实、公正科学的态度和敢于与发达国家进行技术较量、斗智斗勇的精神给予了高度的评介。对他们尽职尽责、严格把关，为保证三峡工程顺利建设所做的大量工作也给予了充分的肯定。

要做好国际商务谈判工作，无论是谈判前收集信息资料、制定谈判方案，还是在谈判中坚持原则、精心选择策略以及灵活运用谈判技巧，都离不开谈判人员的高效率工作。谈判本身更是一种思维要求较高的活动，是对谈判人员知识、智慧、勇气、耐力的考验，也是谈判人员之间全方位的竞争和较量，因而对谈判人员个体的素质要求较高，包括谈判人员的文化知识、技术水平、业务能力、商务知识、法律知识的掌握情况，还包括其政治觉悟、气质、性格特征以及临场应变的能力等。国际商务谈判涉及面很广，一项交易的谈判往往不是单个人能全部承担和胜任的，比较重要的业务一般采取集体谈判的方式。谈判人员团体涉及三方面问题：谈判团体的组成、相互之间的分工和协作以及谈判团体的约束和管理。一个谈判团体，其成员素质良好且相互配合和谐，是成功谈判的基础。

第一节　国际商务谈判的人员构成

一、谈判班子的组成原则

1. 需要原则

应该根据谈判内容的难易和复杂程度及工作量的大小来确定谈判班子的人员数量。一般性的谈判，一两个人就可以完成；而成套设备的交易和经济合作，还有投资规模大的合资谈判和开发性工程项目，则需要相应的技术、商务、法律等方面人员参加，必要时还可分成若干小组，分别就某一领域的问题进行专题谈判，以提高效率。

2. 结构原则

谈判班子的人员配备要考虑人员结构的合理与配套。就国际工程承包项目而言，谈判班子的人员配备要齐全一些，并可根据实际情况进行增减。

专业技术人员参加谈判是必要的，有助于解决专业性、技术性问题。但专业技术人员在参加谈判前，需要进行谈判知识的培训，以适应谈判工作的需要。

3. 精干原则

谈判班子的建立，对参加人员要精打细算，能少就少，一专多能者多兼任些工作。一些知识面广的专业人员有利于减少谈判班子的人数和提高谈判的效率。出于经济效益的考虑，不要安排与谈判无关或多余的人员参加，因为这样做不仅会损害谈判班子形象，还会给对方留下管理效率低下的不良印象，甚至可能造成经济损失。

4. 对应原则

一般而言，双方参加谈判人员的数量并不要求完全对等。但有时同国外大公司、大企业进行重要谈判，对方人才济济，并聘请了专业顾问参加，为了便于对口谈判，可根据对方人员的专业情况选派相应的人员参加谈判。另外，也要防止出现对方谈判人员精干，而我方谈判人员过多，易被对方各个击破或挑选突破口而造成谈判被动的情况。

二、国际商务谈判的人员构成

谈判的当事人是指主持谈判及参与谈判的各方人员。当事人出现的形式有两种情况：台前和幕后。台前是指直接上谈判桌的人员。幕后是指不直接与对方谈判，而为台前的谈判人出谋划策或准备谈判资料的人员。

（一）台前当事人

1. 主谈人

主谈人是谈判桌上的主要发言人，也是谈判的组织者。其作用是将预先准备好的谈判目标和策略在谈判桌上予以实现。其主要任务是以其敏捷的思维、伶俐的口齿，与对方辩论或说服对方接受自己的方案。主谈人应具有思维敏捷、深思熟虑、掌握谈判主动性、善于逻辑推理、具有较高专业知识水平、有帅才风度等。倘若主谈人能具备这些条件，将会达到最佳的谈判效果。此外，精明的主谈人会像杰出的演员一样，善于扮演好自己的角色，绝不会轻率越过界限干扰别人。

2. 谈判组长

谈判组长是谈判一方在台前的领导者，肩负交易一方对谈判目标实施的任务。在谈判桌上，谈判组长虽不是主要发言人，但有权发言，可以补充主谈人的论述，也可以独立回答或驳斥对方。在主谈人出现偏差时，可以做出严肃的否决，以维护谈判效果。当然，有经验的主谈人很少出现重大失误。

作为谈判组长，要深刻理解己方的谈判目标，熟悉标的的技术特征，对问题观察深刻而全面，组织能力强，工作方法灵活，实践经验丰富。

3. 技术人员

谈判涉及比较复杂的问题时，需要有专门的技术人员参加。熟悉生产技术及产品性能、品种、规格、设计、工艺和技术发展动态的技术员、工程师或总工程师参加谈判，可负责对有关产品性能、技术质量标准、产品验收、技术服务等问题的谈判，也可与商务人员紧密配合，为价格决策做技术参谋。

4. 商务人员

商务人员（或经济师）由熟悉市场行情、价格条件、交货和存在的风险并熟悉合同条款、交易惯例、支付方式与资金担保等方面的人员担任。

5. 财务人员

财务人员由熟悉成本情况、支付方式及金融知识并具有较强的财务核算能力的财务会计人员担任。

6. 法律人员

法律人员由律师或学习经济、法律专业知识的人员，或特聘的律师、企业法律顾问或熟悉有关法律规定的人员担任。法律人员主要负责合同文件、合同条款的法律解释和把关工作，其不但要熟悉国内的有关法律，而且要熟悉国际贸易惯例、国际市场规则和交易对手所在国家的有关法律规定。

7. 翻译人员

在国际商务谈判中，对于正式场合或主谈人不便或不能直接用外语与对方商谈的场合，要配备高水平的翻译人员，以便主谈人集中构思和表达实质性问题。翻译人员不仅要有熟练的外语翻译和表达能力，还要懂得专业技术知识，善于与人紧密配合，工作积极，纪律性强。

8. 记录人员

记录人员由熟悉计算机操作技术并能高水平地快速录入文字的人员担任。

（二）幕后当事人

谈判当事方的幕后人员，主要是指负责该项谈判业务的主管企业、公司或部门的领导，以及谈判组中不上谈判桌但要为上谈判桌的人员准备资料的人员。

1. 领导人

领导人的职责在于监督并指导谈判组的全体工作进展，直至完成预定的谈判目标。领导人的尽职是一场谈判成功的保证。谈判成败的命运在很大程度上掌握在主谈人和谈判组长的手中。至于谈判是否需要领导人的密切关注，当然要看谈判标的的重要性。在需要领导人指导谈判时，应掌握下述3个环节：

（1）提出谈判策略或技巧的建议。在谈判组诞生后，作为领导人的第一件事，应明确其分工；第二件事，要求其汇报谈判方案；第三件事，根据其汇报及各种条件的要求，确定其谈判目标，同时给予必要的谈判谋略和技巧方面的建议。

（2）听取汇报。谈判展开后，作为领导人可以主动提出汇报的要求：随时或者阶段性汇报。一般要求随时汇报，但是由于随时汇报相对较耗费时间，所以实践中一般采取将阶段性汇报与急事急报两者结合起来。大中型谈判可以分为4个阶段来汇报：

1）技术谈判结束前。

2）价格谈判中期，即双方均开始讨价还价后，并各自均有所让步之时。

3）合同条文谈判的最后分歧妥协前。

4）最后结束谈判分歧前，视谈判的具体情况可能有增减。

从实务看，这4个时机应抓紧汇报工作。坚持这4个阶段是因为：

1）技术条件上的争让，涉及谈判目标中的技术目标的实现，也涉及谈判方在所谈及技术水平上的长远规划，还与接踵而来的价格谈判有直接关系，技术水平下降或上升自然要反映在价格上。

2）在讨价还价的几个回合后，双方均有一个判断对方的价格立场、成交诚意、妥协的时机问题，这需要洞察力、经验、决心。谈判组不宜贸然行事，也需要领导人拍板。

3）合同条文包括法律与经济以及程序上的规定，最后条件的妥协，必然是谈判中最棘手的问题，领导人应该予以指导，以求圆满解决。

4）结束分歧意味着最后的妥协，如妥协在预案之中还好说，如妥协在预案之外就难办了。这个成败的关键时刻，需要汇报研究整个谈判的内容及有关各方面情况，所以领导人必须参加。

（3）适当干预。在谈判陷入僵持之中时，为解决困境，领导者主动出面干预是必要的。

干预方式可以是会见，也可以是举办便宴，还可以是做出某种让步。在谈判过程中，对方谈判负责人有可能要求会见领导人，就出现了被动干预的情况。对方为了达到某个目的而安排的"会见""宴请"，一味回避是不太合适的。因为"拜会性"与"友谊性"的谈话与便宴是缓和双方关系、改善谈判气氛的一种举动，若回避不当就会给人以失礼的感觉，不一定对谈判有利。在被动干预中，一是要详细了解谈判态势；二是不要轻易表态，肯定或否定谈判桌上谈到的"悬案"，更不要碍于"面子"而中了对方的激将法，信口许诺。即使为了效果和面子需要许诺时，也应该在谈判组商榷之后。这里又涉及被动干预之前的主动准备的问题。在对外贸易谈判中应尽力避免"即兴干预"，因为即兴干预有时会导致失礼、失体、失时。如接见次数过多，会使自己谈话的分量减轻。接见多了会"宠"坏对方，对自己的威严与对自己部下的地位均会不利。假若选择时机不当，在对方正处于无理或骄纵之时做"殷勤款待"，反而会灭自己威风，长他人志气，对谈判结果只会有害无益。

2. 后援人员

大型经济贸易谈判或者复杂的谈判，还需要配备一定的后备力量，以便于搜集、分析资料。他们必要时可直接参加谈判，也可在谈判出现问题时替换台前谈判人员。后援人员的作用很重要，尤其在大型的谈判中，涉及面宽，资料的翻译、查阅、分析需要人力、时间。准备得越充分，掌握的资料越多，谈判的成功率就越大，失误的机会越小。后援人员犹如后方的"军工厂"，为前方制造"武器和弹药"，谈判成败有他们的功劳与责任，用好他们很重要。

（1）让后援人员了解全局，增强其参与感。让后援人员了解谈判总貌（而非细节）是必要的，他们有了更多的参与感，才会有更多的责任感。了解方式有：让其参加谈判桌下的情况通报会，让其负责人参加谈判等。

（2）搜集资料的要求要有针对性。不要随意让后援人员搜集、整理资料，应根据谈判的实际需要，分轻重缓急提出资料单。因为时间紧，在人手有限的情况下，应重点地使用力量。若完不成甲项，又改为乙项，会使他们对所交任务的严肃性失去认识，随之会产生懈怠情绪。

（3）给予积极的评价和鼓励。在后援人员的资料被应用后，最好通报一下，使他们知道劳动取得了成果，更有干劲与责任心。在言谈之中，应注意重视后援人员的作用，不宜过分地归功于台前人员。

第二节 国际商务谈判人员的素质要求

一、谈判人员的一般素质要求

一般而言，谈判人员应力求达到以下几方面的基本素质要求：

（一）良好的思想品德素质

在国际商务谈判中，谈判者不仅要维护国家、企业和个人的经济利益，同时也要维护国家、企业和个人的形象，维护国格与人格。因此，谈判者必须具备良好的政治素质和道德品质素质。

首先，谈判者要能够正确处理与谈判有关的国家、企业和个人利益之间的关系，把谋求组织利益和国家利益放在首位，坚决反对和防止损公肥私、假公济私的人上谈判桌。

其次，谈判者要了解和熟悉我国和对方国家的政策、方针法规及国际惯例，避免发生与政策相抵触的无效谈判行为，更不能有违法行为。一旦谈判人员出现违法行为，要承担相应的民事责任和刑事责任。

再次，谈判者要有强烈的事业心和责任感，既能坚持原则，又有必要的灵活性。同时，谈判者要有诚心、信心和耐心，具有开拓进取的精神。

最后，谈判者要注重礼仪和礼节，举止优雅、谈吐大方。

（二）必需的心理素质

在实际谈判中，谈判者心理素质的好坏往往会起到关键性的作用，特别是谈判人员的气质和能力表现。

心理学上的气质是指人的生理因素影响和决定的动力特征，包括人的心理活动时的速度、强度、灵活性和稳定性等。不同气质的谈判人员表现出不同的谈判风格。

心理学把能够完成某种活动的个性心理特征称为能力。谈判者应具备的能力是综合性的，它包括分析能力、推理能力、决策能力、运筹能力、公关能力、表现能力等。谈判者只有具备了良好的心理素质，才能做到遇事不惊、勇于开拓和善于创新。

（三）必需的专业知识素质

在业务能力上，谈判者要具有良好的专业基础知识，特别是要了解和熟悉每次谈判所涉及的有关专业知识。

知识与能力是密切关系的，但两者之间也有区别。一个人有了知识，不见得就有能力，能力要在实践中不断积累而提高；反过来，一个能力强的人，不见得具备所有知识，要根据客观需要，不断学习，不断补充知识。

谈判班子内部可以实现知识互补，因此不一定苛求每个谈判者都是对谈判事项各方面有深刻研究的专家。但主谈人必须是具有综合业务知识的高层次复合型人才，这样才能在谈判中应付自如并取得成功。

随着信息技术的发展和国际经济贸易竞争的日趋激烈，对谈判人员专业知识的要求也越来越高。同时，由于知识更新的速度大大加快，谈判人员在不断补充实践经验的同时，也必须加强理论学习，这样才能跟上时代发展的步伐。

（四）良好的语言文字素质

谈判是交流信息和磋商的过程。如果交流顺利，双方都能充分了解对方的意图，谈判进行就要顺利得多。相反，沟通不力，甚至造成误解，就很难达成共识和签订成功的合同，即使达成合同，在履约过程中也会产生种种障碍。因此，一个从事国际商务的谈判者必须具备较高的语言文字素质，能有效地运用语言、文字来表达自己的思想和感情，能吸引对方的注意力。准确、生动、幽默的语言，可以活跃谈判气氛，化解矛盾，促使谈判成功。这就要求谈判者在语言文字方面能够做到：

（1）能清楚、流利、恰当地表达自己的意见。
（2）能准确运用书面语言，表达磋商的条件和协议的内容。
（3）认真倾听、分析、理解对方语言。
（4）协调运用肢体语言，包括面部表情、手势语等来表达和传递信息。

二、主谈人和负责人的特殊素质要求及挑选

此处着重讨论主谈人和谈判组长的选择问题。应该说，只要具备上述一般素质条件的人就可胜任。不过，许多谈判表明，仅具备上述条件还不够，应该考虑得更全面些。

（一）主谈人

大型项目的谈判，桌面上的主谈人可能有两名：一名商业主谈人，另一名技术主谈人。主谈人是与对手在谈判桌上的主要交锋者，因此，对他的挑选尤其重要。

1. 地位要求

无论是商业主谈人还是技术主谈人，其在企业、公司或部门的地位对其承担的主谈人角色有相当的影响。地位是权力的象征，也是谈判决策能力的标志，谈判双方均会关注并采取相应的谈判措施。实践表明，地位高低与谈判标的的重要性成正比。谈判标的所涉及的金额越大，政治影响越大，主谈人的地位也越高。谁也不会为小标的而出"大将"，除非这个小标的是个"引子"，或者是作为进行重大交易的"突破点"。而对大标的的谈判，谁也不会随便找人负责，否则会造成无诚意之嫌，使对手放弃成功谈判的努力。因为，主谈人一方力量太弱，会失去主动。"主动"涉及谈判桌上的日程安排、谈判方式、讨价还价方案的抛出。所以，主谈人的身份应与谈判的标的相称。对方的主谈人身份高低仅作为参考，因为企业与社会制度的不同，无法与我国的企业和社会现行职务相对应。

2. 年龄要求

实践表明，不同年龄阶段的人在交往中会引发对方不同的态度，商业谈判中也不例外。谈判的年龄要求可分为3档：老、中、青，相对于3种谈判级别。30岁以下的业务人员，承担小型、单一的交易谈判，会有很好的表现。若承担中、大型交易谈判，会力不从心。30～45岁的业务人员，是谈判桌上的"中年人"，可以承担小型谈判，也可承担大型谈判主谈人的角色。45岁以上的业务人员，可以说是国际商务谈判中的"老年人"，主要承担中、大型谈判的主谈人角色。这样的年龄分配，对谈判对方来讲也是顺理成章、无可挑剔的。当然，在现实生活中，打破这种常规年龄分配的例子也有。

3. 风度要求

主谈人的风度往往对谈判成败起着重要作用。风度包括外表与内涵两个方面。外表包括：长相、衣着与举止行为。生理上有缺陷就很难有风度，会给谈判带来消极的气氛。衣着脏旧或过于怪异，会给谈判对方不舒服感，可能产生无心谈判的想法。举止尤其重要，站不直、坐不稳都会让人产生轻浮、不礼貌、不认真之感。

（二）谈判组长

鉴于谈判组长侧重全面组织工作，而不承担谈判桌上的论战，对其的选择条件就有所不同。

选择关键在其权力和地位。只要身居管理位置，有一定的权力就行。在实务中，担当谈判组长的人，多在30岁以上，风度要求与主谈人一样。

三、不同情况下对谈判人员的特殊素质要求

（一）主谈人和谈判组长分别由两人担任时的要求

在两种职责分离时，势必由两名代表组成一方的当事人核心。若如此组织，则应掌握两种职责的界限及不同职责的作用。

由于主谈人和谈判组长均是重要的谈判组织者，他们一个在谈判桌上发挥最重要的作用，另一个统揽谈判全局工作，所以相互间的配合很重要。所谓配合，是指两人能互相合作、互相补充，做到珠联璧合。如果其中一人不能很好地履行自己的职责，或者总是越权行事，就会严重破坏对内对外的平衡，影响谈判班子的团结，从而会影响最后的谈判效果。

除了从个人的角度加以考虑外，明确的、带有纪律性的分工，也是保证配合的必要条件。原则上，整个谈判组的所有活动应由谈判组长负责，如组织谈判前的方案准备，在谈判桌上协助主谈人实现方案，及时向上级请示汇报。在方案的准备过程中，主谈人应服从谈判组长的领导，在每场的谈判中是主要发言人，是谈判桌上的组织者，也是谈判方案的执行者。每个人不得任意"越位"。在谈判中出现预案没有考虑到的情况时，均不得随意表态。若无十分明显的错误，谈判组长不应草率否定主谈人的论述。无论出现任何情况，在谈判桌上，两者都应互相尊重。尤其是谈判组长要尊重主谈人在桌面上的指挥作用；同时主谈人对组长提出的干预性意见也应表示尊重。两人绝不可在桌面上相互抨击或发泄不满。

（二）一人兼任主谈人和谈判组长时的要求

当谈判组长与主谈人为同一人时，该人员即应具有二者的作用与功能。实务中，这种具备上述二者特点的人员是不多的。即主谈人兼组长的人总会有这样或那样的不足。作为一身兼两职的人员，更应该随时保持头脑清醒，要力求客观，切忌主观片面。尤其要向上级领导多请示汇报，争取理解与指导，并虚心听取助手们的意见。

（三）单兵谈判时的要求

在外贸谈判实务中，有不少单项进口或出口商品的谈判。在许多情况下，这些谈判系单个业务员与对手谈判成交签约。与前面提到的台前、幕后的当事人要求有所不同。在进口商品时，一般凭订货卡所列技术要求对外询价、谈判。在出口商品时，凭生产商或本公司可以提供的规格向外报价、谈判。一个业务员就是当事人，台前是他，幕后也是他。不过，在幕后他必须通过电话、传真等方式与订货单位或供货单位联系。

对于单兵谈判人员的要求，除了前面提出的思想作风正派、心理素质过硬、良好的语言文字功底和能力外，对专业知识的要求是格外高的，要具有丰富的横向、纵向（即"T"形）知识结构。

从横向方面来看，要了解：我国有关对外经济贸易的方针政策；我国政府颁布的有关涉外法律和规则；国际贸易惯例；国外有关法律知识，包括贸易法、技术转让法、外汇管理法及有关国家税收方面的知识；各国各民族的风土人情和风俗习惯；金融、汇率、市场知识；谈判心理学和行为科学；不同国家谈判对手的风格和特点。

从纵向方面看，要了解：所经营的商品在国际、国内的生产状况和市场供求关系；商品的价格水平及其变化趋势的信息；产品的技术要求和质量标准；商品本身的性能、特点和用途；商品的生产潜力和发展前途等知识和信息。

第三节　谈判人员的培养和管理及谈判小组的禁忌

一、谈判人员的培养

谈判人员应具有较高的素质，而素质并不是天生造就的，主要依靠后天培养。

1. 社会培养

社会培养主要是指对基本素质的培养，包括基础文化知识、经济理论知识、谈判理论的教育，还有比较重要的，如人际交往能力、决断能力、毅力、健康心态的培养等内容。社会培养营造的环境很宽广，它给谈判人员奠定了一个最基本的素质。社会培养的目标也是不确定的，培养目标不太精确，严格地说，它只是提供了一个谈判人才的"毛坯"。

2. 企业培养

企业对谈判人员的培养是有意识、有系统的培养，一般包括四个阶段，即先打基础、现场观摩、牛刀小试、独当一面。企业应着重帮助谈判人员处理好两个转折点：谈判受挫时，防其气馁并善于引导；谈判成功时，防其骄傲并严格要求。

（1）先打基础。新的谈判人员加入谈判队伍中，无论其年龄大小，作为组织领导者，第一件事就是向其讲授和交代本行业的基本知识和要求，并检查其是否掌握了这些基本知识和要求。采取的形式可以有两种：集中授课和单兵教练。前者是指接受任务之前集中时间，系统授课，考试合格再上阵。这种方式便于检查效果，并适合人员较多的情况。后者是指以师傅带徒弟的方式，明确专人负责。这种方式便于安排，常用于增加零星谈判新手的情况。

（2）现场观摩。谈判是一门实践性很强的学科，"纸上得来终觉浅，绝知此事要躬行"。初入谈判队伍的人员应该在打好理论基础的前提下，多进行现场观摩。一般情况下，企业应创造合适的时机，让新手以记录员或主要辅助人员的角色现场感受谈判的气氛，以积累经验。

（3）牛刀小试。经历以上两个阶段后，新手就可以在一些金额不太大，对企业利益影响不大的谈判中一试身手。

（4）独当一面。如果一个谈判人员在若干次的小型谈判中都有不错的表现，就可以参加复杂、金额大的谈判。

3. 自我培养

外因是通过内因起作用的，有了良好的社会培养和企业培养的条件，谈判人员也要抓紧一切时间，利用一切机会，使自己尽快适应工作。为此，谈判人员应谦虚好学、勇于实践和善于总结。

（1）谦虚好学。谈判人员不论什么出身，都不能自我满足、自我骄傲，要谦虚谨慎地向谈判业界前辈和高手学习，只有这样才能少走弯路，快速成长。

（2）勇于实践。谈判人员应主动抓住和争取一切可以利用的场合和时机，磨炼自己的谈判经验和技巧，并能不断地付诸实施。"实践出真知"，只有多实践，才能得到第一手资料，实施自己的构想。

（3）善于总结。每次观摩或参加谈判之后，谈判人员都应做文字总结工作，而且这一工作应在谈判结束后的最短时间内进行，这样才可以及时总结成功的经验和失误的教训。对于谈判中出现的失误，要区分情况，查找原因，并尽快做出补救措施。只有善于总结，才能牢记经验和教训，避免再次失误。

二、谈判人员的管理

1. 组织好谈判班子

挑选好谈判班子的各类组成人员和专业人员，对主谈人或谈判组长应给予足够的授权。

2. 调整好领导与谈判人员之间的关系

下级服从上级，上级尊重下级的意见，最重要的是明确各自职责范围，明确各自权力的划分，建立共同的奋斗目标。在实际谈判中，领导对谈判人员要给予充分的信任、理解、谅解、协调和支持；下级也要及时汇报情况。

3. 调整好谈判人员之间的关系

谈判人员相互之间应该默契、信任、尊重，达到有效合作的目的，以保持工作效率。其措施有：

（1）明确共同的责任和职权。

（2）明确谈判人员的分工。

（3）整个谈判小组共同制定谈判方案，集思广益。

（4）明确相互的利益。

（5）共同检查谈判进展的状况，相互支持。

（6）小组负责人充分尊重小组人员的意见，处处关心，把小组建成一个团结、友爱、共同奋斗的团队。

4. 加强对单兵谈判人的检查和教育

加强对单兵谈判人的检查和教育主要从对人的检查、对客户的检查、对合同的审查、对谈判人员的教育等几个方面进行。

单兵谈判人拥有最大的决策权，但也容易产生差错，如笔误、概念上的错误。有时发现问题为时已晚，业务员就隐瞒起来，怕对自己不利而不报告，所以对其加强检查很有必要。在我国对外贸易迅猛发展的条件下，也给了国外投机商以机会。有的外商无本经营，对所签订的合同没有履约能力；有的实际上是骗子，以卑劣的手法行贿，拉业务员下水。所以对客户进行审查十分重要。对未经过资信调查的客户，不允许单兵谈判人与之谈判和签约。对于单兵谈判人单独谈判签约的，其合同应有第三人审查。一般来讲，由财务部门审查其价格条件，审查有无合同文本外有关价格的文件，如协议或备忘录。有的单兵谈判人只报合同，似无漏洞，但当合同已经执行时，他可能又送来某个佣金或折扣的退回协议书或备忘录，要求退款给对方。储运部门应审查其运输条件是否符合现行实际运输条件。法律人员审查其合同是否违反了相关法律规定。只有各方面审查后方可让其签约执行。如果单兵谈判人签约前不报告，应予以批评；对失误者要认真检查，直至追究其应负的责任。在鼓励业务员大胆工作的同时，应教育他们珍惜自己的信誉和声誉，建立汇报检查的观念，使单兵谈判人养成自觉遵守纪律的习惯。若有反面典型，应向大家及时宣讲，达到处罚个别人、教育大多数人的作用。

三、谈判小组的禁忌

1. 谈判小组的规模太大或太小

每次谈判都应根据谈判标的的重要程度、交易的复杂程度和交易对手的谈判人员规模来确定本方谈判人员的规模。组织行为学的研究成果表明，确保高效率工作的团队规模应是 5

人、7 人或 9 人。这一成果对谈判小组的人员规模有重要的指导意义，应加以遵循。

2. 谈判负责人不理想

谈判负责人不理想，如才能低于对方领导人、不能使整个小组有效地开展工作等，是贸易谈判的一大禁忌。什么样的人是理想的谈判小组组长呢？绝对地说，应符合本书前面所列出的各项条件。相对地说，上谈判桌的谈判负责人的才能必须与对方的谈判小组组长的才能不相上下。如果我方领导人的才能低于对方，那么我方很快会被对方制服而处于劣势，处于被动地位，从而不得不采取补救措施。

3. 谈判小组与幕后人员不能有效地合作

谈判小组需要幕后人员协助工作。谈判小组出发前，需要首先与留在公司的幕后人员进行充分的讨论。谈判小组需要明确知道他们与公司以及他们相互间在谈判中的职责范围，需要与领导和后援人员安排好联络工作。这样，虽然他们远在公司之外甚至远在国外谈判，但也能及时得到公司的信息支持和帮助。

复习思考题

1. 简述国际商务谈判班子的组成原则。
2. 国际商务谈判的主谈人应具备哪些素质？
3. 简述国际商务谈判人员的培训程序。
4. 国际商务谈判人员的一般素质要求有哪些？
5. 在国际商务谈判进行过程中，领导人应在何时听取汇报？
6. 在国际商务谈判中，如何发挥后援人员的积极性？

第五章
谈判背景因素的分析和信息收集

【案例导读】

2002—2008年,世界初级产品价格持续上涨,给许多国家的经济发展带来了较大的压力。2009年,世界初级产品价格则出现了剧烈的波动现象,给处于衰退中的世界经济带来了严峻的挑战。在初级产品价格大起大落的背景下,中国铝业公司为了稳定国内矿产品原料供给价格,决定加强与国外矿业公司的合作,并购力拓集团。

中国铝业公司(简称中铝)是中国规模最大的氧化铝及原铝运营商,是全球第三大氧化铝生产商,主要产品是氧化铝和原铝。中国是世界上增长最快的大型铝市场,是世界上第二大原铝消耗国。

力拓集团(简称力拓)成立于1873年,是全球第三大多元化矿产资源公司,全球前三大铁矿石生产商之一,除了铁矿石之外,力拓还涉及铜、铝、能源、钻石、黄金、工业矿物等业务。

中铝并购力拓的谈判经历了首期注资、再次收购和参与配股三个阶段。

2008年2月,中铝和美国铝业(简称美铝)在市场高峰期以每股近59英镑的价格,投资140.5亿美元,合作收购力拓英国公司12%的普通股股份,并持有力拓集团9.3%的股份,成为其单一最大股东。其中,美国铝业以认购中铝新加坡公司债券形式出资12亿美元,其余128.5亿美元均为中铝出资。

2008年下半年,世界金融危机爆发,力拓债务危机爆发,不得不寻求资金支持。经过谈判,中铝与力拓集团签署"战略合作协议",中铝将向力拓注资195亿美元,其中123亿美元将用于参股力拓的铁矿石、铜、铝资产,72亿美元用于认购力拓发行的可转换债权,如果交易完成,中铝将持有力拓18%的股份,并将向力拓董事会派出两名董事。如果参股成功,则中铝增加的资产包括:全球最主要铁矿石生产商之一澳大利亚哈默斯利铁矿公司的15%股权;全球最大的铝土矿之一澳大利亚韦帕铝土矿的30%股权;全球一体化、现代化程度最高的氧化铝厂和电解铝厂之一澳大利亚雅文氧化铝厂50%股权以及波恩电解铝厂(力拓集团所持59%股权的49%);全球产量最大的智利埃斯孔迪达铜矿的14.925%股权;全球产铜最多铜矿之一且富有高品位伴生贵金属的美国肯纳可铜矿25%股权等。

在此期间,收购案陆续通过了澳大利亚竞争和消费者委员会、德国政府、美国外国投资委员会等权威部门的认可,中铝同时获得国内四家银行提供的210亿美元贷款。

然而,随着形势的变化,力拓财政逐渐好转。2009年6月4日,收购案被力拓董事会否决,力拓单方面宣布撤销中铝第二次注资的协议。而按照双方签署的协议规定,力拓只需向中铝支付1.95亿美元的毁约费。

如果排除国际金融危机的影响,中铝首期收购的谈判内容和效果都是相对较成功的。然而，第二次收购却以失败告终。

中铝第一次成功收购力拓9.3%股份的谈判是值得回味和总结的。首先，选择了合适的合作对象，联合美铝共同完成对力拓股份的收购。美铝在国际重大交易谈判方面具有丰富的谈判经验和技巧，使得力拓在双方博弈中不敢轻举妄动，而且，联合美铝更容易得到其他国家政府的认可，减少地缘政治方面的阻力。其次，谈判的进程较为迅速，减少了监管和财务风险。最后，保密工作做得较好，减少了来自力拓内外的阻力。

而第二次谈判的失败，具有多方面的原因，政治因素、财政金融因素、时机、法律因素等都难以忽略。从政治因素看，中铝收购力拓，会对国际矿业产生影响，澳大利亚政府对于此项收购小心翼翼。2009年4月，澳大利亚民意调查结果显示，受调查者中反对中铝增持力拓股份至18%的竟高达59%，理由是担心中国通过央企控制澳大利亚资源，危害澳大利亚国家安全。中铝属于央企，在澳大利亚民众的眼中，与民企相比而言，就属于是一个国家势力的入侵，而非商业行为的发生。从财政金融因素看，在力拓与中铝签订部分股权转让协议时，正值世界金融危机，力拓债务危机爆发，不得不寻求资金支持，并选择中铝，签下了195亿美元的出让部分股权协议。但难以预料的是，金融市场变化如此之快。短短几个月，力拓股价升幅70%（中铝注资195亿美元消息大大刺激了力拓股价大涨），铁矿石等大宗商品也有所回暖，力拓安然挺过了危机，就拆除了中铝这座"桥"。从时机上看，中铝在收购力拓的过程中，虽然准备比较充分，但显然还有很多不足之处，没有对国际市场环境做到很好的预估，没有抓住良好时机，在力拓较需要资金的时候一举拿下，给了力拓喘息的机会，而协议中设定的违约金仅为交易金额的1%——1.95亿美元，使得力拓违约成本显著降低，当其摆脱困境时，毫不犹豫地选择违约。从法律因素看，力拓在与中铝谈判时，同时也在与另一矿业巨头必和必拓谈判，必和必拓与力拓同属资源上游企业，二者横向并购存在更多的共同利益，特别是在世界铁矿石市场具有影响力，在国际反垄断法律欠缺的情况下，给两个企业带来的收益更大。

国际商务谈判开始前和进行中一定要对背景因素进行分析并收集必要的资料，这样才算是充分的准备。否则，就会因为对谈判背景和对方情况不了解而在谈判中陷入被动。

第一节　背景因素的分析

一、政治因素

谈判的政治背景有时直接决定交易成败，在谈判开始前应首先搜集和分析有关政治背景的知识。

（一）两国关系状况

1. 友好国家

交易双方所在国若属于友好国家，谈判的后顾之忧就少些，谈判中碰到困难借助国家干预的可能性要大些（有些工程项目），执行合同的可靠性大。如欧盟之间、东盟之间以及美国、英国、加拿大之间等，都属于友好国家。与我国建立了正式外交关系、遵守建交时签订的各项双边条约的国家，都可以视为友好国家。但由于社会制度、政治信仰的不同，西方各国家虽说与我国有正式外交关系，但在意识形态、政治上对我国采取一定的歧视态度。

2. 非友好国家

与外交范畴的非友好概念不同，国际商务谈判中的非友好国家主要是指没建交和建交后仍有歧视政策的国家。与这些国家的谈判对手谈交易，受到的限制大，交易的成败自主性小，签约以后履约的难度也大。所以谈判前的准备和信息搜集就更为重要。开始要调查对方的各种基本条件，如许可证、支付、运输交货方式和验收方式等习惯做法和惯例，而后才能开展实质性的谈判，否则谈判工作就会白做，而且还可能带来政治的影响。

（1）没有外交关系。目前，与和我国尚未建立外交关系的国家开展国际商务活动，政治风险非常大，应谨慎从事。

（2）有外交关系，但持歧视政策（针对贸易的）。主要了解的问题是，对方国家的歧视政策有哪些是针对贸易的。例如与美国、日本等在就技术的引进进行谈判时，就应详细了解对方国家对技术产品出口到我国有哪些规定或禁令。否则，即使谈判成功，签订了合同，也无法履约。

（二）政府对企业的管理程度

这主要涉及企业自主权的大小问题。如果国家对企业管理的程度较高，则谈判过程中政府就会干预谈判内容及进程，关键性问题也是由政府部门的人员做出决策。因此，谈判的成败不取决于企业本身，而主要在于政府的有关部门。相反，如果国家对企业的管理程度较低，企业有较为充分的自主权，这时，谈判的成败则完全取决于企业自身。

（三）对方政局动态

1. 换届

双方谈判和签约的时间是否为对方国家大选和政府换届的时间？如果是，会不会引起现行政策的变化？谈判和合同签署是在换届之前好还是换届之后好？若换届之前谈判并成交，合同条款中有否政治风险条款？这些都是谈判前必须弄清楚的问题。

2. 民族纠纷

世界上很多国家都是多民族或多种族国家，要搜集和调查对方国内的民族构成及民族关系状况的信息。尤其是那些存在民族纠纷的国家，同其开展商务合作的风险很大，应事先采取预防风险的措施。

3. 与邻国关系

与邻国关系是紧张还是友好？有无战争？如果关系紧张或者有局部冲突的危险，交易的谈判是否应终止？若不能终止，在谈判时就应提出增加保险费。

二、宗教信仰因素

一个国家或地区与商务谈判有关的宗教信仰因素主要包括以下几个方面：

（一）该国占主导地位的宗教信仰

众所周知，宗教对人们的思想行为有直接影响。信仰宗教的人与不信仰任何宗教的人的思想行为不同，而信仰不同宗教的人的思想行为也会有差异。因此，宗教信仰对人们思想行为的影响是客观存在的，是背景因素分析中的重要环节。

【案例分析】

一中国谈判小组赴中东某国进行一项工程承包谈判。在闲聊中，中方负责商务条款的成员无意中评论了中东盛行的伊斯兰教，引起对方成员的不悦。当谈及实质性问题时，对方较为激进的商务谈判人员丝毫不让步，并一再流露撤出谈判的意图。

（二）宗教信仰的影响与作用

宗教信仰会对下列事务产生重大影响：

1. 政治事务

宗教信仰对一国的党政方针、国内政治形势等会有影响。

2. 法律制度

在某些受宗教影响很大的国家，其法律制度的制定必须依据宗教教义。一般情况下，人们的行为如果符合法律原则与规定，就能被认可；而受宗教影响较大的国家，对人们行为的认可还要看其是否符合该国宗教的精神。

3. 国别政策

由于宗教信仰的不同，某些国家依据本国的外交政策，在经济贸易制度上制定一些带有歧视性或差别性的国别政策，以便对某些国家及企业给予方便与优惠，而对于另外一些国家及地区则做出种种限制规定。

4. 社会交往与个人行为

有宗教信仰的国家与没有宗教信仰的国家在社会交往与个人行为存在着差别。

5. 节假日与工作时间

宗教活动往往有固定的活动日，而且不同的国家其工作时间也各有差别，制定具体谈判计划及日程安排时必须考虑这个因素。

三、法律制度因素

一个国家或地区与商务谈判有关的法律制度因素主要有以下几个方面：

1. 该国法律制度是什么

该国的法律制度是什么？它是根据何种法律体系制定的？是属于英美法系（判例法体系）还是属于大陆法系（成文法体系）？它包括哪些内容？

2. 该国法律的执行情况

在实际生活中，有的国家因为本身法律制度不健全，而可能出现无法可依的情况；有的国家法律制度较为健全，而且执行情况良好；有的国家在执行过程中，不完全是依法办事，而是取决于当权者，即与当权者的关系将直接影响法律制度的执行。

3. 法院与司法部门是否独立

该国法院与司法部门是否独立？司法部门对业务洽谈的影响程度如何？

4. 法院受理案件时间的长短

法院受理案件时间的长短将直接影响业务洽谈双方的经济利益，谈判双方在交易过程中及以后的合同执行过程中难免会发生争议，一旦诉诸法律，就要由法院来审理。如果法院受理案件的速度很快，那么对交易双方的经营影响不大；如果时间很长，对双方来讲都是难以忍受和难以负担的。

5. 执行其他国家法律的裁决时需要什么程序

对于跨国商务活动而言，一旦发生纠纷并诉诸法律，就自然会涉及不同国家之间的法律适用问题。因此，必须弄清楚在某一国家的裁决在对方国家是否具有同等的法律效力，如果

第五章 谈判背景因素的分析和信息收集

不具有同等法律效力，或者根本无效，那么需要什么样的条件和程序才能生效，才能得到有效执行。

四、商业习惯因素

一个国家或地区与商务谈判有关的商业习惯因素主要有以下几个方面：

1. 企业的决策程序如何

美国企业的决策是只要高级主管拍板即可，而日本企业的决策必须向上下左右沟通，达成一致意见后再由高级主管拍板。因此，必须弄清楚谈判对手所在国企业的决策程序，决策程序的差异将导致决策时间与谈判风格不同。

2. 该国文字的重要性如何

在不同国家，文字的重要性如何、是不是做任何事情都必须见诸文字、合同具有何等重要的意义、文字协议的约束力如何等，这些方面都存在差异。有些国家习惯上以个人的信誉与承诺为准，而有些国家则只以合同文字为准，其他形式的承诺一概无效，这也是必须了解的商业习惯之一。

3. 律师的作用

美国人在参与业务洽谈时，总要有律师出场，当洽谈进入签订合同阶段时，要由律师全面审核整个合同的合法性，并在审核完毕后签字，这是美国的习惯做法。

4. 有无商业间谍活动

该国企业在进行业务洽谈时，有没有商业间谍活动？如果有，则应该研究如何保存机密文件，以及其他防范措施。由于计算机技术和信息技术的发展，利用各种病毒程序盗取客户或竞争对手商业机密的事件逐渐增多，应该加以警惕。

【案例分析】

据我国参考消息网 2018 年 12 月 2 日报道，法国《费加罗报》11 月 13 日刊登让—马克·勒克莱尔的一篇文章，题为《美国如何对法国企业从事间谍活动》，全文如下：当心你的朋友。这有可能成为《费加罗报》知悉的一份法国反间谍纪要的标题。这份 6 页的文件是递交给政府的，时间是 4 月 12 日。文件清晰地显示了"美国在法国的经济干涉全景"。而且，其由隶属法国内政部的国内安全总局（DGSI）来负责撰写，事件就更显突出。文件的用词是精心选择的。国内安全总局的分析家们写道："美国制定了出口市场征服战略，这尤其对法国而言可谓一项有利于美国经济利益的进攻性政策。"分析家们认为，"被盯上的行业同美国政府认为具有长期战略性的未来领域相关，包括航空航天、健康以及其他科研项目"，"（参与商业间谍活动的）美方实体包括政府、企业、律师事务所、咨询事务所等。这些实体相互间协调工作并运用经济和司法手段开展活动"。国内安全总局对相关事实确信无疑："在这些领域发展的法国企业首当其冲，（美方）尤其会通过司法纠纷、信息截取、经济干涉等方式达成窃密目的。""受害"最深的是航空航天业，"在竞争非常激烈的背景下，美国为了有利于波音在那些有前途的市场落地而施展手段。而空客集团最近数年来在多个项目上（A380、A320、A400M）遭遇一些困难。欧洲航天企业同样在法律层面也是脆弱的，为避免沉重的制裁而寻求合规"。

并非巧合的是，2018 年 12 月 21 日，"维基揭秘"网站公布的一批文件显示，美国驻多国大使馆都曾购买间谍设备。"维基揭秘"网站公布的这批文件被该网站命名为"美国大使馆购物清单",文件数量超过1.6万份,从这些文件可以看出,美国驻多国大使馆都曾通过美国政府的官方采购渠道采购间谍设备。例如,2018年8月,美国驻萨尔瓦多大使馆就发布了一份采购需求,其中包含94件间谍设备,包括能安装在汽车里的夜视摄像头,能伪装在钢笔、打火机、衬衫纽扣、眼镜等日常用品中的摄像头,以及望远镜等。而美国驻乌克兰大使馆则采购了录音机和隐蔽无线电设备等。此外,"维基揭秘"网站还宣称,根据该网站收集的信息,美国驻德国法兰克福领事馆可能是美国在欧洲进行黑客行动的秘密中心。

5. 商务活动中是否存在贿赂现象

在某些国家的交易中,贿赂和受贿是违法行为,法律对此要严厉追究。但在有的国家,交易中的行贿受贿属正常现象,不行贿就做不成交易,因此,有人称行贿是交易的"润滑剂",是必不可少的。我国不赞成靠行贿来做生意,但是一定要弄清楚谈判对手有关这方面的商业做法,以便采取对策。

【案例分析】

2019年2月,号称"司法独立"的加拿大爆出了"政治干预司法"丑闻。按照加拿大媒体的报道,总部位于加拿大魁北克省蒙特利尔的SNC-兰万灵公司从2015年开始受到腐败调查,该公司被指控于2001—2011年间为了获取商业建筑合同大肆行贿,其中包括向利比亚前领导人的家人行贿4800万加元。如果被判有罪,该公司将被禁止在10年内投标加拿大联邦政府的项目。加拿大前司法部长在国会做证表示,2018年9月至12月期间,包括加拿大总理在内的11名政府高官持续向她施加压力,敦促她帮助被控腐败和欺诈的SNC-兰万灵公司免受刑事起诉。之后,该名部长于2019年1月被调任退伍军人事务部部长,与SNC-兰万灵公司案有关,2月,该部长宣布辞去内阁部长职务,紧接着,时任加拿大总理的首席秘书也宣布辞职。这一"政治干预司法"丑闻,不仅表明某些国家标榜的"司法独立"具有很大的虚伪性,同时也证明,一些国际知名大公司在国际商务活动中并非完全按照市场经济的规则行事,行贿现象并不鲜见。

6. 业务洽谈的常用语种是什么

该国业务洽谈的常用语种是什么?如果作为客场谈判而使用当地语言,有没有安全可靠的翻译?合同文件能否用两国文字表示?如果可以,两种文字是否具有同等的法律效力?谈判离不开语言的交流,这对谈判双方来讲都是很重要的,因此必须选择合适的交流语言。如果在签订合同时使用双方文字,那么两种文字应该具有同等的法律效力。如果为了防止可能产生的争议而使用第三国文字来签订协议,对谈判双方来讲都是公平的。

五、社会习俗因素

不同国家或地区有着不同的习俗,这些习俗都可能在一定程度上影响谈判活动。对此应该很好地了解和把握。例如对方在称呼及衣着方面的标准是什么?对业务洽谈的时间有没有固定要求?业余时间谈业务对方有无反感?社交场合对于配偶的相伴有何看法?娱乐活动通常在哪里进行?赠送礼品及赠送方式有什么习惯?如果与阿拉伯人接触,千万别送酒类礼品,因为他们禁酒最为严格;不能单独给女主人送礼,也别送东西给已婚女子,忌送妇女图片及妇女形象的雕塑品。在意大利,手帕不能送人,因为手帕象征亲人离别,是不祥之物;红玫瑰表示对女性的温情或爱慕,一般不送。在西方国家,送礼忌讳"13"这个数字,因为它代表厄运。

六、财政金融状况

国际商务谈判的结果使得洽谈双方的资产形成跨国流动,这种流动是与洽谈双方的财政金融状况密切相关的。从一个国家或地区来看,与业务谈判有关的财政金融状况主要包括以下几个方面:

1. 外债情况

如果该国的外债过高,虽然双方有可能很快就达成协议,但在协议履行过程中,对方有可能因为外债偿还问题而无力支付交易款项。

2. 外汇储备情况

如果外汇储备较多,则表明该国有较强的支付能力;相反,如果外汇储备较少,则说明该国的对外支付存在困难。另外,还要看该国出口产品的结构如何,因为一个国家的外汇储备与该国出口产品的结构有密切关系。通常情况下,如果出口产品以初级产品为主,附加价值低,则换汇能力就比较差。通过分析,可以很好地把握与该国所谈项目的大小,防止由于对方支付能力的局限而造成大项目不能顺利完成带来的经济损失。

3. 货币是否为可自由兑换货币

如果该国货币不能自由兑换,有何限制条件?汇率变动情况及其趋势如何?这些问题都是交易双方的敏感话题。很明显,如果交易双方国家之间的货币不能自由兑换,那么就要涉及如何完成兑换的问题,同时还要涉及选择什么样的货币来实现支付等。汇率变化对交易双方都存在一定的风险,如何将汇率风险降到最低,需要双方协商解决。

4. 支付方面的信誉

在国际市场上,该国支付方面的信誉如何?是否有延期的情况?如果有,原因是什么?此外,要想取得该国的外汇付款,需要经过哪些手续和环节?这也是必须弄清楚的问题。

5. 适用的税法

该国适用的税法是什么?征税的种类和方式如何?有没有签订过避免双重征税的协议?如果签订过,是与哪些国家签订的?

所有这些问题均会直接影响到双方最终获利的大小。此外,该国对外汇汇出是否有限制也应分析清楚。

七、基础设施

一个国家或地区的基础设施与后勤保障情况也会影响业务洽谈活动。例如,该国的人力、物力、财务状况如何?有无必要的熟练工人和有经验的专业技术人员?有无建筑材料、建筑设备及维修设备?有无雄厚的资金?另外,当地的邮电、运输条件如何?具体包括邮电及通信能力、港口的装卸设备情况、公路铁路的运载能力、航空运输能力等。

八、包括气候在内的自然条件因素

自然条件对国际商务谈判活动有一定的影响。例如,一个国家或地区的气候状况会间接地影响商务谈判及合同的履行。气候状况包括一国所处地理位置的气候特点,如雨季长短及雨量的大小、全年平均气温状况、冬夏季的温差、空气平均湿度状况、飓风、地震情况等。

同时，地质条件、水文状况也可能对国际商务谈判及合同的履行带来影响，谈判之前一定要了解这方面情况。

【案例分析】

我国某公司曾在泰国承包了一个工程项目，由于不了解施工时期正是泰国的雨季，运过去的轮胎式机械在泥泞的施工场地上根本无法施展身手，只得重新再组织履带式机械。由于耽搁了采购、报关、运输时间，以至延误了工期，于是对方提出了索赔，我方只好赔偿。如果当初业务员能多懂一点世界地理知识，知道泰国的气候特点，或主动向专家了解一下在泰国的施工可能会遇到的困难，那么最终蒙受的经济损失和信誉损失就可能得以避免。

又如，我国某公司在某发展中国家承包了一个工程，离该工程很近的地方有一家医院，在施工过程中因为打地基——打桩造成了噪声污染，结果该医院向我方公司索赔。最后我方败诉，赔偿60万美元。如果我方预先聘请一位当地律师，请他到施工现场实地考察，采取必要的预防措施，就可以避免这笔损失。

以上所列举的八个方面的背景因素，是在谈判方案制订之前必须予以充分调查、考虑和分析的。

第二节 谈判信息的收集

一、信息收集的途径

（一）国内的有关单位、部门和商业性信息咨询公司

各个国家都有专门的部门或机构进行信息收集和信息咨询工作，这些机构有的由政府管辖，也有的属于商业性机构，以盈利为目的。例如，美国科学情报研究所是一个商业性的情报中心，它每天都对各国出版的科技期刊、文章和各类杂志上登载的消息进行归纳整理。又如美国兰德公司不但具有强大的信息收集能力，而且还具有出众的信息分析能力，其信息收集和分析的成果甚至会对美国的外交政策、经济政策产生重大影响。英国的路透社向各大公司提供商业资料，每年出售这些资料的收入等于出售新闻产品收入的9倍。日本科技厅早在1957年就建立了日本科技情报中心。野村综合研究所是日本最大的智囊机关，主要为顾客提供情报资料和调查研究。

我国国内的贸促会、商会等机构也提供咨询服务。20世纪90年代以后，我国国内也出现了商业性质的各种信息和事务调查与咨询机构，这些机构的一个主要业务就是受理信息收集和调查委托，为企业和个人提供服务。

（二）国内外各种博览会和专业展览会等

一些国家的大中型城市定期举办综合性和某类商品的博览会和展销会，这是收集信息和促成交易的大好机会。通过参观，可以了解到最新的技术发展动态、市场行情变化、竞争对手信息等多方面情况。

第五章　谈判背景因素的分析和信息收集

【案例分析】

中国进出口商品交易会（The China Import and Export Fair，简称广交会）创办于1957年4月25日，每年春秋两季在广州举办，春季开展时间为4月15日至5月5日，秋季开展时间为10月15日至11月4日。由中华人民共和国商务部和广东省人民政府联合主办，中国对外贸易中心承办。是中国目前历史最长、层次最高、规模最大、商品种类最全、到会采购商最多且分布国别地区最广、成交效果最好的综合性国际贸易盛会，被誉为"中国第一展"。自2007年4月起，广交会由中国出口商品交易会更名为中国进出口商品交易会，由单一出口平台变为进出口双向交易平台。广交会是中国企业开拓国际市场的优质平台，是我国外贸发展战略的引导示范基地。已成为中国外贸第一促进平台，是中国外贸的"晴雨表"和"风向标"，是中国对外开放的窗口、缩影和标志。广交会贸易方式灵活多样，除传统的看样成交外，还举办网上交易会（Online Exhibition）。广交会以出口贸易为主，也做进口贸易，还可以开展多种形式的经济技术合作与交流，以及商检、保险、运输、广告、咨询等业务活动。广交会分三期举行，每期都有不同的参展范围，每期的展览时间为五天。第一期的主要参展商品包括：大型机械及设备、小型机械、自行车、摩托车、汽车配件、化工产品、五金、工具、车辆（户外）、工程机械（户外）、家用电器、电子消费品、电子电气产品、计算机及通信产品、照明产品、建筑及装饰材料、卫浴设备、进口展区等。第二期的主要参展商品有：餐厨用具、日用陶瓷、工艺陶瓷、家居装饰品、玻璃工艺品、家具、编织及藤铁工艺品、园林产品、铁石制品（户外）、家居用品、个人护理用具、浴室用品、钟表眼镜、玩具、礼品及赠品、节日用品、土特产品。第三期的主要展览商品包括：男女装、童装、内衣、运动服及休闲服、裘革皮羽绒及制品、服装饰物及配件、家用纺织品、纺织原料面料、地毯及挂毯、食品、医药及保健品、医疗器械、耗材、敷料、体育及旅游休闲用品、办公文具、鞋、箱包等。为了提高自身产品的竞争力，大多数参展公司都会主动将新产品、新技术作为展示重点，一方面促进了成交，另一方面也成为国内外厂商了解技术发展动态、商品质量和市场信息等的重要途径。

中国国际进口博览会（China International Import Expo，简称进博会，CIIE）由中华人民共和国商务部、上海市人民政府主办，旨在坚定支持贸易自由化和经济全球化、主动向世界开放市场。中国国际进口博览会在全球博览会中是以进口为主题的唯一的国家级博览会，是国际贸易史上的一大创举，也是中国主动对世界开放市场的一个重要举措。自2018年第一届进博会开始，举办日期为每年的11月5日到10日，举办地位于中国上海。2018年11月5日至10日，第一届进博会在国家会展中心（上海）举行。2019年11月5日至10日，第二届进博会在上海举行。按一年计，累计意向成交711.3亿美元，比首届增长23%。日本、欧盟、美国等的企业如高通、特斯拉、江森自控、杜邦、陶氏、戴尔、强生、霍尼韦尔、波音、通用电气、3M、埃克森美孚、福特、通用汽车、嘉德诺、微软、戴尔、UPS、宝洁、陶氏、Facebook、松下、丰田、本田、三菱、奥迪、博世、SAP等均派企业高层参展。参加第二届进博会的日本企业364家、美国企业192家、德国企业200多家，俄罗斯企业也带来了航空发动机、现代信息技术、医疗设备、日用消费品等。截至2019年11月10日，已有230多家企业签约报名第三届进博会企业展，展览面积超过8.4万 m^2。第三届进博会企业商业展将分为四大主题板块，分别是：技术和装备板块、消费品和智慧生活板块、食品和农产品板块、服务和健康板块，将设置服务贸易、汽车、消费品、技术装备、医疗器械及医药保健、食品及农产品共6个展区。

(三) 设在国外的机构和与本单位有联系的当地单位

我国驻外使馆和相关机构都负有了解当地经济发展动态和企业经营状况信息的职责,主要目的就在于为国内企业的贸易和投资活动提供可靠的信息来源和恰当的建议。中国银行和其他一些金融、投资机构在世界各地有众多的经营网点,提供商业信息是这些机构的收入来源之一。同时,随着我国"走出去"战略的实施,企业对外投资的步伐有所加快,企业设在国外的分公司、子公司和办事机构对当地的经济发展情况和市场环境比较熟悉,是重要的信息来源。

(四) 公共机构提供的已出版和未出版的资料

1. 各种公开资料

公开资料包括报刊和各种专业杂志,这是收集信息的最方便的渠道。美国一位总统曾经忧虑地说:我们的秘密情报,有95%被报刊、杂志发表了。美国情报机构官员认为,即使是世界第一流的情报机关,其情报来源中也有80%以上要靠公开材料,秘密情报是极为有限的。如果一个公司是上市公司,还可以从它公开披露的资料和证券市场的股票行情中对它做出比较客观的判断。

2. 阅读专利

在国际技术贸易中,或者在成套设备的买卖中,通常都会涉及知识产权的作价问题。由于我国在此类交易中还是以引进为主,因此在与外商讨价还价时不能轻易相信对方对专利、专有技术等的要求。须知有的外商故意把已经过期的专利混杂在没有过期的专利中,多次重复计价和收费,严重影响了我国企业的经营状况和利润率。我国多次发生过外商在谈判中以过期专利向国内企业收取专利费的事件。在涉及一桩具体的知识产权买卖之前,要阅读交易对象国的专利文件,了解其专利权的名称、内容和实质条件和被授予时间,一旦发现对方所说的专利保护期已过,要向对方指出,以免上当受骗。

【案例分析】

某年,我国河北某印染厂准备与一德国公司进行为期15年的合作生产,规定由德方提供黏合衬布的生产工艺和关键设备。该工艺包含了大量的专利,初次谈判中德方要求中方支付专利转让费和商标费共240万美元。我方厂长马上派人对这些专利进行了调查,结果发现,其中最关键的工艺专利的有效期将于7年后到期,而届时合作生产还没有进行到一半。在第二轮谈判中,我方拿出这个证据,并提出降低技术转让费的要求,德方只得将专利转让费降低一半。

(五) 直接派人员到对方国家或地区考察

在对外商务活动中,如果交易标的比较复杂、交易金额比较大、交易履行周期比较长时,为了确保万无一失,可以直接派人到对方企业所在地实地考察和了解信息,以获得第一手资料,缩短准备时间,提高谈判效率。但是应注意两个问题:一个是此种方式的成本比较高,事先应认真核算;另一个是派出人员的结构应该合理,避免出现出国人员只有领导人而缺少或没有技术人员和商务人员的情况,同时派出人员应熟练掌握当地语言,以免落入对方有意布置的陷阱中。

(六) 国际组织设立的情报机构

联合国、贸发会议、国际货币基金组织、世界贸易组织和世界银行等国际组织定期或不定期地出版一些报告或文件，分析国际贸易、投资发展动向和评估各国的经济发展状况。这些出版物的显著特点就是数据比较新而且权威，内容比较全面，对一些热点问题的分析比较透彻，是研究各国经济状况不可缺少的参考资料。

（七）从国内外的网络查询

由于互联网技术的飞速发展，现在了解国外公司的情况相对容易多了，可以通过互联网查询对方公司的各方面情况。因为国外的经济法规比较完善，公司的注册资金、经营范围、信用等级、财务状况等信息，一般都可以在网络上查到，而且相当客观，比较准确。网络查询是一种收集信息的便捷途径。

二、信息收集的主要内容

（一）市场信息

这主要是指对进出口市场信息的收集。在国外同一市场上，销售着各国同类的商品。而这些同类商品中，总有一些国家的商品市场占有率大，有些国家的商品市场占有率小，这与商品的品质、规格、花色品种、包装装潢是否适应市场需要等有着密切关系。我方应摸清这些不同品种对市场的适销情况，特别是研究市场畅销品种的特点，以便主动积极适应市场的需要，扩大我方的出口。同时，还要了解国外产品技术的先进程度、工艺程度和使用效能，以便"货比三家"，进口我方最需要的、价格最合适的商品。市场信息方面需要了解的内容包括以下几点：

1. 市场分布情况

市场分布情况主要从收集市场的分布概况、地理位置、运输条件、市场潜力和容量以及与其他市场的联系等方面信息入手。

2. 产品销售情况

市场销售情况方面需要收集企业所经营的产品的销售路径和销售区域等信息。

3. 市场竞争情况

市场竞争情况方面需要收集企业竞争对手的数量、现状、水平和发展趋势等信息。

4. 市场供求情况

市场供求情况方面需要收集市场供求关系的信息。国际商品市场的供求关系经常变化，影响供求关系变动的因素很多，有生产周期、产品销售周期、消费习惯、消费水平、质量需求等，我方应根据市场供求变动的规律，并结合我国商品供应的可能和进口的实际需要，选择最适当的销售或采购市场。

5. 价格信息

价格信息方面需要收集国际商品市场价格的信息。国际市场价格除围绕着国际价值经常上下波动外，还经常受到诸如经济周期、通货膨胀、垄断与竞争、投机活动、自然灾害、季节变动等社会的、经济的和自然的多种因素的影响。我方必须随时了解这些因素的变化情况，并根据价格变动趋势，选择在最有利的市场推销商品和采购物资。

（二）科技信息

科学技术方面应收集以下信息：①新技术、新产品、新工艺、新包装、商标等情况的信息。②该产品与其他产品相比在性能、质地、标准、规格等方面的优缺点，以及该产品的生命周期的竞争力等方面的资料；同类产品在专利转让或应用方面的资料。③该产品生产单位的技术力量和设备状态等方面的资料。④该产品的配套设备和零部件的生产与供给状况以及售后服务方面的资料。⑤该产品开发前景和开发费用方面的资料。⑥有关对该产品的品质或性能进行鉴定的重要数据或指标及其各种鉴定方法和鉴定机构,可能导致该产品发生技术问题的各种潜在因素;提供的技术资料范围,含专有技术的内容和技术服务量等。⑦用户反映情况,作为卖方,通过了解用户对产品的反映,可以了解该项技术是否具有先进性,市场需求量如何,从而使该次谈判获得满意的效果。⑧技术寿命,即某项技术从投入市场试销开始到退出市场为止的这段时间。产品刚上市时,竞争者稀少,成熟期的竞争者数量最多,到了衰退期会有大量厂商退出。

(三) 政策法规

在政策法规方面,主要应收集下列信息资料:①要全面收集对方国家或地区的有关经济政策、经济合作的相关法令及对企业的管制制度。②收集谈判对方有关谈判内容的法律规定以及从事该行业的有关法令。③收集对方国家或地区各种关税的税率、税则和征税方法方面的资料。④收集和了解对方国家或地区的外汇管制政策,如对手各种外汇票据的发行和流通以及外汇、贵金属和外汇票证等的进出口方面的规定。⑤收集对方国家或地区的进出口配额与进口许可证制度方面的情况等。

【案例分析】

1972年尼克松访华后,很多人认为中美两国之间的贸易往来,起码还需要10年才能进行。然而,就在此时,日本三井公司派驻美国纽约的一位工作人员从中受到了启发,在研究美国经济工作的同时,开始收集、研究中国的经济情报。他发现中国的钢铁工业发展很快,所以大量从英国和加拿大进口废钢铁。但是,英国当时的政策是限制废钢铁的出口,加拿大的废钢铁资源又很有限。相反,美国的废钢铁资源非常丰富,又是世界上最大的废钢铁出口国,关键是美国对废钢铁的出口没有什么限制措施。

收集到上述信息后,三井公司的这位员工意识到,这里大有机会!于是立即行动起来,频繁地分别与美国、中国两方面的有关部门和公司进行商谈。当世界绝大多数公司还认为中美贸易往来还为时过早时,三井公司分别与中国、美国谈判成功,而且迅速签订了合同。很快,大批的废钢铁就从美国起运,出口到了中国,而三井公司也从中大赚了一笔。

(四) 金融信息

金融信息主要包括:各种主要货币的汇率及其波动情况;进出口地主要银行的经营情况;主要银行的收费情况;对方国家的进出口外汇管制措施。

(五) 有关谈判对手的资料

1. 对方公司的资料

(1) 对手公司的整体状况。对手公司的整体状况包括客户背景、支付能力、经营范围、经营能力、经营作风等。

1) 支付能力。支付能力方面主要是了解客户的财务,其中包括注册资本的大小、营业额的大小、潜在资本、资本负债和借贷能力等。

2) 客户背景。客户背景主要是指客户的政治背景、经济背景及其对我方的态度。凡愿意在平等互利原则的前提下同我方进行友好往来、贸易合作的客户,我方都应积极与他们交往。

3）经营范围。经营范围主要是指企业经营的品种、经营的性质、经营业务的范围、合作还是独资经营以及是否同我国做过交易等。

4）经营能力。经营能力主要是指客户的活动能力、购销渠道、联系网络、贸易关系和经营做法等。

5）经营作风。经营作风主要是指企业经营的作风和客户的商业信誉、商业道德、服务态度和公共关系水平等。

（2）对方供需能力。对手供需能力包括对手的总购买力或推销能力。另外，要了解对手总购买力中能拿出多少来购买本方的产品，摸清对方对本方产品的需求状况。

1）内部情况。内部情况包括对方的销售额、销售地区、销售方式和线路、顾客分布、营业中的利润、产品销售是否受季节影响等。

2）产品在市场中的地位。产品在市场中的地位即所销售的产品在国际或国内市场上所占的地位，是垄断还是刚刚入市。交易额也应考虑。

（3）对方付款方式和付款条件。对方习惯采用何种付款方式和条件，这个必须在谈判前摸清。支付方式主要从商品特点、金额大小、对方资信、资金周转等几方面进行了解，从而有利于本方做出选择。付款条件包括以什么货币为合同货币？分几批付款？付款速度与义务履行速度如何？有无预付定金或保证金？如果有，有多少？价格是否固定？支付时价格是否可以调整？可以调整多少？了解的目的在于：一旦发现付款条件和方式可能对本方带来不利影响，必须提早预防。

（4）对方信誉。对方信誉好是指其商品品质优良，信用良好，服务周到，广告宣传到位，商标和牌号有名，具有市场力量或垄断等。

（5）对方谈判目标。这方面主要应弄清对方商品的价格（包括保本价）、合理需求、交货日期、付款方式、运输问题、技术要求、担保金等。还有对方的谈判时限，因为可以有目的地采取不同的策略：时间长，则策略可以灵活；时间短，则讨价还价余地小。

2. 谈判对手的个人资料

（1）对手的资历和地位。最起码必须知道对方组织内部做决定的顺序，与我方谈判的人员是否有决策资格，即个人的地位、权威、力量等。了解谁对谈判对手有审查权（顶头上司）以及对方资金来源等。

（2）对手的自然情况。对手的自然情况包括年龄、经历、家庭情况、爱好、兴趣、现状等。

（3）对手的个人性格。对手的个人性格是确定谈判策略的重要依据。

（4）对手的谈判作风。不同的谈判对手在谈判桌上会表现出不同的谈判作风，总体来说有强硬型、不合作型、谋略型、合作型等几种。强硬型作风的主要表现是：情绪易冲动，滥施压力，几乎没有让步的余地，不愿意拖延时间。不合作型作风的主要表现是：陈述立场时含糊其辞，一味地攻击对方的建议，只注重扩大自己的利益。谋略型作风的主要表现是：不采用正面对抗，而是运用"车轮战""攻心战""蘑菇战""影子战"等谋略，施加各种有形无形的压力，使对方不知所措或误入圈套。合作型作风的主要表现是：开始时谨慎、现实，谈判进展比较慢。只有了解了谈判对手的特点和谈判风格，才采取有针对性的策略，取得谈判的成功。

【案例分析】

宁波电容器总厂为了开发金属化聚丙烯交流电容器,以代替原来生产的箔式油浸纸介交流电容器,在国内外进行了大量的调查研究,先后访问了41家用户、3个研究所和2所高等院校,收集了大量关于意大利、日本、德国有关厂商的设计样本、说明书等资料,并与3国厂商接触,询价和对方报价,初步在性能价格等方面进行了分析比较。他们在广泛了解有关资料的基础上,进一步聘请有丰富经验的沈阳金属材料研究所的一位副教授为技术顾问,详细了解国内其他厂从日本订购同类设备的成交情况,谈判中的技术关键和细节问题,以及设备引进中的经验、教训和存在的问题。这样初步确定了日本真空株式会社、德国LH公司和日本后滕电容器制作所作为进一步了解和洽谈的对象,并做出了详细的可行性研究报告。

在宁波市经委批准了该厂的可行性研究报告以后,他们又与外方进行了多次技术交流和商谈,进一步弄清各项技术问题。在进入商务谈判以前,该厂又对外商可能提出的要求和条件做了充分的估计和准备,制订了几个可行的谈判计划方案,确定了我方可接受的谈判条件、让步幅度与界限。

该厂还从与日方打过交道的人那里了解谈判对手——日本真空株式会社主谈人的履历、性格、脾气以及与其谈判应注意的事项等,通过金属材料研究所的技术顾问了解谈判中的技术关键问题以及国内其他厂引进同类型铝真空蒸发设备的价格。

由于有了充分准备,心中有底,该厂在谈判中就处于主动地位,做到了有理、有利、有节。前后经过5轮谈判,最后该设备以低于兄弟厂成交价格的29.3%(日方最初要价高于兄弟厂已进口的成交价)谈成,其他进口设备的谈判也因为同样的周密准备而取得成功。

三、信息资料的利用和处理

信息的收集、利用和处理是两个相辅相成的过程,不收集资料就无法在谈判中掌握主动权,光收集信息而利用和处理不当也达不到目的,只有在收集了大量可靠信息的基础上再进行分类、加工、处理和利用,才能充分发挥资料的功效。

(一)资料的整理与分类

1. 对资料的评价

这是资料整理的第一步。现实中,收集的各种资料其重要程度各不相同,有些可以马上使用,有些要到以后才能派上用场,而有些资料可能自始至终都用不上。如果把收集的资料不加区别地积存起来,会使资料的使用十分困难。因此,必须首先对收集到的资料进行评价,没有用的就应毫不犹豫地舍弃。对认为有用的需要保存的资料,也要根据其重要性不同,将其分为:①可立即利用的资料;②将来肯定可用上的资料;③将来有可能派上用场的资料。只有这样,才能为下一步的资料筛选打好基础。

2. 对资料的筛选

对于好不容易收集到的资料,人们往往不愿意将其舍弃,这是可以理解的。但是,如果把不需要的或用处微小的资料全部保留,既不便于查找有用的信息,又会因其占用空间而耗费大量的费用,因此,应不断地对收集起来的资料进行清理。资料的筛选大体有以下几种方法:

(1)查重法。这是筛选信息资料最简便的方法,目的是剔除重复资料,选出有用的信息资料。当然，并不完全排除重复，只要不是完全相同的重要资料仍可以保存一部分。

（2）时序法。逐一分析按时间顺序排列的信息资料，在同一时期内，较新的留取，较旧的舍弃，这样可以使信息资料在时效上更有价值。

（3）类比法。它是将信息资料按空间、地区、产品层次进行分类对比，对接近实质的保留，其余的舍弃。

（4）评估法。它是凭知识和经验分析资料是否有用的方法。这种方法需要信息资料收集人员具有比较扎实的市场学专业知识，即对自己所熟悉的业务范围，仅凭市场信息资料的题目就可以决定取舍。

3. 对资料的分类

在资料整理阶段，对筛选以后的资料认真地进行分类是最耗费时间的一项工作，但也是极其重要的环节。可以说，不做好分类，就不可能充分利用资料。分类的方法大致有以下两种：

（1）项目分类法。这种分类法可以和工作相联系，按不同的使用目的来分类，如可以分为商务开发资料、销售计划资料、市场预测资料等。也可按谈判的必备资料分为市场信息资料、技术信息资料、金融信息资料、交易对象的情况资料、有关政策法规等。还可以根据资料的内容，按经营产品的不同性质来分，例如根据不同产业或经营项目进行分类，产业中可以分为五金产品、纺织产品、机械设备等。

（2）从大到小分类法。从设定大的分类项目开始，大项目数最好不要超过 10 项，经过一段时间的使用后，若觉得有必要，可以对大项目再进行细分，但不要分得太细，以免出现重复。

以上两种分类法，可以根据工作的需要结合起来使用，一般是以项目分类法作为基本分类法，再将从大到小分类法渗透进去。

4. 对资料的保存

把分好类的资料妥善地保存起来，即使是经常使用的资料也不要随便放，要分门别类地，放到专门的资料夹或文件夹中，以便随时查找或加放同类资料。

（二）信息的使用、交流与传递

为了获得有利的谈判地位，谈判人员必须十分注意信息的传递方式，恰当地选择传递的时机，把握好传递场合。通过谈判信息的传递，实现信息交流和沟通，保持谈判人员之间的有效联系，最大限度地实现己方的谈判目标。

1. 信息资料的传递方式

谈判信息传递方式的选择不是任意的，它往往受到自身特点的制约。因此，传递方式的选择既要考虑谈判的目的，又要随时注意自身条件及环境的影响和对方的变化情况。谈判者为了减少特定的谈判传递方式对自己的不利影响，必须注意观察、收集、识别对方做出的反应，根据反馈的信息，敏锐地做出推断，及时修正、调整、变换谈判信息的传递方式。谈判信息传递的一般形态就是谈判者或信息机构之间借助口语、手势、文字、形象等进行信息传递。有的谈判学研究者认为，谈判信息的传递方式有以下几种：

（1）明示方式。所谓明示就是谈判者在有关的、恰当的场合，明确地提出谈判的条件和要求，阐明谈判的立场、观点，表明自己的态度、打算。明示可以通过下列任何一种渠道进行，如双方相见的谈判场合、宴会、礼宾场合、群众性集会场合、官方或团体会议场合、单独会见场合、业务洽谈场合等。

（2）暗示方式。所谓暗示就是指谈判者在有关的、恰当的场合，用含蓄的、间接的方法向对方表示自己的意图、要求、条件和立场等。暗示可以通过言语的形式进行，也可以通过其他的方式进行。

暗示在谈判中具有重要的意义。它可以避免不必要的直接对抗，传递出在明示条件下无法传递的谈判信息。对谈判者来说，采用暗示方式比采用明示方式更具有灵活性。在谈判过程中，谈判者必须善于运用暗示，这就要对影响暗示效果的主客观因素有一定的了解，以便最大限度地发挥暗示在传递谈判信息中的作用。从主观上看，缺乏主见、随波逐流的人极容易接受暗示；独立性很强，善于独立思考的人往往很难接受暗示。从客观上看，暗示者本人的条件，如地位、权力、声望、知识、信心、性别、年龄，以及谈判双方的相互关系、谈判信息与谈判环境条件等，都会对暗示效果产生不同的影响。

（3）意会方式。意会是既不同于明示又不同于暗示的一种特殊的谈判信息传递方式。它是谈判信息的发出者与谈判信息的接受者早已有了信息交流的准备，对信息交流的背景有所了解，对信息传递达成了某种默契，为了避免直接明示或暗示给各自带来的不利影响，同时也为了避免信息泄露，而采取的一种较为谨慎的谈判信息的传递方式。

2. 信息传递的时机与场合

谈判信息的传递时机是指谈判者在充分考虑到各方的相互关系、谈判的环境条件、谈判信息的传递方式后，确定并把握能积极调动各相关因素的谈判信息传递的最佳时间。

谈判信息传递时机的把握是否恰当，在很大程度上影响着传递效果。谈判信息的传递不是仅仅以特定的方式传递出去就行了，它需要对谈判的有关因素进行判断，尤其是需要对谈判信息在特定条件下传递的后果和对方的反应做出预测。在对传递的后果和反应有一定准备的情况下传递信息，才能确保信息准确送达接受者。

谈判信息的传递场合，是指谈判信息进行传递的现场。选择恰当的场合传递谈判信息有利于增强传递效果，避免不利因素的影响。因此，谈判者在选择谈判信息的传递场合时应考虑以下因素：

（1）是自己亲自出面还是请第三方代为传递信息？由于涉及信息传递的可靠性问题，一般来说，自己亲自出面传递信息的可靠程度较高。

（2）是私下传递信息还是公开场合传递信息？如果对方与己方私交较深，较为灵活，可选择私下传递信息方式；如果己方对相互关系、环境条件、各种意外因素都考虑得比较周全，而与对方无私交时，可选择公开传递信息的方式。

在具体的谈判过程中，如能根据谈判活动的条件和需要，正确选择谈判信息的传递方式、传递时机和传递场合，将会使谈判信息的传递产生较好的效果，从而掌握谈判的主动权。

第三节　谈判双方工作关系的建立

在正式谈判之前，谈判双方之间建立工作关系是必要的，它会使双方在上谈判桌之前充分地沟通信息，做好人力、物力、时间方面的准备，而且会节约正式谈判的时间，提高正式谈判的效率。

一、建立工作关系的必要性

谈判双方建立工作关系，比如人员之间的交流、信息的沟通等，可以降低谈判成本，提高谈判双方的经济效益。这是因为：

（1）工作关系有利于双方有效沟通。建立了工作关系，谈判双方花在正式谈判上的时间比没有建立工作关系的情况下所花的时间更少，但是达成谈判协议的可能性却大大提高。

（2）工作关系有利于谈判方采取解决问题的谋略和技巧，而解决问题的谋略有利于谈判双方达成互利性的商务合同。

（3）工作关系有利于谈判双方建立长期合作关系，使双方较快地从初次相识的商务合作伙伴过渡为长期合作伙伴，可以更好地在那些对对方更为重要的问题上达成一致。

二、建立工作关系的原则

那么，怎样才能建立良好的工作关系呢？美国的费歇尔（R. Fisher）和布朗（S. Brown）提出了一些指导原则，这些原则可能有利于谈判双方建立信任关系。他们提出的原则包括：

（1）理性。即使对方感情用事，我方也应该尽量保持理性。

（2）理解。即使对方误解了我方，我方也应该尽量去理解对方。

（3）沟通。即使对方不愿意听取我方的意见，我方也应该在做出有可能对他们产生影响的决定之前与他们沟通。

（4）信赖。即使对方试图欺骗我方，我方也应该表现得诚实和值得信赖。

（5）不要强迫对方。即使对方试图强迫我方，我方也应该公开劝说并尽力说服对方。

（6）容忍。即使我方的想法遭到对方批评，并被对方认为是毫无意义的，我方也应该尽量考虑他们的意见，虚心向他们学习。

三、建立工作关系的方式

建立工作关系是指进入正式谈判前的通信、联系等一系列社交活动。它是谈判双方相互了解、获取资料的"前哨战"，具有重要的作用。它能为国际商务谈判的正式进行创造一个良好的前提条件，打下坚实的基础。建立工作关系的方式有非面晤、面晤两种。

（一）非面晤形式

信函、电报、电话、传真、电子邮件等都属于非面晤形式的范畴。近年来，随着通信手段的迅速发展，信函、电报、电传等传统通信和联络方式已渐渐退出国际贸易舞台，传真、可视电话、电子邮件在联络方式上成为主角，这些现代化的通信和联系方式更方便、快速。

（二）面晤形式

面晤形式即非正式互访、小型会晤、参观游览、商务考察等。面晤虽然属于非正式会谈，但与非面晤形式相比，涉及更多的接待礼仪问题，应给予充分的重视。与非面晤相比，面晤有直接性的好处。通过面晤可以直接地了解谈判对手的个性、风格，从随意、无拘无束的交往中更准确地了解对方的真实意图和目的，为掌握正式谈判的主动权奠定基础。

在建立工作关系阶段，双方都希望既能表达合作的愿望，了解对方的意图，隐藏己方的目标条件，又要揭示合作存在的最大障碍与克服的可能性。因此，这一过程也可以说是"投石问路"的过程。

复习思考题

1. 对国际商务谈判产生影响的政治因素有哪些？
2. 国际商务谈判前应了解哪些商业习惯因素？
3. 财政金融状况中的哪些因素会对国际商务谈判产生重要影响？
4. 简述收集国际商务谈判信息的主要途径。
5. 谈判对手的资料包括什么内容？
6. 国际商务谈判双方建立工作关系的方式有哪些？

第六章

谈判方案的制订

【案例导读】

中国某沿边省份山清水秀,自然条件优越,空气质量和水质较好,省内有多个长寿老人较为集中的地区,百岁以上老人数量较多,在全国享有美誉。某外国制药公司欲在中国开办合资企业,经考察后认为这里的自然和人文条件能较好满足需要。在此之前,我国国内某制药企业 A 公司因生产和经营需要,也产生了建立中外合资企业的想法,在外国公司组织的一次商务考察中,双方公司负责人相识,经交流后认为有进一步合作的必要。一番准备后,我方 A 公司组成了谈判组,制订了相应的谈判方案。

谈判团队由 6 人组成,主谈人为负责生产的陈经理,组长是王副总经理,技术负责人周总工程师,翻译和记录夏女士,财务部副部长丁女士,聘请了某律师事务所的李律师负责法律事项。谈判方案共包含 6 个方面的内容:谈判主题与谈判目标、各项条件的最低可接受限度、双方各自优劣势、谈判各阶段策略、应急预案与法律事项、谈判地点与议程安排。

(1) 谈判主题与谈判目标。谈判主题有两个:一是解决双方合资前的难点问题;二是尽最大努力促进合资。谈判目标有三个:一是缓解 A 公司流动资金紧张的问题;二是扩大公司的生产规模;三是加大产品的广告宣传力度。

(2) 各项条件的最低可接受限度。要求外方出资额不低于 60 万美元;A 公司控股;产品品质达到国际和国家标准;利润分配以出资比例为准;外方负责策划广告事宜并投放适当广告费用。

(3) 双方各自优劣势。A 公司已经初步建立了较为顺畅的国内销售渠道,与国内两家知名连锁药房签署了长期合作协议,销售情况良好;产品品牌知名度低,流动资金少。外方整体实力较为雄厚,新药研发能力强;流动资金可以满足 A 公司需要;但按以往投资惯例要求年收益率达到 20% 以上。

(4) 谈判各阶段策略。因外方公司实力雄厚,已经在世界多个国家开设了多个合资企业,谈判经验丰富,需小心应对。开局阶段,拟采用进攻式开局策略,先指出我方产品的优点——规模较大的市场以及较好的现阶段收益,营造心理优势,消解对方的优越感,使我方处于主动地位。报价和讨价还价阶段,准备采用突出优势、以退为进、步步为营、制造竞争、"红脸""白脸"等策略,并由 6 位人员预先做好角色安排,突出强调与我方协议成功签订给对方带来的利益,指明对方若与我方协议签订失败将会有巨大潜在损失,贻误中国市场规模迅速扩张的大好时机;如出现僵局,拟采用休会和暂停、更改议题顺序、领导干预、制造竞争等方法破解。成交阶段,适时运用折中调和策略,严格把握最后让步的幅度,在适宜的时机提出最终报价,使用最后通牒策略;在每一项议题结束前,明确谈判结果,出示会议记录和合同范本,请对方确认;注重收尾的语言表达,以融洽的气氛结束,以期为合资企业建立后的长期合作奠定基础。

（5）应急预案与法律事项。出现紧急情况由组长王副总经理与公司总经理联络，如果对方立场发生重大变化，主谈人和组长做好主要议题的预案和折中方案。请李律师准备好与谈判和合资企业经营相关的法律法规的电子版，重要法律的纸质版，以备随时查阅和使用。另外，因当时合资法律的修订工作正在进行，随时关注进展，并提示外方。

（6）谈判地点和议程安排。考虑到公司会议室条件相对较为普通，谈判地点拟安排在省会城市某四星级酒店的会议室，由公司行政部负责前期检查和会场布置。谈判拟分三个阶段进行：当年的9月谈判厂址确定及环评、出资比例和形式、利润分配事宜；11月磋商产品检验、经营管理和广告宣传等事项；来年1月份谈判余下的问题并商签合同。

谈判方案是指在谈判开始以前对谈判目标、谈判议程、谈判策略预先所做的安排。谈判方案是指导谈判人员行动的纲领，在整个谈判过程中起着非常重要的作用。谈判方案从形式和内容上都有一定的要求。从形式上看，谈判方案应该是书面的，文字可长可短。一般来说，谈判方案应该尽量简明扼要、具体和灵活。所谓简明，就是要尽量使谈判人员能比较容易地记住其主要内容与基本原则，在谈判中能随时根据方案要求与对方周旋。由于谈判是一项比较复杂的业务工作，参加谈判的人员必须清晰地记住谈判的主题和方案的主要内容，在与对手交锋时才能按照既定目标，运筹帷幄，应付错综复杂的局面。整个谈判都围绕着谈判的方案来进行，方案要用简明、高度概括的文字加以表述，这样才能使每一个谈判成员对方案留下深刻的印象，明确谈判究竟要达到什么样的目标。但是，谈判方案的简明扼要必须和具体内容相结合。如果没有具体内容，就很难进行概括，也很难扼要地表述出来。同时，由于谈判过程千变万化，方案只能是谈判前某一方的主观设想或各方简单磋商的产物，不可能把影响谈判过程的各种随机因素都包括在内，所以方案对可控制因素和常规事宜可安排得详细些，对无规律可循的事项应安排得粗略些，给本方人员根据形势进行调整留有一定余地。

第一节　确定谈判的主题、目标、议程和地点

一、谈判主题和目标的确定及优化

由于整个商务谈判活动都围绕着谈判的主题、目标和方针来进行，因此，谈判前应明确谈判的目标。

（一）谈判主题的确定

谈判主题是谈判活动的中心内容，也是谈判时的公开观点，是对双方坐在一起谈判的意图的高度概括。一般情况下，一次谈判只有一个主题，而谈判方案也是以这一主题作为核心。

（二）谈判目标的确定

谈判的目标体现着谈判的基本目的，整个谈判活动都必须紧紧围绕着这个目标来进行，都要为实现这个目标服务，因此谈判目标的确定必须认真而慎重。谈判的目标可分为3个层次：

第一层次：最低目标。它是谈判必须实现的目标，是谈判的最低要求，若不能实现，宁愿谈判破裂也没有讨价还价、妥协让步的可能。

第二层次：可以接受的目标。它是指在谈判中可努力争取或做出让步的范围。如果说第一层次的目标可以用一个点来表示的话，第二层次的目标则是一个区间范围。这个层次的目

标是要争取实现的。

第三层次：最高目标，也叫作期望目标。它是己方在商务谈判中所要追求的最高目标，也往往是对方所能忍受的最高程度。它也是一个点，如果超过这个目标，往往要冒谈判破裂的风险。因此，谈判人员应充分发挥个人的才智，在最低目标和最高目标之间争取尽可能多的利益。

（三）谈判方针的确定

谈判方针大体可以归纳为 8 个字：谋求一致、以战取胜。谈判双方应尽量在友好、和谐的气氛中谋求一致，但也不妨在为我方谋得最大利益的前提下给对方以适当的让步，甚至在必要的时候采取各种谋略、技巧以谋求双方的一致。

（四）谈判目标的优化

谈判目标的优化解决的是谈判目标的磨合和兼容问题。一般来说，由于每份合同中都会包含少则十多个、多则几十个大的条款，每个条款都有一些具体成交区间，各个条款的要求之间就会有一个相容的问题。对方可能会满足我方的某些要求，但也要求我方在另一些条款上做出让步。这就要求谈判目标下的各个条款之间彼此保持协调一致，避免相互内耗、相互抵触。

值得注意的是，谈判目标的优化并不是各个条款的简单折中。例如，技术水平高并不一定就要与很高的价格相匹配，技术水平不高也不见得卖方就会报低价，优化的目的在于最大限度地满足自己的需要，而且可以根据谈判过程中各种因素的变化做适当的调整和修改。

二、谈判议程的确定和安排

（一）时间安排

它是确定谈判在何时举行，为时多久，倘若是分阶段的客主座轮流谈判，还需事先确定分为几个阶段、每个阶段谈判的地点、所花的时间大约是多少等。具体的时间安排应满足以下几点要求：

1. 分歧不大的议题在较短时间内解决

谈判应有时间观念，讲求效率，双方分歧不大的议题应力求在较短时间内解决，以免"捡了芝麻，丢了西瓜"。

2. 主要的议题应适时提出

谈判的主要议题应在谈判进行过半之后提出，这样可以使双方在前期讨论的基础上深入地磋商关键问题，还给主要议题的讨论留足了时间。

3. 文娱活动的安排要恰到好处

在紧张的谈判之余，主座谈判方可以安排适当的文娱活动以增进友谊、消除谈判人员的紧张情绪。但是，文娱活动的安排应适时适度。所谓适时，是指文娱活动尽量安排在谈判进行到主要议题时进行；所谓适度，是指文娱活动的安排不要重复，也不要过于密集，每周一次是比较恰当的选择。

4. 要安排适当的机动时间

每次安排谈判时间时都要对可能面临的困难有充分的事前估计，一旦谈判中双方争执不下，就会延误谈判进程。因此，确定谈判议程时要留有机动时间，比如一周的谈判，应留出半天的机动时间，如谈判按时结束可安排参观游览活动，若谈判拖延也可从容应对。

（二）确定议题及顺序

商务谈判的议题多少主要是由交易的复杂程度决定的。一般来说，买方比较容易控制谈判的议题顺序，但如果买方没有给予充分的重视，则卖方很可能会取代这一地位，从而驾驭整个谈判。

1. 列举

在确定谈判议题及顺序时，应由谈判小组事先充分研究后做出策划，要注意把所有该谈的问题都列举出来，不要遗漏。另外，对于自己不愿谈的议题，不要列入谈判议题中。

2. 分类

把本方要谈的议题按一定的标准分类，确定主要议题和次要议题。当然，对重点和非重点或主次的划分是相对而言的，划分后应严格保密。

3. 确定顺序

要确定谈判议题的先后顺序。谈判双方在这一安排上可能会有冲突，此时应注意的是，在未经仔细考虑之前，不能同意对方提出的讨论顺序，还要详细研究对方的议题顺序，并与自己的安排顺序相比较，以便发现对方是否把什么问题故意遗漏掉，这一问题往往就是对方的要害问题。在确定议题顺序时，不要随便向对方做出让步，这样会使对方认为我方软弱可欺，很可能会在后面的谈判中得寸进尺，采取强硬的谈判策略，使我方处于被动地位。

在确定议题顺序时，还要做好细节方面的安排。首先，安排好说话的顺序，确定由谁说什么话，什么时候说。其次，安排好提问，确定何时提问，由谁提问，用什么问句提。最后，安排好打岔，确定如何打岔，比如接电话、上卫生间、中途休息等；安排打岔暗语，如手势、表情、语言等。

三、谈判地点的选择和安排

（一）谈判地点的选择

国际商务谈判中可供选择的谈判地点有3种类型，即我方所在地、对方所在地和第三方所在地。这些地点各有优缺点，谈判手应注意趋利避害。

1. 我方所在地

谈判地点的选择，往往涉及谈判的环境心理因素问题，有利的场所能增加自己的谈判地位与谈判力量。具体来说，在我方所在地谈判有如下优势：

（1）熟悉的环境会使主座谈判的一方获得安全感，带来心理上的优势。

（2）东道主能在更大程度上控制谈判议程、日程，有利于掌握谈判的主动权。

（3）在食宿起居等方面都比较习惯，便于取得专家和其他辅助人员的支持，处理各种谈判事务比较主动。

（4）容易运用以礼压人的策略，如满意的招待，使对方做出让步。

（5）谈判地点在我方可以产生一种压力，即如果不能取得一定成就，会或多或少有损自尊。因此，这就迫使我方努力进取，想方设法去赢得谈判。

（6）谈判对手因客人身份，故较讲求礼仪而不致过分侵犯主人的利益。

（7）在我方谈判，如签约发生争议，根据"属地法"，应由本国法律裁决，有利于我方。

由此可见，国际商务谈判如能安排在我方所在地进行，可以使主座一方占据天时、地利、人和的优势，所以，主谈人应争取在我方所在地进行谈判。

2. 对方所在地

客座地点的选择，是由谈判一方特意决定，用这个谈判地点的特定条件给予谈判以某种影响，或由此表明谈判地点确定者的某种心态。客座谈判的优势表现在以下几方面：

（1）谈判人员可全身心投入谈判，不受外界干扰。

（2）对方无法借口自己无决定权而拖延谈判。

（3）可深入了解对方的情况。

（4）有利于退出谈判或终止谈判。

3. 第三方所在地

谈判双方一般都深知谈判地点选择的重要性，都想争取在己方所在地谈判，这样，往往会在谈判地点的选择上陷入僵局，尤其是在双方彼此怀有敌意的情况下容易出现这种状况。而打破这种僵局的途径不外乎两种。一种是轮流做东。很多中外合资谈判也是在外方与中方之地轮流进行的。另一种就是选择一个对双方都有利的中立地。中立地有助于创造一种冷静的气氛，排除了地点对双方的影响，在不受任何干扰的情况下，双方可以心平气和地对待问题，便于消除误会。

（二）谈判场所的具体安排

1. 谈判场所的选择

选择谈判场所要注意以下事项：

（1）谈判场所所在地要交通方便，便于有关人员来往。

（2）谈判房间附近应有多种休息场所，以便谈判人员在暂时休会时休息或各方内部交换意见之用。

2. 房间的选择和布置要求

前美国总统杰弗逊曾经针对谈判环境说过这样一句意味深长的话："在不舒适的环境下，人们可能会违背本意，言不由衷。"英国政界领袖欧内斯特·贝文则说，根据他平生参加的各种会谈的经验，他发现，在舒适明朗、色彩悦目的房间内举行的会谈，大多比较成功。

一个良好的谈判地点，房间的要求主要有：谈判房间要求宽敞明亮、典雅大方、安静舒适，能使人以轻松愉快的心情参加谈判；选择适宜的色彩，谈判场所的总体色调应以暖色或中性色调为主，这样有利于谈判各方建立信任感，同时又形成一种适宜心理氛围的距离感；房间应大小适中，而且关键在于要具备起码的灯光、取暖、通风、隔音等条件；同时，会场应有一定的装饰、摆设、座次等，使双方都具有良好的感官效果；还要有方便的通信工具，如电话、网络连接设施，并能保证随时使用；周围环境幽雅，使人心情舒畅；备有必要的饮料、水果等；有些场合还要考虑摄像的要求。

3. 谈判座位的安排

第一，要考虑桌子的形状，一般有圆桌、长方桌、长圆桌。选用圆桌，较适用于多人谈判，双人谈判也可以。双方或多方谈判人员围桌而坐，给人以和平共处的感觉，而且彼此交谈方便。选用长方桌也适用于双人局的谈判，双方人员面对而坐，给人以正规严肃的感觉。如果超过10人，最好用长方桌或长圆桌，还可以考虑按喇叭形放置谈判桌。如果会议室较大还要有适当的扩音设备。总的来讲，选择什么样的桌子，要充分考虑谈判中有效传递信息和语言表达的需要。

第二，要考虑座次的安排。总的来说，要突出主谈人，助手及辅助人员的安排也要合适。一般来讲，主谈人的座位在正中间，其他人按重要性先后次序排座次，分列主谈人两侧。不同情况下的座次安排见图 6-1 ~ 图 6-4。

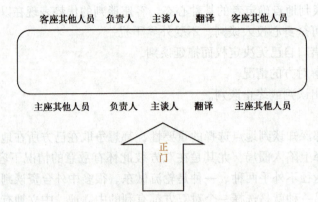

图 6-1　多人谈判的座次安排（长方桌）

图 6-2　多人谈判的座次安排（圆桌）

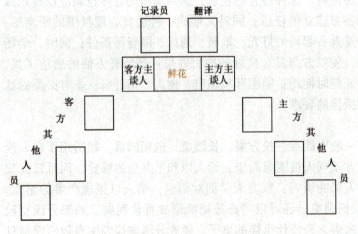

图 6-3　多人谈判的座次安排（椭圆形座位）

图 6-4　双人谈判的座次安排（长方桌）

4. 客方谈判人员食宿的安排

客方谈判人员的食宿费用一般由客方自理，有时客方自己安排食宿。但必须注意的是，要尊重客方谈判人员的风俗习惯，并提供尽可能令客方满意的各项服务。可以事先询问客方的食宿安排及是否要我方协助。

第二节　确定谈判中各项主要交易条件的最低可接受限度

在商务谈判中不可避免地要进行讨价还价，谈判中的妥协让步是理所当然的，然而绝对不是无限度地让步。这个限度就是谈判双方的最低目标，如果谈判的结果低于这个限度，谈判的一方宁可终止谈判也不会达成交易。所以，在商务谈判正式开始之前，谈判一方必须在方案中确定己方各项主要交易条件的最低可接受限度，以指导谈判人员更好地完成谈判任务。

一、技术条件

在成套设备买卖、许可证贸易或者合资合作项目的谈判中，均要涉及技术条件问题。技术条件主要是指技术水平的先进性或技术的适用性，技术水平的先进性还有国际先进性、国内先进性等不同条件。在谈判准备阶段，技术引进方应事先确定交易的技术条件区间，因为技术的先进性直接与合同中的价格水平和产品合格率等关键指标挂钩。技术引进方应在谈判方案中确定技术条件，包括技术的文字条件和数字条件。

二、价格水平

价格水平的高低是谈判双方最关心的一个问题，是双方磋商的焦点，它直接关系到获利的多少或谈判的成败。影响价格的因素有主观和客观之分，主观因素是指诸如营销的策略、谈判的技巧等可以由谈判方决定或受谈判方影响的因素，而影响价格的客观因素主要有成本情况、需求因素、市场结构、产品因素、环境因素。

（一）成本情况

成本是构成商品价格的基本因素，国际贸易中的成本是指包括生产成本在内的"市场成本"，即包括产品从生产到交货的一切费用。具体说来，它包括生产该产品所需的原材料、劳动力费用和管理费用，以及为购销该商品所耗费的调研、运输、广告方面的费用和关税、保险费、中间商的佣金等。此外，在国际贸易中，谈判双方使用的贸易术语不同，成本也会随之不同。如FOB价格表明购货成本中未包括海运途中的运费和保险费，CFR价格表明海运途中的保险费未包括进去，而CIF价格表明价格中既包括了运费又包括了保险费。

（二）需求因素

需求因素对价格水平的影响主要通过需求价格弹性加以体现，这部分内容请见本书第二章。

买卖双方应充分考虑商品的性质和市场的供需情况，以及同类产品的市场价格等因素，合理辨别产品的需求价格弹性，从而合理制定价格策略。

（三）市场结构

市场结构表明市场对价格的影响。市场结构可分为完全竞争、完全垄断、垄断竞争、寡头垄断4种情况，企业处于不同的市场结构时其价格水平也会有所差别。

在完全竞争的市场里，如大米、小麦、玉米、棉花等大多数农产品的市场，由于参与竞争的企业或国家很多，交易条件基本一样，买卖双方均无法控制价格，故这类产品的价格多以位于泰国、沙特阿拉伯、新加坡和美国等国家的商品交易所和大宗商品集散地的价格为准。

完全垄断的情况在现实生活中是很少见的，由于在这种市场情况下只有一个厂商能够生产或制造这种产品，买方不可能从其他渠道获得该产品，因而卖方可以完全操纵该产品的价格。

同样，在寡头垄断的情况下，由于产品被少数几个厂商垄断，卖方同样在一定程度上具有价格的操纵权。

垄断竞争市场是比较常见的市场结构，这种市场上既有少数较大的厂商，也有为数众多的中小厂商，卖方控制价格的能力受到了很大的限制。

（四）产品因素

产品因素主要是指产品的声誉及产品本身的特点对价格的影响。例如，日用品的单位利润较低，而耐用消费品的单位利润较高，原因就在于日用消费品购买频率高，生产周期短，所以即使单位产品利润较低，总利润还是很可观的；而耐用消费品由于购买频率低，生产周期长，所以就必须维持较高的单位利润。同样，对于声誉好、售后服务周到、客户对其有强烈的购买欲望的产品，价格就可以定得高一点；反之，对于名气、售后服务都较差的产品，一旦其价格定得过高，就会无人问津。

另外，产品本身的生命周期和季节性产品的时间差对价格的影响也较大。

（五）环境因素

环境因素涉及的面很广，诸如生产国国民经济或政策的变化、世界经济形势的动向、贸易国的经济和政治状况、国际金融市场状况、银行利率的变化等都会对价格有较大的影响，所以在定价时不仅要考虑产品本身的成本、市场的需求因素，还要考虑环境因素。

在讨论了影响价格水平的主要因素之后，便可以制定最低可接受的价格水平了。

三、支付条件

支付条件包括支付工具和支付方式。支付工具主要涉及的是金融票据和商业票据种类的选择，支付方式则是国际商务交易中非常重要的条款。在进出口贸易中，卖方常常遇到不同的支付方式，不同支付方式通过价格对谈判的预期利润会造成较大影响。在国际贸易中采用信用证、跟单托收或保付代理方式，以及托收中的付款交单和承兑交单方式，对出口方的资金回收和利息负担的影响大不相同。除了各自的收汇风险大小不同以外，支付方式的不同还会影响商品的交易价格。有时候，卖方为了减少收汇风险，宁可降低价格也要采用信用证方式。保理业务在我国的发展速度非常快，虽然在国外它已经是成熟业务，但在国内还有很大的发展空间，应大力推广。

四、交货及罚金

在货物买卖中，交货的期限与双方都有利害关系。在国际贸易合同中，交货期限作为要件需要清晰地加以确定。卖方若未按时交货，就要赔偿对方的经济损失。在一般情况下，卖方总是希望晚交货，而买方总是希望早交货。但也有例外情况，例如买卖双方若签订了长期的供货合同，卖方就会希望早交货，买方则希望卖方按时间进度均匀交货。按照国际惯例，对于生产周期短的商品，卖方报价中的交货期一般为签约后两个月；而对于生产周期相对较长的商品，卖方交货日期需要双方在谈判中加以协商并最终确定。

五、保证期的长短

保证期是卖方将货物卖出后的担保期限，担保的范围主要包括货物的品质和适用性等。关于保证期的长短，从来都是国际商务谈判中双方争论的焦点问题之一。卖方一般会尽力缩短保证期，因为保证期越长，卖方承担的风险越大，可能花费的成本也越大；买方则总是希望保证期越长越好，因为保证期越长，买方获得的保障程度越高。但是由于保证期的长短事关卖方信誉及竞争能力，事关交易能否做成和怎样做成的问题，因此卖方在通常情况下会仔细考虑保证期问题。

第三节　模 拟 谈 判

谈判方案本身具有多大的可行性，在谈判过程中会遇到哪些阻力、困难，会出现哪些新问题，只有通过模拟谈判来检验和解决。模拟谈判指的是在正式谈判开始以前，对谈判进行假设推理和预备练习，通过模拟对手在既定场合下的种种可能表现和反应，来检查已制订好的谈判方案在实施过程中可能出现的问题，以便及时修正和完善。模拟谈判的作用，除了发现问题、弥补漏洞，以便完善谈判方案之外，也有利于锻炼谈判人员，保证谈判顺利进行。通常情况下，模拟谈判主要有全景模拟、讨论模拟和列表模拟3种不同方法。

一、全景模拟法

按照想象的谈判过程，在己方人员中选出某些人扮演谈判对手的角色，从对手的谈判立场、观点、风格出发，与己方另一些人按假设的谈判顺序、想象的情况和条件，演习交锋时对方可能提出的问题，以及己方的答复、策略、技巧等。处在对方位置上进行分析思考，有助于己方制定更加完善的策略，也有利于谈判者选择自己适宜充当的谈判角色，一旦发现角色扮演者不理想时，可以及时更换，以避免因角色不合适而加大谈判的风险。全景模拟法可视正规程度的不同而分为两种不同方式：

1. 组成代表对手的谈判小组

这种做法是从本单位内部抽调一些人员，组成一个代表对手的谈判小组，与本单位的正式谈判小组进行一次接近实际谈判情境的模拟谈判。这是正规的模拟谈判，有利于全面检查谈判方案，并使谈判人员对每个环节和涉及的问题都有一个事先的了解。

2. 一位谈判成员扮演对手

如果时间、费用和人员等客观因素不允许安排上述正规的模拟谈判，就可以采用简化的方法，由谈判小组的一位成员扮演对手，对己方的谈判条件进行反复地盘问和攻击。

需要注意的是，在全景模拟法中，无论由谁来扮演对手，都应站在对方的立场上思考问题，采取对抗性和刨根问底的态度，以便充分暴露己方的不足之处，尽量充实谈判方案，并达到真正锻炼谈判人员的效果。

二、讨论模拟法

讨论模拟也叫作沙龙式模拟，分两步走。第一步，召开有谈判人员和其他有关人员参加的讨论会，各参会人员根据各自的经验，对本次谈判中谋求的利益、双方的目标及可能采取的谋略、对策等发表自己的看法，畅所欲言，组织者如实记录，上报领导（或决策者）。第二步，集中一些谈判中可能发生的情况和对方提出的问题，做进一步讨论，由谈判人员一一予以解答。

讨论模拟法的关键在于参加讨论的所有人员从各个角度提出不同意见，有助于重新审定和不断完善谈判方案，提高谈判的成功率。

三、列表模拟法

对一些小型、常规性的谈判，在全景模拟和讨论模拟的可能性均不存在时，承担主要任务的主谈人可自行采用列表模拟法。其具体方式是通过对应表格形式来进行模拟。表格的一方列出我方谈判人员、策略等的优缺点及对方的目标与策略；另一方则相应列出己方针对这些问题应采取的措施。

在进行上述模拟谈判时，应注意科学地做出假设，认真挑选好模拟谈判人员，加强参与模拟人员角色扮演能力的训练和适时总结经验教训等，使模拟谈判为实际谈判打下良好的基础。

【案例分析】

美国有家生产成套设备的跨国公司生产了一种编号为"500"型的新设备，投放市场后，销售势头看好。其原因是，说明书上说明每小时的运转速度可以达到1300转，但很多客户在实际使用中大大超过了1300转，甚至达到1800转，这样投入产出比大大提高了，所以深受客户的欢迎。在超高速运转下，大多数设备情况良好，只有少数设备出现了故障。

负责技术设计的副总经理琼斯主张明确规定每小时运转速度不得超过1300转，否则一旦产品普遍发生故障，将对公司的声誉造成极坏的影响，当然也会有损于琼斯（推出这种产品的人）的事业和前途。然而，负责销售的副总经理帕克却不同意这种做法，他认为，一旦明文规定每小时运转速度不得超过1300转，必将影响销售，不利于与其他产品的竞争，何况机器的故障报修率远没有达到不可容忍的程度。当然，因为这种明文规定也会有损于帕克的销售事业。双方意见相左，相持不下。当时他俩都受到总经理的青睐，谁的意见占上风，某种程度上决定将来谁来接替总经理。所以，双方决定举行内部谈判。

为了达到谈判的目的，琼斯事先做了扎实的调查研究工作，不仅如此，他还进行了模拟谈判，派人扮演帕克，站在帕克的立场上提出并考虑种种设想，并模拟帕克可能做出的种种反驳。他特别冷静地思考和检查己方做出的设想和帕克可能做出的设想，加以探讨和辩论。通过模拟谈判，琼斯发现，在己方的设想中，至少有3个方面存在问题：

（1）琼斯设想帕克感兴趣的只是向手下灌输最蛊惑人心的销售神话，这是不符合事实的。

（2）琼斯发现，他对谈判的策划都建立在这种设备运转速度超过1300转之后一定会出问题之上，这也是不符合事实的。

（3）在模拟谈判前，琼斯一直认为，技术设计方面的一切专门知识非自己负责的部门莫属，换句话说，帕克等人对技术一窍不通，这更成问题。

同时，琼斯通过模拟谈判，预计到帕克可能会说琼斯的技术设计部门对公司的销售业务的来龙去脉和存在的问题丝毫不关心、一无所知等。

在模拟谈判的基础上，琼斯肯定了可行的方案和策略，有问题的地方做了必要的修改和补充。所以在后来进行的正式谈判中，局面基本上按照琼斯的预计发展，他一直主动地控制着谈判的进程，在谈判中占有绝对的优势地位。最后，谈判通过了琼斯设想的方案，他取得了圆满成功。

第四节 谈判方案制订及修改的注意事项

一、知己知彼

在制订谈判方案时，要正确评价自己的谈判实力，低估或高估自己的谈判实力对谈判都是有害的。低估自己的谈判实力不利于己方争取更优惠的成交条件，高估自己的谈判实力则会使己方在谈判中受到挫折。

同时，企业实力与谈判实力也不是绝对的对应关系，企业实力强，其谈判实力并非就一定强。国家的经济、科学技术实力对谈判实力也是有影响的，但是这种影响基本上是间接的，其作用也是有限的。

谈判的实质是要说服对方，和对方达成一致的协议，所以必须全面调查和透彻了解谈判对手。谈判需要协调矛盾各方的利益关系，以达到各自的目标要求，这个任务是通过双方具体的谈判人员来完成的。谈判是双方主动的双向沟通过程，当一方确认有谈判的必要之后，首先就是详细了解对手，不打无准备之仗，这样才能在知己知彼的情况下采用适当的对策。

二、了解、熟悉市场行情和谈判内容

对市场行情不了解，对谈判内容不熟悉，都会使自己在谈判中陷入被动，遭受损失。

谈判者要分析国内外市场发展形势，通过调查摸清己方产品所处的环境，掌握市场容量和销售量，从而有助于确定谈判目标。通过对竞争情况的调查，使谈判者能够掌握己方同类竞争者的信息，寻找他们的弱点，有利于己方在谈判桌上击败竞争者，使自己保持清醒的头脑，掌握谈判的主动权。此外，对一般社会公众和消费者进行调查也有重要作用。摸清消费者公众的需求心理，有助于把握消费动态与发展意向，预测己方产品的竞争能力，也有助于跟谈判对手讨价还价。

三、避免谈判方案冗长、混乱、复杂、僵硬

一般地说，谈判的准备工作就是要制订一个简明、具体而又灵活的谈判方案。方案应尽可能简洁，以便谈判人员记住其主要内容，从而使他能够得心应手地与对手周旋。因为周旋本身要花费相当大的精力，而且要把谈判桌上的条件变化随时与谈判方案做对比，所以太长的方案是失败的。

同时，谈判方案必须具体，不能只求简洁而忽略实质内容，既不要有所保留也不要过分细致。

方案还必须具有一定的灵活性。谈判人员必须善于领会对方的讲话，判断对方的意图以及与己方方案的出入，从而灵活地对方案进行调整。

四、避免谈判目标过高，缺乏弹性

1. 避免期望过高，企求过多

在谈判过程中，谈判目标决定着人们谈判行为的方向。通常，目标也是一个多层面的有机整体。目标可以分为大目标与小目标、长期目标与近期目标、总体目标与具体目标、最高目标与最低目标。人们在实现这些不同类型的目标时，一般是有步骤、分阶段地进行的，不可能一下子就实现全部目标。同样，在谈判过程中，人们一般也应考虑这一因素，不能期望过高。

2. 避免缺乏弹性

要分清谈判目标的不同内涵，区别掌握，灵活应付。谈判目标有两类。一类是限定目标，如价格方面，谈判者根据己方的成本消耗、利润水平、供销情况和市场信息确定价格限度，对买方来说高于这个价格便不会购买，对卖方来说低于这个价格限度便不会出售。另一类是弹性目标，即归纳一个可以机动的幅度界限，最高争取达到多少，最低不能少于什么基数。这种弹性目标具有机动变化的余地，可由谈判者灵活掌握。当对方的谈判条件有所变化时，如提供原材料规格高低、付款时间的提前或拖后等，谈判的弹性目标也会随着变动。

五、避免目标保密不严，防止事先泄密

谈判目标的底数与下限要严格保密。除了参加谈判的己方有关人员之外，绝对不能透漏给其他人士。国外在一些重要的谈判场合，有的不惜花费重金聘请"商业间谍""电脑黑客"刺探对方的底牌，摸清对手的底细，做到知己知彼。我们有些谈判手对此却重视不够，有的事先没有深入研究，心中无数；有的随意将自己的谈判底牌透露出去，造成不应有的损失。一旦谈判目标有重大的改变，己方要经过全面讨论商定。没有授权的谈判者要向有关单位及领导请示，即使是具有决定权的谈判人员也应与参加谈判的有关人员协调沟通，大家意见一致后再加以变更。

复习思考题

1. 谈判方案的基本要求有哪些？
2. 主座谈判有什么优缺点？
3. 在制订谈判方案的过程中，确定价格水平时应考虑哪些因素？
4. 简述模拟谈判的主要方式。
5. 什么是谈判目标的优化？

第七章

国际商务谈判各阶段的策略

【案例导读】

W厂在某年9月决定改造其晶体管生产线，需引进技术及关键设备。由于市场时机的要求，要求相关谈判人员在四个月内完成该项目引进任务。当月组成谈判组，技术主谈为W厂的总工程师，其余人员为该厂工艺、设备技术人员4人，X外贸公司熟悉市场的业务人员1名和翻译1名，共7人。

10月上旬，谈判组分析了市场，确定询价对象。当时，在国际市场上与W厂和X外贸公司有过交易或接触的该类技术和生产线的供应商，美国有六七家公司，但技术等级限制多；新加坡市场较自由，但技术水平不够先进；日本有多家公司技术水平先进，但交易条件比较苛刻。

经过反复对比，从技术性、成交的可能性、相对谈判实力和可控制性着眼，决定选择日本T公司为首要交易对象。因为该公司曾与W厂和X外贸公司有过交易，人员之间交往也较多，关系较好，且T公司目前希望与X外贸公司拓展其他业务。确定了交易对象后，接下来进行了询价。根据W厂生产发展以及市场的需要，提出了7个产品系列（3个高反压管系列、1个大功率管系列、2个小功率管系列和1个塑封管产品系列）、4条生产线的采购询价。T公司按此报了价，其中技术费600多万美元，但不保证技术水平和成品率。此时，T公司在中国市场的另一产品环形灯因质量问题而被媒体曝光，该信息促使X外贸公司坚持技术和质量保证。

为了加强沟通，W厂、X外贸公司和T公司在北京进行了首次会谈，主题是"明确报价范围"（明明标的物的特征和条件）。在这次会谈后，T公司重新报了价，这次报价的内容包括了7个产品系列的生产技术，以及T公司为了保证技术水平和产品质量要求买方必须采购的生产设备，总价为65亿日元。其实W厂现有设备的技术性能很好，不必购买。T公司这么要求，意在加大交易额，若W厂和X外贸公司嫌价高而不购买设备，只购买技术，那么T公司就可以顺势推卸质量保证义务。

10月下旬，T公司报出的总价比预算高出10倍，如何谈判才能在期限内和预算范围内成交呢？W厂与X外贸公司的谈判人员经过充分讨论和准备后，决定先让T公司做价格解释，尤其对价格组成、对应条件、各种设备功能与技术规格进行补充说明。通过这个阶段的谈判，W厂的技术人员了解了T公司提供的设备大部分性能与工厂已有设备相近，其技术费中包括"开发技术"，即有开发新产品的能力，这对谈判的影响很大。

W厂与X外贸公司的谈判人员认真分析了日本T公司的技术与价格解释后，认为既然技术有开发性，那么引进的产品不必多至7种，可以只购买具有不同技术的4种产品。生产线也可从4条减为3条（高反压管系列、小功率管系列和塑封管产品系列），但必须保证合格率。这样既可节省开支，又不降低技术水平和生产能力。问题是，价格如何谈才能达到既控制预算的目的,又能在谈判时限内完成?谈判组经过反复讨论,最后一致同意以"亮底"的做法进行价格谈判。

具体计划是,让领导人出面向对方领导人"亮底"。亮什么底呢?说我们只有600万美元预算,需购4种产品技术,建3条生产线,工艺关键部分必须保证,可以采购相关设备(从65亿日元的报价中挑选,共挑选了14台W厂目前没有或性能更好的设备)。同时也准备了向对方施压的条件:中断谈判、停止其他交易的谈判等。"亮底"的谈判在W厂所在地进行,因为W厂是项目主人,有主场优势,工厂与地方政府领导均易于出面会见T公司谈判代表,各项条件较好。在这次谈判中,先请W厂所在地政府领导出面为T公司谈判人员举办了欢迎宴会,充分表达了东道主希望繁荣地方经济的愿望,也客观称赞了T公司的经营业绩与品牌的知名度,并描绘了当地市场的发展前景,为谈判创造了良好的气氛。

随后,谈判组开始对技术和设备进行复核,确认双方的理解,为"亮底"进一步打基础。在技术性的确认完成之后,进入商务谈判时,W厂厂长出席了谈判,他的出场让T公司的谈判人员既惊讶又高兴。W厂厂长是T公司的老熟人,过去曾经拜访过T公司,与其高级领导层均较为熟悉。厂长对双方谈判的结果稍做小结后,即进入主题。先肯定了T公司准备的报价内容,然后讲了自己的经济问题与财务预算。接着提出解决的方法,W厂可以减采购内容(如上述准备),但请T公司调整一下可以符合W厂技术与预算要求的方案。

厂长的亮底很坦诚,交易的诚意也不弱,让T公司谈判人员说不出什么话来。T公司谈判人员听后,只表示理解,不讲可否这么办。他们既想要这个合同,又不愿意按厂长说的方案办,于是从技术构成、设备价值、交易内容等方面进行大量的解释,总之就是:钱少就要少办事,办能办的事,按目前的预算,T公司难以达到W厂的要求,就如中国俗话说得那样,"巧妇难为无米之炊"。在W厂厂长再三说明之下,T公司谈判人员只好说,我们回复不了,需要回去研究。谈判进入僵局,无法进行下去。

W厂厂长眼看再谈下去也不会有进展,就转而讨论下一步的谈判日程。根据原来的安排,W厂应派人去日本T公司做技术考察,完成设备与技术的核对工作,现在商务谈判出现了僵局,W厂是否还去日本呢?W厂谈判组决定把它作为一种施压手段。于是在此次谈判结束互相道别时,W厂厂长说:贵方回去研究,有可能性时,请给我方来个传真,我们再去;如根本就不可能,那我们也不必去贵公司考察了。T公司人员表示同意。在等待T公司发来传真的过程中,W厂与X外贸公司很着急,但都沉住气。时间拖了一天又一天,双方在比耐性。终于,T公司来传真了,邀请W厂与X外贸公司的人员去日本谈判。虽然在传真中并未明确答应中方要求,但说一切等中方到日本后再商量。W厂与X外贸公司人员松了一口气。

11月中旬,双方约好在东京谈判。W厂与X外贸公司经讨论一致认为,这次出国谈判双方关系很重要,由W厂厂长带队最合适,因为是由他亮的底,他在W厂接待过T公司的各层领导人,与T公司高层关系熟络,说服力较强。再配上技术和商务人员一行共6人。到达日本后,在第一天的会谈中,由T公司高层领导主持,经过简单的寒暄,日方开门见山地表示,从双方的传统友谊与长远合作考虑,原则上同意W厂厂长的要求,细节由专家们谈。这个开场陈述为后面的谈判打下了基础,也定了调。于是双方专家按照W厂之前的意见重新安排交易内容。

经过讨论,双方确认,3条生产线、4个品种的技术,应包含中方报价单的14套设备,不买的设备由T公司专家到W厂考察现有的、可代替的中方设备,免除W厂的实习费用,T公司的专家技术指导费仅付一半,专家在W厂工作的食宿由W厂承担。

根据双方确认的交易内容，T公司调整了报价，为16.5亿日元。经过谈判，又将价格降到了13.6亿日元。按当时的汇率，该价仍在1300万美元左右，远远高于中方预算，难以成交。W厂又主动减了一些备件及服务量，但也非常有限，差距仍很大。双方反复交换意见也难以突破各自的界限，中方谈判组只好准备回国。

当中方离开东京时，T公司领导又给W厂厂长传来话，在总体上保证中方技术水平与生产能力的前提下，对设备供货做适当调整，由T公司来做该项目，其总价最低可做到7.5亿日元，其中设备费3.98亿日元（适当调整设备型号）。工装卡具0.42亿日元，技术费3.1亿日元。但希望W厂与X公司正计划进口的另一大项目能与他们交易。该方案虽然仍超过600万美元的底线，但确实已比较接近。至于附加条件，在不排斥竞争的情况下未尝不可。对T公司送行时提出的条件，W厂厂长表示了肯定，并相约12月中旬到北京签约。12月中旬，T公司谈判组由其专务带队来到北京，商务、技术人员一行5人，W厂与X外贸公司也配备了相应人员。双方确认了T公司在送别W厂与X外贸公司人员时提出的7.5亿日元价格及相对应的交易内容后，即进入合同文本的谈判。或许，双方因为"限价"成交的缘故，对于文字所体现出来的风险与额外义务更加关注。

对于合同成交货币，中方认为底线是以美元计的，应以美元为合同货币。日方指出，日元为可自由兑换货币，又是以日元报的价，只能以日元作为合同货币。双方为此争论激烈，但从谈判过程看，限底价是关键，日方也承认这个事实，最后只好认同以美元为合同货币。

对于技术保证的描述，T公司认为，第一次验收不合格时，若是中方原因，应该算作义务完成；若是日方的责任，则继续调整。W厂自然不同意，要求技术保证应是彻底的，若是中方原因，调整费用由中方负责；反之，由T公司负责。由于该项交易从技术交易开始，T公司也无理由推卸责任，只好同意中方建议。

对于交易项下的税费问题，T公司坚持认为，目前的交易价应是税后价，因为他们已经做了巨大努力，再交税就更亏了。中方表示理解，但措辞不能与税务管理规定相悖，可从避免双重课税的角度描述，从本质上保证T公司的收入即可。

对于仲裁地点的确定，T公司很敏感，担心发生分歧或争议时，仲裁不公正。于是要求仲裁地在日本东京。中方认为这是对中国仲裁机构的不信任，不能同意。双方最后进行了折中，写成"或在日本东京，或在中国北京，视由谁提出仲裁而定，即在被申请人所在地的仲裁机构仲裁"。

双方虽然讨论得很激烈，但总算把合同谈成了，最后终于成功签约。

国际商务谈判策略是谈判者为了有效地达到预期目的，在谈判中遵循一定的程序，有意识地采取的各种行动与方法的总和。国际商务谈判从正式开局到达成协议，要经历一个错综复杂的过程，划分为5个阶段，即开局阶段、报价阶段、讨价还价阶段、成交（接受）阶段和签约阶段。在长期的谈判实践中，人们总结出许多有关谈判的策略，这些策略至今仍在谈判实践中被广泛地运用。

第一节 开局阶段的策略

开局阶段就是谈判双方见面后到进入实质性磋商之前，相互介绍和寒暄的那段时间。俗话说："良好的开端是成功的一半"，开局良好，再进入正题就比较自然了。开局是谈判双方的第一次亮相,是整个谈判的起点,它的好坏在很大程度上决定着整个谈判的走向和发展趋势。因此,一个良好的开局将为谈判成功奠定坚实的基础,谈判人员应给予高度的重视。在这一阶段,谈判人员的主要任务是创造良好的谈判气氛并做开场陈述。

一、创造良好的谈判气氛

每次谈判,人们都会感觉到气氛的独特,如有的洽谈气氛是对立的、紧张的;有的则是旷日持久的、夸夸其谈的;还有的是热烈积极的、友好的。为了取得一个理想的谈判气氛,开局阶段的话题最好是轻松、非业务的,如双方谈些社会趣闻、风土人情、叙旧等,但时间不宜太长。

谈判双方的互相认识可以通过他人介绍,也可以自我介绍。不论什么场合,自我介绍的形式较为理想。通过短暂的介绍,双方可以相互了解对方的背景、姓名、地位和职务等。

开局阶段比较重要,因为双方在互相介绍和闲聊中,已经开始传递信息,并且形成最初印象,这是建立谈判气氛的关键,为以后的洽谈奠定基础。

【案例分析】

1972年2月,美国总统尼克松访华,中美双方将要展开一场具有重大历史意义的国际谈判。为了创造一种融洽和谐的谈判环境和气氛,中国方面在周恩来总理的亲自领导下,对谈判过程中的各个环节都做了精心而又周密的准备和安排。在欢迎尼克松一行的国宴上,当军乐队熟练地演奏起由周总理亲自选定的《美丽的亚美利加》时,尼克松总统简直听呆了,他绝对没有想到能在北京听到他如此熟悉的乐曲,因为这是他平生最喜爱并且指定在他的就职典礼上演奏的家乡乐曲。敬酒时,他特地到乐队前表示感谢,此时,国宴达到了高潮,一种融洽而热烈的气氛感染了美国客人。一个小小的精心安排,赢得了和谐融洽的谈判气氛,这不能不说是一种高超的谈判艺术。

日本首相田中角荣20世纪70年代为恢复中日邦交正常化来到北京,他怀着紧张的心情在迎宾馆休息。迎宾馆内气温舒适,田中角荣的心情逐渐放松下来,开始与随从人员谈笑风生。他的秘书仔细看了一下房间的温度计,是17.8℃。这一田中角荣习惯的"17.8℃"使得他心情舒畅,也为谈判的顺利进行创造了条件。

为创造一个良好的谈判气氛,谈判人员应当做好以下几点工作:

1. 谈判前预想一下见面的情况,做好充分的准备

若对方是从未见过面的人,则可根据己方掌握的情况来设想一下他的工作类型和个人生活有什么特点,他需要什么,他在企业中处于什么地位,他属于哪种类型的人,是心胸开阔、慷慨大方,还是小心谨慎、斤斤计较。这些问题要在头脑中先过一遍,有助于调整自己的心理状态。

2. 服饰仪表符合身份

谈判人员的服饰仪表应符合第十一章中所介绍的服饰礼仪要求,适应国际商务谈判场合的需要。谈判人员不能蓬头垢面,服饰要美观、大方、整洁,颜色不要太鲜艳,款式不能太夸张、前卫,尺码不能太大或太小。由于世界各国经济发展程度的不同和风俗习惯的差异,服饰方面并没有统一的标准,但干净、整洁在任何情况下都是必要的。

3. 见面后做好握手、相互介绍和寒暄等礼仪工作

双方谈判人员见面后,各方谈判组长和主谈人应首先自我介绍,然后由主方负责人介绍己方谈判人员，再由客方负责人介绍己方谈判人员，在此过程中被介绍过的人要依次行见面礼，如握手、拥抱、鞠躬、双手合十等。

4. 谈判人员径直步入会场

谈判人员进入会议室后最好不要马上坐下，应该自然而然地把谈判双方分成若干个寒暄小组，不要冷落对方任何人。谈判人员应该以自信、友好的姿态出现在对方面前，肩膀要放松、目光要自然、可亲。心理学家认为，谈判人员心理的微妙变化都会通过目光表现出来。

5. 说话和行动要轻松自如

初次见面，可适当谈论一些轻松的、非业务性的话题，如来访者旅途的经历、体育表演或娱乐信息、天气情况、私人问候以及双方以往的合作经历和取得的成功等。此时的谈话不应带任何偏激的感情色彩，也不应有任何威胁、冷漠、过度热情的表示，言谈间不要涉及个人隐私和对方国家的阴暗面。

6. 掌握好开局时间

开局阶段的时间长短要把握好，一般控制在谈判时间的5%以内比较妥当。时间太短达不到融洽气氛的目的；过分闲聊、时间过长、离题太远，不利于提高谈判效率。如果会谈要持续3天以上，甚至要进行多轮谈判，那么开局的时间可以相应增加。

二、作开场陈述

在开局阶段，双方都要进行开场陈述，对本次谈判所涉及的问题进行说明，阐明希望通过这次谈判应该维护和取得的基本利益以及对待本次谈判所持的基本立场与要求等，使对方充分了解己方的观点和想法。在这一阶段，说话要小心谨慎，不能信口开河，不能把不想让对方知道的一些情况与资料毫不保留地暴露在对方面前。

在做开场陈述时，每一方都要独立地对自己的观点做一个全面的说明，并且要给对方以充分了解我方意图的机会，然后听取对方的陈述，并了解对方的意图。在陈述自己的观点时，要采取横向铺开的方法，而不是深谈某一个问题。开场陈述的内容一般包括：我方对问题的理解，即我们认为这次会谈应涉及的问题；我方的利益，即我方希望通过谈判取得的利益，以及我方可以采取何种方式为双方共同获得利益做出贡献；我方的立场，例如双方以前合作的结果，我方在对方所享有的信誉，今后双方合作中能出现的好的机遇和面临的障碍。

在做开场陈述时，一般采用书面和口头相结合的方式，即事先将陈述内容进行归纳形成书面材料，然后在谈判桌上以口头的方式表达给对方。

【案例分析】

1995年，内地一家工厂与一位港商洽谈购买原料之事情，港商利用这家工厂非用其原料的优势，在谈判中非常傲慢，所谈话语无不以居高临下之势百般习难。在这种情况下，如果这家工厂的谈判代表仍然以谦虚、谨慎、不厌其烦的方式述说自己的开局目标，只能助长对方的嚣张气焰。鉴于此，该厂的主谈人一反常态，先是退避三舍，然后拍案而起，指责对方道："你们如果没有诚意可以走了，我们的库存还够维持一定时期的正常生产，而现在我们已经做好了转产并不再与你方有任何来往的准备。先生们，请吧！"这种阻击性极强的表达方式，一时竟然使对方手足无措。由于利益所在，对方窘态消失之后，终于坐下来与这家工厂开始了真诚的谈判。这家工厂的主谈人也借气氛缓和之机，坦诚地表达了原定的开局目标。

双方都做完开场陈述后，需要做出一种能把双方引向寻求共同利益的陈述，即倡议。倡议是双方提出各种设想和解决问题的方案，以拉近设想和现实之间的距离，同时对各种方案进行对比，选择更具有现实性的做法，以使谈判按照既定的安排进行下去。

三、开局阶段的禁忌

（一）个人形象差

参加谈判人员的个人形象差会影响洽谈气氛。应避免出现下列现象：神态紧张、疲惫不堪；装束脏污、不整齐；握手无力、冰凉；目光躲闪、猜疑；身有异味，有香烟味或浓烈的香水味。

（二）在建立恰当的谈判气氛之前就迅速进入实质性会谈

开局阶段的话题最好是轻松的、非业务性的。例如，双方可以随便聊聊以下内容：

（1）各自的经历、应邀进行的游览、曾经到过的地方、接触的人等。

（2）体育比赛，如篮球赛、冰球表演、高尔夫球比赛等，或者谈谈早上的新闻摘要和国际要闻。

（3）私人问题。表现出真正关心他人的情况，不带任何威胁的语调，如："你好！这个周末我钓鱼去了，我很喜欢钓鱼，你周末是怎么度过的？"而不要涉及年龄、薪水的话题。

（4）对于彼此有过交往的，可以先叙述一下以往的共同经历和取得的成功。

（三）对双方的权力分配处置失当

一方说得过多，而另一方没有说话的机会，会破坏谈判的气氛，必须加以注意。这个阶段应注意思考的问题是：谁在确定谈判议程中起主导作用？谈话时间在双方之间如何分配？最好各占一半，切忌一方滔滔不绝。一般来讲，东道主应首先发言，略显主动，避免冷场。

第二节 报价阶段的策略

报价阶段是提出实质性交易条件至还价前的一段时间。双方在结束了非实质性交谈以后，就要将谈话转向有关交易内容的正题，即开始报价。报价以及随之而来的讨价还价和磋商是整个谈判过程的核心和最重要的环节，决定了整笔业务是否能够成交，或者成交以后能带来多少利润。这里所说的报价，不单单是指价格方面，而是泛指谈判的一方向另一方提出的所有要求，包括商品的品质、规格、数量、包装、价格、装运、保险、支付、检验、索赔、仲裁等所有的交易条件，其中价格条件最重要。外贸业务虽然多种多样，但一般情况下价格是谈判的核心，所以统称为报价。

报价阶段的策略主要体现在以下几个方面：报价的形式；报价的先后顺序；报价及价格解释的主要内容；如何对待对方的报价。

一、报价的形式

1. 书面报价

通常是谈判一方事先提供较详尽的文字材料、数据和图表等，将己方愿意承担的义务，以书面形式表达清楚，使对方有时间针对报价做充分的准备，使谈判进程更为紧凑。但书面报价的白纸黑字，客观上成为己方承担责任的记录，限制了己方在谈判中的让步和变化。况且文字的东西缺少感情色彩，无法使对方感受己方与对方的合作态度，在翻译成他国文字时，还会掩盖掉一些细节之处。因此，谈判双方实力相当时可使用书面报价。实力不强的一方应尽量不采用书面报价，而在谈判桌上口头报价。

2. 口头报价

口头报价具有很大的灵活性，谈判者可以根据谈判的进程来调整、变更自己的谈判战术，先磋商，后承担义务，没有约束感。口头报价可充分利用个人沟通技巧，利用情感因素，促成交易达成。察言观色，见机行事，建立某种个人关系，寻求谈判气氛，这是口头报价的最大长处。当然，如果谈判人员没有娴熟的沟通技巧和经验，则容易失去议题的头绪，而转向枝节问题。一些复杂的要求，如统计数字、计划图表等，难以用口头阐述清楚。此外，由于对方事先对情况一无所知，他可能一开始很有礼貌地聆听企业的交易条件，然后就退出谈判，直到他准备好了如何回答才回来谈判，因而影响谈判进度。为了克服这一不足，在谈判前可准备一份印有己方交易重点、某些特殊要求、各种具体数字的简明表，以供临时所需。

二、报价的先后顺序

在商务谈判中，由谁先报价是一个微妙的问题。报价的先后顺序在某种程度上对谈判结果会产生实质性影响。就一般情况而言，先报价有利也有弊。

进行谈判一般希望谈判尽可能按我方意图的轨道进行，首先就要以实际的步骤来树立我方在谈判中的影响。我方首先报价就为此迈出了一步，为以后的讨价还价树立了一个界碑，实际上等于为谈判划定了一个框架或基准线，最终谈判将在这个范围内达成。先报价对谈判的影响较大。另一方面，先报价如果出乎对方的预料和期望值，容易使其失去信心。比如，卖方报价 FOB London 1000 美元/t 的货物，买方能承受的价格只有 400 美元/t，与卖方报价相去甚远，即使经过磋商也很难达成协议，因此只好改变原部署，要么提价，要么放弃交易。总之，先报价在整个谈判中都会持续地起作用，因此先报价的影响比后报价要大得多。

反过来，先报价也有一定的弊端。一方面，对方了解我方的报价后，可以对他们原有的想法做出最后的调整。由于我方先报价，对方对我方的交易起点有所了解，他们可以修改预先准备的报价，获得本来得不到的好处。

因此，究竟谁先报价，还要具体分析，看看先报价、后报价对我方是否有利。如果谈判很激烈，则不妨先报价，以争取主动；如果是正常的客户和正常的谈判气氛，则可以相机行事，具体问题具体对待：

（1）双方实力相当，我方先报价。
（2）我方实力高于对方，我方先报价。
（3）双方是老客户，哪一方都可以先报价。
（4）发起谈判的一方先报价。
（5）按照惯例，由卖方先报价。

三、报价及价格解释的主要内容

（一）标的物的特征和条件

1. 标的物的特征

标的物的特征包括标的物的个体特征、环境特征和附加条件。

（1）标的物的个体特征。不同标的物的具体个体特征如下：

单机、单项商品的个体特征主要是其技术指标，如商品的型号、系列、配置规模、任何新增的特性。

工程项目的个体特征主要是其产品系列、年产量、动力消耗、建筑面积等。

成套生产型设备的个体特征主要是其产品系列、年产量、工艺水平的新旧、流程图的改变、合格率的宽严、原材料的国产化程度、零配件的多寡、保证期的长短、技术资料的全缺、技术服务的深浅等。

（2）标的物的环境特征和附加条件。标的物的环境特征和附加条件包括技术保证条件和商品对环境的要求，如工作环境的温度、湿度、清洁度的要求，还有房间要求，运转或生产所需要的各种原材料的要求（有的设备只能加工特殊来源的原材料）、人员水平的要求（特别是复杂生产装置或生产线）。

买卖双方应明确所交易的标的物的特征与内容——卖方提供的是什么，买方要买的是什么。达成一致后应做文字记录，以免互不认账或遗忘，造成日后谈判的复杂性。比如买某品牌计算机，应说清楚具体配置和型号，型号差一个字母可能产品差好几代，应格外注意。

2. 标的物的条件

标的物的条件指的是相对标的物的特征所标出的文字与数字条件。文字条件受法律与商业的限制，包括：保密的期限、使用范围、销售区域和生产数量（技术转让）、保证期、支付条件、验收的方法等。数字表达的内容有：各种服务及供应所需支付的金额以及这些金额的计算依据和性质（是固定价还是浮动价）。

（二）价格及其依据

价格及其依据方面，需明确所报出的价格是多少，依据什么理由计算出来的。

与上述标的物对应的就是货价。只要将货与价一一对应就可以看到不合理之处，所以货价是双方关注的焦点。

【案例分析】

某设备报价CIF某港口300万美元，包括两年备件、三人二周的培训、设备的安装指导、保证期6个月。作为报价方，要将300万美元分解（不然报价后买方也要问，这是谈判中必然要涉及的问题），与其包含的内容相对应。具体来说就是：C——设备本身多少钱？I——保险费多少？F——某港口海运运费是多少？另外，还包含两年备件的构成及各构成价、三人二周培训的费用、安装指导的工作日个数及计价、6个月保证期的预备金等分项价。这些分项价说清楚了就达到了货价相应的要求。如果技术资料量大时，也要求列明价格。有的卖主怕这么做对自己不利。但也有卖主愿意这么做，不怕买方利用这些条件。事实上，做与不做各有利弊。

如果做的话，表面看自己底牌亮多了，不利回旋，又给对方以把柄，可能更要受对方的攻击。但是，却为自己的报价提出了充分的依据，使对方相信自己的坦诚与公正。准备充分则利大于弊，准备不足则弊大于利。例如有的报价将服务费占总价格的比例定得过高而设备本身价格定得很低，证据不足，就不是充分的准备。又如，有的报价将市场上很容易对比的部分列价较高，而不容易对比的部分则列价又不够高，这也是准备时考虑欠周。如果在准备阶段认真分析了价格的分配比例关系与市场可比性的问题，所做的解释就不会有大弊，反而会加强自己谈判地位的优势，在讨价还价的台阶上占有更大的机动余地。

下面以成套设备为例，来说明价格的各个组成部分。

计算成套设备价格的计算公式为

$$成套设备价格 = 设备费 + 技术费 + 技术服务费 + 备件费 + 价格条件$$

1. 设备费（单机交易，以海运为例）

设备费的计算公式为

$$设备费 = 设备价 + 包装费 + 国内运费和保险费 + 报关费 +$$
$$港口库存费和保险费 + 港内运费 + 装船费 + 平仓和理仓费 +$$
$$海运运费 + 海运保险费 + 滞期费$$

其中，设备价有两种情况：一种是本企业的设备，另一种是从外面买通用设备加以改造。第一种情况下设备价的计算公式为

$$设备价 = 原材料 + 资金占用费 + 工时费$$

第二种情况下设备价的计算公式为

$$设备价 = 进厂价 + 进厂前的运保费 + 拆装费 + 检验费 +$$
$$增加配置改造费 + 资金占用费$$

另外，报关费的计算公式为

报关费 = 手续费 + 关税（有的商品出口需要缴纳关税，有的不缴）

而滞期费为程租船运输时会涉及的费用，采用班轮运输时不计算。

以上价格为 CIF 价格。若是 FOB 价或 EXW 价（工厂交货价），以上费用计算就写到第八项或第二项，即

$$FOB = 设备价 + 包装费 + 国内运费和保险费 + 报关费 + 港口库存费$$
$$和保险费 + 港内运费 + 装船费 + 平仓和理仓费$$
$$EXW = 设备价 + 包装费$$

设备价的取数有两种方法：百分比式或估价式。

（1）百分比式。百分比式即以设备本身价格为基础，其他各种费用以占其百分比来列明。

（2）估价式。估价式即将各项费用简单相加，这些费用基本上都是毛估的数字。

在上述公式之外，设备常常加注：资料几套、文字为英文或何语种、常用配件几套。

以上设备费的计算方法在谈判中被称为罗列法，比较详细。谈判中应注意在彻底中求"隐私"，这个"隐私"在于取数，众多的名目在取数时可大可小，借助于众多的名目隐藏报价的虚头不会太困难。

当然，谈判中并不是每次都要将设备价格的计算详细列出，也可以用概括法来报价，如上面例子中成套设备价格的计算公式就可简化为

$$设备费 = FOB 某港口价 + 运保费 + 平仓费 + 滞期费$$

其中，资料费、服务费另计，随机备件为常规备用量。

当然，有经验的业务员常常要对"常规"的定义予以明确：其品种包含哪些？其数量又为多少？以此评价交易条件的公正性。

最典型的简化型的概括法的报价方式，单机交易如："设备 300 万美元含两人 10 天的培训，负责技术安装指导的费用在内"；成套设备如："生产线设备 200 万元，技术费 100 万元，含三人月培训费，一人月指导费"。

罗列法与概括法各有优缺点：罗列法具有说理强（有可能是歪理）、疑阵多、经济关口

多、回旋余地大的优点，但也有过于敞开、易受攻击、自圆其说难度大、对谈判掌握力要求比较高的缺点。概括法简明、紧缩性好，却有使对方感到生硬、产生疑虑的缺点。

实际工作中使用何种方法与交易标的物有关。复杂的交易不要过于简单解释，简单的交易不要故作复杂。

除了上述两种方法外，还可以使用惯例法来做报价，即使用价格术语来报价。最典型的就是国际商会颁布的《国际贸易术语解释通则》。只要引用该《通则》，即可从一句术语看到它所包含的双方义务。

运用惯例法报价应注意价格术语的变形问题。如 CIF 价格到岸后的费用问题，包括在港外等待当地港监进行"联检"（可以是检疫、安全、污染、船状等）、合格后才能进入港口锚地等待靠泊，还有码头拥挤费、滞期费、卸货费等。

又如 FOB 价格的变形问题。有 FOBT（"T"即 Trimming），即大宗散货（如谷物、高粱、矿石、河沙等）整船或够一个整仓的运输量时，要求讨论"平仓费"问题。还有 FOBS（"S"即 Stowed）即码仓或理仓费，这是对于水泥、钢材、电石等大宗的袋装、桶装或盘、捆包装的货物，在越过船舷后还有理仓或码垛的费用。有时，买卖双方规定的是 FOBST，即平仓费和理仓费及码垛、垫仓等费用均包括在内，由买方自己负担。

由于现在普遍采用集装箱运输，其价格术语也普遍被承认。例如拼箱价还是整箱价，人们用 LCL（Less than Container Load）、FCL（Full Container Load）的术语。还有 CY-CY（Container Yard to Container Yard），是含装箱费而不含掏箱费的集装箱堆场到堆场的价格。CFS-CFS（Container Free Station to Container Free Station）是含装箱费和掏箱费的集装箱站至站的价格。根据集装箱返回率高低，集装箱运费还要调整。

在清关价中，也要区分关税、附加税、其他杂税的承担义务。卖方一般仅限于承付关税，其他的税费仍在买方义务之中。由于费用付至海关，货是卸在海关关卡的仓库还是过关之后的某个仓库、由谁卸，均应明确。这不是价格术语能解决的。

2. 技术费

技术费分两种情况：与成套设备一起提供的技术的费用和单独提供的技术的费用。

与成套设备一起提供的技术，其费用可以有 3 种计算方法：提成式、折旧式、补偿式。

（1）提成式。提成式是指以从技术受让方的利润中提取利润为计价原则的计算方式。受让方的利益取决于生产能力、销售单价、技术所使用的年限、提成率。据此，技术费的计算公式为

$$技术费 = 年产量 \times 单价 \times 年数 \times 提成率$$

也有的交易手强调利润提成，就要在该公式中再乘以利润率。

（2）折旧式。折旧式是指从自己的投入资金的角度计算应折算多少投入费的计算方式。某项技术的研究费在生产中折旧回收取决于年投入量、年数、折旧率。据此，技术费的计算公式为

$$技术费 = 年投入研究费 \times 年数 \times 折旧率$$

（3）补偿式。补偿式是指对由于受让方的产品进入市场使转让人的市场缩小而造成的损失予以补偿的计算方式，考虑的主要因素有：产品量、年数、市场份额、产品价格。据此，技术费的计算公式为

$$技术费 = 年产量 \times 年数 \times 市场占有率 \times 单价$$

单独提供的技术的费用除了上述3种计算方法外，还有"使用费"方法，计算公式为
$$许可证使用费 = 入门费 + 提成费$$
其中，入门费一般为交易费用的10%~30%。另外，提成费的计算公式为
$$提成费 = 年收益 \times 许可证使用年数 \times 提成率$$
关于技术资料及成套项目中的工程设计费，一般地讲，资料费在单机购买中已包含在设备费中。至于成套项目的交易，有的计入技术费，有的计入技术服务费。

3. 技术服务费

在成套设备交易和单机交易中均可能出现技术服务费。围绕该费用也有不同的计价方式，包括工程设计费、技术指导费和技术培训费。

（1）工程设计费。工程设计费以劳动日的量来计算，要考虑工程设计人员往来所需的工作日和差旅费。

（2）技术指导费。有两个计费原则：馈赠与细算。馈赠即不收费，有时算在技术费中，不用单独计算。细算即对提供的服务，以人数、时间、服务内容为基础进行精密计算而报出所要求的费用，有承包式和计时式两种方式。

1）承包式。承包式即以某个固定金额或固定服务量来保证达到预定水平的目标，不论产生什么意外均由卖方负责。例如，开通一条化工联合装置需要12个人·月的技术指导量，什么时候专家到买方现场，来多少人（12个人一个月还是6个人两个月），均不做硬性规定，由卖方决定，但必须达到该装置设计水平，若不合格，由卖方出资帮助指导直到实现目标。据此，技术服务费的计算公式为
$$技术指导费 = 服务量 \times (1 + x\%) \times 服务单价$$
式中　x——保险系数。

2）计时式。计时式的算法与承包式有相似之处，其计算公式为
$$技术指导费 = 服务单价 \times 服务人·日（或人·月）+ 差旅人次 \times 差旅双程费用$$
注意：上式中的"服务人·月"要明确每月折合多少天，一般为22天，或23、24天。

除此之外，专家的住宿、伙食、饮料、交通、医疗、保险（人身安全）等也是费用条件。实务中，谈判人员应尽力争取这些不标数码的条件，因为可以吸引不愿远游的技术人员到海外工程现场出差。如住宿方面，要求有套间、彩电、电冰箱、冷热水、空调、厨房等。伙食方面，有的不想做饭，在饭店的餐厅就餐的专家要求每餐应达到什么水平？买方为此大为头疼，有的买方不得不在谈判时即定好伙食标准，超过标准由卖方自己承付。饮料方面，是否在房间冰箱放满饮料？包不包括啤酒、葡萄酒？在就餐时，上不上饮料？饮料是否计入伙食标准？交通方面，从现场到住地的交通应由谁负责？或者整个境内的交通（入境以后）应由买方还是卖方负担？还是超过多少公里买方就不负担，在多少公里之内买方就负担？医疗方面也是复杂的课题，什么样的病可以负责医疗费，什么样的病不负责医疗费？流行的说法是：临时性的偶感的头疼、发烧、肚疼腹泻等小病可以免费。倘若要住院、做手术、镶牙、配眼镜等均需自费。对于久病不起者（超过3天以上），对工程进度的影响问题由谁负责？保险方面，为了海外出差人的人身安全，接待专家的企业均希望在当地对专家人身安全予以保险，该笔费用计在哪里？等等。以上条件无固定格式，全都是讨价还价的结果。我国在成套项目技术引进中产生大量的实务案例，有些"惯例"谈判人员应予以遵循。

在计时式收取技术指导费时，还有限制条件可以使用：最大计时量（即可以提供的最

大服务量)为一档,超过该量时为另一档。在第一档为甲价;在第二档时,可能是甲价的 1.5 倍。这是卖方不想久拖的一种脱身计谋。买方许多时候也不得不接受,只能在第一档多争取一些量。

(3) 技术培训费。技术培训费的计算在解释上有 3 个重要项目:理论课与实践课的课时多少、辅导人员的人数与时间长短、实习人员人数与时间,从这 3 个项目来分别计价。

1) 课程。有的培训在已有的培训中心进行,那么理论课可以有固定标价,即一个课时多少钱。实践课可能在实验室或实验线上进行,其费用可能是设备的折旧及能源、材料的消耗。据此,技术培训费的计算公式为

$$技术培训费 = 理论课时数 \times 单价 + 设备仪器总值 \times 折旧率$$

其中,实习时间不到一年的,折旧率的计算公式为

$$折旧率 = \frac{实习时间(按月数计算)}{12} \times 法定折旧率$$

2) 辅导员。有的培训合同以提供的辅导人员服务费来收取技术培训费,其他的费用(设备折旧费、材料费、动力费)均摊到辅导人员的工时费中。据此,技术培训费的计算公式为

$$技术培训费 = 辅导员人数 \times 工作时间 \times 工时单价 + 辅导员人数 \times 备课费$$

式中 辅导员人数——依据课程及实习人数而定,当上理论辅导时,12 名实习生仅用 1 名辅导员即可,当上实习课时,3 名实习生配 1 名辅导员即可;

工作时间——辅导员与实习生在一起实践的时间;

工时单价——辅导员的工资、设备折旧、材料费、动力费、利润之总和,一般该数为辅导员的实际工资的 3~5 倍不等;

备课费——辅导员与实习生相处之外,为了辅导做准备的额外工时费,一般人们取工时单价的 30%,当然,这也是依内容而定。

3) 实习生。以实习人员多寡、时间长短来收取技术培训费,其计算公式为

$$技术培训费 = 实习人数 \times 时间 \times 实习人日单价$$

式中 实习人数——往往不把领队人计在实习培训的范围中,犹如技术指导费一样,其专家领队不应计入技术指导费之中;

实习人日单价——多种因素的综合作价,如有一客户做技术培训的单日价时,把技术改造费(即提供的技术不是现有的,而是改进型的,因此,现有场地、设备要改造方可达到培训条件,那么为此所做改动应计入培训费)摊到每个实习人日上,可以想象该单价会成为什么样的天文数字。

上述技术指导费与技术培训费都可以谈判"返回"问题,即合同预定的服务量,是为达到合同目标由双方协议的合同量并计入"成交总额",在分期付款时也陆续按合同进程支付了。但当合同结束时,由于天时、地利、人和,该量不一定用完,这样,就可能节余服务费。如果双方是按承包式谈定服务量,也算明示了节余。若不是承包式计价,在签约时就要在价格条款中注明。

4. 备件费

因为价格解释是卖方从推销角度来介绍自己的发盘,备件费用只能由卖方先报。那种让买方出价、出数的解释不太合适,也于谈判地位不利。有人认为备件是备用之物,因而放松

谈判，这是十分错误的。备件是个"蓄水池"，主机上的损失可以在备件价上补。备件价是个"迷阵"，相对于主机价格来说，专用、通用件难以分辨或不易一一分辨，难以判定作价是否客观。日本谈判手在备件费用的作价上是行家老手，也战绩辉煌。备件的作价解释主要有3种：保期、保量、随购。至于是损耗件还是备件对价格影响不大，故不做细分，总体视为在备件费用之中。

（1）保期。保期即保证设备或生产线在一年或两年正常使用的备件量为某价的说法。按此说法，备件作价有两种可能：一种是将该价计入生产线或设备总价中；另一种是单列某个金额为此而用。至于取数，一般以关键部件或价值高的备件的正常损耗率再加上一定的保险系数乘以购入或自己加工的成本加手续费或适当利润即可，计算公式为

备件费＝[关键部件（或价值高的部件）的正常损耗率＋保险系数]×
　　　　关键部件加工成本（或收入成本）＋手续费＋适当利润

（2）保量。保量即以生产线或设备总价为基础取其某个百分值为备件费的做法，也有分项取值的可能。如按不同工种、不同设备来取不同的百分值。这个百分值是关键，有的取3%，也有的取5%、10%。这个问题与设备、生产线的总价有关，也与设备的保证期有关。所以，解释时要兼顾总价与保证期来取百分数。总价很高，该百分数不宜太大，否则会抬起成交价而使交易成功概率降低（对于外汇短缺的对手）。百分数小自然会降低出价总额并产生吸引力。不过，设备保证期很长，备件量不够也是问题。所以，在报价中可以侧重某个点，如保证期，强调保证期的优越条件来补充百分点的高低之短。同时，也突出另一利害冲突，为自己谈判妥协准备了条件。

（3）随购。随购即将备件清单列出来，标上各自的单价及推荐的供应量（根据设备特征及合同保证期）。这样做工作量大，同时也将价格底儿全交给了对方。但其好处也很大，对方会从心理上满意这种准备工作充足、待人真诚的态度，对于价格的"蓄储"并不影响。一般要本着可比价略低、难比价偏高、不可比价翻倍的原则标备件价。这对于许多精明的谈判手来说是惯常手法。

在保期、保量的计价方式上，应注意余量与超量的处理。在价格解释中应明确限定余量与超量的处理条件与可能性。例如，经双方努力有节余，是否可以平分或是四六分成余额，或者干脆就退给买方。而超量时，又无一方有明显过失来承担责任，是否可以平摊或者四六分摊超过的余额。

5. 价格条件

价格条件主要是指不以阿拉伯数字表示的文字描述的价格，包括支付条件、银行手续费、税费、履约保证金、浮动价等。

（1）支付条件。作为价格解释的支付条件主要有：支付货币、支付工具、支付方式（按时间付还是按义务的履行付）。

1）支付货币。货币有硬货币与软货币之别，所谓"硬"，即在货币流通中其汇率较坚挺，不易大幅度波动；相反则为"软"。顾名思义，硬货币支付的合同，其价值稳定。报价时，对所选择的货币要予以明示。如果为了成交而不得不用软货币时，对其未来的变化双方应有所考虑。例如限定保值范围，即在一定的变化范围内，合同维持原价，超过一定的范围则合同将调整超过部分的价格。那么，什么是硬货币、哪些又属于软货币，原则上没有一成不变的定论。因为可兑换货币所属国家（地区）的政治经济变化都可以影响其"软""硬"

状况，所以是可变化的。从目前的形势看，欧元、英镑、美元、日元均为在国际贸易中广泛采用的支付货币，但汇率波动的范围也较大。

2）支付工具。合同结汇是用保付代理、信用证、托收还是汇款，对于交易的收汇保证不同。保理和信用证属于银行信用，是银行对支付义务做了保证。托收与汇款系商业信用。托收虽有银行的部分参与，也仅限于托收行或代收行的作用，只负责向买方提示单据，而不承担付款义务，不承担法律上的保证。用不同的支付工具风险不同，费用也不同，对合同成交的影响也不同。故需在价格条件上做出解释。

3）支付方式。严格地讲，上述支付工具也属支付方式。为了论述单项交易与成套项目交易的支付条件的不同特点，此处单列支付方式以重点阐述成套项目的独特文件条件："按时间付款"与"按义务履行付款"。"按时间付款"即将合同履约期限分成几个阶段，标出年月，支付即按此履行，与合同义务完成无关。这种方式极具"预付"性质。而"按义务履行付款"，即以合同的几项重要义务——交货、培训、技术指导、安装调试、验收等的完成（凭其文字依据）来支付相应的合同金额或者合同总价的百分数。这种方式为先干活后付款。前者卖方报价应低，因为预付性质减少了借贷的利息，增加流动利润。后者可能要考虑一笔预付款，多为5%~10%。有的国家对成套项目，包括单项交易的预付款不允许超过15%，若超过要报告请求特批，合同作价会高一点。此外，保理、信用证和托收均有付款时间问题，即"即期"和"远期"问题。即期即见单即付或见货即付。远期则要先交单，交货后在未来约定的某一时间付款。即期对支付后果影响不大，而远期则会对资金占用带来利息、利润损失。若做了贴现，要对贴现率的损失予以计算。对于远期支付的价格就要注意利息、利润、贴现方面的损失。

(2) 银行手续费。银行手续费是指在结算合同款项过程中应给代办银行的手续费。保理方式要按出口方和出口银行达成的协议来确定手续费。用信用证方式支付时，银行要收取开证费、保兑费、改证费、议付费。托收时，托收行和代收行收款与付款时的手续费、代收费。汇付时，银行要收取汇款与取款的银行手续费。通常业务人员认为"境内（即自己企业所在国/地区）发生的银行手续费由本企业付，境外发生的银行手续费由对方付"。但也有的业务员认为"银行手续费由买方或卖方付"，这就不分境内境外一律由一方承担。在信用证支付方式中，也有的合同约定"改证费由责任方支付"。较为平衡和方便的解释或要求是：境内银行手续费由己方付，境外手续费由对方付，若有第三国/地区的银行费，也可视负担大小及地理、关系情况议定。

(3) 税费。在价格中是否包含卖方的营业税、关税（出关时）、在买方所在国可能要缴纳的个人所得税和企业所得税（如中国对外国企业的专家和技术费所征的所得税）以及双重课税问题的明确与避免措施（我国与日本、法国、德国等均有避免双重征税的协议）、买方进关的关税、附加税（或叫增值税）是否在价格中包括，在价格解释时应予以明确。或事先调查该笔交易可能遇到的课税项目。若谈判对手不太清楚有关交易的税务规定，可以明示将交易价格置于"税收之外"，即"明示为净价，若有税收问题该价将变"。为此，谈判手们设计出净价的公式作为价格解释：

$$Y = X - XA\% = X(1 - A\%)$$

式中　Y——合同成交的无税价格；

　　　X——合同成交的含税价；

A——交易可能的上税税率。

据此，可试看其演算变化，假设无税的成交净价为 100 元，那么上税 20% 后的价格应为

$$100 \text{ 元} = X - 20\%X$$

解，得

$$X = 125 \text{ 元}$$

（4）履约保证金。价格条件中的保证金是交易双方对履约提供的保证。这种保证反映在交易的两端，也叫作"首尾保证"。中间环节自在保证之中，相当于"完全保证"。首位保证是指合同签字后要执行。为此，有的交易要求买方或卖方（两种情况均有）在签合同时就必须交给对方 3%～5% 的"履约保证金"，该合同才有效。或者交纳相当金额的银行保函，双方才开始执行合同。在国际招标、投标和拍卖中，首位保证是进入交易磋商的必备条件。尾部保证是指在合同履行了交货义务后尚留有部分货款作为品质保证。如单项交易或大宗交易在交单后仅结汇 90% 或 95%，留下 5%～10% 待货物验收合格后再支付。成套项目交易中，将货款扣一部分在设备验收后付，一部分在生产线或工厂验收后付，有的还扣一部分等设备保证期满后再付。当然，保证条件越高，费用也越高。解释中要予以区别、比较。

（5）浮动价。对于交货期长或工程复杂的合同，其价格将有可能受到物价、工资、汇率变动的影响，此时，合同成交价是浮动还是不浮动？实务中，价格可以浮动的做法称为"订活价"，该价格称为滑动价；价格不能浮动的做法称为"订死价"，该价格称为"固定价"。若是滑动价，则报出的价格中不应包含为了固定价格而加入的保险系数。如果是固定价，则在成本加利润的报价中考虑了些许浮动因素。做出的报价要心中有数，解释时则可随谈判对手所问而答。关于此点的解释有 4 种方式：以物价、工资变化为依据；以通货膨胀的变化为依据；以货币汇率变化为依据；限幅调价。

1）以物价、工资变化为依据，其计算公式为

$$P_t = P_0 \left(a + b \frac{S_t}{S_0} + c \frac{M_e}{M_0} \right)$$

式中　P_0——签约时的价格；

　　　S_0——签约时的劳动市场平均工资水平的工资额；

　　　M_0——签约时的材料价格（可以取交易项目用量大的材料为代表，如铜材、钢材、木材、水泥、塑料等）；

　　　P_t——支付时的价格；

　　　S_t——支付时的劳动市场的平均工资水平的劳务价；

　　　M_e——支付时所参照的材料市场价；

a、b、c——重要性系数，a 取 1 为最大；将 b 变成常量，也有取 0.9 的，这就较客气了；而 c 可依要求设定取其变化的几成加入调价后的固定价中或在浮动价的计算中。

2）以通货膨胀的变化为依据，其计算公式为

$$P_t = P_0 (1 + T_i)^{n/2}$$

式中　P_0——签约时的价格；

　　　P_t——支付时的价格；

T_i——月平均通货膨胀率（如年通货膨胀率为10%，则月平均值为0.8%）；

n——自签合同之日起或合同生效之日起至支付日止的中间点，如10个月则 n 为5，$n/2$ 意指取10个月的通货膨胀率的平均值除2，当然，也可以直接用总月数计，但若遇到细心的对手就未免难堪。

3）以货币汇率变化为依据，其计算公式为

$$P_t = P_0\left(a + b\frac{T_t}{T_0}\right)$$

式中　P_0、P_t——如前文；

　　　a、b——调价的系数，a 可为不变的比例，b 为可调价的比例；

　　　T_0——签约时的汇率；

　　　T_t——支付时的汇率。

4）限幅调价。限幅调价即双方议定 P_0 价在上下浮动的一定比例内不进行调价。如上涨5%，或下降5%时（无论是物价、工资、通货膨胀率、汇率），P_0 价不动。若超过5%，则将超过的部分上调或下调相应比例。这在 P_0 价上无反映，属于对未来的承诺。

以上是报价及价格解释中所涉及的内容及可以采用的做法。

【案例分析】

有时报价本身也包含着陷阱。某年，我国某汽车制造厂为引进比较先进的某种汽车生产线，曾经与M国K汽车公司进行谈判。汽车生产线中，最大、最重要的项目是汽车发动机生产线。谈判中，K公司表现出对中国人民的友好和对中国汽车工业腾飞的大力支持，以相当优惠的价格把汽车发动机生产线的成套技术和设备转让给这家中国汽车制造厂。很快，这种发动机制造厂就在中国北方某地上马了。

这家中国汽车制造厂的谈判代表以为，在前面友好合作的基础上，接下来的谈判一定非常友好而顺利，没料到，下面的谈判非常艰苦、格外困难，对方对接下来的任何一个小项目，都是狮子大开口，报价都非常高。中方代表一看，合起来整条汽车生产线的价格变得非常贵，原来汽车发动机生产线的价格优惠荡然无存。回过头来，中方代表才发现，K公司所玩弄的是"加法报价"的把戏，于是不得不终止了余下所有项目的谈判，以免使国家财产遭受巨大的损失。

M国K公司毫不在乎中方代表终止谈判，他们胸有成竹地等待。因为，已在建设的发动机制造厂对中方来说，是块食之无味、弃之不甘的"鸡肋"，将来成批的发动机制造出来，没有与之相配的其他部件，是无法装配成汽车的。再说，这种发动机不要说在其他汽车上，就是在同一种牌子的其他型号上也派不上用处。所以M国K公司在等待中方主动回头找他们，那时他们还可以再抬高价格，迫使中方接受他们开出的天文数字价格。

中方谈判代表在一段时间内，确实走投无路。此事被欧洲X国的D汽车公司知道了，这家汽车制造公司已经和中方有友好合作的项目。在北京的一次宴会上，D公司总经理与中国这家汽车制造厂的谈判代表相遇，酒席间，这位总经理请中方代表一周后参观他们的工厂。中方以为是一般性的参观访问，没放在心上。可一周后，D公司总经理发来电传，催促中方代表前往参观。

到了X国D公司下属的汽车制造厂，中方代表非常惊讶地发现，D公司技术人员已经成功地把K公司的汽车发动机装在了D公司的A牌——一种比较先进的汽车车身里了。在接下来的谈判中，D公司谈判代表表示，愿意提供除了发动机以外的、A牌型号汽车的所有配件的制造技术的成套设备。本着以往友好合作的历史，他们表示在保证他们的利益的基础上，愿意以比较优惠的价格与中方成交。中方谈判代表经过精心的计算，认为D公司的报价比较客观，对中方相当有利，如果再加上K公司提供的优惠的发动机制造厂，引进一条合成的汽车生产线反而比整条引进节省更多的外汇，于是欣然拍板，握手成交。

M国的K公司做梦也没想到，X国的D公司从中插了手，搅了他们的美梦，使他们"赔了夫人又折兵"，但这也是对他们采取的谋略的一种惩罚。

四、如何对待对方的报价

在国际商务谈判中，报价的一方为发盘人，听取对方报价的一方就是受盘人。在发盘人发盘时，受盘人应该做好下列工作：

1. 认真听取、准确理解

在对方报价的过程中，切忌干扰对方，而应认真听取，并尽力完整、准确、清楚地把握对方的报价内容。在对方报价结束之后，对某些不清楚的地方可以要求对方予以解答。同时，应将己方对对方报价的理解进行归纳总结并加以复述，以确认自己的理解是否准确无误。

2. 不清楚的地方请对方解释

在对方报价完毕之后，不要急于还价，而是要求对方对其价格的构成、报价依据、计算的基础以及方式方法等做出详细的解释，即所谓的价格解释。通过对方的价格解释，可以了解对方报价的实质、态势、意图以及诚意，以便从中寻找破绽，从而动摇对方报价的基础，为己方争取重要的便利条件。

3. 不急于还价

在对方完成价格解释之后，针对对方的报价，有两种行动选择：一种是对对方的报价先进行评论、攻击，并要求对方降低报价；另一种是提出自己的报价。一般来讲，第一种选择比较有利，因为这是对报价一方的反应，如果成功，可以争取到对方的让步，而己方则既没有暴露自己的报价内容，也没有做出任何让步。

第三节 讨价还价阶段的策略

讨价还价是谈判最活跃的阶段，谈判双方要进行紧张、激烈的较量以便为本方争取更多的利益。

一、做好讨价还价前的准备工作

在谈判的一方报价以后，一般情况下，另一方不会无条件地全部接受其报出的价格，而是相应地做出这样或那样的反应，这样双方就会自然地由报价阶段进入讨价还价阶段。双方在讨价还价阶段的洽谈通常是紧张而激烈的，其目的在于尽力推动谈判朝着对自己有利的目标发展，使自己所拟订的交易条件得到对方的承认，欲得的经济利益得以实现。那么，在双方皆为剑拔弩张、据理力争之际，怎样的行动才最为适宜呢？

在正常情况下，当一方报价以后，另一方不要立即予以回复，而要根据对方的报价内容，检查、调整或修改自己原来确定的还价总设想，筹划新的意图。概括谈判的经验，筹划"反攻"应做好计算、看阵、列表3项工作。

1. 计算

计算即本方根据对方报价的内容和自己所掌握的商品比价的资料，推算出对方的虚价何在及大小，并尽力揣摩对方的真实意图。如有可能，则应把对方报价中虚头最大、我方反驳论据最充分的内容择定为说服对方的主要攻击点。

2. 看阵

看阵的本意是我国古代交战中，双方在摆开阵势以后并不急于向对方出击，而是举目眺望，分辨敌人阵法的行为。谈判借用"看阵"一词，是想表达当一方报价之后，另一方运用口问、耳闻、目察等手段，了解报价一方谈判动向的活动。"看阵"与"计算"不同，"计算"依据的是死的资料数据，"看阵"则要依托对方谈判者活生生的表现；"计算"的工具是数字，"看阵"的工具是人体的器官，运用口、眼、耳所进行的感知和大脑的分辨。所谓看阵，也并不是光看不问，而是又看又问。例如，报价一方要遵循几个原则：严肃、坚决、果断；表达明确、清楚；尽可能不解释、不说明。但听价一方不应该被这3项原则束缚住手脚，恰恰相反，应在向报价方逐项核对各条款的基础上，以自然、巧妙的询问，弄清对方报价的依据。如果报价方在还价方的仔细询问下，通过主动压低某些价格以表示合作的诚意（报价方又在以攻为守），还价方则应继续要求对方做出详细解释，以便具体分清报价方的哪一项是诱人让步之"牌"，哪一项有实在意义。

3. 列表

"反攻"前筹划工作的主要目的，是通过对面临的问题进行分类，分清问题的轻重缓急，设计出相应的对策。为达此目的，谈判人员通常的做法是列出3张表并以表为依据同对方交涉，这3张表分别是：

（1）评论表。评论表是对对方报价所做的总体和阶段性评价。

（2）提问表。这是一种依据谈判议程，按洽谈时间的先后将所提问题排列成序以供备用的做法。其优点在于能使谈判者心中有数，懂得什么时候应该谈什么问题。

（3）实施要点表。这是一种谈判双方把即将质询对方的主要问题一一列出，然后加以交换的做法。通常的内容是，一方以合同条款形式写出不能做出让步的交易条件，另一方列出可优惠对方的具体项目和让步的幅度。高明的还价设想，一般能使双方每回合的交锋都避免出现僵局，创造出一种新的气氛或提出一个新的解决方案。也就是说，还价的筹划工作应做到不怕出现僵局，但也不希望出现僵局，应以避免僵局、促进顺利地达成协议为根本目的。

二、讨价还价前的评论

讨价还价前先要对对方的报价做出评论。

评论是指对交易对方所做的技术、商务解释中的不明之处、不妥之处予以明确和批判。评论具有侦察性，也有被侦察性。批判对方既有试探之效，又可能被对方了解自己的水平。评论也具阶段性和渗透性，随着新的问题解决，又遇到新的问题要谈，直到正面交锋过程中，也还会有新的评论出现。它可以在侦察火力阶段出现，又可在正面交锋阶段出现。评论有概括式和罗列式两种方法，其中各有比较法和分析法。

（一）概括式

概括式是从总的感觉来谈自己的看法，手法上有比较法与分析法。比较法的例子如"我觉得贵方的技术水平不高，设备工艺陈旧，而价格水平却如此之高"，这种评论反映了本人的总体意见，但没有具体的批评意见，不露自己的水平，让对方反思。分析法通过有依据的"空炸"，促使对方主动改善。分析法的例子如"这台自动化设备的效率顶10台手动设备，而其价除可买20台手动设备外，支付10个工人20年的工资、福利还有富余，这反映性价比不合适，该价明显高了"，该例子是单机交易的概括式分析法的评论。又如"贵方以该价建立的生产车间最多可生产该线产品10年，而我方用该价可以买相当于该生产线15年生产的产品。花钱建线还不如买成品"，该例子是成套项目的一种分析法的评论。

概括式的优点在于自我保护性好，所以在开始的评论中，在正面交锋的初级阶段可以运用此方法。但其缺点在于不能深入，最终解决问题有困难。

（二）罗列式

罗列式是指逐项、逐点对对方的报价予以批判、评论，主要针对对手的价格解释。若解释粗略则以概括式对待，不改条件就一个劲地炮轰对方"价格高，水平低"，而不讲具体问题。报价方如采用了罗列式，进行了详细的价格解释，则评论也应以罗列式对应，否则，对方不会吃"空炮"，一定会反攻为守，要我方举例子说出不妥之处——哪儿贵？为了有针对性地做对方工作，让其老老实实地改善条件，比较法的说服力最强、最直观。

罗列式的比较法简单地讲就是比技术水平、比工艺、比价格、比服务、比保证期，在成套项目和单项交易中应用普遍。例如，"某公司建立同等生产能力的化学装置仅用了800万美元，而贵公司要1100万美元"；再如，"贵公司的生产线中的通用设备价与市场差不多，专用设备价则高两倍。模件少的模具价与市场价或某公司提供的同类模具价可比，而模件多的模具价格高得吓人"。

以上例子是单项、成套项目交易中的简单对比与复杂对比的常用手法。对成套项目来讲，面对价格解释详细的对手做出的评论自然要体现出罗列式——针锋相对，依解释的次序而进。

1. 设备价格

与其他厂商的同类设备比较性能、能耗、备件数量以及资料完备性、服务量（技术指导、培训）、交货期、价格的高低。

与其向其他厂商售出的或不同时期售出的同类设备比价格，如果没有可比之机会，就分析。

从设备的构成看用料成本、加工成本，从生产量的多少看回收折旧成本。

从设备的效益看投入的资金可回收多少利益、什么时候收完投入资金、是在报废之前还是在报废之后。

如果是旧设备，要看已用了几年，折旧余额尚剩多少，比较设备翻新前后的性能及价格。

2. 技术费

与其他厂商的同类技术比较产品水平、合格率、工艺线长短、能耗、厂房占地大小、"三废"处理、人工数量、技术寿命、资料的完备性（工艺资料与设备维护用资料）、服务量（技术指导、培训）、价格的高低。

与其向其他厂商售出的或不同时期提供的同类技术比费用。若不好直接比较的，可间接比较：设定最终目标——共同的水平，视其设备用量、厂房占地大小、能耗、人工数量、"三废"处理、投资大小、价格的高低、回收率，得出技术费的多少并进行评价。

如无可比（直接、间接）之处，则用分析法分析以下内容：技术费含多少技术（专利还是专有技术）、多少技术有用、多少技术无用、收益有多大、可延续多长时间？与投入折旧比，可不可以短期收回？该技术产品市场网络如何，可否使用？对本厂其他产品（已有的）是否有益？综合予以评价。

3. 技术服务费

与国际市场的劳务价格及工资水平比较，与其在其他合同中的取价比较。

分析其提供技术服务的深度、工作量，综合除了服务单价的其他条件：食宿、交通、医疗、保险、休假等规定。或者对其价格构成的每一因素提出评价，如备课费的比例、人员代替的比例、计价的方式等，这些均可依国际惯例及本国规定来进行。

4. 备件费

要看各备件是通用备件、易损件、专用备件还是关键件，各占总备件价的比例大小，是否有不同厂家的同类备件价格或该厂家该备件的曾经售价可做比较，当然也可与自己加工同类备件的成本进行比较。

无可比之处时，要分析各种备件的量及平均价格水平，根据其实际加工成本价判别贵贱；或者看各类备件占设备总价比例的大小，与所供量用的时间比，是否量太多从而造成价格上涨。这种分析的结果可能是比例不合理，也可能是售价不合理。

5. 价格条件

1）支付条件。汇率风险的大小要看成交价是否有变的可能、投入是否还要增加。如欧元面世以来与美元的汇率有较大的起伏。还有，支付时间过早会使买方的银行利息增加，要看付款工具的复杂程度、银行对信用证或托收的手续费收取的额度。

2）银行手续费的规定是否是对方采用的习惯？收取的方法是否合理？

3）税费。税费是否合乎国家税法的规定？通融结果是否合法且经济上是否真正减少了开支？

4）履约保证金。履约保证金是多少？双方出现矛盾时是不是能抑制各种不良态度？在双方利益上是否真能起到杠杆作用？

5）浮动价。要看对方所言交易是否有浮动的风险？主要风险来自汇率、通货膨胀、物价还是工资？各种公式的取数是否合理？是否符合国际主要市场或金融中心的情况？这些取数将来可能给自己带来的最坏后果如何，有何防范措施？其条件能否使自己有回旋余地？

用上述两种方法对价格解释予以评论时还应注意策略，即评论的阶段性和渗透性。例如抓到评论点后可以分门别类逐步进行，由浅入深，应与讨价还价的评论融为一体，以求最佳效果。防止暴露自己的目的，最关键的一点就是不轻易以便宜价格来对比。例如："如果你卖的高粱与伦敦谷物市场12月份相近，我就可以考虑贵方的报价"，"贵公司于1999年卖给X公司的这种技术费是50万美元，为什么跟我要70万美元？"这两个例子给对方一种感觉价格，其实这也可能是你的成交目标，但也可能不是。第二个例子中，技术费不但不应以70万美元成交，50万美元也不行。因为技术费按折旧理论，每转让一次就应减价一次。那么50万美元卖过一次后，再次出售就应降到50万美元以下。若在同一市场，第二次转让技术价格将更可压低。

过早暴露成交目标的弊端是：混淆了谈判焦点，影响谈判策略的施展，过早刺激对方，也可能使谈判过早中断。所以，评论中注意保护自己的"最终意图"是很重要的。

三、讨价还价的起点和次数

第一次还出的价格数值是谈判手成功与否的关键。谈判经验是讨价还价的起点受制于3个因素：双方价格差距、交易物的客观成本及讨价还价次数。

双方价格差距指的是卖方报价与买方可能接受的价格之间的差距。例如买方预算100万美元，预定成交价在85万美元，而卖方报价为130万美元，双方相差45万美元。

交易物的客观成本通常由两个因素构成：物质上的消耗成本与营业利润指标。前者基本是固定不变的，如果还价人对这种成本缺乏知识，而将还价起点定在对方生产的物质成本额之下，后果可想而知。营业利润指标虽说有不同的标准，但应客观估计。例如，卖方报价100万美元，其物质成本为50万美元，利润指标最低为20%（西方企业的一般利润追求数），那么该报价的客观成本价在60万美元，经过谈判，其报价已降至80万美元时，这时的还价应到60万美元之下，55万美元也不失为好的还价。如果买方的成交预算价在50万美元，而将上述100万美元的报价还出48万美元时，会使报价人非常生气。除非卖方出于有意开拓该地区市场或考虑与买方的历史关系，可能耐心地继续谈判，否则谈判可能中断。与其相反，若对方的成本价格在60万美元却报出了150万美元，经过价格解释降到了130万美元。若要还价就要还到60万美元之下。那么能不能从130万美元一下子压到60万美元呢？应该能。不能因为幅度大而害怕，核心问题是掌握该报价人的客观成本价。有的报价人为了在谈判中能讨价还价，将实际成本夸大几倍报价的做法屡见不鲜。还价人应既不追求压价幅度，又不怕压价太小或太大，应依据对对方成本的估算而进行讨价还价。

讨价还价次数没有定论。

做还价方案时，一定要通盘考虑，方可取得还价的成功。

四、讨价还价的原则

讨价还价要遵循以下原则：

（1）不要做无谓的让步，应体现对己方有利的宗旨。每次让步都是为了换取对方在其他方面的相应让步。

（2）在己方认为重要的问题上要力求对方先让步，而在较为次要的问题上，根据情况的需要，己方可以考虑先做让步。

（3）做出让步前要三思，不要随随便便，掉以轻心。要知道每一个让步都包含着己方实实在在的利润损失甚至成本增加。

（4）一次让步的幅度不要过大，节奏不宜太快，应做到步步为营。因为一次让步太大，会使人觉得己方这一举动是软弱的表现，对方会建立起自信，从而在以后的谈判中掌握主动。

五、让步技巧

在商务谈判实践中，人们总结出了9种常见的、理想的让步方式，见表7-1。即假设一方决定在谈判中让步 100 元，共有 9 种形式可供选择。每一种让步方式传递的信息不同，对不同的对象也就有不同的结果。这种谈判中的交锋与妥协，有人形象地称之为"谈判舞蹈"，双方各自做出某些让步，最终达成协议。

表 7-1 9 种常见的、理想的让步方式

让步方式	预定让步（元）	第一次让步（元）	第二次让步（元）	第三次让步（元）	第四次让步（元）
正拐式让步	100	0	0	0	100
阶梯式让步	100	25	25	25	25
山峰式让步	100	20	15	25	40
低谷式让步	100	35	30	20	15
"地中海"式让步	100	40	35	5	20
"虎头蛇尾"式让步	100	60	30	7	3
断层式让步	100	70	25	0	5
钩勾式让步	100	80	20	-5	5
反拐式让步	100	100	0	0	0

（一）正拐式让步

这是一种坚定的让步方式，即在谈判的最后关键时刻，一下子让出全部可让的利益。

1. 特点

一开始态度坚决，寸步不让，使对方一直认为妥协的可能性很小，而不抱洽谈获利的希望。但在关键时刻一次性让步到位，体现大将风度，表现出果敢的作风。

2. 优点

在起初阶段坚持不让步，态度比较果断，显示出我方信念比较坚定。如果对方缺乏毅力和耐性，就有可能被征服，使我方在谈判中获得较大的利益。

3. 缺点

由于开始阶段比较强硬，寸步不让，有可能会使谈判陷入僵局，因而风险较大；同时，容易给对方造成我方缺乏谈判诚意的印象，进而影响谈判的效果；如果遇上一个老练的意志力坚强的买主，在得到较大让步后会提出新的让价要求，而此时我方已无利可让，容易出现僵局。

4. 适用性

这一方式适用于当卖方为谈判付出的时间及精力、交易数额不大，卖方觉得即使谈判不成功影响也不大，因而宁愿承担失去洽谈机会而不愿失去风度的谈判。

（二）阶梯式让步

这是一种等额地让出可让利益的让步方式。采用这种方法时，如果遇到有耐心的对手，其会期待进一步的让步。

1. 特点

该种方式态度谨慎、步伐稳健、极富有商人气息。在讨价还价时不断地说理，攻击对手，得手后再继续向前，在使用"蚕食战"这一谋略时会采用这种让步方式，西方一般称之为"切香肠"战术。

2. 优点

该让步符合步步为营的原则，让步平稳，不急不躁，充分体现了细心、谨慎与精明；可随时在双方认为满意的协议点达成交易，由于对让价要求都给予答复与回报，就给了多次成交的机会；多次让价幅度不大，不会让对方获利太大，不会造成我方上当，不会让对方轻易占上风；当对方时间紧迫、性情急躁、没有足够耐心时，可以获得较为有利的成交结果。

3. 缺点

每次让价都使对方获利，会使对方认为只要有耐心就可以获得更大利益，因而对方就会不断提出新要求，拖长谈判时间；让步平稳无奇，整个谈判可能被认为没有高潮，可能使对方失望而不能成交；谈判时间长，效率相对低，造成时间与精力的浪费。

4. 适用性

对没有经验的谈判新手，为防止疏忽大意，事先把争取点价值与界点价值之间的利益进行平分，即使在承受不了压力而做出让步时，也不会"大意失荆州"；对谈判对方不熟悉、对方价值构成底数不清时，可采取"摸着石头过河"的办法，步步试探，而不轻举妄动；面对时间、耐心与知识都缺乏的人，而我方又是善于不断进行总结的人，随时总结全部的让利量，令对方认识到已获得不少利益，从而可以促使成交。

（三）山峰式让步

这是一种高潮迭起、先高后低、然后再逐渐拔高的让步形式，灵活而富于变化。

1. 特点

该方式比较机智、灵活，富有变化。在国际商务谈判的让步过程中，能够正确地处理竞争与合作的尺度，在较为恰当的起点上让步，然后减速减量，给对方传递一种接近尾声的信息，这时，如果对方认为可以接受，我方就会获得较多的利益，如果对方仍然穷追不舍，我方再大步让利，在一个较高的让步点上达成协议。

2. 优点

能够处理谈判中出现的问题，掌握洽谈的节奏，在关键时可做出让步；起点好，一开始让价幅度适中，表现足够的诚意与积极的态度，同时给对方一个有适当利益可以争取的信息，能维持谈判的顺利进行；高潮迭起，成交机会多，开始让价后再减缓让价，给对方一个快接近尾声的压力，然后又好像下决心一样，做出较大的让步，一般可促使对方同意成交。这中间有3次成交机会。

3. 缺点

让步没有规律，尤其是后期让步幅度逐渐增大，会令对方得寸进尺；第二步让价幅度变小，似乎洽谈已到尾声，但第三步让价又突然增大，会让对方觉得不诚实，不利于洽谈的友好气氛和长期合作。

4. 适用性

这一方式适用于有着丰富经验的谈判手，因为他能适度掌握4个阶段让步的幅度与节奏，时刻观察、分析、判断对手的反应，以随时改变让步方式；适用于因外在不可控因素的变化而引起谈判有破裂危险，使卖方处于连对方都明显感到不利的局势下，此时，卖方可以声明：由于客观因素，我方不得不忍痛割让利益，只为友谊，不谋利益。把假戏做真，可博回信任。

(四) 低谷式让步

这是一种由高到低、逐渐减少让步幅度的让步形式,体现了合作在前、竞争在后、柔中有刚、诚中有力的风格。

1. 特点

该方式比较自然、坦率,符合讨价还价的一般规律,即以较大的让步作为起点,然后依次下降,直到可让的利益全部让完为止。因此,这种让步方式往往给人和谐、均匀、水到渠成的感觉,是谈判中最为普遍采用的一种让步方式。

2. 优点

开始让价幅度大,起点高,表现出应有的诚意,也向对方传递了有较大利益可以争取或已让对方获得较大利益的信息,以求尽快达成协议;自第二步让价开始,呈现递减状态,向对方传递了我方已做出最大努力与让步的信息,从而加快成交;在让步较小不能达成协议时,又让出一些实际利益,且越来越小,能促成交易达成。

3. 缺点

一开始就让出较大利益,让价幅度较大,可使对方认为诚实可欺,加大压力;前两次让步与后两次让步形成对比,如果处理不好,会使对方产生怀疑。

4. 适用性

这一方式适用于任何类型的谈判,尤其适用于我方优势不明显的谈判,对于合资合作项目的谈判也比较适宜。

(五) "地中海"式让步

这是一种开头让步大,中间让步小,然后逐步增加让步幅度的"高——低——高"的让步形式。

1. 特点

初期让步非常大,然后减小,最后再让出较大的利益。

2. 优点

初期让步较大,有很强的诱惑力;如果第三步所做微小让利不能使对方满意的话,再让出最后大一些的利润,往往会使对方很满意,从而达成协议。

3. 缺点

初期让步较大,容易吊起对方的胃口,加强对方的进攻性;前后让步对比略为明显,容易造成我方诚意不足的印象。

4. 适用性

以下 3 种情况比较适用:对方具有耐心;准备用我方的让步作为换取对方某种回报的条件;我方意在成交,但又需稳打稳扎。

(六) "虎头蛇尾"式让步

这是一种让步幅度由大到小、逐渐下降的让步,即头大尾小的让步方式,自然、坦率,符合谈判的一般规律。

1. 特点

这种方式以合作作为主,竞争为辅,柔中带刚。在初期以高姿态出现,并做出较高幅度的礼让,向前迈两大步,然后再让微利,以向对方传递无利再让的信息。这时,如果对方一再坚持,则以较小的让步结束谈判,效果往往不错。

2. 优点

开头让出较大的利益，以较大的让价幅度作为讨价还价的起点，能给对方态度诚恳的印象；让价幅度由大到小既合乎规律，又合乎人情，顺其自然，既无须格外用意，也易于被人接受，让步节奏和谐；这种让步既可以使对方感觉到我方已做了最大努力，又可防止对方提出新的让价要求。

3. 缺点

不能形成高潮，易使对方觉得缺少新鲜感；易导致谈判气氛低沉，因情绪不高而失去成交机会。

4. 适用性

这一方式适用于任何谈判，也适用于对谈判热情不高的谈判者。

（七）断层式让步

这是一种开始让出大部分利益，中间不让步，最后稍做让步的还价形式，诚挚可信，最后又有浪花。

1. 特点

采用该方式谈判易给对方留下我方憨厚、老实之感，因此成功率较高。

2. 优点

第一次让步很大，表现出较大的诚意；使对方由喜转忧，又由忧转喜，具有很强的迷惑性；如果买方的保留价格偏高，首轮的巨大让步能使卖方在高价位上成交。

3. 缺点

一开始让步太大，易被对方以为我方软弱可欺，从而加大讨价还价的压力；对方的巨大期望转眼间又化为泡影，会使对方难以适应，影响谈判。

4. 适用性

这一方式适用于谈判整体形势对卖方不利，为抓住买方时；适用于卖方急于成交，不愿失去机会时；适用于既考虑自己又考虑对方利益的买方。

（八）钩勾式让步

这是一种奇特而又巧妙的让步形式，风格果断诡诈，富有戏剧性。

1. 特点

这是一种对技巧性要求较高的让步方式，只有非常有谈判经验的人才能灵活运用，否则最后一步难以钩回。

2. 优点

头两轮让出全部可让利益，具有很大诱惑力；富于机敏，让中有取，有力、巧妙地操纵了对方的心理；其中安排小小的回升，下轮再行让出，一升一降，总的让步幅度未发生变化，却使对方得到心理上的满足。

3. 缺点

因头两轮让出全部利益，会引起对方更大的期望值；如使用不当，会造成我方无信用的印象。

4. 适用性

这一方式的适用范围是：大型而复杂的谈判；对方的谈判人员善于讨价还价；我方的谈判人员善于利用对方的心理活动规律；多轮次的谈判。

(九) 反拐式让步

这是一种诚恳的让步形式。即在讨价还价一开始，立即让出全部可让利益，然后无论对方如何要求，绝不做亏本买卖。

1. 特点

该方式态度诚恳、务实、坚定、坦率。在谈判进入让步阶段，一开始即亮出底牌，以达到以诚取胜的目的。

2. 优点

一开始的大步让利，可以起到先发制人的作用，迫使对方立即进入实质性谈判而不必兜圈子；为谈判定下了基调，做出了榜样，即应以合作、真诚的方式进行洽谈；讨价还价一开始的大幅度让利，具有很大的吸引力，使对方觉得有利可图，也给对方留下良好而坦诚的印象，利于长期合作。

3. 缺点

给对方以极高的期望值，对方认为一开始就让出这么大的价位，肯定还有利可图，即使后面不肯再让步，对方也会穷追不舍；由于一下子让到底，失掉了争取较好利益的机会。

4. 适用性

这一方式适用于被动式谈判，由于卖方处于被动地位，既然对方要求进行洽谈，于是可以一开始即摊开底牌，对方如能接受，可以取得既有利又速战速决的效果；卖方处于劣势时，可以在洽谈一开始以大幅度的一步到位让价表示洽谈诚意，使对方受感动而坐下来商讨问题；谈判在熟悉的、一直处于友好关系的合作双方之间进行，由于彼此了解情况，所以一次让利到位可提高谈判效率，表现出我方是以坦荡的态度来对待双方合作的。

第四节　成交阶段的策略

谈判双方的期望已经相当接近时，都会产生结束谈判的愿望。成交阶段就是双方按磋商所达成的交易条件成交的阶段。在谈判的最后阶段，虽然双方经过讨价还价，谈判的每个问题都取得不少进展，交易已渐趋明朗，但仍存在一些障碍，此时如果放松警惕，急于求成，则可能功亏一篑。这一阶段的策略包括：向对方发出信号，力求尽快达成协议；最后一次报价或还价；谈判记录的整理；签约前的回顾和反思。

一、向对方发出信号，力求尽快达成协议

一项交易将要明确时，双方会处于一种准备完成时的激奋状态，这种兴奋状态的出现，往往是由于一方发出了成交信号。怎样通过一方发出的信号来准确地判断谈判即将结束或成交在即呢？一般来说，成交信号通常有语言信号和非语言信号。

（一）语言信号

语言信号又分为以下 6 种形式：

(1) 谈判者用最少的言辞，阐明自己的立场。谈话中表达出一定的承诺意思，但不包含讹诈的成分。例如："好，这就是我最后的主张，现在就看你的了。"

(2) 谈判者所提出的建议是完整的，绝对没有遗漏或不明确之处。这表示，如果建议不被接受，除非终止谈判，否则没有别的出路。

（3）谈判者在阐明自己的立场时，完全是一种最后决定的语调，语气坚定，语调平稳，不卑不亢，没有任何紧张、犹疑或不安的表示。

（4）回答对方的问题尽可能简单，常常只回答一个"是"或"否"，使用短语，很少说论据，不解释原因，表明确实没有折中的余地。

（5）开始打听交货时间或产品使用、保养问题，询问价格优惠条件，对小问题提出具体要求，用假定口吻谈及购买等。

（6）一再向对方保证现在结束对对方最有利，告诉对方一些好的理由。

这些语言信号的出现，均表明谈判者的最后态度或在考虑准备与对方达成交易。

（二）非语言信号

非语言信号稍微复杂些，主要包括表情信号、动作信号和事态信号等。

1. 表情信号

成交前的表情信号主要包括：对方在听的过程中，眼珠由慢向快转动，眼睛发光，精神振奋；面部表情由紧张转为松弛，略带笑意；情感由冷漠、怀疑、深沉变为自然、大方、随和、亲切。

这些微妙的表情变化，都预示着对方已进入准备成交阶段。

2. 动作信号

成交前的动作信号主要包括：坐直身体，双臂交叉，文件放在一边；从静静地听转为动手操作产品、仔细触摸产品；多次翻看产品说明书，甚至按照说明书的指示与实物一一对照；身体由原来前倾转为后仰或从一个角度到多个角度观察产品；出现摸口袋等签字倾向的动作。

这些都是较明显的成交动作信号。

3. 事态信号

成交前的事态信号主要包括：提出变换洽谈环境与地点；向对方介绍有关参与决策过程的其他人员；主动提出安排对方人员的食宿；主要领导人或决策人出场等。

这些举动足以证明该谈判方已有了准备进一步深谈并以合适的条件实现成交的诚意。

一方发出这些信号，目的在于推动谈判对手脱离勉勉强强或惰性十足的状态，设法使对方行动起来，而达成一个承诺。

二、最后一次报价或还价

在这个阶段，双方都要做最后一次报价。最终报价时要注意：

（1）不要过于匆忙地报价，否则会被认为是另一个让步，对方会希望再得到些利益。如果报价过晚，对局面就不起作用或影响很小。为选好时机，最好把最后的让步分成两步走，主要部分在最后期限之前提出，给对方留一定时间回顾和考虑；次要让步作为最后的好处，安排在最后时刻提出。

（2）最后让步的幅度，大小必须足以成为预示最后成交的标志。在决定最后让步幅度时，一个主要因素是看对方接受这一让步的人在对方公司的地位。合适的让步幅度是，让步幅度比较大，并且大到刚好满足较高职位的人维持其地位和尊严的需要；但让步幅度也不能过分大，以免对方的上司指责他没有再坚持，损失更大的好处。

（3）让步与要求同时并提。除非我方的让步是全面接受对方现实的要求，否则必须让对方知道，我方所做出的最后让步是指望对方予以响应，做出相应的让步。例如，在提出我方让步时，示意对方这是谈判者个人的主张，很可能会受到上级的批评，所以要求对方予以同样的回报。

三、谈判记录的整理

每一次洽谈之后，重要的事情应写成一份简短的报告或纪要，并向双方公布。这样可以确保协议不致以后被撕毁。在一项长期而复杂、有时甚至要延伸到若干次会谈的大型谈判中，每当一个问题谈妥之后，都要通读双方的记录，俗称唱价，查对一致，以避免含混不清。

谈判者通常要争取己方做记录。谁保存着会谈记录，谁就掌握一定的主动权，如果对方向你出示他们的会谈记录，那就必须认真查看，要将自己的记录与对方的加以核校，发现偏差就应指出和要求修正。

在最后阶段，检查、整理记录，双方共同确认记录正确无误，所记载的内容便是起草书面合同的主要依据。

四、签约前的回顾和反思

在签约之前，有必要进行最后的回顾和总结，主要内容包括：

（1）明确是否所有的内容都已谈妥，是否还有一些未能得到解决的问题，若有，对这些问题进行最后处理。

（2）明确所有交易条件的谈判结果是否已达到我方期望的交易或谈判目标。

（3）着手安排签约事宜。

第五节　合同的签订及变更的策略

国际商务谈判不但是一个讨价还价、互相让步的过程，而且谈判的结果要以书面合同的方式表现出来。合同的签订、履行以及争议的解决和处理都是成功谈判的后续部分。

一、合同的形式和注意事项

贸易合同是买卖双方为达到一定的经济目的，在自愿、平等、互利的基础上，经过谈判和协商，以符合各国法律规定的形式确定双方之间的权利和义务关系的书面文件。当交易双方意见协商一致时，合同便告成立。

（一）合同的形式

《联合国国际货物销售合同公约》第11条规定："销售合同无须以书面订立或证书证明，其形式方面也不受任何其他条件的限制，销售合同可以用包括人证在内的任何方法证明。"根据我国《合同法》第二章第十条的规定，当事人订立合同有书面形式、口头形式和其他形式。法律、行政法规规定采用书面形式的，应当采用书面形式。当事人约定采用书面形式的，应当采用书面形式。

一般来讲，在国际交易中，凡金额较大，交易条件又较为复杂，或者履行期限较长的，应该采用书面合同的形式。一些国家，如美、英、日、俄等国的法律也都规定了在一定情况下必须采用书面合同。如《美国统一商法典》2—201条规定,凡交易金额在500美元以上的买卖合同,如果没有书面合同,法院在诉讼中不予强制执行。同时又规定,对年内不能履行完毕的合同,也都必须有书面合同。

常见的正式书面合同一般采取两种形式:

(1) 正式合同。正式合同也称全式合同,一般有印好的固定格式,条款较多,内容全面、完整,并且对交易双方的权利、义务以及出现争议后的解决方式都有明确的规定,买卖双方只要按谈好的交易条件逐项填写,经双方签署后即可。卖方制作的称为销售合同,买方制作的称为购货合同。书面合同的正本一般为一式两份,签署后双方各保留一份,作为履约和处理争议的依据。我国目前从国外进口商品的交易,大都签订正式合同;出口业务中,有的签正式合同,有的签确认书。一般做法是,交易谈判结束后,我方拟订销售合同,经我方签署后,将正文一式两份递交给对方签署后寄回一份,作为履约的依据。

(2) 成交确认书。成交确认书也称简式合同,如销售确认书或订单,包括的内容比较简单。通过函电或口头谈判的交易,成交后,双方可寄交给对方确认书,列明达成交易的条件,作为书面证明。卖方制作的称销售确认书,买方制作的称购货确认书或订单。正本一式两份,发出的一方填制并签字后寄交给对方,经对方签字确认后保存一份,并将另一份寄回。

(二) 合同的签字

1. 签字前的文件审核

在两种文字情况下,要核对合同文本的一致性。在一种文字情况下,要核对谈判协议条件与文本的一致性。

核对各种批件,主要是项目批件、许可证、设备分交文件、用汇证明、订货卡等是否完备,合同内容与批件内容是否相符等。实践表明,文本与所谈条件不一致的情况屡屡发生。审核文本,必须对照原稿件,不能凭记忆"阅读式"审核,必须做到一字不漏。对谈判中谈过而在文字中故意歪曲的,可明确指出。对以势相欺的,以信誉相压的,决不可退却,否则对方会得寸进尺,步步紧逼,全面反扑,获取更多的利益或条件。对在谈判中未曾明确,或虽然经过谈论但没有一致结论的内容,还必须耐心再谈。对不能统一又属于非原则性的问题,可删去,不记录在文本中。总之,对审核中发现的问题,要及时互相通告,态度要好,通过再谈判,达到谅解一致,并相应调整签约时间。

核对中应格外注意以下问题:合同与谈判记录不吻合;对方故意犯错误,如数字、日期和关键概念等;合同文字含混不清,模棱两可。

【案例分析】

深圳市曾和澳大利亚的一个商人合营一个建筑材料的采石场。签订合同时只说明运走一车石头,澳方给12澳元,可未注明多少载重量的车。澳方就钻空子,开始用载重5t的车装运,后来派7t的车也交12澳元,最后派12t车来,还是交12澳元。我方明显吃亏,只是因为合同上没有写明运石头车辆的吨位。如果事先考虑周到,在合同上注明是载重5t的车,那么就不至于上当了。

这是一则在数字方面含混不清而在履约中吃亏的例子。

2. 签字人的确认

商务合同的签字,是出于对合同履行的保证,应慎重对待。目前,签字人的选择有如下几种情况：

（1）普通货物，成交额在 100 万美元以下的由业务员或部门经理签。

（2）普通货物，成交额在 100 万美元以上的由部门经理签。

（3）普通货物，成交额在 500 万美元以上的由公司领导签。

（4）成交数额巨大，在 1000 万美元以上的，或合同内容为高新技术的，由公司领导签。

国外一些企业习惯在签约前，让对方签约人出示授权书，授权书是签约人身份的证明文件。若签约人就是公司的最高领导，可不出具授权书，但也需要以某种方式证明其身份。若签字人不是公司的最高领导，则需要出具所属企业或公司最高领导人签发的授权书。

3. 签字仪式的安排

签字仪式没有一成不变的规矩，仪式的繁简取决于双方的态度、经济上的可能和合同的分量与影响。一般合同的签订，主谈人签字即可，签字仪式也很简单，与会人可站也可坐。是站，是坐，是否合影、录像留念，一切都取决于双方的要求与意愿。重要合同的签字，若有政府官员出席，仪式就要隆重些，签字仪式要专门安排，诸如备好专门签字的场所、桌子、钢笔等。

4. 签约时要注意的问题

（1）签约时不能过分地喜形于色。签约过程中应当着对方主谈人上司或其同事的面称赞其才干。这样做，会减少对方因收获较少而导致的心理失衡，会逐渐地由不满转为满足。

（2）不能只为自己庆祝。讥讽对方无能或向对方说实话，都不合适。对方会被你的行为所激怒，或者将前面已经约定的内容统统推倒重来，或者故意提出某些苛刻的要求使你无法答应而不能签约。或者，即使勉强签了协议或合同，对方在今后的执行中也会想方设法予以破坏，以示报复。

二、合同的条款与履行

国际贸易合同的基本条款包括品名、品质、数量、包装、价格、装运、保险、支付、检验、索赔、不可抗力和仲裁等内容。合同订立后，即具有法律约束力，当事人双方必须按照合同的规定履行自己的义务并取得相应的权利。任何一方不得擅自变更或解除合同，否则构成违约，要承担相应的法律后果，受损害的一方有权提出索赔。

三、谈判合同的变更及纠纷的处理

（一）谈判合同的变更与解除

谈判合同的变更与解除既是商业行为也是法律行为。

从商务的角度看，在合同签订以后，谈判双方尚未完全履行之前，各方代表就合同内容协商增加、删减某些条款或词句，就产生了合同的变更。合同的解除是指合同履行前或者未完全履行时对合同的提前终止。

从法律的角度看，谈判合同的变更指的是因一定的法律事实而改变合同的内容和标的的法律行为。合同的变更需要在合同当事人协商一致的基础上进行，主要形式表现为对原合同条款的修改，其法律后果是产生了新的合同关系。谈判合同的解除是消灭既存合同的法律效力，同样也需要在当事人协商一致的基础上进行。

谈判合同变更或解除必须具备下列条件之一：
（1）合同当事人一致同意。
（2）宏观因素变动使合同的履行不可能。
（3）一方无法履行。
（4）一方严重违约。
（5）不可抗力事件发生。
（6）合同约定的解除条件出现导致合同无法继续履行等。

谈判合同变更或解除要遵循下列程序：
（1）当一方需要变更或解除合同时，应以书面形式及时向对方发出变更或解除的建议。
（2）一方变更或解除合同的建议必须征得另一方的同意，当对方表示同意后，有关合同的变更或解除即发生效力。
（3）变更或解除合同的建议答复必须在双方协议期限内或有关业务主管部门规定的期限内提出和做出。
（4）因变更或解除合同发生纠纷的，依据法定的解决程序处理。

（二）谈判合同纠纷的处理

在合同履行过程中，由于一方或多方的原因，或由于不可抗力的原因，会发生对合同条款乃至词句的种种争议，这就是谈判合同纠纷。

处理谈判合同纠纷的途径有以下几种：

1. 协商处理

协商是解决合同纠纷的一种有效方式。协商处理是指争议发生后，由争议双方自行磋商，各方都做出一定的让步，在各方都认为可以接受的基础上达成谅解，以求得问题的圆满解决。协商处理的优点是不用第三方介入，气氛比较友好。争议如能解决协商，可以不经仲裁或司法诉讼，省事、省时、省钱、省力，所以这一办法被普遍采用。

【案例分析】

某年，中方某进出口公司与国外某公司以船上交货并理舱的条件签订了原料购买合同。在合同执行过程中，最初国外某公司未按合同规定的交货期交货，要求修改交货时间。而后，我方某进出口公司由于租船困难，延迟装运，致使合同执行完成时间较原合同规定交货装运期延迟达一年半之久。国外公司借合同规定，要求我方公司承担全部责任并提出迟装费和利息损失的总金额数万美元。对此，我方公司根据合同条款规定和执行情况，进行了有理、有利、有节的斗争，致使对方不得不承认对延迟装运也负有相当责任。经过双方协商，对方自负损失46%，我方承担54%的损失，双方达成和解，协商解决了纠纷。

2. 调解处理

调解处理是指当合同纠纷发生后，由第三方从中调停，促进双方当事人和解，自愿让步而达成协议。这种化解矛盾的方式也常被人们运用于各种纠纷的处理中。

3. 仲裁处理

仲裁又称公断，即合同当事人的任何一方对合同纠纷均可请求仲裁，由仲裁机关依法做出裁决。仲裁具有行政和司法的双重性质。

4. 诉讼处理

当出现合同纠纷时，当事人中的任何一方也可向法院提起诉讼，通过司法手段解决争端。办理合同诉讼手续时，要注意以下程序：

（1）起诉方式。起诉方式是指起诉应在合同履行地或合同签订地向法院管辖范围内提出，案件才能被受理。

（2）起草诉状。起诉状应写明原告、被告单位的名称、所在地、法定代表人姓名和委托代理人的姓名等。法定代表人，除可委托律师外，一般还可以委托经法院允许的其他人担任起诉代理人，但必须写委托书说明委托事项。此外，还要写明是诉讼双方直接签订的合同，还是委托单位签订的合同。在提出书面诉状的同时，还要提供有关材料和证件、单据等，如合同正本、来往函电、单据及其他原始凭证。

（3）起诉答辩。应诉一方在接到法院送达的起诉书副本后，要在规定的期限内提出答辩书并提交法院。在受理诉讼过程中，法院首先本着调解原则，进行司法调解。在无法进行调解的情况下，法院就以事实为依据，以法律为准绳做出判决。任何一方对第一审判决不服的，可在规定期限内向上一级法院上诉。经上一级法院判决或驳回上诉的，就必须坚决执行，不能再行上诉。

第六节　谈判经验与教训的总结

谈判工作结束之后，谈判小组应就其工作的基本情况及主要经验进行总结，写出报告，送给上级主管部门和其他综合部门。通常总结的具体内容包括总体工作总结和单项总结。

一、总体工作总结

（一）总结我方谈判方案的实施情况

例如，如何确定谈判目标、谈判对手，如何制定谈判计划及其执行情况。然后以此为基础，阐明我方的得失。

（二）评价我方谈判策略和技巧的发挥情况

例如，谈判前期的准备工作是否充分，谈判的时间安排、议程安排是否合理，对谈判方案和谋略的运用和修改是否得当，控制是否适度，谈判日期、地点的选择对我方之利弊等。

（三）阐明对对方的印象和与之合作的感受

这包括对对方成员的工作作风、工作效率、他们关心或厌恶的问题的评价等。还要把对方在谈判桌上的实际表现与事前收集的信息进行对比，这样可以找出我方谈判准备工作的不足之处。

（四）总结谈判成功的主要经验及，并对重大失误做出分析

这是总体总结中最关键的一环，目的在于在下一次谈判中扬长避短。

二、单项工作总结

（一）评价谈判代表团内部的组织工作情况

例如，谈判成员各自的职责、职责权限的划分是否明确、合理，代表团负责人的组织是否有效及团员的配合是否得体，对谈判过程中内部出现的问题解决得是否及时、成功等。

（二）对企业或公司后援工作的评价

对企业或公司领导的指导作用、二线人员的辅助作用均应评价，在适当场合予以积极的

反馈，以便增加集体凝聚力，增强二线人员的责任感。同时，对于后援工作中的通信联络的保证等做出评价，提出具体的建议。

（三）对谈判小组各成员完成任务情况的总结

在谈判方案中，谈判小组的每个成员都有自己分工范围内的具体工作，在谈判结束后，每个成员都应对自己的工作进行总结，企业或公司对取得突出成绩的成员应予以多方面奖励和鼓励，对出现失误的成员应区分不同情况采取相应的措施。

应该注意的是，作为客座的一方，谈判代表团在异国做完了总结之后，要做好返回工作。其中最重要的是检查、整理好一切应带走的资料，绝对防止因丢失计算机硬盘、移动存储设备、书面文件而泄露谈判机密。

这种总结一般应于谈判结束后立即进行。这是因为此时大家的情绪正处于激动状态，思维敏捷、感受深刻、记忆全面。经验证明，如在谈判结束数月再进行总结，一般效果欠佳。当然，"立即"到什么程度，也要酌情而定。如果考虑到在外地或在国外费用太高，也可以采用先回来后总结的方式，但从谈判结束到总结之前的时间一定不要太长。

复习思考题

1. 怎样才能营造良好的谈判气氛？
2. 口头报价和书面报价各有什么优缺点？
3. 在成套设备谈判中，报价及价格解释主要包括哪些项目？
4. 简述先报价的利弊。
5. 讨价还价前的评论可以采用哪些方式？
6. 讨价还价时应遵循哪些原则？
7. 本章第三节所讨论的让步方式中，请比较"地中海"式让步方式和钩勾式让步方式的优缺点。
8. 本章第三节所讨论的让步方式中，正拐式让步和反拐式让步各自使用的条件和后果有何异同？
9. 在国际商务谈判中，如一方想成交，可以向对方发出什么信号？
10. 谈判合同签字前应注意什么问题？
11. 总结谈判的经验和教训有何必要性？

第八章

国际商务谈判的语言和非语言沟通技巧

【案例导读】

在世界各国间日益频繁的商务交易和商务谈判中，跨文化沟通和交流的重要性日益受到重视。由于信息技术的发展和信息源的增多，人们了解不同国家间、不同文化间的沟通和交流技巧也日益便捷。为了展示我方公司和人员的良好素质，以及为了营造并保持一个好的洽谈气氛，掌握商务谈判中的语言沟通技巧以及非语言交流技巧是非常重要的。

我国河北省一家化工机械有限公司（以下简称A公司）与中东某公司（以下简称B公司）的国际商务谈判中，双方均十分重视语言与非语言沟通技巧的运用。此次谈判的背景是，B公司欲进口数十台化工机械产品，在公司网站上发布需求信息后，被A公司业务经理看到，于是按照联系方式与对方的公司经理进行了接触，建立联系后，通过邮箱向对方传送了A公司的产品册和配置、功能的说明书。对方经了解后，对我方产品的性能较为满意，派3人来中国进行商务谈判，分别为公司副总经理B1、生产部经理B2、采购部经理B3。中方公司共有4名代表，分别为副总经理A1、副总工程师A2、出口部经理A3、因公司缺少懂阿拉伯语人员而外聘的翻译蔡先生。B公司人员到达后，经适当休息，A公司派专车将3位谈判代表接到了A公司的工厂，参观了大约1个小时，现场演示了机器的基本操作流程等。第二天，谈判开始，双方进行了大约10分钟的寒暄和交流，中方谈判人员询问了对方的旅途情况和休息情况，营造了一种轻松愉悦的氛围，双方人员落座。

A1：很荣幸能有机会跟贵方认识，我们中国有句古话：有朋自远方来不亦乐乎！

B1：我也很荣幸能到历史悠久而又美丽的贵国谈生意，感谢贵方周到的安排！

A3：贵方不必客气，我们是好朋友，也是兄弟，中国还有句古话：兄弟同心，其利断金！相信我们和贵方的合作会有美好的前景。

B3：我也很荣幸，希望我们合作愉快！

A1：贵方参观了我们的工厂，感受如何？

B1：贵方先进的生产线和对产品质量的严格把关给我留下了深刻的印象。

接下来，双方就该化工机械产品的型号、配置、规格、功能、安装和调试、技术服务、包装、运输和保险、质量保证、交货等各项交易条件进行了磋商。然后谈到了价格问题。

B1：我们谈谈价格问题吧！

A1：好的，我们这套设备，每台的价格是2.78万美元FOB天津。

B1：贵方的产品还是不错的，但这个价格很令人担心。

A1：贵方担心什么？是我们的价格太低了吗？

双方人员发出了会心的微笑。

B3：恕我直言，贵方是在以宾利的价格销售宝马车。

A2：贵方刚才还夸奖我们生产线的先进性和质量的优异性，怎么现在又变了呢？

B2：先进和优异也是分等级的，贵方不能否认吧？

A1：我们的报价是很合理的。众所周知，原材料的价格不断上涨，员工的工资也在不断提高，所以，我们的生产成本增加幅度很大，请贵方不要用去年的行情看待今年的市场。

B1：我明白贵方的意思。但是，为了建立长期的合作关系，贵方可否给我方20%的优惠？

A1：贵方要求的优惠幅度太大了啊！我们根本没有那么高的利润。

B1：贵我双方国家是友好国家，我们是兄弟，你们能给远道而来的兄弟多少优惠？

A1：我很珍视我们的兄弟友情，但是这么高的优惠确实难以接受。

B3：15%怎么样？

双方你来我往，最终在11%的优惠幅度上成交了。

A1：我们在价格和付款问题上已经达成一致了。

B1：非常高兴我们的第一次交易结出了硕果！

A1：为了我们的长期合作，我方已尽了最大努力，给我们的好朋友以最大幅度的优惠，也请贵方放心，我们的产品和服务肯定令贵方满意，也希望我们的友谊长久持续下去！

B1：非常感谢贵方的合作，我丝毫不怀疑我们的长期关系，希望我们下一次的合作早日到来。

在友好的谈判氛围中，合同正式签订。

在这一次谈判中，双方为了达成交易，特别注意语言沟通技巧，从而营造了良好的谈判气氛，达到了预期目的，实现了双赢的效果。

谈判是借助于双方的语言交流来完成的，但是非语言沟通也在谈判中发挥着特殊的作用。谈判中信息的传递与接收，需要通过谈判者之间的叙述、倾听、提问、回答、拒绝、辩论以及说服等方法来完成。在谈判桌上必须随时注意语言和非语言沟通技巧的运用，以便圆满完成谈判任务。

第一节　国际商务谈判的语言特征

一、客观性

客观性是指谈判过程中的语言表述要尊重事实，反映实情。

从供方来讲，语言客观性表现在：介绍本公司情况时要真实；介绍商品性能、质量要恰如其分，可以出示样品或进行演示，还可以介绍一下客户对该商品的评价；报价要恰当可行；确定的支付方式要双方都能接受。

从需方来讲，语言客观性表现在：介绍自己的购买力不要夸大、失实；评价对方产品的质量、性能要中肯；还价要充满诚意，压价要有充分理由。

谈判语言具有客观性，就能使双方自然而然地产生以诚相待的印象，从而促使双方立场、观点相互接近，为下一步取得谈判成功奠定基础。

二、针对性

针对性是指谈判要始终围绕主题，有的放矢。

不同的谈判内容和场合都有不同的谈判对手，需要使用不同的语言；由于谈判对手的风格、性格不同，也应该使用不同的语言。另外，由于谈判对手的文化程度、知识水平、接受能力不同，也要求有不同的语言。

要针对同一谈判对手的不同需要，恰当地使用有针对性的语言，或重点介绍商品的质量、性能；或侧重于介绍本企业的经营状况；或反复阐明商品价格的合理等等。

总之，谈判语言要围绕重点，不枝不蔓，言简意赅。

三、逻辑性

逻辑性是指谈判者的语言要符合思维的规律，表达概念要明确，判断要准确，推理要严密，要充分体现其客观性、具体性和历史性，论证要有说服力。

谈判者在谈判前搜集的大量资料，经过整理分析后，只有通过符合逻辑规律的语言表达出来，才能为谈判对手认识和理解。在谈判过程中，无论是叙述问题、撰写备忘录，还是提出各种意见、设想或要求，都要注意语言的逻辑性。这是紧紧抓住对方、进而说服对方的基本前提。

与此同时，在提出问题、回答问题或者试图说服对方时，也要注意语言的逻辑性。提问要察言观色，把握时机，密切结合谈判的进程，并要注意问题的衔接性；回答问题要切题、准确；试图说服对方时，要使语言充满强烈的感染力和强大的逻辑力量，真正打动对方，使对方心悦诚服。

四、规范性

规范性是指谈判过程中的语言表述要文明、清晰、严谨、精确。

（1）必须坚持文明礼貌的原则，符合商界的特点和职业道德要求。无论出现何种情况，都不能使用粗鲁的语言、污秽的语言，或攻击谩骂的语言。另外，要避免使用意识形态分歧大的语言，如"资产阶级""剥削者""霸权主义"等。

（2）语言必须清晰易懂。口音应当标准化，不能用地方方言或俗语与人交谈。

（3）谈判语言应当注意抑扬顿挫、轻重缓急，避免挤眉弄眼、嗓音微弱、大吼大叫等。

（4）谈判语言应当准确。特别是在讨价还价的关键时刻，更应该注意言语的准确性。在谈判过程中，由于一言不慎，导致谈判走向歧途，甚至导致谈判失败的事例屡见不鲜。因此，必须认真思索，谨慎发言，才能维护或取得我方的经济利益。

五、技巧性

在日常生活中，具有幽默感的人几乎毫无例外地受到欢迎；在谈判桌上也一样，语言幽默诙谐能引起听众的强烈共鸣。

在谈判中，幽默具有特殊的意义和功效。在谈判中常常发现，当双方激烈争论、相持不下、气氛紧张、充满火药味时，一句幽默的话会使双方相视而笑，气氛一下子就缓和下来。

例如，有一次中外双方就一笔交易进行谈判，双方在某一问题上讨价还价了两个多星期仍然相持不下。这时中方主谈人就说了一句话："瞧，我们双方至今还没有谈出结果，如果奥运会设立拔河比赛项目的话，我想我们肯定是并列冠军，而且可以载入吉尼斯世界纪录大全。我敢保证，谁也打破不了这一纪录"。这句话一说出来，双方全都哈哈大笑，气氛一下子缓和下来，随即双方各做了让步，很快就达成了协议。

第二节 国际商务谈判的语言沟通技巧

一、叙述的技巧

叙述即主谈人阐述我方立场、观点和要求的行为，或指出对方立场、观点和要求中存在的不合理部分，进而提出双方合作成功可能性的大小、机会和障碍，指明双方经由合作可以获得的各种利益等。在国际商务谈判中，叙述是一种重要的交流和沟通方式，双方在这个过程中交流信息，让对方明白我方的意图，尽最大努力确保交易达成。

（一）叙述的基本方式

1. 精炼式

精炼式叙述指的是把叙述的内容进行加工提炼后，总结成琅琅上口、言简意赅的简短字句，高度概括地把自己想表达的内容说出来，以强化我方表达方式的效果，给对方留下深刻印象的一种述说方式。这种方法能令听者耳目一新，增加其好奇心，提高其注意力，并容易记忆，是一种效果颇佳的述说方式。这种方式对谈判前的准备工作要求较高，对主谈人的语言表达能力和经验也有较高的要求。

2. 对比式

对比式叙述是指把两种或两种以上的互相对立的事物放在一起对照叙说，使对比下的我方观点和立场以及商品特点等更加突出、鲜明，从而引起对方的强烈兴趣，给其留下深刻印象。这种方法要求主谈人对所对比的相关事物有深刻的了解，对主谈人的经验要求也较高。

3. 情境式

情境式叙述是指主谈人通过自己的叙说，将听者的思维带到事先设置好的特殊情境中，从而让其产生特殊的感觉、心情和印象。就如同好的演员能很快地把观众的情绪带到特定的场景中，使观众对主要人物的言行产生强烈的共鸣。这种方式要求主谈人有较高的语言表达能力、较强的感染力，语言抑扬顿挫。

4. 循序渐进式

循序渐进式叙述是指按客观事物产生、发展的先后顺序和过程以及客观事物之间的自然联系来进行叙述。这种方式既可以按时间顺序，从前往后叙述；也可按空间顺序，从上到下、从里往外叙述。这种方式的条理性较强，容易让对方理解和接受，是国际商务谈判中最常使用的叙述方式。初入谈判队伍的新手，由于经验欠缺，基本上都采用这种方式来叙述。

（二）叙述的基本要领

1. 口齿清楚，语言通俗

主谈人要尽量使用对方听得懂的语言表达自己的意思。如果必须使用专业语言，要做解释；如果自己对专业不是很精通，那么就扼要地说几句内行话，不要多说，以免说漏嘴暴露自己的无知。叙述的时候如果涉及关键的文字和数字，一次就要说准确，尽量不使用"前后""左右""大概""差不多"等概述型词语。

2. 叙述要简明扼要

主谈人在陈述己方立场、观点时应简明扼要，不要随意发表与主题无关的意见。如果述说时随意跑题，在正式谈判场合显得非常不得体，而且会让对方反感。同时，切忌单调、烦琐和长篇大论的陈述。当需要叙述时，要用简短的语言在极短的时间里抓住对方的注意力，让对方领会陈述的具体内容，并能提出一些有针对性的问题，这样会使双方的交流处于较为活跃的状态，有助于谈判向纵深发展，从而提高谈判效率。

3. 注意叙述的准确性

叙述中尽量使用客观的、中性的、礼貌的语言，除了谋略的要求而有意为之，尽量避免偏激的个人情绪和感情色彩。如果对所谈的问题不甚了解就推迟述说，切莫信口开河；否则，将会极大地影响声誉，削弱谈判地位。

4. 注意头尾

根据行为学和心理学中的首因效应（Primacy Effect）和近因效应（Recency Effect）理论，在社会知觉的整个过程中，最初和最后留给对方的印象是最为深刻的。首因效应是指最先给人留下的印象往往先入为主，对后来的印象产生强烈的影响。这就是为什么每个人都重视给人的第一印象的理论原因。近因效应指的是在知觉过程中最后给人留下的印象最为深刻，对以后的印象也产生强烈的影响。首因效应和近因效应起作用的条件并不一样。一般来说，在感知陌生人时，由于陌生人的新异性在开始时特别突出，因而首因效应更大一些；而感知熟悉的人，则近因效应更大一些。谈判人员在工作中要尽可能做到，一方面预防这两种效应的消极影响，另一方面在一定条件下发挥这两种效应的积极作用。在向对方述说时，首先要用几句话扼要地说明一下自己所要表达的主要观点，使能产生首因效应，加深对方的印象；在结束叙述之前把所谈问题加以总结和归纳，把问题的要点再重复一下，产生近因效应，向对方表明我方的观点是前后一致、不容忽视的。

5. 注意语音语调表达的含义

不同的语音语调可赋予同一句话不同的含义，也可以表达说话者不同的感情。例如，"你好"若以平常的语调讲，是一句问候语；若把重音放在第一个字或第二个字上，则表达的含义就大不相同了；若高而拖长腔地说出来，则表达了说话者的傲慢。在谈判中，谈判者应通过语音、语调的变化来显示自己的信心、决心、不满、疑虑和遗憾等；同时，也应善于通过对方不同的语调来洞察对方肯定、赞赏、否定、不满、喜悦等感情及其变化。

同时，谈判人员声音的高低变化，也是影响表达效果的重要因素之一。声音过高，会让人感觉受刺激、不舒服；而声音过低过弱，又会使对方感觉情绪不够振奋。因此，应当合理使用声音的强弱，有高有低，抑扬顿挫，正如一幕戏剧有开篇、铺垫、高潮、结尾才会显得精彩一样，语音、语调有变化才会让对方感到自然舒适。

二、提问的技巧

（一）提问的不同方式

1. 选择式提问

选择式提问是就两种或多种答案征询对方意见，让对方根据自己意愿，自主地选择答案。这种提问方式能表达对对方的尊重，有助于形成一个平等、友好的谈判氛围。例如："您认为我们先谈什么好？规格、品质，还是交货期？"

2. 澄清式提问

澄清式提问或称直接式提问，就是通过我方的提问，让对方做出直截了当的回答。其好处在于方向明确、节省时间，一般用于需要确切地知道与对方有关的某些情况或想法，而对方又有义务与责任提供时。例如："您刚才说我们的合同条款有含混不清之处，请举个例子，好吗？"

3. 探索式提问

探索式提问是旨在与对方探索新问题、新方法的问句。例如："假如采用新方案，你们觉得怎么样？"

4. 多层次提问

多层次提问即在一个问句中包含了多种主题。例如："施工现场的水质、电力、运输和资源的情况怎么样？"或者："请您把我们上一次合作中的谈判、签约、履约过程简单介绍一下怎么样？"

5. 诱导式提问

这种问句旨在开渠引水，具有强烈的暗示性，使对方在思考与回答时受到启发，从而理解与赞同我方的观点。例如："交货不符合合同规定是要承担违约责任的，您说是不是？"

（二）提问的时机

1. 在对方发言完毕之后提问

在对方发言的时候一般不要急于提问，因为打断别人的发言是不礼貌的，容易引起对方的反感。当对方发言时，要认真倾听，即使发现了对方的问题，很想立即提问，也不要打断对方，可先把发现的和想到的问题记下来，待对方发言完毕再提问。

2. 在对方发言停顿、间歇时提问

如果谈判中，对方发言不得要领、纠缠细节或离题太远而影响谈判进程，那么可以借其停顿、间歇时提问，这是掌握谈判进程、争取主动的必然要求。例如，当对方停顿时，我方可以借机提问："您刚才说的意思是？"或者："细节问题我们以后再谈，现在请谈谈您的主要观点，好吗？"

3. 在议程规定的时间内提问

大型外贸谈判一般要事先商定谈判议程，设定辩论时间。在双方各自介绍情况和阐述的时间里不进行辩论，也不向对方提问，只有在辩论时间里，双方才可自由提问及进行辩论。在这种情况下，要事先做好准备，可以设想对方的几个方案，针对这些方案考虑我方对策，然后再提问。

4. 在我方发言前后提问

在谈判中，当轮到我方发言时，可以在谈我方的观点之前对对方的发言进行提问，不必要求对方回答，而是自问自答。这样可以争取主动，防止对方接过话茬，影响我方的发言。例如："您刚才的发言要说明什么问题呢？我的理解是……对这个问题，我谈几点看法。"

（三）提问的技巧

1. 要预先准备好问题

在每天谈判开始前，应就将要谈判的主题拟出问题清单，如果对方陈述或叙述时没有提到，或没有解释清楚，则可按问题单提问，这样可以做到有的放矢。

2. 避免提出那些阻碍对方让步的问题

如果问题的答案对对方有利，或者阻碍对方让步，则应换一种对我方有利的方式，或者干脆不问。

3. 不强行追问
强行追问会导致对方厌倦、乏味而不愿回答,即使回答也会马马虎虎,甚至答非所问。

4. 不要抢着提问
应当等对方表述完毕之后再提问,不要中途打断对方的话而提出问题,因为对方接下来要说的也许就是我方想了解的。

5. 提出问题后闭口不言,等待对方回答
提问之后,应闭口不言,以平和的眼神看着对方,身体略微前倾,摆出一副等待回答的姿态。

6. 提问的句式尽量简短
应该用尽量少的字句将问题表述清楚,而不要问了一大堆话,却让对方摸不着头脑。

三、回答的技巧

(一) 回答的类型
通常,可将回答分为正面回答、非正面回答和不回答。正面回答和非正面回答从方法上可以划分为以下几种:

1. 依提问者的真实意图回答
一般而言,提问总有着一定的意图和目的。但是,提问者有时可能有意识地使问题含糊其辞,让回答者判断失误,回答时出现疏漏。

例如,买方在谈判中提的问题是:"请您谈谈产品价格方面是如何考虑的?"卖方此时就应先弄清楚买方是要了解哪一方面的问题后再酌情回答,是觉得价格太高,还是对不同规格产品的价格进行探询。如果贸然回答,就可能落入买方陷阱,为买方压低价格提供了依据。

如果谈判中没有搞清楚对方的真实意图而贸然回答,就会使谈判陷入尴尬境地,甚至不欢而散。请看下面的例子:

一次,我国某外贸公司和日本某公司举行谈判。由于双方意见分歧,谈判进行得比较困难,但气氛还比较正常。谈判中,日方一代表说:"关于我们和贵公司的合作,我公司董事会中有不同的看法,但我们将力争合作的成功。"我方一谈判人员立即回答说:"对此,我们表示遗憾,我们将密切注意事态的发展。"话音一落,日方谈判人员显出了惊异而尴尬的表情,不知如何应答。会谈气氛立刻冷了下来,最后不欢而散。

2. 将提问的范围扩大后回答
在谈判过程中,对对方提出的问题如果照实回答会有损我方形象、泄露商业机密或涉及无聊的话题。此时,就可将问题提升到一个高度后再回答,这样可以回避难以回答的问题。

例如,对方问技术费是多少,就可以回答整个合同的价格如何适当、技术费所占的比重如何合理。

3. 将提问的范围缩小后回答
例如,提问的问题是:"产品质量如何?"回答时就不必详细介绍所有的质量指标,而是只回答其中几个有特色的指标,给对方留下产品质量优异的印象。

4. 不确切回答
有时回答可以模棱两可,富有弹性,不把话说死。例如:"对类似问题,我们过去是这

样处理的……"

（二）回答的技巧

1. 回答之前给自己留思考时间

谈判中的回答不同于考试写答案，谈判之前即应对对方最可能问的问题有所准备，对一些常规性的问题想好答案。在谈判中，每次回答对方的问题时，都必须冷静思考、谨慎应对；即使对方催促回答，也要慎重思考，觉得不会有漏洞后再回答。

2. 不能回答的问题不要回答

谈判中，如果对方问的问题不便于回答，或不能回答，则可以顾左右而言他，或者干脆就说"我不知道"，有时也会收到奇效。

3. 以问代答

当对方提出某一问题以后，我方虽然掌握了足够资料，却不直接回答，而是按照一定的思路，步步为营、环环相扣地向对方进行反问，尽量诱使对方回答，从而使对方身不由己地进入我方预定的目标范围，然后再综合对方回答来概括出我方的答案。

4. 灵活选用重申和打岔

在有谈判经验的团队中，有些谈判人员估计谈判中会碰到某些一时难以回答的问题，为了赢得更多的时间，就以特定的眼神、手势等暗语通知己方内部人员出来打岔。打岔的方式多种多样，比如借口外面有电话、有急事、无人协助时可以借口去洗手间或打电话来拖延时间，给自己留出想答案的时间。

【案例分析】

三位日本商人代表日本航空公司和美国一家公司谈判。会谈从早上8点开始，进行了两个半小时。美国代表以压倒性的准备资料淹没了日方代表，他们用图表解说、计算机计算、屏幕显示、各式的数据资料来回答日方提出的报价。而在整个过程中，日方代表只是静静地坐在一旁，一句话也没说。终于，美方的负责人关掉了机器，重新扭亮了灯光，充满信心地问日方代表："意下如何？"一位日方代表斯文有礼，面带微笑地回答："我们看不懂。"

美方代表的脸色忽地一下变得惨白："你说看不懂是什么意思？什么地方不懂？"

第二位日方代表也斯文有礼，面带微笑地说："都不懂。"

第三位代表以同样的方式慢慢答道："当你将会议室的灯关了之后。"

美方代表松开了领带，斜倚在墙边，喘着气问："你们希望怎么做？"

日方代表同声回答："请你再重复一遍。"

美方代表彻底丧失了信心。谁有可能将秩序混乱而又长达两个半小时的介绍重新来过？美国公司终于不惜代价，只求达成协议。

四、拒绝的技巧

使用"不"也是一种技巧，这是一种国际商务谈判中重要的技巧——拒绝的技巧。

（一）谈判需要拒绝

1. 让步与拒绝共生

谈判中不仅充满了让步，同时也充满了拒绝。如果说，没有让步就没有谈判的话；那么，没有拒绝不仅没有了让步，同时也就没有了谈判。首先，让步的本身也就是一种拒绝，因为让步是相对的，也是有条件或有限度的。试想难道有无条件的、无限度的让步吗？那不是让步，而是彻底的溃败。所以，一方的让步既说明答应了对方的某种要求，同时也就意味着拒绝了对方更多的要求。

假定在某次谈判中，A方报价1000万美元，B方报价600万美元。当A方让步到900万美元时，实际上拒绝了B方的600万美元；而B方让步到700万美元时，也意味着拒绝了A方的900万美元。所以说，让步中蕴涵了拒绝。

2. 拒绝的相对性

其实，拒绝本身也是相对的。谈判中的拒绝并不是宣布谈判破裂、彻底失败。拒绝只是否定了对方的进一步要求，却蕴涵着对以前的报价或让步的承诺；而且谈判中的拒绝往往不是全面的、立体的，相反，大多数拒绝往往是单一的、有针对性的。所以，谈判中拒绝某方面条件，却给对方留有在其他方面讨价还价的可能性。

就拿上例来看，假定讨价还价进行下去，在第二轮让步中，A方让步到850万美元，B方让步到750万美元；在第三轮让步中，A方再让步到820万美元，B方让步到780万美元时，形成了僵局，双方拒绝在价格上再做任何让步了。此时，A方的820万美元是对B方的780万美元的拒绝，同时也是一种新的承诺，即可以在此价格上成交。B方的780万美元也同样蕴涵了这两层意思。

假定为了打破僵局，B方用"附加条件让步法"提议，如果A方能把交货期提前10天的话，那么B方也可以考虑把价格再提高10万美元。A方表示赞赏B方的提议，不过A方认为，如果价格定在800万美元的话，那么可以满足B方提前10天交货的要求。最后，双方达成了价格800万美元、提前10天交货的协议，握手成交。

可见，谈判中对某种要求的拒绝，并没有对所有要求都加以拒绝，相反，却可能敞开了在其他方面让步的大门。没有经验的谈判者往往容易犯这方面的错误，他们一旦在某一方面遭到对方拒绝后，就觉得谈判没有希望了，没有考虑到"堤内损失堤外补"的道理，从而轻易地放弃努力，放弃了谈判。究其原因，其实是不懂得谈判中"拒绝"也是一门高深的学问，也需要高超的艺术。

（二）拒绝的技巧

谈判中的拒绝，说是"技巧"也好，"艺术"也好，是指拒绝对方时，不能板起脸来，态度生硬地回绝对方；相反，要选择恰当的语言、恰当的方式、恰当的时机，而且要留有余地，巧妙拒绝。这就需要把拒绝作为一种手段、一种技巧来探讨和研究。下面介绍几种商务谈判中常见的拒绝技巧：

1. 预言法

心理学家证明，人都有一种想看透别人、了解别人的嗜好，同时又怕被别人看透、被别人了解的心理。出于后面的这种心理，每当别人看透自己或了解自己时，人们往往会因为"文饰"心理，用相反的行动或言论来伪装自己，以证明别人的看法或了解是错误的。这种现象在自尊心特别强、爱挑别人毛病的谈判对手身上特别明显。而对付这种人，最好的方法就是用"预言法"来拒绝。

所谓"预言法"，就是在不希望对方出现某种行为或语言时，先预言对方会出现这种行为或语言，而对方出于"文饰"心理，必然会"自觉"地避免出现这种行为或语言——这正中我方的下怀。

【案例分析】

西方某大公司一个下属工厂的老厂长能力很强，把工厂管理得井井有条。然而这个人的毛病是自尊心太强，可以说是刚愎自用。公司要他这样，他偏那样；要他那样，他又偏这样，老是和别人对着干。公司里的人私下都叫他"倔厂长"。公司主管由于曾经是他的下级，对他网开一面；另外，主要是爱惜他的才干，同时也摸透了他的脾气，所以无论什么事情都用"预言法"来对付他。

一次，公司要求下属的部分工厂采用某种新的设备，但是暂时还轮不到他的工厂。公司主管知道，你越是不给他，他越是盯着你要。为了巧妙地拒绝他，防止他来无理取闹，这位主管先找上门去，主动向"倔厂长"推荐这种设备。果然不出所料，"倔厂长"连听都不要听就拒绝了，说他的厂没用什么新设备，不也生产得蛮好嘛！这位主管在装模作样一番以后，显得非常遗憾似的走了。

过了不久，轮到这家厂更换这种新设备了。这位主管如法炮制，又用"预言法"来对付"倔厂长"了。不过，这回主管在腋下夹了一卷图样，到工厂和"倔厂长"谈别的事情。在谈话的过程中，公司的主管几次有意无意地把图样夹好，似乎怕丢了似的。这一招果然引起了"倔厂长"的注意，他问公司主管拿的是什么图样。主管故意支支吾吾地说没什么。可主管越是说没什么，"倔厂长"越是要看。主管装作没有办法似的，把图样拿出来给他看。"倔厂长"问是什么设备，主管故意说，一种没什么了不起的设备，你们厂没必要使用，这是给其他厂的，他们急需要用。主管越是这么说，"倔厂长"越是要得起劲儿，若最后不给他的话，公司主管根本别想走了。这当然正中主管下怀，他又故意装作无可奈何似的，答应把这台原先就准备给"倔厂长"的新设备，"先"给"倔厂长"。"倔厂长"得意地笑了。而主管只好在肚子里发笑，脸上是千万不能露出笑容来的。

2. 问题法

所谓问题法，就是面对对方的过分要求既不是冷笑一声，拂袖而去，也不是拍案而起，怒斥对手的卑劣动机，而是针对对方的过分要求，提出一连串的问题。这一连串的问题足以使对方明白我方不是一个可以任人欺骗的笨蛋，如果对方回答了这一连串的问题，那么他将不得不承认他提的要求太过分了。

例如，一个公司的谈判人员与对手进行投资谈判，该公司投资100万美元，可对方却草拟了一个使该公司在两年内一无所获，而对方可以每年有20%利润的协议。该公司谈判人员就可以用"问题法"来拒绝对方。该公司谈判人员不妨采用以下两种提问方式：①"能否帮我想想办法，解决一下本公司的利润问题？"②"如果本公司和贵公司一样，每年也获得20%的利润，不算过分吧？"

在谈判中，任何思维正常的谈判人员都不会说出"我只管自己赚钱，你们公司赚不赚跟我没关系"之类的话来。所以，一旦用问题法拒绝对方，往往能使只想赚别人钱的对手冷静下来，考虑如何让步的问题。

当然，在谈判中有时也会遇到脾气暴躁的对手，谈判一不投机，他就谩骂。此时不能和他对骂，那样于事无补，相反降低了我方的身份和人格，而且往往导致不欢而散、谈判破裂。遇到这样的对手，最好的办法也是用"问题法"来对付他。在对手骂人骂得正起劲的时候，我方应当装着什么也没听清楚似地问他："你在说什么？我没听清楚！"一般来说，大多数脾气暴躁的人碰了这样的"软钉子"后，往往会冷静下来。要是他还没冷静，我方不妨再问："我还是没听清楚，你能不能再说一遍？"这样，绝大多数人都会冷静下来。由于我方装着什么也没听见，所以无形中给对方留了面子，避免了使他难下台阶的尴尬局面。这样一方面能使谈判顺利地进行，另一方面，对方会因为骂了我方而感到愧疚、理亏。在以后的谈判中，我方就在无形中占了上风。

当然，在使用问题法拒绝对方时，必须十分注意语气，即不能用带有嘲弄、挖苦或者教训的语气来提问；否则反而会激怒对方，增加了新的对立成分，"冤家"会越结越深。

3. 借口法

现代企业不是孤立的，它们的生存与外界有着千丝万缕的联系。不论是在谈判中，还是在企业的日常运转中，有时会碰到一些无法满足的要求，而对方的来头很大；或者过去曾经有恩于我方；或者曾是非常要好的朋友、来往密切的亲戚。如果简单地拒绝，那么可能企业一年半载后会遭到报复性的打击；或者会背上忘恩负义的恶名等。对付这类对象，最好的办法是用"借口法"来拒绝。

如果对方向我方实施借口法拒绝，最好的办法是直接去找提出拒绝的人。可想而知，如果向对方实施借口法，千万注意：不要让对方见到我方用来做借口拒绝的人员。否则，会有什么样的后果可想而知。

4. 补偿法

所谓补偿法，顾名思义是在拒绝对方的同时，给予某种补偿。这种补偿往往不是"现货"，即不是可以兑现的金钱、货物、某种利益等；相反，可能是某种未来情况下的允诺、某种未来场合下有条件的让步、某种未来的前景等，甚至提供某种信息（不必是经过核实的、绝对可靠的信息）、某种服务（如产品的售后服务、出现损坏或者事故的保险条款等）。这样，如果再加上道出一番并非己所不为，乃是不能为的苦衷之后，就能在拒绝了一个"朋友加对手"的同时，继续保持友谊。

从心理学来看，这种带有补偿性质的拒绝，实际上是补偿了对方因遭到拒绝而产生的不满、失望情绪，或者把对方的不满、失望情绪引导到替代物上，避免了对手冲着我方发泄。

5. 转折法

这种拒绝方法渗透了说服的原理，即在拒绝的开始，先不亮出自己的观点，而是从对方的观点、意见中找出双方的共同点，加以肯定、赞赏，或者站在第三方的角度对对方的观点表示理解，从而减少对方的对抗心理，减弱其心理防范，然后再用婉转的语言陈述我方的观点来拒绝对方，甚至说服对方。

在一次出口商品交易会上，某公司的产品陈列台前来了一位客户。他四下看了看后，转身想走。因公司的推销员不肯放过任何一个机会，所以主动上前搭话，问道："你想买什么？"

"这里没什么可买的！"客户轻蔑地说，说完又要走。

"是呀，别人也说过这话。"

想走的客户站住了脚，不走了。他似乎有点暗暗得意，让他说中了，情绪完全松弛下来。

"可是，他们后来都改变了看法！"推销员的话锋来了个180°的大转弯。

"噢？为什么？"猎奇的心理引起了客户的极大兴趣。

推销员顺水推舟地开始了推销，而客户也在无形中接受了推销员的观点，心甘情愿地买了该公司的大批产品。

世界上的事物都是辩证的，只要有耐心，总能从对手的意见中找出一条或几条可以肯定的意见；实在不行的话，可以从一条意见中找出可以肯定的方面。

如果一下子找不出对手意见中可肯定之处，不妨肯定对手陈述意见的坦率、勇气，或者是表达方式上的措辞。

在一次谈判中，买方十分激动地拒绝了卖方的要求。卖方从容不迫地站了起来，面带笑容地说："我十分钦佩贵方代表的坦率，正是这种坦率，使我们了解了我们的朋友；也正是这种坦率，鼓励我必须以加倍坦率的态度来表明自己的看法……"买方讲完以后坐下来冷静了一点，正有些后悔自己把话说得太重了，想补救时，听到卖方的发言，更感到有点理亏，所以，在下面的谈判中做了适当的让步，而卖方也做出了让步的回应。在双方的努力之下，谈判取得了较好的结果。

6. 条件法

赤裸裸地拒绝对方必会恶化双方的关系，甚至会导致对方发起攻击。在拒绝对方之前，先要求对方满足我方的一个条件，如对方能满足，则我方可以满足对方的要求；如对方不能满足，那我方也无法满足对方的要求，这就是条件法。

7. 幽默法

在谈判中，有时会遇到不方便正面拒绝对方，或者对方坚决不肯让步的情况，此时不妨用幽默法来拒绝对方。所谓幽默法，就是对于对方提出的、对我方来说是不可接受的要求或条件，我方并不直接加以拒绝，相反全盘接受；然后根据对方的要求或条件推出一些荒谬的、不现实的结论来，从而否定了对方的要求或条件。这种拒绝法，往往能产生幽默的效果，所以称为幽默法。

五、辩论的技巧

辩论是国际商务谈判的重要构成部分。它不但体现为谈判双方在名词概念、语言技巧方面的较量，而且同时包含着追求真理的思想和语言活动。辩论是谈判者表达自己的意见、驳斥对方观点、谋求双方共同利益的信息交流活动，是实现谈判双方各自谈判目的的必需手段。我国古语有"一人之辩重于九鼎之宝，三寸之舌强于百万之师"之论。作为谈判人员，只有掌握正确的论辩原则与技巧，才能在谈判中如虎添翼，无往而不胜。辩论应当讲究一定的方法和遵循一定的原则，即遵循逻辑规律，讲究辩论技巧。

（一）辩论的方法

1. 归纳法

归纳法是指以个别的、特殊的事实推理出一般性结论的逻辑论证方法。

2. 类比法

类比法是由两个或两类事物在某些属性上相同，推出它们在另一属性上也相同的结论，简称类比或类推。它具有经验性、形象性和生动性的特点，能起到举一反三、触类旁通的作用，既具有感染力，也能打动对方的心。

3. 归谬法

归谬法是指为了反驳对方的观点，充分利用条件假言判断，进行归纳或演绎推理，得出对方的观点是错误的结论的方法。其意义为：不从正面反击对方，而是以退为进，先认为对方之言为真，再推出一个谬论，使论辩对手的观点不攻自破。

【案例分析】

20世纪30年代中期，香港茂隆皮箱行由于经营有方，生意兴隆，因而引起英国商人皮尔斯的妒忌。他苦思冥想，终于想出一个搞垮茂隆皮箱行的恶毒计划。他亲自到茂隆皮箱行订购3000只皮箱，价值20万港元，合同写明1个月交货，逾期没按质按量交货，由茂隆皮箱行赔偿50%的损失费（10万港元）。

1个月到了，茂隆皮箱行经理冯灿如期交货时，皮尔斯撕开一只皮箱的衬里，指着支撑用的木料说，合同上写的是皮箱，现在却使用了木料，所以这不是皮箱。为此，他向法院提出诉讼，状告茂隆皮箱行违约，要求按合同赔偿经济损失10万港元。

法院开庭审理此案时偏袒皮尔斯，企图判茂隆皮箱行犯诈骗罪。茂隆皮箱行请当时还不出名的罗锦文律师出庭辩护。正当皮尔斯在法庭上信口雌黄、大放厥词、气焰十分嚣张的时候，罗锦文律师不慌不忙地站起来，从怀里取出一只大号的英国名牌金表，举到偏心的法官面前，高声问道："法官先生，请问这是什么表？"

法官一看，就情不自禁地回答说："这是大英帝国伦敦出品的名牌金表。请问这与本案有什么关系呢？"

"有关系！"罗锦文律师转过身来，面对法庭所有的人，高声说道："这是金表，没有人怀疑了吧？但是请问，这块金表除了表壳是金的外，内部机件都是金制的吗？"

法庭上几乎所有的人都议论纷纷："当然不是！"

罗锦文又问："那么，人们为什么又叫它金表呢？"

稍作停顿，罗律师又高声地说："由此可见，茂隆皮箱行的皮箱案，不过是原告故意歪曲合同上'皮箱'的词义，存心敲诈而已！"

法官在众目睽睽之下，理屈词穷，只得判皮尔斯犯敲诈罪，罚款5000港元，了结了这起荒唐的案子。从此，罗锦文律师声名大振。

4. 二难推理法

在谈判中，考虑到对方观点所涉及的事物表现有两种可能性，而每种可能性都会导致对方难以接受的结论时，就可以运用这种方法加以引申，使对方不得不放弃原先的错误观点。

（二）辩论的技巧

1. 观点要明确，立场要坚定

商务谈判中"辩"的目的，就是论证我方观点的正确性，反驳对方的观点。辩论的过程就是通过摆事实、讲道理来说明我方的立场和观点。为了能更清晰地论证我方观点和立场的正确性及公正性，在辩论时，谈判人员要运用客观材料以及所有能够支持己方论点的论据，增强我方的辩论效果，反驳对方的观点。

2. 逻辑性要强

谈判中的辩论往往是在双方相互非难中进行。一个优秀的谈判者应当头脑冷静、思维敏捷，使自己的论证严密，运用逻辑力量，以理服人。是非与真理是在相互辩驳的过程中明确的，在谈判实力不相上下的情况下，谁在辩论过程中逻辑更严密，谁就能占上风。

3. 不纠缠细枝末节

在谈判的辩论中，要将精力集中在主要问题上，不要陷于枝节问题的无谓纠缠。反驳对方的观点时也要抓住要害问题，有的放矢，坚决舍弃断章取义、强词夺理等不健康的辩论方法；否则只能妨碍谈判。

20世纪50年代初，苏联驻联合国代表维辛斯基在联合国大会上发表抨击西方国家的长篇演说，讲了很长时间时，荷兰外交大臣突然插话，指出维辛斯基讲话中的一处错误。沉着冷静的维辛斯基并未因受到突如其来的干扰而失去常态，并不否认自己的错误，而是非常有礼貌地向那位荷兰外交大臣致谢，并机智地加上一句："既然您到现在才指出我的失误，这说明您认为我前面的话没有错误。"仅此一句，维辛斯基便摆脱了令人尴尬的困境，还使那位多嘴的荷兰外交大臣有苦难言。

4. 措辞要严密准确

不论辩论双方如何针锋相对，态度也要力求客观，措辞尽量准确，绝不能侮辱诽谤、尖酸刻薄，甚至进行人身攻击；否则只能损害我方的形象，丝毫不能为谈判带来好处。在辩论中一旦达到目的，就要适可而止，不要得理不饶人、穷追不舍，以避免将对方逼入绝境，从而强化了其敌对心理和反击的念头。否则，对方在谈判中吃亏后可能会在合同履行上设置障碍。

5. 善于处理辩论中的优劣势

当辩论中我方占上风时，可以滔滔雄辩，气度恢宏，并注意借助语调、手势的配合，阐明我方的观点；但不可轻狂、放纵和得意忘形。因为辩论中的优势、劣势是相对的，而且是可以转化的，对方的一句话可能就会使我方的优势化为乌有。当我方在辩论中处于劣势时，也应当沉着冷静、从容不迫，既不能沮丧泄气，也不可怄气和胡搅蛮缠。保持我方的阵脚不乱，才能有机会把劣势转化为优势，使对方不敢得寸进尺。

【案例分析】

创业初始的包玉刚，势单力薄，只能从经营一条旧的烧煤货轮开始发展自己的事业。

这时他看到航海运输能赚大钱，就想买条大船，可自己又没钱。当然，钱可以从银行贷款，但是没有信用保障，银行是不会提供贷款的。

包玉刚冥思苦想了好几天，终于想出一个好办法。怎样获得信用保证呢？可以先把船租出去，让租户开出信用证，用租户的租金作保证。这样，租户的保证可以使银行信任，而银行贷款行动的支持可以实现他对租户的承诺。

一天，包玉刚约晤了汇丰银行信贷部经理桑达士先生。包玉刚之所以选择汇丰银行，是因为它是香港头号印发钞票的大银行。

"密斯特桑，您认为英国一度称雄天下，靠的是什么？"

诧异片刻之后，桑达士反问道："您的意思是船坚炮利吗？"

"船坚最重要。不过，时代在变，当今东方的船已经压倒西方，尤其是日本制造的船。"

"哦，何以见得？"

"日本的机器、钢铁、航海设备，和欧洲船不相上下，但他们的售价却便宜1/3；而日本人的生意手法就更公道了，造好了船，送到买主手上，才收取船价，欧洲人则船未出坞就索取货款……"

桑达士蛮有兴趣地听着："日本人了不起，可跟我们有什么相干？"

"有！他们能够造船，是世界一流的；我们香港是自由港，可以停船。而他们造船但不想拥有船，可必须用船。"

桑达士微笑着，情不自禁地对这位宁波人的智略产生了敬意，同时也似乎明白了此次约晤的用意,"包先生,这次找我,一定有什么雄才大略,说来听听。"

"密斯特桑,我想向日本船厂订购一条新船。计划书做好了,排水量7500t,船价100万美元,船成后要付足。不过,有一家日本运输公司肯签第一年的租约,租金是75万英镑,我想向贵行贷款,相当于租金的数目。"

桑达士思忖了片刻:"我佩服你的雄才大略,只是银行的规矩,你拿什么担保?"

"信用证!租船的那家日本运输公司,会在它的银行开出信用证的。"

"原来你还没拿到信用证?"

"如果拿到了信用证贷不贷?"

"贷!只要你有信用证,我马上贷给你!"

桑达士并没把包玉刚看在眼里,理由很简单:你的船还没买到,就要人家租它,开一张信用证,作为年租金的保证,这不等于预先付款吗?他可没想到,这恰恰是包玉刚独特的经营方式,他经营航运,必先找好长期的租户,然后才购置新船,这不但能保证船不会空置蚀息,也可以说服银行大量贷款,即租户的保证可使银行信任,而银行的支持则可实现他对租户的承诺。

几天之后,包玉刚果真拿来了一张75万英镑的信用证。桑达士惊讶了,信服了。他确信包玉刚是个干大事业的人,于是贷款如数开出。

就这样,包玉刚用贷款买船的方式,只一年光景,就成为拥有7艘货船的船东。1962年,他又与桑达士合作,成立了"巴哈马世界海运有限股份公司",其中汇丰银行占股1/3。从此,汇丰银行成了包玉刚的强大后盾。

6. 注意个人的举止和风度

在辩论中还应当注意仪表和举止气度,这样不但会在谈判桌上给对方留下良好的印象,而且在一定程度上可以左右辩论气氛的健康发展。有时,一个人的良好形象会比其语言更具有感召力。

7. 善用双关、比喻等辩论中常用的方法和技巧

在辩论中,当遇到棘手的问题不好回答,或不能回答时,一语双关往往能收到出人意料的效果。

六、说服的技巧

(一)说服他人的基本要诀

1. 建立良好的人际关系,取得他人的信任

一般情况下,当一个人考虑是否接受他人意见时,总是先衡量一下其与说服者之间的熟悉程度和友好程度。如果相互熟悉,相互信任,就会正确地、友好地理解对方的观点和理由。社会心理学家认为,信任是人际沟通的"过滤"。只有对方信任你,才会理解你友好的动机;否则,即使你说服他的动机是友好的,也会经过不信任的"过滤"作用而变质。因此,在说服他人时能取得他人的信任是非常重要的。

2. 分析我方的意见可能造成的影响

我方首先应向对方诚恳说明接受我方意见的充分理由以及对方一旦被我方说服将产生的利弊得失;其次要坦率承认如果对方接受我方的意见,我方也将获得一定的利益。这样一来,对方就会觉得我方诚实可信。反之,如果我方不承认能从谈判中获得一定利益,对方必

定认为我方话中有话，缺乏诚意，从而将我方拒之门外。

3. 简化说服的程序

当对方初步接受我方的意见时，为避免其中途变卦，要设法简化确认这一结果的程序。例如，在需要书面协议的场合，可提前准备一份原则性的协议书草案，告诉对方"只需在这份原则性的协议书草案上签字即可，至于正式的协议书我们会在一周内准备妥当，到时再送贵公司请您斟酌"。这样往往可当场取得对方的承诺，并避免了在细枝末节问题上出现过多的纠缠。

4. 站在他人的角度设身处地地谈问题

说服对方时，要尝试着站在对方的立场考虑问题，这样可以在说服时抓住对方的心理，所用的语言和技巧更有针对性。

5. 消除对方的戒心

谈判者要想说服对方，就要先消除对方的戒心，赢得对方的信任，用双方都感兴趣的问题作为跳板，因势利导地解开对方思想的扭结，这样说服才能奏效。

（二）说服不同作风和性格的谈判对手的技巧

不同性格的谈判对手在谈判桌上会表现出不同的谈判作风，主要有强硬型、不合作型、谋略型和合作型。针对不同风格的谈判对手，应该采取不同的说服技巧。下面分别说明：

1. 强硬型

（1）保持沉默。保持沉默使对方受到冷遇，造成其心理恐慌、不知所措甚至乱了方寸，从而达到削弱对方谈判力量的目的。运用该技巧时要注意审时度势，运用不当会适得其反。例如，还价后保持沉默，对方会以为是默认。又如，沉默时间太短，对方会觉得我方被他的恐吓吓住了，反而增添了自信。运用好这一技巧，要事先准备、耐心等待、利用行为语言来搅乱对方的谈判思维。

1）事先准备。一是明确在什么时机运用该技巧；二是明确如何约束自己的反应。

2）耐心等待。应先做些记录。一方面是做戏，另一方面是给自己预留冷静思考的时间。

3）利用行为语言。利用身体语言表达对对方立场的不满。

（2）软硬兼施。"鹰派"和"鸽派"默契配合。

（3）以柔克刚。暂时不做反应，以静制动，挫其锐气，使其精疲力竭，然后再反攻。应树立"持久战"思想，运用迂回和反守为攻的技巧。

（4）创造竞争局面。通过"货比三家"来达到我方目的。

2. 不合作型

（1）感化。用坦诚的态度和诚恳的语言打动对方；语气温和，不做无谓争论；少说多听，中途不打岔。

（2）制造僵局。不能轻易使用该技巧，具备下列条件时可用：市场情况对我方有利时；事先设计出退出僵局的退路时；让对方相信僵局是由其造成时。

（3）"荆棘地"技巧。将对方的注意力吸引到看起来对我方深具威胁，而事实上对我方较为有利的事情上。

（4）出其不意。谈判过程中突然改变谈判的方法、观点或提议，使对方惊奇或震惊。例如，中途提出新要求；或提出令人惊奇的时间，如截止日期的改变、谈判速度的突然改变；或做出令人惊奇的行动，如不停地打岔、退出谈判；或有令人惊奇的表现，如突然提高嗓门、人身攻击；或出现令人惊奇的人物，如专家、权威人士的突然加入；或另辟令人惊奇的地点，如杂乱无章的办公室、豪华的办公室等。

3. 谋略型

（1）"反车轮战"。"车轮战"即谈判的一方采用不断更换谈判人员的方法来达到使另一方精疲力竭从而被迫做出让步的策略。"反车轮战"的策略为：及时揭穿对方的诡计；以借口拖延谈判；拒绝对新上的谈判对手重复以前的陈述；对方否认过去的决定，我方也否认自己的诺言；采用私下会谈的方式与新谈判对手谈话，摸清情况。

（2）对付滥用权威。可从以下几方面对付滥用权威的谈判对手：

1）沉着应战。不要畏惧权威，抓住权威人士不太熟悉的技术难点向权威人士发难，使权威失"威"。

2）向对方表明，权威人士的观点只是个人的学术观点，并不是谈判的协议，合同必须是双方都能接受的。

3）如果确认自己不是权威人士的对手，可以以无知为武器。表明这些情况我方不懂，无法确认其真伪，也无法做出什么承诺。一方面可能使权威人士"好为人师"，透漏一些秘密；另一方面也可能造成权威人士的失落感，使其失去用武之地。

（3）对付抬价的办法。当双方已经谈好价格，对方却突然要求提价，即为抬价。应付这一做法，应该向对方直接指明，以争取主动；或者尽早让对方在合同或协议上签字，以预防对方出尔反尔；或者终止谈判。

（4）拖延战术。对待大智若愚型风格的谈判对手，应该采用拖延战术。

4. 合作型

对付合作型谈判对手，可以使用如下方法：设立谈判期限；私下接触；适度开放；开诚布公等。

（三）认同的技巧

认同的技巧主要在于寻找双方的共同点。这些共同点包括以下几方面：

1. 工作的共同点

例如共同的职业、共同的追求、共同的目标等。

2. 生活方面的共同点

例如共同的国籍、共同的生活经历、共同的信仰等。

3. 兴趣、爱好上的共同点

例如喜欢同样的电影、电视剧、体育比赛、运动项目或拥有同样的艺术特长等。

4. 双方共同熟悉的第三方

例如，在同陌生人交往时，可以寻找双方共同熟悉的一个人，通过各自与这个人的熟悉程度和友好关系，相互之间就有了一定的认同，从而也就便于说服对方了。

第三节　国际商务谈判的非语言沟通技巧

美国心理学家艾帕尔说："人的感情表达由三个方面组成：55%的体态、38%的声调及7%的语气词。"这充分说明身体语言的重要。事实也确实如此，谈判沟通过程中，双方之间相当部分的信息或含义是通过非语言的符号传递的,非语言沟通在谈判中起着不可或缺的作用,也是口头谈判和书面谈判的重要区别之一。非语言沟通方式指的是用诸如面部表情和身体姿势来加强或否认语言沟通的效果。

一、非语言沟通的特点

对于谈判者来说,所谓运用非语言,就是要在谈判的特定条件下,一方面有意识地对自身的肢体语言予以控制、调整,辅助口头语言表达完成谈判任务;另一方面,则借助对谈判对手肢体语言的辨析,更真实、全面、及时地把握对方的情感、态度和意向,以此来把握谈判的主动权,争取理想的谈判结果。要实现这两个方面的任务,就需要对非语言沟通的特点有所认识和了解。概括起来,非语言沟通具有以下几个特点:

(一) 广泛

肢体语言表现的范围十分广泛,从人们的喜、怒、哀、乐到人们的惊、恐、静、急,几乎无所不包。在谈判交往和传情达意方面,人们在很大程度上要依靠肢体语言,例如面部表情的兴奋或悲哀,肢体的手舞足蹈或垂头丧气,腹部的志得意满或消极绝望等。

(二) 直观

在人们的语言交流中,口头语言作用于人的听觉器官,并不具有视觉的可感性;而肢体语言则能给人以更形象直观的感觉。例如,如果和对方说话或注意对方时,对方的身体或面部表情显得松弛,这表明对方对这次谈判缺乏热情。在众人面前对方将双手横交在胸前,低垂着头,避免看他人,这表示对方感到自己不适应这个场合;如果对方不时用手抚摸领口、衣服,那么对方可能心系他事,想尽早离开这个谈判场合;如果对方双肩向后,收紧双臂、挺起胸膛,这可能表示对方已受到某种场合的感染,活力已得到激发。通过以上种种形体动作,可直观地感受到对方的态度和心境。

(三) 依赖

依赖是指某种表情与动作在不同的情况下会有不同的含义。同是瞪眼,就有可能表示愤怒、好奇、吃惊、仇恨、无奈等,如果离开了一定的语境及口头语言的综合,就有可能对肢体语言表达者的真实含义产生误解。所以,肢体语言又有依附于语境和口头语言的特点。

(四) 准确

人们对有声语言和书面语言信息的反应,一般是按常规进行的,当事人可以事先设计或有意掩饰,这往往容易给人留下虚伪的印象。比较之下,肢体语言大多是在无意识状态中发出的,因而所传递的信息就较为准确、可靠。弗洛伊德曾经说过:"凡人皆无法隐藏私情,他的嘴可保持缄默,他的手却会'多嘴多舌'。"例如,对方说毫不介意,而表情上却流露着局促不安;对方说要请吃饭,却以肢体语言表达要送客;当我方向对方提出条件时,他嘴上说"我们会认真考虑贵方建议的",而动作却是双臂交叉胸前,或狠狠掐灭烟头,其真实的内心想法已暴露无遗。由此可见,人们不但可以借助肢体语言辨认出口头语言所未能表达的态度与意向,而且可以借助肢体语言验证言辞信息的真伪。

(五) 差异

由于文化习惯之间的差异,人们对同一情感和同一肢体语言的表达与理解上存在着很大的差别。例如,同是见面打招呼,中国人是双方握手或点头以示问好,欧美人是以拥抱和亲吻的方式进行,日本人和韩国人则盛行鞠躬,东南亚佛教国家的人们是以双手合十来表现。

大多数国家和民族以点头表示赞成、同意，以摇头表示反对、不同意；但保加利亚人、尼泊尔人、某些非洲部落和我国的独龙族人却相反。阿拉伯人认为相互推挤的动作表示有福同享，而美国人对此非常反感。中国人把跺脚当作生气的表现，而法国人则认为是叫好。阿拉伯人喜欢触碰他的同伴，甚至去抚摸和闻嗅对方以示亲切；而英国人则重视双方保持严格的空间距离。总之，肢体语言在各国家、地区和不同民族间的运用中差异很大，必须认真对待，以免造成不必要的误会。

二、倾听的技巧

有位哲人曾经说过：造物主所以赐给我们两只耳朵与一张嘴巴，恐怕就是希望我们多听少说。这句话对国际商务谈判人员有很大的启示。为了保证能够在谈判中及时、准确、恰当地接受或反馈信息，国际商务谈判人员必须掌握谈判中倾听的技巧。美国科学家富兰克林曾经说过："与人交谈取得成功的重要秘诀，就是多听，永远不要不懂装懂。"因此，作为国际商务谈判人员，一定要学会如何倾听，在认真、专注地倾听的同时，还应积极地对讲话者的话做出反应，以便获得较好的倾听效果。

（一）了解倾听的心理特征

倾听的心理特征是听者对说话者主观反映的一种特殊心理活动。

1. 掌握听者的感知特征

感知是人的感觉和知觉的合称，是客观事物直接作用于人的感觉器官而在人脑中的反映。感知是听者认识和理解的前提。一般来说，听者对说话者信息的感知程度与说话者表达的效果成正比。语言表达给听者的感知信号越强烈，听者留下的印象和记忆就越深刻；反之，则越肤浅。听者的感知特征具体表现为：

（1）选择性理解。听者在理解过程中，既受说话者讲话内容与形式的制约，又受自身文化素质的限制，对信息的理解具有选择性。

第一，浅层次理解。听者与说话者在文化、思想修养、社会经历和知识结构等方面差距悬殊，就不可能对说话者的思想、语言等符号进行全面、准确的破译，往往只是有选择地理解一些内容。

第二，同步性理解。听者与说话者在上述各方面的修养和水平大致接近，这样听者所理解、选择的意义及重点就可能与说话者大体一致。

第三，创造性理解。听者遵循说话者的思维方向、意念线索和逻辑定势，带着被说话者唤起的某些预存意念，以积极的态度和主动的注意，创造性地去领悟说话内容。

（2）整体性理解。听者所感知的信息固然由许多部分组成，各个部分具有不同的属性；但是，他们并不会把感知的信息分割成许多个别的部分，而是把它们作为一个整体，从而形成整体影像。这就要求说话者讲话时做到：各个有机部分的协调统一；内容和形式的协调统一；内容和情感的协调统一；语言和非语言行为的协调统一。

（3）差异性理解。外界信息是多种多样的，在一定的时空范围内，人总是有选择地以少数信息作为感知的对象。有的信息与背景之间的反差性强，显得特别突出和清晰；有的信息与背景之间的反差性不够明显，导致信息模糊不清。据此，在叙述和说话的过程中应尽量增加各种反差，给听者以强烈印象，从而提高感知效果。例如，用重音突出某个词语，用手势强调某种意思。

(4) 经验性理解。人在感知对象时，总是根据已有的经验和情绪来感知和评价当前所出现的客观事物，这就是心理定势。心理定势具有双重性，既可使听者产生积极的心理倾向，又可以使听者产生消极的心理倾向。说话者应该运用感知的经验性规律，做到叙述一开始，就给听者造成一个良好的心理定势。

(5) 直观性理解。感知的直观性有实物直观、模像直观和语言直观3种基本形式。在说话时，强调丰富听者的感知，也包括尽可能地向听者提供图表、照片、实物、录像等视觉的感知材料。

语言直观的表达手法多种多样。拟人、比喻、夸张等修辞手法可以把抽象、枯燥的事物，说得形象生动；谚语、歇后语等口语的运用，能够增加语言的亲切感，缩短听者与说话者的情感距离；至于示范、演示等手法，更是把听觉形象转化为视觉形象。说话者应该运用语言直观的表现手法来弥补各种不足。

(6) 群体行为的感染性理解。感染指的是感情或行为从一群人中的一个参与者蔓延到另一个参与者。当许多人聚在一起形成一个群体时，人们的心理状态较之独处时会有一些明显变化。一个头脑冷静且比较理智的人，一旦进入某一规模的群体之中，常常会放弃平常抑制自身行为的社会准则，而与群体中的其他成员相互刺激并相互强化情绪和行为。在一个群体中，往往发生一人笑众人皆笑、一人鼓掌众人皆鼓掌、一人打哈欠众人皆有困意的现象。说话者要积极控制、调节听者的热情，及时发现听者的不满情绪，以主动冲击的方式来控制消极情绪的蔓延。

2. 利用听者的注意力特征

听者的注意力是指听者对说话内容的指向和集中。研究显示，人的注意力持续时间非常有限，大约只有3~24秒。人的大脑时刻准备接受新的刺激。听者在听的过程中很难聚精会神地坚持下去。因此，说话者应该注意做到：

(1) 诱发听者的注意力。引起注意的原因，有时是说话者的信息，如是否强烈新奇、对比鲜明、不断变化等；更主要的是听者自身的因素，如当时的心理状态、兴趣需要等。因此，说话者可以针对听者的心理特征和需要设计新颖独特的发言、情感真挚的内容，运用引人入胜的艺术手法等吸引听者的注意力。

(2) 保持听者的注意力。说话的开头吸引听者的注意力后，仍然要保持听者的注意力集中。由于听者注意力持续的时间非常短暂，所以说话者有必要使用各种手法，如提问、实验等来活跃全场气氛，促使听者动脑、动口，把分散的注意力集中起来。

(二) 掌握产生倾听障碍的原因

1. 判断性障碍

心理学家通过多年的实践得出结论：人们都喜欢对别人的话进行判断、评价，然后决定赞成或不赞成。这是造成不能有效倾听的重要原因之一。

2. 少听或漏听

国际商务谈判是一项十分耗费精力的活动，对谈判人员的体力和智力的要求都非常高。如果谈判日程安排得很紧张，谈判人员得不到充分的休息，会出现少听、漏听的现象。特别是在谈判的中后期，由于连续作战，消耗会更大，此时即使是精力十分旺盛的人，也会出现因精力不集中而产生少听或漏听的现象。一般来说，谈判人员的精力和注意力的变化是有一定规律的：在开始时精力比较充沛，但持续的时间较短，约占整个谈判时间的8%~13%左右。如果是 1 个小时的谈判，精力旺盛的阶段可能只有最初的 5~8 分钟。如果是 5 天的谈判，则可能只有第一天是精力最为旺盛的时期。在谈判过程中，精力趋于下降，这一阶段约占整个时间的 79%~89%。谈判要达成协议时，又出现精力充沛期，因为当人们意识到双方达成协议的时刻就要到来时，精力会突然复苏、高涨，但持续的时间也很短，约占整个谈判时间的 3%~8%。此后，任何拖延都会使精力处于低下的水平，而且再也高涨不起来了。谈判人员精力结构分析图见图 8-1。

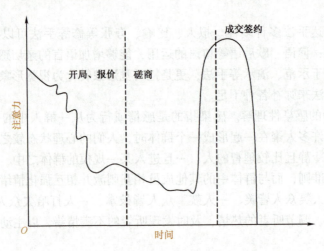

图 8-1　谈判人员精力结构分析图（注意力与时间的关系）

另外，由于人与人之间客观上存在着思维方式的不同，如果一方的思维属于收敛型，而另一方的思维属于发散型，那么由于收敛型的人思维速度较慢，发散型的人思维速度较快，双方就很难做到听与说的一致。让收敛型思维的人去听发散型思维的一方的发言时，收敛型思维的人就会因思路跟不上或因双方思路不同而少听或漏听。

3. 带有偏见地听

在谈判中，以下几种常见的偏见也会造成倾听的障碍：

（1）自己先把别人要说的话定个标准或价值上的估计，再去听别人的话。有偏见的听者常常会按自己的好恶对所听的话进行曲解，他们常常根据自己过去的经验把别人的话限制在自己所设的某种条件中。也就是说，常常自以为是地把某些话附加上自己的意义，这样就不能真正理解说话者的讲话。

（2）因为讨厌说话者的外表而拒绝听说话者讲话的内容，即使说话者的话很重要或者有许多值得注意的地方，听者可能也会因为讨厌其外表而不想听其讲话的内容，故不能从其中获得确实有用的信息。

（3）心里在想别的事情，假装注意听。伪装实际上也是一种偏见，伪装的听者有一个较为一般的特征，就是双眼直愣愣地盯着说话者，做出一副洗耳恭听的样子。因为他们把注意力都集中在伪装的姿态上，所以根本没有余力去专心倾听。

4. 受专业知识和外语水平的限制而听不懂说话者的讲话内容

国际商务谈判总是针对专业以及用外语来进行的，因此，如果谈判人员对专业知识和外语掌握有限，在谈判中一旦涉及这些方面的内容，就会造成由于知识水平的限制而形成倾听障碍。

5. 环境的干扰形成听力障碍

环境的干扰常常会使人们的注意力分散，从而形成听力障碍。例如天气的突然变化、过往车辆的轰鸣声或是飞过的鸟鸣声、修建和装修房屋的噪声等，都会使听者注意力分散。我们在生活中也有体验，不可能同时听清楚两个人的谈话内容，当需要复述时，只能复述清楚一个人的讲话内容而放弃另一个。

（三）克服倾听障碍的方法

要提高收听效果，就必须把握倾听的规则和技巧，想办法克服听力障碍。

1. 要倾听自己的讲话，弄清楚自己听的习惯

倾听自己的讲话对培养倾听他人讲话的能力是特别重要的。如果不倾听自己是如何对别人讲话的，就不会知道别人如何讲话，当然也无法改变和改善自己的习惯和态度。要了解自己在听别人讲话方面有哪些不好的习惯，自己是否对别人的话匆忙做出判断、是否经常打断别人的话、是否经常制造交往的障碍等。了解自己倾听的习惯是正确运用倾听技巧的前提。

2. 全身心地听

在倾听别人讲话时，要面向说话者并同其保持目光接触，要以姿势和手势证明正在倾听。无论是站着还是坐着，都要与对方保持最适宜的距离。说话者都愿意与认真倾听的人交往。

全身心地倾听，要求谈判人员在倾听对方发言时聚精会神，同时还要态度积极。心理学统计证明：一般人说话的速度为每分钟120～200字，而听话及思维速度大约要比说话的速度快4倍左右。因此，往往是说话者还没有说完，听者就基本能够理解了。这样一来，听者常常由于精力的富余而"开小差"。也许恰是此时，对方讲话的内容与我方理解的内容出现偏差，或是对方此时传递了一个重要信息而我方没有理解或理解错误。因此，我方必须时刻注意集中精力倾听对方的讲话，并用好的态度去听，而不是消极地或是精神不集中地去听。在倾听时应注视说话者，主动地与说话者进行目光接触，并做出相应的表情以鼓励讲话者，如可扬一下眉毛，或是微微一笑，或是赞同地点点头，抑或否定地摇摇头或皱眉头等，这些动作可帮助我方集中精力并起到良好的倾听效果。

需要特别注意的是，作为一名国际商务谈判人员，应该养成耐心地倾听对方讲话的习惯，这也是一个谈判人员个人修养良好的标志。在国际商务谈判过程中，当我方不太理解对方的发言甚至难以接受时，千万不可塞住自己的耳朵或做出其他动作表示拒绝的态度，这样做对谈判非常不利。

3. 注意力集中并努力心领神会

听者不仅要努力理解说话者言语的含义，而且要努力表达出对说话者讲话和感情的理解，也就是说要搞清楚说话者讲话的真实含义，这样有助于更准确地理解说话者的信息。

4. 通过记笔记来集中精力

通常，人们当场记忆并将记忆内容全部保持的能力是有限的，为了弥补这一不足，应该在听讲时记笔记。记笔记的好处在于以下两方面。一方面，笔记可以帮助自己回忆和记忆，而且也有助于在发言完毕之后，就某些问题向说话者提出质疑和询问；同时，还可以帮助自己做充分的分析，理解说话者讲话的确切含义与精神实质。另一方面，通过记笔记，可以给说话者留下重视其讲话的印象，从而会对说话者产生一种鼓励作用。因此，记笔记是必不可少的，这也是比较容易做到的事情，更是清除倾听障碍的好方法。当然，记笔记也要讲究方法。正确的记录方法应是择要点而录，适当注解。那种不分主次、一概全收的记法显然并不可取。原因十分简单，即使听的人采用速记，记的速度也远远赶不上说的速度，希望一字不遗地把说话者的话原原本本地记录下来实际上是根本不可能的。如果斤斤计较于此，就必然会捡了芝麻丢了西瓜，只能对听的话挂一漏万，这显然是不足取的。

5. 克服先入为主的倾听做法

先入为主地倾听，往往会扭曲说话者的本意，忽视或拒绝与听者心愿不符的意见。这种做法非常不利。听者不是从谈判者的立场出发来分析说话者的讲话，而是按照自己的主观来听取说话者的谈话，其结果往往是使听到的信息变形地反映到自己的脑海中，导致自己接受的信息不准确，判断失误，从而造成行为选择上的失误。所以必须克服先入为主的倾听做法，将说话者的意思听全、听透。

6. 创造良好的环境，避免外界干扰

人们都有这样一种心理，即在自己熟悉的环境里交谈，无须分心于熟悉或适应环境；而在自己不熟悉的环境中交谈，则往往变得无所适从，出现正常情况下不该发生的错误。可见，有利于我方的谈判环境能够增强我方的谈判地位和实力。因此，对于一些关系重大的国际商务谈判工作，如果能够争取主座谈判是最为理想的，因为这种环境会有利于我方谈判人员发挥出较好的谈判水平；如果不能争取到主座谈判，至少也应该选择一个双方都不太熟悉的中性场所，这样可避免由于"场地优势"给对方带来便利和给我方带来不便。

三、观察的技巧

心理学家通过研究证实，人们在瞬间的注意广度一般为 7 个单位，如果是数字或没有联系的外文字母的话可以注意到 6 个；如果是黑色圆点，一般可以注意到 8～10 个，这就是人们在瞬间注意时的极限。当然这只是在实验条件下进行的研究结果，研究中只给人们大约 1/10 秒的时间注意。在现实中人们都有注意商品、注意他人的过程，时间长，注意的机会也多。如果受注意的事物排列整齐而有规律，人们可以注意更多的数量。这些规律给谈判中的观察提供了一些理论依据，在谈判中，人们的很多信息是通过观察得来的。

（一）头部

头部活动可以传递的信息，包括点头语和摇头语，合称首语。一般来说，点头表示首肯，也可以是表示致意、感谢、顺从等意思；摇头则表示否定，还可以表示对抗、高傲的意思。

但首语因文化和环境的差异而具有不同的表现形式。

如表示首肯的：巴基斯坦人是把头向后一扬，然后再靠近左肩；斯里兰卡人是将下巴低垂，然后朝下往左移。

表示否定的：土耳其人和阿拉伯人一般将头抬起。

在保加利亚和尼泊尔的某些地方，人们的首语是"点头不算摇头算"，形式恰同常规相反。

但不论表现形式怎样，动作都不应过大过猛，而应优雅得体。

(二) 面部表情

1. 了解眼神的含义

达·芬奇曾经说过："眼睛是心灵的窗户"。眼睛具有反映人们内心深处思想活动的功能。人的喜、怒、哀、乐等情感都会通过眼神的微妙变化反映出来，而且眼睛能表达最细微、最精妙的差异。20 世纪 60 年代，美国芝加哥大学的赫斯博士，用瞳孔变化的大小和规律，来测定一个人对事物的兴趣、爱好、动机等心理变化。眼神的含义主要由视线接触的停留时间、眨眼和瞳孔的变化 3 个方面组成。

通常，与人交谈时，视线接触对方脸部的时间在正常情况下应占全部谈判时间的 30%～60%。超过这一平均值者，可认为对说话者本人比对内容更感兴趣；低于这个平均值者，则表示对说话者和内容都不怎么感兴趣。说话时保持目光接触，或凝视对方，在美国、加拿大、英国、法国、意大利、拉美和中东国家是合适的；但是，在日本、印度、柬埔寨等亚洲国家和非洲国家，应避免目光的直接接触以表示对对方的尊重。还有，保持直接目光接触在有些国家有年龄、地位、性别和时间长短的区别。例如在西班牙、拉美和非洲撒哈拉沙漠以南的许多国家，年轻者或地位低者通常不直接注视年长者或地位高者；在伊斯兰教国家，妇女不注视男子，但男子可互相注视；在有些亚洲国家，目光接触一般为两三秒钟；在美国，目光接触可长达五六秒钟；而在日本，仅偶尔看对方一眼才被认为是有礼貌的行为。

眼睛滴溜溜转动，眼神捉摸不定，说明对方在对我方的话进行思考、盘算、甚至怀疑。

频繁地眨眼或闭眼，说明对方对我方说的内容不感兴趣，十分厌烦。

眼睛老是往别处看，或是盯在某个地方，说明对方对我方的条件不感兴趣，或者拒绝我方的条件或建议。

眼睛睁大（包括瞳孔放大）。说明对方对我方的条件非常感兴趣，是兴奋、喜爱的一种感情。

眼睛眯小（包括瞳孔缩小）。说明对方对我方的建议反感，或感到气馁。

2. 眉毛所传达的信息

与眼睛密切相关的是眉毛，一般地说，眼睛变化时，眉毛也会做相应的活动。

双眉上扬，是非常欣喜或极度惊讶的表现。

眉毛迅速上下活动，说明对方心情愉快、内心赞同、对我方亲切。

皱起眉头，要么是对方陷入困境，要么是拒绝、不赞成。

眉毛倒竖、眉角下拉，说明对方极端愤怒或异常气恼。

3. 口唇部分的动作所传达的信息

就口唇部分而言，在人物内心活动频繁时，人的口、唇会有显著的变化。

嘴角上翘，这种人豁达、随和，比较好说话，容易说服。

嘴角下撇，这种人性格固执、刻板，非常爱计较，不好说话，很难说服。

嘴角向后缩，反映对方在认真倾听我方的讲话，是感兴趣的表示。

说话或听话时咬嘴唇，反映对方在自我谴责、自我解嘲、甚至自我反省。

说话时以手掩口，说明对方存有戒心，或者在自我掩饰。

有掩口而笑的习惯，说明对方性格比较内向。

吸烟时向上吐烟，要么是对方比较自信、有主见、地位优越；要么是对现场情况非常满意，没有心理负担，比较轻松。

吸烟时向下吐烟，要么是对方沮丧、犹豫、心情不好；要么是信心不足；要么是企图掩饰某种情况。

吸烟时不住地磕烟灰，说明对方内心紧张不安。

吸烟时不磕烟灰，烟灰留得很长，说明对方对我方的提议极感兴趣，听得忘神了。

4. 鼻耳部分的动作所传达的信息

下巴稍抬，鼻子坚挺，反映对方性格倔强、固执己见。

摸着鼻子沉思，说明对方内心斗争激烈，处于犹豫不决的境地。

倾听时摸鼻子，说明不相信对方的话，在思考如何应对。

说话时或听时用手摸耳朵，反映对方自我欣赏或想要打断对方的讲话。

【案例分析】

有一次，日本时任首相大平正芳访问美国，当时迎接他的是美国前总统卡特。

在欢迎这位日本首相的鸡尾酒会上，卡特端着酒杯走到他面前说："喂，我们所要求更改的那几个条件，你答应算了，这样，我们就可以腾出时间到海边度假！"

这时，大平正芳的翻译恰好不在身边，因而大平正芳听不懂卡特说了些什么，因此急得不得了。为了镇静自己，他只得一边点头，一边"微笑"。

卡特在一旁看到他微笑，高兴不已，于是就跟自己的随员说："看来，他同意了我们所提出的条件。我跟他谈条件时，他一直在微笑，似乎默认了我们的要求。"

鸡尾酒会开完后，美国代表团连夜就把美国议案里所提出的一些勉强要求改为得寸进尺的要求。

第二天，美国、日本两国代表团继续开会，随团翻译也随坐在一旁。

开会时，美方把其提出的贪婪要求重复了一遍。这时，大平正芳通过翻译听到这一切时，非常生气，于是就气愤地说："你简直背信弃义，以前说的东西，怎么一下子全给推翻了。"接着，他继续说："我们马上结束会议，退出会场！"于是，这次美日贸易谈判破裂了。

后来，美国国会要求国务院就这次失败的谈判撰写报告，说明失败的原因。结果，国务院人员经过研究后才发现，美日贸易谈判破裂的主要原因只是日本首相的一个神秘微笑，而美国人误解了这一神秘微笑的含义。

（三）上肢的动作语言

1. 手势语

手势语是通过手和手指活动所传递的信息。人的手比较灵活，是表达或传递信息、欲望最有力的方式。谈判者可通过手语解读出对方的心理活动或心理状态，也可以将自己的意图传达给对方。手语可以表达友好、祝贺、欢迎、惜别、将来、过去、不同意、为难等多种语义。比如：双手紧绞在一起，表示精神紧张；摊开双手，表示真诚坦率；用手支头，表示不耐烦；用手托摸下巴，表示老练、机智；双手指尖相合，形成塔尖形，表示充满自信；不自觉地用手摸脸、摸鼻子、擦眼睛，是说谎的反映；用手敲打桌面，表示不耐烦、不感兴趣等。

根据手势语义，可将其分为4类：表达说话者的情感，其形象化、具体化的手势叫作情意手势；表示抽象信息的手势叫作象征手势；摹形状物，给人一种具体、形象感觉的手势叫作形象手势；指示具体对象的手势称为指示手势。

手势语包括握手、招手和手指动作等。

（1）握手。握手属于情意手势，是一种重要而常用的礼节，它所起的传情达意比一般礼节更丰富、更细腻。握手礼的基本要求是：挺身站立，用右手掌稍稍用力握住对方的右手掌，身体可微微前倾，握力适度，面露笑容，注视对方，以表热情，一般时间为3秒钟。

如果发生与标准姿势有差异的握手动作，则要研究其握手礼节之外的附加含义。例如：

握手既轻且时间短，被认为是冷淡不热情的表示。

紧紧相握、用力较重是热情诚恳的表示，或有所期待的反映。

力度均匀适中，表示情绪稳定。

握手时拇指向下弯，又不把另四指伸直，表示不愿让对方完全握住自己的手，是对对方的一种藐视。

握手时手指微微向内曲，掌心稍呈凹陷，是虚心、诚恳、亲切的象征。

用两只手握住对方的一只手，并左右轻轻摇动，是热情、欢迎、感激的体现；反之，一接触到对方的手旋即放开，是冷淡和不愿合作的反映。

（2）招手。因受文化背景的影响较大，招手所包含的歧义性也较大。如在我国，手心向下伸出向人招手，属于指示手势，是请人过来；但一个英国人见到这种手势会转身就走，因为按照英国人的习惯，这是表示"再见"。如果要招呼英国人过来，应是手心朝上招手；而这个动作在日本也许会遭人白眼，因为日本人以这种手势召唤狗。

（3）手指动作。手指动作也是被人们广泛应用的手势语之一。如商品交易所内的每个手指动作都表达特定的买进、卖出以及数量多少的含义。中国人在喝酒时的划拳，舞池中的翩翩起舞，都是利用手指动作来传递信息的。

人们常用食指和中指做"V"字形，以表示对胜利的祝贺或预祝胜利归来的期盼。用拇指和食指合成一个圆圈，在美国表示"OK"，属于形象手势，是赞扬和允许之意；在法国一些地方，属于象征手势，可解释为毫无价值之意；在日本是代表金钱；在地中海的一些国家，人们常用这一手势暗示一个人是同性恋者。使用这一手势语时，要注意把拇指和食指合上，千万不要分开做成形似"WC"。

用手指或手中的笔敲打桌面，或在纸上乱涂乱画，往往表示对对方的话题不感兴趣、不同意或不耐烦的意思。这样做，一方面可以打发和消磨时间，另一方面也起到暗示或提醒对方注意的作用。

美国社会学家戴维·埃弗龙认为，决定手势方式的是文化因素。在罗马语族国家里，手势在人际交往中的作用往往大于其他国家；而在北欧国家里，人们讲话时很少打手势。英国心理学家麦·阿尔奇做过一次调查：在一小时的讲话中，芬兰人做手势1次，意大利人80次，法国人120次，墨西哥人180次。所以，要想有效发挥手势语的交际作用，必须了解、熟悉交际对象的环境文化特征。

2. 胳膊和手势

拳头紧握，表示挑战或紧张的情绪。握拳的同时如伴有手指关节的响声，或用拳击掌，则表示向对方发出无言的威吓或攻击的信号。握拳使人肌肉紧张，能量比较集中，一般只有在遇到外部的威胁或挑战时，人们才会紧握拳头，以准备进行抗击。

两手手指并拢并置于胸前上方呈尖塔状，表示充满信心。这种动作在西方常见，特别是在主持会议、领导者讲话、教师授课等情况下。它通常可表现出说话者高傲与独断的心理状态，能起到一种震慑听者的作用。

手与手连接放在胸腹部的位置是谦逊、矜持或略带不安的反映。

两臂交叉于胸前，表示保守或防卫；两臂交叉于胸前并握紧拳头，往往是怀有敌意的标志。

吮手指或指甲。成年人做出这样的动作是不成熟的表现，即所谓"乳臭未干"。

用手搔头，表示困惑、麻烦、不满。

用并拢的食指、中指、无名指摸着额头，表示害羞、困惑、为难。

双手相搓，说明陷入为难、急躁状态之中。

双手摊开，说明想要表示真诚、坦然或无可奈何。

双手叉腰，说明在挑战、示威或感到自豪。

双手插在前胸，说明胸有成竹，对将要发生的事情有思想准备。

双手插在口袋里（尤其气温不低时），说明内心紧张，对将要发生的事情没有把握。

两手指尖相合，抵住下巴（尖塔行为），说明充满自信，并对讲话感兴趣。

两手指尖相合，插在大腿中间（倒尖塔行为），反映心情平静，愿意听说话者发言。

把手放在熟人肩上，说明友好、信任。

把手放在生人肩上，说明蔑视、不尊重。

谈判中扬起巴掌，表示坚决果断、决心已下。

耸肩或耸肩加摇头。前者表示内心不安、恐惧或在自我夸耀；后者反映不知道、不理解或无可奈何。

（四）下肢的动作语言

腿和足部往往是最先表露潜意识的部位，主要的动作和所传达的信息如下：

（1）摇动足部、用足尖拍打地板、抖动腿等，都表示焦躁不安、无可奈何、不耐烦或欲摆脱某种紧张感的意思。通常，在候车室等车的旅客常伴有此动作，谈判桌上这种动作也是常见的。

（2）双足交叉而坐。对男性来讲往往表示从心理上压制自己的情绪，如对某人或某事持保留态度，表示警惕、防范、尽量压制自己的紧张或恐惧。对女性来说，如果再将两膝盖并拢起来，则表示拒绝对方或一种防御的心理状态，这往往是比较含蓄而委婉的举动。

（3）分开腿而坐。表明此人很自信，并愿意接受对方的挑战。如果一条腿架到另一条腿上就座，一般在无意识中表示拒绝对方并保护自己的势力范围，使之不受人侵犯。如果频繁变换架腿姿势，则表示情绪不稳定、焦躁不安或不耐烦。

（4）立姿。谈判者的站立表现出不同的情绪和心理。比如：

两腿相距一肩宽站开、脊背直立、挺胸抬头、目光平视对方，表现出信心、兴趣和进取的劲头。

以稍息姿势站着，双手垂直放在背后，头侧着平视，或仰视对方头顶或眉毛以上，眼神并不随话题变化，则表示对话题没有兴趣，或根本未专心听。

一脚向前，双手抱肩，头微低，目光在对方眼下方，神色严肃，表现出的是专心、严肃与信赖。

双脚并拢，腰微弯，目光对着对方眼睛，头微低，表现出的是谦恭、礼貌与鼓励的态度。

双脚叉开，敞开西服，一手叉腰，挺胸平视对方，显示的是无所畏惧、乐观或不急于求成的心态。

低头看对方脚或胸部以下，表示的心态是深思、为难、不易应允。

（5）坐姿。任何一种坐姿都会毫不掩饰地反映出谈判者的心理状态：

坐着时上身向后仰超过 20°，左右倾斜超过 10°，这是人最放松的状态。

坐着时上身向前倾小于 20°，左右倾斜小于 10°，这是人一般的状态，不紧张也不放松。

坐着时身体挺直，面部肌肉僵硬，或者上身紧靠椅背而坐，这是人处于紧张状态的典型特征。

深深坐入椅子内，腰板挺直，是想在心理上表现出一种优势。

浅坐在椅子上或沙发里，说明精神上缺乏安全感，显露出心理劣势来。

双手放在桌上，挺腰近台而坐，反映出感兴趣、全神贯注和有积极性。

斜着身体坐，表示心情愉快和有优越感。

双手搭着桌子，背靠椅子，则显示着等待、有耐心。

若双手放在翘起的腿上，则表现出"泡蘑菇"和试探的意思。

如果斜歪在沙发上，甚至还跷起了二郎腿，这大多是应付、闲散、不在意的表现。

交叠双足而坐，多是一种防范心理的表示。

抖动足尖或改变腿的坐姿，多表示内心轻松或不安。

男性张开双腿而坐，表示自信、豁达。

女性双膝并拢，表示庄重、矜持。

谈判中身体突然转向出口处或频繁改变姿势，流露出希望结束谈判的心情。

谈判时突然背朝说话者或突然转身，流露出内心的拒绝、回避、不理睬。

交谈中逐渐将上身倾向说话者，表示对说话者的话越来越感兴趣，或者想要阻止说话者继续讲下去。

交谈中上身逐渐偏离说话者，表示对说话者的话越来越不感兴趣。

（6）行姿。不同的行姿也有不同的含义：

当一个人步伐矫健、轻松、灵活，表现出积极和令人振奋的精神。

摇头晃脑、左右摇摆的行姿，给人以无知、庸俗和轻薄的印象。

当为主座谈判时，若自己先到房间，在迎过客人后，引客入座，然后自己轻步入座，这反映出礼貌、持重和信心。

当为客座谈判时，缓步入门，环视房间主人站的位置，以确定自己的走向，这反映出修养、稳重、信心和力量；若晚到时疾步入门，边走边向主宾伸手致意，这反映出歉意、诚意和合作的态度。

（五）腹部的动作语言

腹部位于人体的中央部位，它的动作带有极丰富的含义。

（1）突出腹部，表现出心理优越、自信与满足感，是意志和胆量的象征。这一动作也反映了扩大势力范围的意图，是威慑对方、使自己处于优势或支配地位的表现。

（2）解开上衣纽扣露出腹部，表示开放势力范围，对对方不存戒备之心。

（3）抱腹蜷缩，表现出不安、消沉、沮丧等情绪支配下的防卫心理，病人、乞丐常常这样做。

（4）腹部起伏不停，反映出兴奋或愤怒；极度起伏意味着即将爆发的兴奋与激动状态。

（5）轻拍腹部，表示风度、雅量，同时也包含着经过一番较量之后的得意心情。

以上是谈判及交往中常见的动作语言及其所表达的信息。当然，这些动作语言仅仅是就一般情况而言的，不同的民族、地区，不同的文化层次及个人修养，其动作、姿态及所传达的信息都是不同的，应在具体环境中区别对待。另外，我们在观察对方的动作和姿态时，不能只从某一个孤立的、静止的动作或姿态去判断，而应分析和观察其连续的、一系列的动作，特别是应结合对方讲话时的语气、语调等进行综合分析，这样才能得出比较真实、全面、可信的结论。

需要指出的是，在国际商务谈判过程中，对方完全可能会利用某些动作、姿态来迷惑我们，这就需要我们从对方连贯的动作来进行观察，或者与其前后所做的动作以及当时其讲话的内容、语音、语气和语调等相联系，从中寻找出破绽，识别其真伪，然后再采取必要的措施。

复习思考题

1. 国际商务谈判中使用的语言应具有哪些特征？
2. 国际商务谈判中，可以使用哪些方式来叙述？
3. 国际商务谈判中，应把握哪些提问的时机？
4. 国际商务谈判中，回答的类型有哪些？
5. 如何拒绝谈判对手的要求？
6. 国际商务谈判中，应掌握哪些辩论的技巧？
7. 国际商务谈判中的非语言沟通有何特点？
8. 国际商务谈判中，哪些方法可以克服倾听的障碍？

第九章

国际商务谈判谋略

【案例导读】

我国江西省某市 G 工厂与 C 进口公司（以下称中方）联合组团赴法国巴黎与法国 P 公司（以下称法方）谈判铝电解电容器用铝箔生产线的技术与商务条件，由于工程进度要求，此行希望能够在过去双方技术交流的基础上完成最终签署合同的谈判。中方谈判组共有各类专家 9 人，时间定为两周，谈判组长是 G 工厂的 F 厂长，主谈人是 C 进口公司主管业务部门的 B 经理。

到了巴黎后，法方 P 公司总经理、生产经理、设备经理、律师迎战中方谈判组。双方就技术问题交换了意见，仅用两天就达成了一致，进入草拟技术文件的阶段。接下来进入商务谈判，法方态度却开始变得强硬起来，480 万美元的报价，不论中方怎么说，在下调 5% 后，就谈不动了。

为了充分利用时间，中方建议价格谈判与合同文本谈判同时进行，法方表示同意。双方将人员分成两组继续谈判。在法方律师与中方 B 经理的努力下，合同文本的大部分条款在两天之中也谈得差不多了。但价格小组的谈判几近停顿。更严重的是 P 公司的总经理不露面了，当问及时，对方的答复是"他到国外开会去了，什么时候回来不知道"。谈判陷于困境。

法方在想什么？是给我们坐"冷板凳"还是真的有事？中方如何应对？一周不到，谈判就中断了，是回国还是继续留下？根据谈判方案，虽然在价格上还有让步余地，但能否让出？让出后是否就能成交呢？

中方谈判组围绕这些问题进行了认真分析。最后统一意见：先沉住气，进一步摸清情况后，再做打算。大家决定分头行动，一部分人收集当地市场信息，以分析价格条件；另一部分人把握谈判形势，B 经理设法与对方律师接触。B 经理与该律师联系上了，谈得很投机。由于交易成功该律师会有不菲收入，而且他还想找机会游览中国，所以很乐意与中国人交朋友。B 经理提出单独与该律师谈谈，该律师邀请 B 经理去家中作客，B 经理欣然接受。

B 经理按地址找到了该律师的家，在一个公寓的五层，他是单身汉，两居室的房子中摆设很简单，地上放着垫子就算作床，桌子上放着杂七杂八的东西，一看就是生活不拘小节的人。B 经理送上中国特产作为见面礼，然后从家庭、生活、兴趣、朋友、文化的话题逐步转移到本次交易的谈判上。由于彼此聊得痛快，生意上的事也当作生活见解倾诉出来。

律师："P 公司经理不够意思，既然让中国朋友来了，就应安排好。再有分歧，坐下来谈嘛！"

B 经理："可能总经理确实是有急事需出国处理。"

律师："事是有，但可以定个时间表。"

B 经理："他太忙，无法确定日程，也可能是我们的交易额太小，不值得优先考虑。"

律师："贵公司的交易对他很重要。这是P公司第一次将其产品与技术卖到中国。贵方来之前，他与助手们多次商量，不像不重视。只是此人性格较直率，处理问题手法较简单。加上这回他可能真有急事出差了，显得失礼。"

B经理："我说与他对话不像与您这样的当地法国朋友容易呢！"

律师："他是总经理，自以为身份高，太傲气，不好交朋友，就是我与他交谈也觉别扭。"

B经理："可是为了交易，我们得找到彼此能理解、交流的方法。"

说到这里，两人又沉默了，交易谈不成两人都不舒服。

B经理突然情绪高涨起来，对律师说："我们是朋友，我也信任您。有些话不好对总经理先生讲，可对您讲，您可以从中帮助我们沟通，也可给我方提建议。"律师说："可以啊！我很乐意做这件工作。"B经理说："我认为总经理先生是想让我方让步。也许他已回办公室了，只是不想见我们，非要我方让步才恢复谈判。我可以告诉您，我们是可以让步，但要成交必须双方让步。按P公司目前的谈判态度，我们即使可以让步也不会让。"律师说："我能理解贵方的立场，但如果这样下去，我很难看到贵方本次巴黎谈判的结果。"

这是个很实际的问题。B经理严肃地看着该律师，点了点头，承认其看法，表示宁可空手回国，也不会接受P公司现在的交易条件。两人又换了些轻松的话题。吃完饭，该律师送B经理出门。这时，B经理试探性地问该律师："我有个想法不知行不行。"律师说："请讲。"B经理说："若有可能，请您转告P公司总经理，我方的交易条件可以调整，但我方对他目前的态度与做法有意见。他不改变，我们将无法继续谈判。这样的话，我们就准备回国了。此外，如您能施加影响，说服他带助手到中国来，我们将欢迎他并可恢复谈判。否则，我们将另做打算。"律师说："当然可以转达贵方的意见。我也会尽全力说服他到中国去。"说完，两人告别。

B经理将情况与谈判组人员沟通后，决定利用2~3天调查研究，同时再通过该律师与P公司联系一次，看总经理是否已回巴黎或是否愿意恢复谈判。两天后，B经理与该律师通话，得知P公司总经理仍未回国，于是中方决定提前回国。

中方回国一个月后，该律师来电，说P公司总经理回国后即与其交换了意见，表示歉意，但同时表示重视与中方的交易，若中方邀请，他们可组团来中国谈判。双方很快办妥了相关手续。

P公司的谈判组几乎是巴黎谈判时的原班人马，只是多了总经理夫人。在为法方谈判组人员接风的晚宴上，双方人员很兴奋，尤其总经理夫人更是高兴，她说："中国的菜，色、味、香俱全，真是艺术品，还是营养品。虽说法国菜不能与中国菜相比，但在西餐中，法国菜是第一，下次贵方到巴黎时，我一定要请你们品尝法国菜。"B经理接道："我们两个月前到巴黎去过，并与您的丈夫商讨交易事宜。"总经理夫人惊讶地问："我怎么不知道呢？"她转身面对丈夫，总经理很尴尬地点头。B经理接着说："我们去巴黎没几天，总经理说要出差，谈判停下来了。"这时，总经理夫人盯着总经理的眼神变化很多，但仍说："把中国客人邀请来巴黎，自己却走了，这不太礼貌。"总经理的脸有些泛红，也不知是不好意思还是酒劲上涌。席间，说说笑笑，气氛还算融洽。双方看到了谈判成功的希望。

这次谈判仍分两组进行，一组谈判价格，另一组陪总经理夫人去游玩。由于这是上次谈判的继续，双方均同意先谈关键分歧点。虽然在巴黎时双方差距有50%，但这次谈判双方真正体现了互相配合求公正的态度。P 公司承担了 22% 的差距，中方承担了 28% 的差距，退让似乎比法方大，但前次巴黎谈判，法方已改善过 5%，总的改善达到 27%，所以双方总体的让步幅度基本是平均的。双方人员迅速整理交易内容及合同文本，中方组织人员打印合同。在签字仪式后的庆祝宴会上（这次是法方出钱宴请中方），中心人物是 P 公司总经理夫人，她替其丈夫招呼中方客人。中方人员一面向总经理敬酒，一面赞扬其夫人："她一出马，谈判就成功。"

国际商务谈判谋略，是根据谈判前和谈判中收集到的信息而有意识地造成特定的环境，故意采取行为、做法和语言表达等一系列相互关联的事件，以使对方做出让步，达到本方预定谈判目标的一整套方案或办法。

第一节　国际商务谈判心理谋略

一、攻心战

在谈判过程中，攻心战是重要手段。其基本主旨为：从心理和情感的角度影响对手，促使其接受解决分歧的方案。攻心战的具体计策有："满意感""头碰头""鸿门宴""恻隐术""奉送选择权"等。

（一）"满意感"

这是一种使对方在精神上感到满足的谋略。为此，要做到礼貌、文雅，同时关注对方提出的各种问题，并尽力给予解答。解答内容以有利于对方理解为准，哪怕对方重复提问，也应耐心重复同样的回答，并争取拿出证明，使解答更令人信服。接待要周到，使对方有被尊重的感觉，必要时可请高层领导出面接见，以给其面子。莎士比亚曾经说过："人们满意时，就会付出高价。"制造对方的满意感，可以软化对方进攻，加强我方的谈判地位。

【案例分析】

1988 年，著名的日本体育用品公司——凤凰公司设计出一种最新的高级羽绒服，号称"宇宙服"。这种"宇宙服"由 82 人联合研制设计而成，其中，还有两位登上过太空的美国宇航员。这种"宇宙服"的质量要求相当高，制作难度相当大。一件衣服光是面料就有 8 种之多；有 360 块裁片，而且全是复杂的几何形状，其中对称吻合部分有四五十处之多。

凤凰公司的总裁为了选择制衣技术高、制作成本低的合作伙伴，先在泰国、韩国和中国香港兜了一圈，没有找到十分满意的合作对象。无奈之余，归途中到中国上海来碰碰运气，不过他信不过上海的制衣技术。

在上海某羽绒服厂，双方就合作事宜进行谈判。为了战胜其他的竞争对手，争取合作的成功，该羽绒服厂领导决定让事实来说服这位颇有名气的总裁。他们果敢地接受了试样任务，在很短时间内，做出了五套样服。日商看了样品的质量，十分惊叹和满意，当即表示愿意与该厂合作。双方通过进一步的谈判，最后达成协议，在该厂建立中日"宇宙服"生产车间，由日方无偿提供所有的专用设备，供给全部原料、辅料，成品 100% 返销日本。

该羽绒服厂正是依靠加工制作质量精湛的事实征服了日本商人，使得外商对我方产品的质量相当满意，也使该厂在 1989 年欧洲冬季运动会上大出风头，为这种"宇宙服"赢得了参赛服的第一名，从而使他们在 1990 年、1991 年扩大了加工数量。双方都从中获得了可观的经济效益和社会效益。

这是一则利用事实使对方满意，从而达成交易的例子。

(二)"头碰头"

"头碰头"计策即在大会谈判之外，双方采取小圈子会谈方式以解决棘手问题的做法。其形式有：由双方主谈，加一名助手或翻译，进行小范围会谈，地点可以在会议室，也可以在休息厅或其他的地方。家宴或游玩也可以成为小圈子会谈的形式。这种做法有较强的心理效应，突出了问题的敏感性，突出了人物的重要性和责任感。此外，小范围易于营造双方信任的气氛，谈判更自由，便于各种可能方案的探讨，态度也可以多变。许多重大谈判的决战，往往不在正式会谈中结束，而是在"头碰头"的会谈中完成，大会上仅宣布结果而已。

(三)"鸿门宴"

在商务谈判中，"鸿门宴"谋略主要是指做某件事，表面是一回事，而本质却另有所图。鸿门宴之策略，其形可用，其意也可参考，只不过，"宴"不在鸿门，或许是在其他地方；意也不在杀人，而在促使其前进，尽快达成协议。酒席之间，容易缓解气氛，减少心理上的戒备和双方对立的情绪，遇到贪杯之徒，更可在推杯换盏之际，兄弟互称，以瓦解其谈判立场。

(四)"恻隐术"

这是一种通过扮可怜相、为难状，唤起对方同情心，从而达到阻止对方进攻的做法。常用的表现形式有：①说可怜话，诸如："这样决定下来，回去要被批评，要砍头""我已退到悬崖边，要掉下去了""求求您，高抬贵手！"等。②扮可怜相，诸如在谈判桌上磕头并请求答允条件，或精心伪装表现其痛苦。

当然，"恻隐术"的运用要注意人格，同时在用词与扮相上不宜太过分。尤其当谈判手作为政府或国有企业代表时，除了人格之外，还要掌握国格的分寸。此外，要看对象。要知道，毫无同情心的谈判手，是不吃软招的；非但不吃，反而会讥笑这种行为。

(五)"奉送选择权"

这是一种故意摆出让对方任意挑选我方可以接受的两个以上的解决方案中的某一个，而我方并不反悔，以使对方感到一种大度和真诚，从而放弃原来的想法，跟随我方的方案思考的做法。

其具体做法为：我方就某一议题（如技术服务费）提出几种方案，由对方选择；或就几个议题同时提出解决方案，由对方去选择；或者互为选择条件，即若对方设备价格为A我方技术服务费为B，若对方设备价格为B我方技术服务费为A。

使用该谋略时，应注意以下几点：

（1）各种方案的分量。首先，应在自己可能成交或接受的范围内留有一定余量；其次，每个方案的实际分量尽量相当（表现形式可以有别），即便有差距也不要太大。可以主要在"钱"与"物"或"繁"与"简"的差别上做方案。因为有的谈判对手宁愿要钱，有的则喜物；有的不要"小钱"要便利，有的不怕麻烦图省钱。

（2）抛出选择方案的时机，一般应在双方经过激战之后，或谈判相持较长时间之后，或在谈判结束前夕，效果最佳。否则，对方非但不会领情，反而认为我方软弱可欺或谈判余地很大。

二、影子战

这是一种以虚为主,以情报见长的谈判谋略。在谈判中,谈判手充分利用信息流传的深浅状况,制造一些符合逻辑的假象,迷惑对方,使其自愿地接受我方的条件。该谋略中常见的做法有:"稻草人""空城计""欲擒故纵""声东击西""木马计"等。

(一)"稻草人"

"稻草人"谋略也称为"兵不厌诈"谋略,即以人造的假象,代替真实存在,并以此说服对方,让其相信退步是与该存在相应的合理反应的做法。

该谋略的运用方法有:以条件构成"稻草人"。例如,要制造一个不存在的供应商时,可以改变谈判日程,调整谈判参与人员,让翻译透漏相关假信息等,让该虚有供应商形成"影子""稻草人"。某项谈判中,该手法被运用后,对方信以为真,对方心理发生了动摇,丧失了自信,"稻草人"策略起了作用。

此外,也可以用道具"扎稻草人"。如从包里抛出打印好的价目表,向买方宣称:"该价为公平的标准价,不可谈判",以此"稻草人"吓退意志软弱的买方。买方也可用类似方式,诸如合同副本等,告诉卖方,过去曾经做过该交易,应按过去的条件成交,其实只是虚晃一枪,目的是要卖方退让,也有一定的效力。例如,德国某公司与买方谈判多刀切割机的交易,德方谈判手以价目表向买方进逼,而买方用过去半真半假的合同反击,结果这个"加固的稻草人"(半真半假的合同)取得了德国谈判手10%的让步。

使用该谋略时应注意:

(1)出场人的脸部表情管理,得手时不可忘形。

(2)陈述时,应着力渲染"稻草人"真实的部分让对手信服并认真考虑。例如,模具水平的对比,两供应商均有8、16、32工件的模具供应,但其比例不同,反映两供应商的技术水平不同。评论时,讲的真实部分是各种规格均有,虚的部分是比例各不相同,可以少讲,以使对方相信自己的真实论证部分,而做出整体的改善方案。

(3)从一开始谈判,就应注意讲话前后内容的一致性,充分体现"言出必信""出口不悔"的讲信誉的形象;否则,"稻草人"就不会奏效。

(二)"空城计"

商业谈判中的"空城计",与《三国演义》中孔明的"空城计"的概念与做法有相同之处,即以"无"充"有",或以不完全的"有"充完全的"有"。在商业上其具体概念为:开最高的价(卖方),出最低的价(买方),震惊对方,并为自己在成交前留有充分的谈判余地。

其具体做法为:不论什么议题,将条件提出时,尽可能苛刻。做卖方时,要出高价,条件要严格;做买方时,出价要低,且各种条件都要求卖方给予优惠。其实,心中想的并非是这样。这些仅为"前哨战",小分队侦察性的"空城计"。真要做买卖的人不怕"空城计",会再深入问一问;不想做交易的,不会理会。当谈判真正展开时,"空城计"的遏制效果便会显现出来。

不过,动用"空城计"要有两个前提:一是看交易背景,需要在对手交易欲望强时运用;二是态度灵活,不要把自己架在"空城"上,那样对方可能会不理会,对方理会时则应善于机动地推进谈判。此外,采用此谋略时,态度应该强硬,以加强"空城"的效力。

（三）"欲擒故纵"

"欲擒故纵"谋略即对于志在必得的交易谈判，故意通过各种措施，让对方感到我方满不在乎，从而压制对方要价的胃口，确保在我方预想条件下成交的做法。

其具体做法为：务必使我方的态度保持半冷半热、不紧不慢的状态。例如，日程安排上不显急切；在对方态度强硬、激烈时让其表现，采取不怕后果的轻蔑态度等。

采用该策略时要注意：

（1）立点在"擒"，故"纵"时应积极地"纵"，即在"纵"中激起对方的成交欲望。激的手法是：一方面表现我方的不在乎，利益关系不大；另一方面要尽可能揭示对方的利益，处处为其着想，让其甘愿被"擒"。

（2）在冷漠之中有意给对方机会，只不过应在其等待、努力之后，再给机会与条件，让其感到珍贵。

（3）注意言谈与分寸，即讲话时掌握火候要准确，"纵"时的用语应尊重对方，切不可羞辱对方；否则，谈判焦点会被转移，使"纵"失控。

（四）"声东击西"

"声东击西"谋略即转移对方对我方真实意图的注意力，以求实现预定谈判目标的做法。具体地说，是在无关紧要的事情上故意纠缠不休，或在没有异议的问题上大做文章，以分散对方对我方真正要解决的问题上的注意力和警惕性，从而在对方不太专注也不顽强反击的情况下，达到我方的谈判目标。

例如，在某谈判中，双方就总体价（软件和硬件）的两大部分价格达成协议后，买方仍觉得部分硬件价格过高，不想要，但又怕卖方说买方"无信用"，或者卖方推翻已允诺的有利于买方的条件。这时，卖方正好提出扩大做散件买卖的希望，而买方手中正好有采购散件的订单，于是暂停原应抛给对方的订单，转而与卖方纠缠优惠条件，以此作为扩大散件订货量的条件。同时，着力宣传散件未来订单的分量及可能性，吊其胃口。卖方一听买方可以增购，且数量可观，于是认真地与买方讨价还价起来，设法卖出好价钱，多卖散件。而买方随即就散件讨价还价起来，把本来不需要的设备从订单上撤掉，而且降低新增散件的价格，比随生产线定的试车散件价格还有所下降。这里，若"声东击西"谋略运用成功，双方都能取得好处。

此外，还有一种做法，目的是套取情报。例如，表面谈对方企业或社会福利，实际上是为讨价还价准备资料。

"声东击西"的谋略表现还有很多形式，但无论以何种形态出现，都应注意：

（1）选择的"东"应为对手关注的题目，否则对方不会理睬；或者是个逻辑的题目，自然应为双方所关注。

（2）纠缠自认为不重要的目标时，应注意自己的退路与可能的后果，防止对手"因势利导"或"顺手牵羊"。

【案例分析】

某年，我国一家外贸进出口公司的业务人员与外商谈判皮货生意。休息时，外商搭讪对我方外贸人员说："今年你们的皮货生意怎么样？"

"当然不错。"

"我想向贵公司订购 20 万张裘皮，没有问题吧？"

在得到了肯定的答复后，那位外商主动递交了一份 5 万张裘皮的订货单，价格还高出市场价 5%。我方业务人员喜出望外，在谈判后的宴会上，频频举杯向这位外商表示感谢。

然而，这位外商却在国际市场上以低于我方的价格大量抛出他手中的存货，吸引了大量客户。原来，这位外商并不是真的想从我方订购 20 万张裘皮，而是虚晃一枪，先用高价订购 5 万张裘皮的订货单稳住我方，在抬起我方裘皮价格以后，又按原价顺利地抛出存货，而我方报出的稍高的裘皮价格全部被客户顶了回来。他虽然花高价购买了我方的一部分皮货，但这在他所赚的钞票中只不过是一个很小的数目而已。

这位外商运用"声东击西"之计，先用高价稳住我方，然后乘机大量地抛出存货，使得我方的报价被客户顶回，最终达到了成功抛售的目的。

这是一则成功应用"声东击西"谋略的例子。

（五）"木马计"

在谈判中，表现出关注、颇有兴趣甚至认真考虑对方建议或所言之物的样子、态度（但就是不说观点，不亮立场），把对方的信息或底牌摸到手，再反过来攻击对方，以求有利于我方的做法，称为"木马计"。

采用"木马计"应注意以下几点：首先，关键在于顺其自然，即让对方觉得在其逻辑思维之中，这么说实属应该；其次，让对方感到此举对其也有利，并非纯为我方，乐于遵嘱而行；最后，此计谋的使用要有时滞，即刚从对方套来的信息不可马上用，延后一段时间再用，效果才好。例如，上午取得的信息，下午用；下午取得的信息，次日谈判再用。若马上使用，对方会说："我的话未完"或"我的意见不是您理解的那样，而是……"一下子就溜了。只有"听了就信"，过一段时间，待对方无补充说明，即视该信息真实度成立，对方再赖，就可反击："过了这么长时间，你没有修正，看来今天你想食言（或说瞎话骗人），那么，贵方的什么话才可让我们相信呢？"

【案例分析】

某年，我国曾经用 10 亿元人民币从西方某公司进口了 3 套化肥生产大型设备，分装在南京、广州和安庆三地。设备在调试运行期间，安装在南京栖霞山的这套设备的透平机转子叶片竟然发生 3 次断裂，而每次因停机就要损失人民币 45 万元。

在我方要求索赔的谈判中，双方专家对事故的原因各有不同的解释，争执的焦点是叶片的强度够不够？对方专家认为叶片断裂只是偶然事故，不存在技术责任问题，企图以小修小补的方法敷衍过去，将经济损失的大头转嫁给我方。而我方专家经过仔细测算分析，认为透平机转子叶片 3 次断裂并不是偶然事故，是因为产品设计不合要求造成的。根据这个判断，事故的责任完全在对方，对方不仅要重新设计、更换设备，而且还要承担由此造成的一切经济损失。由于谈判的结果涉及的经济利益巨大，要让对方接受这种事实绝不是一件容易的事。

为了赢得这场谈判，我方特派出西安交通大学的透平机权威人士孟副教授担任技术主谈人。对方的主谈人也是一位经验丰富、学识渊博的技术谈判专家（对方公司的总工程师）。在谈判过程中，对方技术主谈为了说明他们产品设计的科学性，特别强调其设计是依据世界著名的透平机权威、德国的特劳倍尔教授的理论而进行的，只要把断裂的叶片的顶部稍加改进就行了。我方技术主谈人听到特劳倍尔这个名字时，心里一亮，决定采用"木马计"来论证我方的观点。他非常冷静地插话说："我们赞同特劳倍尔教授的理论，它应当成为我们双方共同接受的准则。"我方主谈人说话时心平气和，没有引起对方的警觉，反而误认为我方在全局上赞同他们的观点。对方主谈人非常得意时，我方主谈人再强调了一次："我们很尊重特劳倍尔教授的理论，很钦佩他的才学。"对方主谈人刚点了两下头，突然觉得不妙，于是急忙说："不要再谈这些了。"

但我方主谈人岂能放弃如此良机，紧接着话题说下去："特劳倍尔教授的理论是我们谈判的共同基础，你们的设计依据是特劳倍尔的理论，可是教授在他的著作中一再谈到'激振力系数是很难取准、很难确定的'，那么，你们依据教授的理论所设计的转子叶片的系数不是也很难取准、很难确定吗？叶片3次断裂，并不在同一部位，其原因就不言自明了。"

在接下来的谈判中，孟副教授根据谈判的实际情况，利用对方带来的计算书和数据，按特劳倍尔教授的公式和校核的准则，在谈判桌上当场进行了计算，结果证明对方的叶片强度确实不够。至此，对方的防线全面崩溃，不得不低头认输，承认了叶片断裂是强度不够造成的，并接受了我方的经济赔偿和重新设计叶片的要求。

在道理与事实面前，谈判以我方的完全胜利而告终。

第二节 国际商务谈判人员谋略

一、擒将战

在买卖双方的谈判中，事态的发展往往取决于主谈人。因此，常常围绕对方的主谈人或主谈人的重要助手，展开激烈的争斗，以实现谈判的优惠条件。讲"争斗"，不是通常意义上的争斗，而是谈判中的争取工作和施压手段，意即擒将战。其具体谋略有："激将法""宠将法""感将法""告将法""训将法"等。

（一）"激将法"

以话语刺激对方主谈人，或其重要助手，使其感到坚持自己的立场和观点已直接损害自己的形象、自尊心、荣誉，从而动摇或改变其所持的态度和条件。这种谋略称为"激将法"。

该谋略的具体做法可直接刺激对方主谈人。例如，我方说："贵方谁是主谈人？我要求能决定问题的人与我谈判。"此话贬了面前的主谈人，使其（尤其是年轻气盛的谈判手）急于表现自己的决定权或去争取决定权。还可以以此将"军"："既然您已有决定权，为什么不马上回答我方明明合理的要求，反倒要回国或向上级请示呢？"迫使对方正视自己的要求。此外，还有间接刺激对方主谈人的做法，即通过主谈人的主要助手来刺激主谈人。例如，主谈人不"吃"直接的"激将"，但其律师被说动了，同是该论题，该理由，从律师的角度，无言以辩，只能接受。此时，主谈人在被激时，就难以抗拒了。这种"激将"类似将"军"，对方不"吃"也得"吃"，躲是躲不过去的。"激将"的武器多为：能力大小、权力高低、信誉好坏等直接与自尊心相关的话。

使用此计谋时应注意两点：第一，要善于运用话题，而不是态度，既让说话切中对方心理和个性，也切合我方所追求的谈判目标；第二，"激将"言语应掌握分寸，不过分牵扯说话人本身，以防激怒对手，迁怒于己。

（二）"宠将法"

"宠将法"谋略即以好言切合实际地或不切实际地颂扬对方，以适合的或不适合的物资馈送对方，使对方产生好感，从而放松警戒，软化其谈判立场，使我方的目标得以实现的做法。

该谋略的具体做法有三种：其一，给对方主谈人戴"高帽子"，即抓住对方的特征，若对方年老，则讲"老当益壮""久经沙场"；若对方年轻，则讲"年轻有为""反应灵活""精明强干""前途无量"等。这些话也许有切题之处，但作为言者，目的是为了拉拢对方，减缓对方进攻的势头。其二，个别活动，即单独会见主谈人，邀请其赴家宴、叙家常、谈个人爱好，把严肃的谈判生活化，使讨价还价的气氛更融洽些。因为宴请对方主谈人，可以在品名茶、尝佳肴中体现"好客"；在干杯中塑造"知己"。其三，送礼。送礼有明送和暗送两种方式，包括送公与送私两种性质。对于合乎常情的礼尚往来的应酬式送礼，均可明送；有内在企图的特殊送礼（从礼品品种、分量上看），则宜暗送。有的是有关管理部门或集体要求赠物或赠款，相应的礼物为送公；有的是个人所索要的（回扣、报酬），则为送私。对于送礼，在部分国家有会计规定，超过多少，如交易额的5%~7%，就应上税；若在会计和税务（企业、集体、个人）不合法时，要追究贿赂的问题。典型的明送和送公的例子是政府信贷，提供信贷的一方会提出承揽受贷国某工程项目的要求。

无疑，"宠将法"有软化对方态度的功效，在谈判中应善于运用，不过也有应注意之处。首先，要抓准有决定权的对象；其次，使用的分寸要恰当，出五分力就能收效时，就不必用六分力；再次，使用此计时应求立竿见影，不应着眼远效，因为不少国家处在改革或发展之中，机构、人事变动极快，远效容易泡汤；最后，也应防止对方对我方使用同样的计策，所以内部应互相商量、磊落处事。

（三）"感将法"

"感将法"是以温和礼貌的语言，从对方立场考虑和处理问题的行动，使对方感到实在不好意思坚持原立场而置我方的态度于不顾，从而收到预期谈判效果的做法。

该谋略的具体表现形式有三种。其一，以"无知"定为我方的形象，竭力向对方"学习"，且只要对方回答了我方的问题，就表示感谢，甚至照办。其二，态度谦恭，认真听取对方提问，并努力回答所提问题，让对方感到我方"实"。其三，准备资料努力，有的当场写隔夜交；说过的事一定按时办好，决不拖延，使对方感到"勤"。其四，对于难度较大的事也表现出竭尽全力去做，若不能实现，也有个清楚的交代，使对方感到"诚"。在"实""勤""诚"的攻势下，对方立场必然会发生微妙变化。

但使用此谋略时，应注意我方暗含的目标，即声明的事实所代表的目标与谈判需要实现的目标的差，因为该差也是机动的余地，没有差的存在，"感将法"也将失去意义。为此，运用的资料均应以该差为前提，加以筛选。当然，从某种意义上讲，该差是我方的工作目标，也是动用"感将法"时我方为了谈判利益的一种保留。

【案例分析】

某外商与我国山东省的一家食品公司谈判大蒜生意。第一轮谈判中我方报价为720美元/t，而外商的最高出价为705美元/t。双方一时还找不到谈判协议区。3天之后，我方因大蒜收购期将过，急于成交，便向外商表示愿让出15美元/t，接受外商的出价。但出乎意料的是，外商主动提出再向我方让利5美元/t，也就是以710美元/t的价格接收，并解释说："我祖籍山东，愿向乡亲们送个礼，讲究来日方长"，又说："我们还将长期交往，一旦求助你们，我想你们是乐意尽力协助的。"果然外商慧眼非凡，本来这批大蒜要在青岛装船运往新加坡，但青岛仅每月初有一班船去新加坡，已经迟误了，要再等1个月才能装船。这样一来，便很难抢上新加坡的早市，不但卖不上好价钱，而且风险很大。但上海却近期有船去新加坡。为此，外商要求货改上海装船。我方因接受了对方的"恩惠"，也就无理由拒绝了。

此例说明，外商如果当时分利必争，即使生意勉强做成，但要求变更运输地点也就不那么容易了。5美元/t买了个大帮忙，外商因此能赶上新加坡早市，卖个好价钱，可谓一举多得，舍小而取大。

（四）"告将法"

"告将法"即在对方主谈人的上司或老板面前说其坏话，达到向对方主谈人施压、动摇对方主谈人的意志，或者让对方上司或老板对其不满乃至撤换主谈人的做法。

该谋略的具体做法有：通过宴请或单独拜会对方主谈人的上司或老板，利用该机会回顾谈判，分析症结，相机抨击主谈人的态度和做法。例如，某国使馆商务参赞会见某商社的谈判对手的上司时说："贵方主谈人太死板，态度过于强硬，尽职得过头了。"要求该上司"予以干预"。又如，买方对卖方说："你在现场罢工一天，按合同规定除了扣发工资外，还要向你的上司报告，你应对罢工后果负全部的责任。"这二例都是"告状"性质，前例为告状，后例为将要告状。

使用此谋略应注意三点：其一，"状"要准，即说出事实，不论其是非标准如何。例如，"太尽职"，以参赞的角度看不好，但是他说的是"事实"。其二，告状时，非不得已，不应提"换将"要求。一则可能伤害对方；二则对方不一定会答应，也有失面子，再往下谈时难度会更大。其三，既已告了状，若谈判成交时，还应做事后的弥补工作。

（五）"训将法"

"训将法"即通过真实的、虚假的、真假相掺的、但在逻辑上令人信服的理由，通过我方创造或对方给出的各种机会，使对方主谈人了解我方想灌输的某种思想和做法，并使其对我方产生理解和信任的做法。此计策对于新交手的谈判对手来讲十分重要。它犹如一种铺垫措施，也有点像"投石问路"的计谋；不过比"投石问路"更加复杂，其中包括一种"误导"的谋略。

该谋略的具体做法为：将资料、民情、国情、内部管理等或真或假的信息，灌输给对方，让其适应我方立论的基础和方式，理解我方结论的自然性，从而减少抵抗力；抓住对方给出的可让我方表现的机会，诸如对方可能的失误（小误）、不确切的阐述等，主动予以指明，似乎在替对方利益着想，引起对方好感，同时再配合以我方主动设计的以小引大，或在表达方式上做一说十的渲染，使对方感到我方通情达理，从而磨去对方的"棱角"，或者形象地说，让刺猬收起刺来。

采用此谋略应避免"说教式"的灌输，同时，要绝对尊重对方的能力和智力，让其自己做结论，千万不可代其做结论，否则会弄巧成拙。

【案例分析】

某年7月，我国与突尼斯STAP公司代表就建立化肥厂事宜进行接触，双方初步敲定了利用秦皇岛港优越条件的合资项目。到该年10月份，科威特方也参加进来，联合办化肥厂。在第一次三方谈判中，科威特石油化学工业公司董事长出席，此人很武断，他表示："你们以前所做的工作都没有用,要从头开始。"

当时,不仅中方,就是突尼斯方也傻了眼。要知道,仅是编制可行性研究报告,中突双方就动用了10多名专家,耗资20多万美元,费时3个月才做完。要是全盘否定,一切从头再来显然是没有道理的。然而却没有人敢驳斥这位董事长。他的威望太高了,他在科威特的位置仅次于石油大臣,他还是国际化肥工业组织的主席。

中方一位参加谈判的市长琢磨如何打破这沉闷的气氛。这位市长猛然间站起来说:"我代表地方政府声明:为了建立这个化肥厂,我们安置了一处挨近港口、地理位置优越的厂地。也为了尊重我们的友谊,在许多合资企业表示要购买这块地的使用权时,我们都拒绝了,如果按照董事长今天的提议,事情将要无限期地拖延下去,那我们只好把这块地方让出去!对不起,我还要处理别的事情。我宣布退出谈判。下午,等待你们的消息!"

他拎起皮包就走。半小时之后,一位处长跑来,兴高采烈地说:"真灵!你这一炮放出去,形势急转直下。那位董事长说了,快请市长回来,我们强烈要求迅速征用秦皇岛的厂地!"

这位市长用的就是"训将法"之计,以政府审批土地使用权的压力迫使对方做出让步。

二、外围战

为了保证全局的谈判效果,谈判者要清除影响双方谈判决心的因素,澄清谈判的真实形势,以扫荡与谈判主题相关的外围障碍,称为"外围战"。其具体谋略有:"打虚头""反间计""中间斡旋""缓兵计""过筛子"等。

(一)"打虚头"

在谈判中首先分析并找准对方最虚的条件,亦即最不合理的部分,先展开攻击的做法,即为"打虚头"。"打虚头",可以是买方的谋略,即针对卖方报价最虚、水分最多的部分,先实施挤压;也可作为卖方谋略,即对买方最不合理的要求,先还手。

该谋略的具体做法为:先分析比较对方的各种条件,其中最不合理的部分为"虚头"。大凡"虚头",均不堪一击,易于得手。例如,卖方有5个科目的报价,经分析分别为:合理,稍贵10%,贵20%,贵80%,贵80%以上。比例数最高的数为虚数,是谈判中的"虚头",水分含量最大。另一种表现形式是列"虚科目"。例如,某计算机技术费,4种产品为一个系列,当分别列价时,4种产品均列出各自的技术费,但其中两个产品仅有一个模块不同,若计两份价,自有一个虚得很,如买方看不出即可得手;若买方看出,卖方可在发现该问题后,主动做明智让步。因为不这样,买方也可通过其他3种产品技术做出该产品,不如做顺水人情,同时也可再作为交换条件。

运用此谋略关键在于抓准"虚头",抓不准"虚头",也就打不着"虚头",反而还会因"委屈"对方而碰"石头"。打"虚头"要坚决,一旦抓住了"虚头",不打出效果决不松手。

(二)"反间计"

故意挑拨多个卖方或买方之间、卖方和买方的主谈人与其上司、同事之间的矛盾,制造不和,从而创造机会,实现我方谈判目标的做法,为"反间计"。

"反间计"的做法为两种:寻找矛盾、利用矛盾;没有矛盾设法制造矛盾。

使用"反间计"时应注意:

（1）使用的"引子"应与当时的现实贴近，即存在可能性。只有人们认为"可能的事"，方有挑拨的功效，玄而又玄的事没人信，也无从离间。

（2）使用该计谋应有的放矢，即为了让两者就某问题互不信任，或各持己见，采取互不协调的动作，使预定的目标由我方某一人实现。

（3）此计谋的效力是有时间性的。此计谋被启动后，应加快目标的实现进程，力争在短时间内实现。

（三）"中间斡旋"

当参谈各方陷入紧张的矛盾漩涡之中而不能自拔时，从外界寻求有影响的力量来缓解各方关系，并谋求使矛盾各方接受某个新方案的做法，称为"中间斡旋"。此谋略的"中间"含义较广，凡是当事人以外的第三方，均可称为中间人，可起"中间"的斡旋作用。

运用此谋略时应注意：

（1）依欲达到的目标，选择合适的中间人。

（2）在准备接受"中间斡旋"时，必须有相应（即符合斡旋内容、目标）的方案。

（3）对斡旋人不应无礼，但可以说"不"字；只不过应注意充分说理，做好中间人的理解工作。

（四）"缓兵计"

为了争取时间完成另一个谈判，既不对对方说"行"，又不说"否"，使其进退两难，而处于等待状态的做法，称为"缓兵计"。

该谋略的具体做法有：请对方"等待回答"；或对明知不行但又不能让其走的对方，给其出新的题目，让其准备，如准备得好，也许又创造了"行"的可能，反之，不但不行，还多损失时间；或主动安排新的会谈，以各种题目的探讨，拖延会谈时间。例如，"货比三家"的谈判中，为要保持竞争的局面，就要求各竞争者都在谈判所在地。如何留住他们，"缓兵计"必不可少。又如，卖方为了不让买方结束谈判而保留最后成功的机会，也常讲"我需要等待上级的回答，请稍候"等。

不过，"缓兵计"不是拖延，前者是主动的进攻，后者是消极的等待。再者，"缓兵计"具有时限性，只能缓一时，不能缓一世。因此，应充分利用时间，争取达到谈判的预期效果。

（五）"过筛子"

在谈判中，对对方的各种条件进行对比和分析，予以分类，并据此进行还击的做法，为"过筛子"谋略。此处，"筛子"的概念为：认识与标准的范围。此计谋有程序与技巧的双重作用，谈判前"过筛子"为程序，谈判中"过筛子"多为技巧。

该谋略的具体做法有两类。一是认识性的"过筛子"，即将对方给的条件予以分类，并按类予以定性。按难与易、可谈与不可谈、合理与无理等，决定谈判方式和态度。这是谈判的外围措施，也是谈判的一种技巧。二是标准量性的"过筛子"，即比照已定的标准，对已知条件"过筛子"。例如，以公认的行业标准，或交易方必须遵守的标准来"过筛子"。通过者，为可谈判范围；通不过者，为被拒绝范围。

该谋略的优越性在于：帮助分析形势，充分了解什么可为，什么不可为，从而提高谈判时效。通过标准的比照，可以加强谈判地位，迫使对方接受"标准条件"。不过，运用该谋略时，应注意区别程序与技巧，以加强计谋的目的性，同时应考虑运用该谋略时的表达方式。例如，标准本身具有行业标准、国家标准与国际标准的不同，如何将其中一种论证为"仅可以接受者"，表达时要从普遍中的特殊方面，来破其他两种；或取其共同之处，来强化所持立场。

第三节　国际商务谈判行为谋略

一、蘑菇战

将人们常讲的"软磨硬泡"，运用到商业谈判中，就是以耐心、耐性和韧性去拖垮对手的谈判意志，从而达到己方预期目标的方法。其常用的基本策略有"疲劳战""不倒翁""挡箭牌""磨时间""车轮战"等。

（一）"疲劳战"

"疲劳战"是指通过谈判中各种有意的超负荷、超长时间的谈判，或故意单调的陈述，使对手在肉体上、精神上感到疲劳，或因疲劳造成漏洞，或因烦倦而动摇立场的做法。

"疲劳战"的具体做法有日程安排超负荷。谈判安排的内容多，上午、中午、下午、晚上连续工作，一口气谈判十多个小时，甚至谈判到次日凌晨。例如某项目谈判，双方一直谈到次日凌晨4点钟，才达成协议，签订合同成交。由于一方只顾高兴，且因疲劳，未做具体成交后双方交易内容的认定工作；而另一方却仔细检查了成交时自己的得失。直到签约后，当时未做检查的一方才通知另一方，在货单中有3台设备的价格未计入交易总价中。另一方则认为："当时成交时是双方让步的结果，既然未从货单中抹去，未将其计入总价中，应认为是降价条件，是成交的前提"，同时强调："已达成协议签约，此内容已通报有关各方，不宜改动，否则将引起误会，于信誉不利。"经过双方坦诚、反复磋商，最后仅计入漏掉货物价格的一半，另一半作为"学费"。

不过，应该注意，动用"疲劳战"时，采用的日程表需征得对方同意，不能强迫加班，强加于人，否则无效果。另外，动用该策略也是一种拼命行为，我方人员，尤其是主谈人的身体条件应能适应。采用这种策略之后，必须加强复核的工作，绝不能图省事，再疲劳也必须仔细复核。

（二）"不倒翁"

"不倒翁"谋略是指在商务谈判中，对我方不同意的立场、方案表示否定的态度后，即守着不动的做法，像不倒翁一样，看上去软硬不吃，不进也不退，立在原地，无动于衷，实际不解决任何问题。只有等对方无望，改变态度和建议方案，才重新考虑自己的态度。

其具体做法为：先严肃、认真地听取对方意见，然后诚恳地阐述我方的看法。在几个回合的讨论后，看到统一认识无望，此时，单方做出结论，表明自己的立场。然后，无论对方怎么反对，也只抱以"微笑"，并回敬"我不同意"四个字，或"不行"两个字。

应注意的是：该谋略建立在能言善辩的基础上，绝不是不会讲话；建立在对方不讲理，我方不宜转移论题的基础上；建立在礼貌、微笑应对的基础上。

（三）"挡箭牌"

"挡箭牌"谋略即为了阻止对方的压力，反对我方不同意的方案或立场，坚持我方的条件，而寻找借口、遁词的做法。

其具体做法有以下三种：

（1）隐藏自己的权力，推出一个假想的决策人，以避免正面或即刻回答对方的问题，诸如"您的问题我很理解，但需向主管人员汇报后才能回答您"等说法。

（2）矛盾上交，即将问题的解决推到上级或老板身上，如"我本人无权决定贵方所提的问题，需要向总经理或总裁请示后，方能做出决定"等说法。

（3）金蝉脱壳，即将实质上均由自己操纵的事，改造成自己与对手不交手，交手的义务属于第三人、第四人，诸如"至此，我本人的谈判任务结束了，贵方从现在起，所提出的建议均不是与我谈判，而是由涉及的部门决定，我可尽忠实转达的义务，若贵方嫌麻烦，贵方可以直接与他们，直至与有关领导谈判"等说法。

以上做法，均为"挡箭牌"的具体运用。3种做法"挡箭"的程度不同，尤其第三种做法，将自己置身于争论之外，十分巧妙。若是对手与我方谈判人员很熟悉，且已建立了相互信任的前提，对手决不会放过我方谈判人员，不会让我方谈判人员"脱壳"而走，这就更增加了谋略的效力。总之，利用"训令""上级""规定"或"其他的第三人"作挡箭牌，来阻止对方的进攻，减少我方让步的幅度和次数，确有一定效果。

应用该谋略时应注意：①顺理成章，即"挡"得自然；②立足"挡"在我方谈判人员面前，不应推到我方真实的人与事上，以免对手"将军"。

（四）"磨时间"

"磨时间"谋略即以重复、慢节奏、善待对方，来损耗谈判时间，造成谈判的低时效，以压倒那些时间紧迫的对方，促使其尽早做出让步的做法。

如何磨时间应考虑现场情况而定，可以重复讲某个理论、论据；可以放慢整个反应节奏，内部多商量，对外反馈意见故意慢；有时又以沉默表示"无可奈何"，似乎被对手逼得走投无路，让时钟滴答走过，而谈判毫无新的进展。

运用该计谋应注意：①态度要温和，让对方无可挑剔；②避免闲扯，或随便开不切题的玩笑来消磨时光。因为"磨时间"战术，不是无目的的行为，不是放任状态，而是受控的、目的性很强的行动。

（五）"车轮战"

"车轮战"谋略即以多个助手针对某个论题或几个论题，轮番上台，与对方辩论，在会场上造成一种紧张、论理强硬的气氛，给对方精神上造成沉重压力，迫使其在应战中主动退却的做法。

运用"车轮战"时应注意：上阵人员的表述不应过于无礼和无理，同时不能代替主谈人，要有节奏、有目标、有秩序。

二、蚕食战

这是一种以小积大、步步进逼、逐渐达到预期谈判效果的策略。在许多谈判中，由于双方不是立即达成协议，尤其不会马上做出利益上的让步，就为蚕食战奠定了实践的基础。蚕食战的具体谋略包括："挤牙膏""连环马""挖灶增锅""小气鬼""步步为营"等。

（一）"挤牙膏"

"挤牙膏"谋略即谈判中针对某个条件，一点一点地施加压力，促使对方逐步改善其应允的交易条件的做法。由于其表现形式酷似挤牙膏，故名之。外国谈判手则形容其为"切香肠"战术。

运用该谋略时应注意：首先，重在"压"，即以说理让对手让步；若理由不充分，挤压则无力。其次，要有耐心，即在说理与时间安排上应充分。我方充分论述理由，同时允许对方充分考虑。最后，态度要友好，让对方在平静中反省自己的条件。

（二）"连环马"

"连环马"谋略即在谈判中坚持"你要我让一步，我也要你让一个条件"，以保证互换条件的做法。其表现手法有两种。一是坚持互换条件，绝不白白让出一个条件。例如，卖方要求降低技术性能，买方就要求降低价格；买方要求提高技术性能，卖方就要求提高价格或降低合格率等。二是总体概念上的互换做法。例如，对方同意我方的支付条件，我方即接受对方的价格；或者我方今天让了对方，明天对方记住让我方等。

运用该谋略时应注意：

（1）尽量争取以小换大，至少相当。

（2）尽量即刻交换清账，尽量少延迟两个互换条件的兑现，以免造成误解。

（3）贵在灵活适时，即将所有可交换的条件记在笔记本上或计算机中，相机以此去换取我方所需要的条件，或逼对方让步。

（三）"挖灶增锅"

我国古代兵书上有"增兵减灶"之计，说的是在增兵后还减少锅灶，以掩盖真实兵力，出奇制胜的谋略。在商务谈判中，为了增加费用，提高价格，还要有理可讲，或增加讨价还价的设防地位，而故意多列名目的做法，即称为"挖灶增锅"。与"增兵减灶"的本意相反，一个是有真实兵力，故意让对方认为没有；另一个是无真实价值而故意让对方认为有。但目的却是一致的，均是为了让对方相信虚假的信息。其效果在于，某个虚名被认可，即意味着某点的利益被承认，某点的谋略即成功。谈判中是一个名目一个名目进行，成功一个则得利一个（守者成功则守者得利，攻者成功则攻者亦得利），犹如蚕食一样，故也将其列入蚕食战中。

这个策略的具体做法有：卖方做报价时，将价格内容列得十分详细，如设备主机费、附件费、配件费、安装调试费、实习费、运费、包装费、资料费、指导费等，一一列出。有的资料长达几十页，各种名称十分费解，而其中的"虚头"防不胜防，有的纯虚，有的虚虚实实，买方想进攻很不容易。作为卖方，运用此谋略，要比什么也不详细告诉买方效果好。有的人认为该谋略不易防守，其实既然要用该谋略，就不难防守。

运用此策略时应注意：

（1）各种"灶"要挖得在理。

（2）尽量让其可比性小，且难于查对。

（四）"小气鬼"

"小气鬼"谋略即在讨论各种条件时，对让出的条件斤斤计较，鸡毛蒜皮均不轻易放过的做法。此谋略突出让了一个条件即大肆渲染，纠缠对方不放，即使拿不到真实条件，但有消耗对方锐气的效果。

该谋略的具体做法有：计算小利。例如，某公司在谈判实习人员的交通费时，卖方仅同意"从其住地到现场之间的交通中的某一段，即住地到地铁站的费用"。又如，谈判卖方人员带家属的问题时，买方坚持：只有连续在买方现场工作6个月的卖方人员才能带家属，3

个月不行,若要探亲,全部自费。让小步,即每次条件的改善,均如扭秧歌,步子迈出很大,落地时却很小,半步半步地扭向前。

运用此谋略时应注意:第一,应谈好大账,再谈小账,无大账好谈时,小账亦大账;第二,表现"小气",也应立足于"小道理"。此外,当对方正应用此谋略时,我方不可用之,应先破之。可以用讥讽来刺激对方,并守住自己的原立场不动,并可以声明:只有对方放弃这种做法时,我方才愿意重新审查其现持立场。当对方装大方时,我方则可用此计谋。

(五)"步步为营"

"步步为营"谋略即在谈判各种文字或数字条件时,对于每一次的进退,均采用一步一战的做法。它既是进攻之计,也是防守之计。该谋略主要体现在:进则顽强地挪动,不求大成,但求有进;退则顽固抵抗,寸土必争地计算细小的退让。

它与"小气鬼"之计的不同之处在于:"小气鬼"体现在"量"的计较上,"步步为营"策略则体现在"力"的计较上。步步为营时,既大则求大,不嫌大;退不得大,但不忌讳大,关键是不让对手轻易地得到。在其较量的形式上和部分条件的进退上,"步步为营"谋略具有蚕食战的特征,故列入该类计策。从谈判的精神上看,"步步为营"谋略又有强攻战的特点,但鉴于其"寸土必争"的主要特征,将其列入蚕食战。

该谋略的具体做法有:理不说尽不移步,即必须让对手把理讲清、讲尽,自己才改变一下原来的立场;理不奏效不撤离,即自己的理由无结果,绝不放弃,直到对手有所采纳,做出退让为止。

运用此谋略主要突出说理,做到顽强地、耐心地说理,以理服人,对手不服不罢休。

三、运动战

将整体谈判架构进行多论题、多种形式的排列组合,或谈判手灵活地调动自己在谈判中的位置,以追求最佳谈判效果的做法,均属于运动战的谋略。其具体谋略主要包括:"货比三家""一二线""红白脸""化整为零""场地效应"等。

(一)"货比三家"

"货比三家"谋略即在谈判某笔交易时,同时与几个供应商或采购商进行谈判,以选其中最优一家的做法。此谋略广为人知,也是商场上的千古信条。

该谋略的具体做法是:邀请同类产品的卖方或所需同类产品的买方,同时分别展开谈判,将各自的条件进行对比,择优签订合同。应用这种谋略应注意如下几个问题:

(1)选的对象要势均力敌,比起来才有劲。若被比对象力量不均,就应创造可比之处,使各家均有信心争取交易。例如,有专长的中小企业,可与综合性的大企业集团比专业特长。

(2)安排要便于分组穿插谈判,且可及时将各组谈判结果汇总。安排包括日程、谈判方式和谈判人员的安排。

(3)对比的内容要科学。由于"货比三家"的谋略客观上造成工作量大、评比工作复杂,因此应有快捷统一的评比方法和内容,以减少重复、不准确的工作,避免影响谈判人员的情绪。

(4)平等对待参加竞争的各对手,但在谈判的组织上应有突破重点。平等与参与竞争的对手谈判是信誉的需要,重点突破是谈判全局的需要,两者缺一不可,相辅相成。

（5）慎守承诺。对于评选出的结果应慎守承诺。如遇落选竞争对手卷土重来，虽然其结果会带来好处，但应慎用该机会。

【案例分析】

1984年的第23届奥运会在美国洛杉矶举行。在此之前的各届奥运会，不论是哪个国家主办，都是个亏本的生意，主办国均为此付出了高昂的经济代价。1976年，加拿大蒙特利尔市举办的奥运会开支20亿美元，亏损10亿美元，加拿大政府向银行借贷筹办这届奥运会的债务，到2003年才还清。1980年在莫斯科举办的奥运会，花费90亿美元，亏损更为严重。

有鉴于此，美国政府和洛杉矶市政府都宣布不给予经济援助，但又不愿意放弃这一难得的机会。

正在美国政府犹豫不决之际，美国第一旅游公司副董事长、40岁的尤伯罗斯接受了洛杉矶市市长希莱德的请求，答应组织举办第23届奥运会。

在新闻发布会上，尤伯罗斯宣称举办这次奥运会全靠自筹的资金，不要政府一分钱，而且他还夸下海口："我个人来承办这次奥运会，要净赚2亿美元。"

当时，许多人都认为尤伯罗斯是在吹牛，为自己打气。可是尤伯罗斯却胸有成竹，因为一个出色的举办奥运会的筹划方案已在他头脑中酝酿成熟。

奥运会作为一项国际性的体育赛事，其意义早已超越体育本身。它所激发的爱国热情和民族凝聚力，以及它对一个国家政治、经济、文化、国民心理等所产生的影响，是难以估量的，这是奥运会具备的巨大势能。如何借奥运会之势，造就商业良机，这是尤伯罗斯苦思已久的问题。

通过广泛的调查和研究，尤伯罗斯发现往届奥运会之所以出现亏损，一个重要的原因就是过分强化了奥运会的政治功能和体育功能，而忽略了它的经济潜能。因此，他决定把商业机制引进奥运会，尽可能使奥运会的种种便利条件金钱化、商品化，吸引更多的大企业参与为争夺奥运会赞助权而展开的竞争，并使这场竞争国际化。

尤伯罗斯运用自己卓越的推销才能，挑起和推动了美国3大电视网争夺独家转播权的竞争。结果美国的ABC广播公司以2.25亿美元购得这一权利，这比加拿大蒙特利尔奥运会的转播费高出10倍之多（蒙特利尔奥运会电视转播费为2200万美元）。

为获得更多的赞助费，尤伯罗斯吸取了1980年普莱西德冬季奥运会的教训。在那次冬奥会上，赞助单位虽然多达381家，但每个赞助单位平均出资仅为2万美元，结果，组委会实际获得的赞助费只有900万美元。"物以稀为贵"，尤伯罗斯针对人们的这种心理，推出一个惊人举措——奥运会限制赞助单位数量，而且同行业只选一家。

当时，有12000多家厂商为在奥运会上推销产品而申请参加赞助，而尤伯罗斯宣布第23届奥运会的赞助单位仅限30个，多1个也不行；每个赞助单位至少出资400万美元，而且同行业只选一家。这就意味着哪家企业能成为赞助单位，在奥运会期间，其产品的销售量在同行业中就会独占鳌头。

此招一出，各大厂商顿时慌了手脚，唯恐自己落后，都抢先登记，把赞助费越抬越高。日产汽车公司与美国通用汽车公司之间的竞争尤为激烈。

日产汽车公司在尤伯罗斯招标方案公布不久后，立即电告奥运会组委会，愿出资500万美元赞助，并表示如有必要还可增加。美国的通用和福特两大汽车公司听到日产汽车公司提出申请后，急忙开会商讨对策。通用汽车公司认为，日本汽车大量倾销美国，这口恶气已在胸中憋了多年，如今美国主办奥运会，再让日本汽车横行霸道、耀武扬威，那简直丢尽了美国汽车行业的脸面。经过多次协商，福特汽车公司自愿退出竞争，全力支持通用汽车公司与日产汽车公司较量。

通用汽车公司当即通知组委会，愿出资600万美元，同时提供500辆汽车作为大会的工作用车，并提供10辆高级豪华轿车作为接待各国首脑的专用车。

日产公司得知消息后，立即电告组委会，表示需要多少车日产公司就提供多少。经过几番较量，最后，在美国舆论的压力下，尤伯罗斯以900万美元的赞助费与通用汽车公司签了约。

在饮料行业的竞争中，美国可口可乐公司和百事可乐公司相持不下，最后，可口可乐公司以1300万美元的巨额赞助费获得了奥运会的饮料专用权。

尤伯罗斯在奥运会赞助上大造竞争的同时，充分利用奥运会的良好声誉，广开财源。按过去的惯例，从希腊引来的火炬只有杰出的运动员和有声望的官员才有资格持火炬游行一段路程。尤伯罗斯却别出心裁，为了使那些乐意出资而能过传递火炬瘾的人也能持火炬走上一程，尤伯罗斯采取分段出售火炬传递权的办法来扩大财源。为增加收入，尤伯罗斯改变了火炬游行路线，使火炬传递了33个州，路程扩展到14000多km。此外，他还把奥运会的会徽、会标、吉祥物等作为专利品，出售给那些想用此作为广告资料的人。

尤伯罗斯还利用观众向往奥运会的心理，向市民发出邀请，凡自愿为本届奥运会义务服务的市民，每人发给两套制服，供应一顿快餐，免费看几场比赛，结果有3万市民接受了邀请，为奥运会义务工作。这又为组委会节省了大笔的服务费用。

由于尤伯罗斯能借势发挥，经营有术、组织得力，结果预算经费为5.25亿美元的第23届奥运会获得了巨大成功，不仅没有丝毫亏损，反而盈利2.5亿美元。

（二）"一二线"

"一二线"谋略即充分利用台前人员之间或者台前和幕后工作人员之间的分工，在台前人员与对手进行激烈交锋时，伺机出动二线人员，以求获利的做法。此谋略既是组织策略，也是谈判策略。

该谋略的具体做法有两种：谈判组长和主谈人两人，一人在台前，另一人在幕后；二者均在台前，主谈人一人参战，谈判组长观战，伺机出动。

运用此谋略时应注意：

(1) 挑选好谈判组长与主谈人。谈判组长应与上级有密切的联系，从而有足够的决定权；主谈人应知识面广，有效率，善于同外界打交道。

(2) 选定二人后，无论在台前、台后，应互相支持，互相尊重。

（三）"红白脸"

"红白脸"谋略即在谈判中，时而以"白脸"、时而以"红脸"的形象出现，以求得谈判中居于优势的做法。此谋略是一种软硬兼施的手法，边打边拉谈判对手，使谈判目标得以实现。

该谋略的具体做法有两种：以两个人分别扮演"红脸"和"白脸"，或一个人同时扮演"红脸"和"白脸"的角色。唱"白脸"的是"鹰派"，唱"红脸"的是"鸽派"。

运用该谋略时应注意：

（1）扮演"鹰派"的人既要"凶"，又要出言在理，保持良好形象。例如，态度强硬，寸步不让；但又处处讲理，决不蛮横。外表上，不要高门大嗓，唾沫横飞，显出俗相；也不一定老是虎着脸，反倒可以有笑容，只是立场要硬，条件要狠。

（2）扮演"鸽派"的"红脸"应为主谈人或负责人，要求善于把握火候，让"白脸"好下台，及时请对方表态。

（3）若是一个人同时扮演"红白脸"，要机动灵活。如发起强攻时，声色俱厉的时间不宜过长，同时说出的硬话要给自己留有余地，否则会把自己给绊住了。若由于过于冲动而被动时，最好的解决办法就是"暂停""休会"或"散会"，通过改变时间，以争取请示、汇报、研究被动局面的化解方法。

（四）"化整为零"

"化整为零"谋略即在谈判中，将整体不能一次谈成的条件分成几部分，各个实现的做法。此谋略对破除僵局有一定的裨益。

运用该谋略时应注意：

（1）带技术的项目化整为零时，应强调"技术保证"为前提；否则，在技术引进中，以"拼盘"方式，化整为零，可能会省些钱，但如无技术保证，将来反而会更费钱。

（2）在卖方采用此谋略时，买方应要求卖方提供各种科目的分项价，以便分析化整为零后，隐藏的绝对价格是否真正低廉；在无分项价的情况下，依卖方建议，按科目分交供应义务。

【案例分析】

江西省余江工艺雕刻厂原是个负债1.2万余元、仅有两辆板车及一些木头资产的濒于倒闭的小厂，经过几年的努力，已发展成为年产值200多万元的大厂，产品打入日本，战胜了其他国家在日本多年的8家厂商，被誉为"天下第一雕刻"。有一次，日本3家株式会社的老板，同一天接踵而来同该厂洽谈订货。其中一家资本雄厚的大商社，要按原价全部包销该厂各种佛坛产品。照常规，这是个好消息。但厂长想，这几家原来都是主要经销韩国、我国台湾省的产品的商社，为什么不约而同、争先恐后地到本厂洽谈？这本身就是值得研究的信息。于是开始彻夜翻阅日本市场资料。不怕不识货，只怕货比货。于是在充分估价本厂木材好、技术高的有利优势后，尽量利用客商之间垄断货源和机会均等的矛盾心理，决定采取化整为零的谈判对策。

首先，抓住小客商求货心切的心理，在谈判的天平上，把佛坛的梁、檐、橼、柱，分别同他国产品相对照，当成金条似地争价钱、抠成色。谈判的价格达到理想的高度，该厂便首先同小客商拍板成交，给大客商造成货源不足的危机感。客商纷纷订货。结果，订货数量超过该厂生产能力的好几倍。

（五）"场地效应"

此策略是有意识地利用谈判地点的变化实现预定谈判目标的做法。地点的变化突出主观性，即来自谋略，而并非客观需要。地点的广义性，可包含会场内外、城市与国家的变化。利用场地变化，会对谈判气氛、谈判人的精神、注意力带来影响。

该谋略的具体做法有：在谈判陷入僵局时，终止谈判并安排新的会谈地点；安排游玩、宴请、高级会见（地点亦变），从会议室到现场，从甲市到乙市，甚至到对方国家去谈，充分体现"来亦谈判，去亦谈判""场内谈判，场外亦谈判"的运动特征。

运用此谋略时应注意：
（1）体现谈判整体意图的连贯性。不能因变化场地而断线，乱了自己的谈判思路。
（2）把握场地变化和时间、经济效益的关系。拖拉与昂贵，会毁掉此谋略的效应。

四、强攻战

强攻战是在谈判中以绝不退让或以高压的态度，迫使对方让步的策略。强攻战可以随时随地发生，却又可随时随地死而复生。"置之死地而后生"的强硬拼争，能使谈判格外生动，扣人心弦，对于意志薄弱者确有威慑的作用。强攻战的具体策略有："针锋相对""最后通牒""扮疯相""最大预算""说绝话"等。

（一）"针锋相对"

"针锋相对"即针对对方谈判人员的论点和论据，逐一予以驳斥，进而坚持我方立场的毫不客气的做法。

该谋略的具体做法为：对方说什么，我方驳什么，并提出新的意见。不是对方说甲，我方说乙。例如，对方说："我的人工费高，故产品售价高。"我方反驳："你的人工费绝没有像你说的那么高。"可谓针锋相对。又如，对方拍案而起，扬言："不谈了！"我方则冷眼相对驳道："谈不谈是你的权利，但你要对你的行为的后果负责任！"真是毫不退让。

运用该谋略时应注意：驳斥对方时，要对准话题，不能"走火""跑偏"，否则，对方会说"你没听明白"，从而一下子瓦解我方的话锋。此外，话锋的锐利完全在有理，而不在声色俱厉。

（二）"最后通牒"

"最后通牒"谋略即在谈判进行到一定阶段（多为中后期）遇到僵局时，为打破僵局，又为避免对方的纠缠，谈判一方提出某个新条件或某个新期限，作为决定合同成败的最后条件，并逼对方做出最终答复或选择的做法。这种策略也叫作"边缘政策"。

该谋略典型的表达方式有多种。例如，在某方改善了二次条件后，可以说："这是我方的最后条件，请贵方研究"；还可以郑重宣布："我已无别的条件。我等贵方的新条件到明天中午，如接受我方建议，则我留下签合同；不然，便乘下午2点的飞机回国。"不仅如此，有的谈判手还玩"最后一分钟"的游戏，即在某个上午或下午将尽时宣布："给贵方最后几分钟，没有新的立场或建议，我建议就此散会，至于下步怎么办，再商量。"概括地讲，"最后通牒"的表现应包括所有带威胁性的宣告。

运用该谋略时应注意："通牒"要令人可信，即宣布的警告有可能存在。例如，说不同意，下午2点便乘飞机回国。若航班表上无此航班，该警告就不实，也无效果。此外，该谋略不可滥用，用多了就不灵了，且于谈判气氛不利，对自己形象也有损害，犹如孩子赌气。

（三）"扮疯相"

"扮疯相"谋略即在谈判中，依照对方的言语或谈判情节，表现出相应的急、狂、怒、暴的姿态，以唬住对方，动摇其谈判决定的做法。因该谋略注重外相的表演，也可称为"虎啸计"或"狮吼计"。

其典型的扮相是：拍、摔、撕、喊、走。例如，有的谈判手，在情急之中，气得（扮的、真的均可能）拍桌子；有的谈判手会摔笔记本、笔或眼镜；有谈判手自认为对方还价太无理，气得将对方还价资料撕得粉碎；有的谈判手，在词穷之时，急得站起来，围着椅子手舞足蹈地叫喊；有的谈判手，在立场对立之时，夹起公文包，甩门而去，把门关得震响。这些表演可取得一定的威慑作用，对争取谈判桌上的优势有某些效果。

不过，使用该谋略时应注意适度，即时机与程度恰到好处，不可过分。此外，还要准备防守，准备应付对方的反击，自己有台阶下。例如，有位谈判手手舞足蹈，遇到对方反击："小姐，请安静！这儿不是舞厅，请您不要跳了，赶快回到座位来吧！"这一回击满桌皆笑，而女律师毫无防备措施，显得十分尴尬。

（四）"最大预算"

在谈判中，在对某方案表示兴趣的同时，又以最大预算或最大授权的限制，对对方的较为改善的方案进行最后施压的做法，称为"最大预算"谋略。

具体做法如例所示。例一，某项目价格谈判中，卖方已经将其价格从 7 亿日元，降到 6 亿日元，买方说："你的方案内容不错，但我只有 5.5 亿日元的预算。如贵方能再给予改善，我们即可成交。"例二，买方对某商品交易给出了 150 万美元的还价，相对卖方要价 180 万美元尚有差距，卖方会说："您的还价很有意义，但我无权做这么大的让步。"

运用此谋略时应注意：

（1）留有变通的余地，以防对方不顾我方的最大预算和最高授权，逼我方"增加"或"请示"，而再争取一点利益的反击。

（2）注意保守我方底牌的秘密。

（3）掌握好时机。一般讲，应在价格多次交锋之后，或某个条件的反复讨论之后，双方均已有所靠拢之时。

（4）态度也应灵活，不宜僵化，在该招一时不奏效时，还应有退路。当然，对于第一次进入市场或急于（有诚意）成交的谈判对手，该招很有效。

（五）"说绝话"

"说绝话"谋略即在谈判中，对我方的立场或对方的方案，以绝对性的语言表示肯定或否定的做法。该做法有点像"拼命三郎"，敢于豁出去，从而在气势上震慑对方。

其具体表达方式有："贵方自认为有理，我不能强迫你改变观点，但我们已有事实在手，尚且不能让你相信，不相信还有什么办法能让你改变主意""不论贵方如何看待我的态度，我认为我们给出的条件是不可能再优惠、再公平的了""我宁可不要该笔交易，也不会同意贵方意见""只要贵方不接受我方的 A 条件，我方是绝对不会同意贵方的 B 条件的""只有我们双方共同让步，才能解决该分歧""我已尽了最大努力，成败就看贵方的了"等等，以上话语中，有表达方式的绝对，有用词的绝对，诸如"不论""宁可""只要""决不""只有""已尽"等。

但要注意"说绝话"时相关的论题。有的论题不应"绝"，就不要以"绝话"说。此外，绝话具有双重作用：或真的无可选择；或仅做姿态施加压力。前者的关键在于选择的话题准确，后者的关键在于坚持的时间合适。

五、决胜战

谈判到了一定的时候，拖延已毫无意义，无论是双方的情绪，还是上级、老板的要求，同僚们的看法，交易本身的意义以及双方已做的努力，均要求进行最后的交锋，属决胜战。其具体谋略有："抹润滑油""折中调和""三明治""钓鱼计""谈判升格"等。

(一)"抹润滑油"

为了解决双方最后的分歧,做出一些对自己全局利益影响不大,但对对方来讲,仍不失为有利条件的让步,以促使对方做出相应让步的谋略,称之为"抹润滑油"。所谓"润滑油",是指有价值意义但其分量不太大的文字或数字条件。不过"不太大"的量,也依交易标的涉及的规模而有所不同。除了量的概念外,还有事先已知可以做妥协用的意义,即可以退让的概念。

该谋略的具体做法是:先将项目的"润滑油"列出备用。例如,有的交易谈判,可将付款条件(有时具有价格的3%~10%的分量),货币选用(可起3%~20%的调价作用),价格性质(FOB还是CFR,价差在3%~6%或更多),专家和实习生的待遇、食宿、交通标准,以及技术考核时间的长短等,作为谈判决战时的"润滑油"。

运用此谋略时应注意:

(1)不要在谈判初期,轻易让掉作为"润滑油"用的看似不大的条件。

(2)运用"润滑油"的时机,一定是最后的定价或成交阶段,即决定交易成败的时刻;否则,人们是不会关注它的作用和效果的。

(二)"折中调和"

"折中调和"策略即以分担差距,相互向对方靠拢,以解决谈判最后差距的做法。折中有一次折中和二次折中,也可以不同内容但意义相当的条件参与折中。

该谋略的具体做法为:当买卖双方价格条件仅差10万美元时,为结束谈判,双方同意折中解决,即各让5万美元。有时,某一方(买方)不同意该次折中结果,又提出再折中要求,即5万美元与10万美元折中,再降7.5万美元成交。对此,卖方也可能再还一手,以5万美元与买方同意的7.5万美元折中,即以6.25万美元成交。在有的谈判中,折中还可用价格与货物相抵。如一方同意降价2万美元,另一方同意减少2万美元的货物,以解决4万美元的差距。在合同条文的谈判中,双方将以分歧点计数,也称为"记分",如有10分,各让5分,以解决分歧,结束谈判。

运用此谋略时应注意:

(1)时机必须是双方均已做了明显的让步之后,在最后的条件决定之时。

(2)不宜率先提出折中,以免离成交点太远。

(3)在提出折中或响应折中时,不宜宣称"最后的折中",以"再折中""还一手"。

(4)折中时,应注意手上留"牌",即让步的余量。

(三)"三明治"

以几种不同水平的条件一齐打出,让对方好坏一起接的做法,谓之"三明治"谋略。有时人们也把这种谋略称为"一揽子交易"。从做法上讲,其本质是一样的,属好坏搭配。规模大时,称"一揽子交易"为宜;规模小时,称"三明治"更形象。

(四)"钓鱼计"

以某个有利于对方的条件吸引对方,使其不得不与我方谈判到底的做法,称为"钓鱼计"。这是以小利为诱饵,争取大利的交易做法。它与"抹润滑油"计谋的不同之处是,在运用的时间上,"抹润滑油"在最后定价成交时用;而"钓鱼计"在全局谈判中均可使用。

【案例分析】

我国某公司与国外卖方在谈判技术设备引进合同时,卖方提出先谈技术费,理由是技术费决定其交易的可能性。针对卖方的思想，该公司在谈判技术费时运用了"钓鱼计"，对卖方技术费开价2.3亿日元，采取先严后松的谈判顺序，让对方感到内在的让步，最终以0.96亿日元达成协议。经过2小时的谈判，完成了由低到稍高的还价过程，让卖方真正感到了某种满意。但在谈判设备价时，我方对卖方的攻击力加大，设备总报价12.5亿日元，经耐心、反复的谈判（主座、客座、主座谈判），在基本供货范围不变的情况下，价格降到7亿日元成交。卖方说："若不是由于最初已定下技术费，设备费就不这么谈了。"

可见该例下了"诱饵"后，使对方不得不继续谈；一旦继续谈起来，不见结果又不甘心。"诱饵"的连环作用显而易见。

运用此谋略时应注意：

（1）"诱饵"应有吸引力，即常说的"利益量"。利益量的要求是，既对对方有实在意义，又不影响我方的全局利益。

（2）在谈判中，应始终强调作为"钓鱼"用的"诱饵"的让步性质，以便从让中有所得。

（五）"谈判升格"

当分歧在双方主谈人之间无法解决时，请双方高级领导出面干预以定乾坤的做法，称之为"谈判升格"。此谋略在破谈判僵局和终局定价时常用。"谈判升格"和一般性会见的本质差别是前者谈实质条件，后者仅限于礼节。

该谋略的具体做法有：高层破僵局。例如，某集成电路技术交易谈判，供方仅同意集成度为3万支晶体管的技术，双方相持不下，谈判无法继续。因为技术水平不定，生产线无法组织，设备不好选型，价格也无法报出。这时，双方均请示上级，并由上级出面讨论，达成协议后，双方谈判人员再继续工作，最终确定成交。又如，某调谐器技术引进项目谈判，买方看到卖方不想再谈判了，于是建议最后的分歧由双方领导去定，并安排双方领导之间的会谈。当买方领导以宴会的形式会见卖方领导时，双方对面临的形势交换了意见，对双方的成交意愿予以确认，同时对存在的问题，依其责任方或分量大小，共同试探解决办法，结果不但留住了卖方，且解决了成交的最后分歧。

运用此谋略时应注意：

（1）运用时间不在早晚，而在谈判的形势——僵局和终局。

（2）不应滥用"谈判升格"。让领导频繁出场，其威慑力会减弱，还会贬低主谈人的地位。

（3）在准备"升格"前，应有"激战"，以准备气氛，只有打得难分难解，"升格"才更有意义。

复习思考题

1. 国际商务谈判谋略和国际商务谈判各阶段的策略有何区别？
2. 策划国际商务谈判谋略时应注意贯彻哪些思想？
3. 攻心战中的"满意感"和擒将战中的"宠将法"有何区别？
4. 哪些国际商务谈判谋略可以在谈判后期使用？
5. 哪些国际商务谈判谋略可以在全局中使用？

第十章
国际商务谈判僵局的产生原因及处理

【案例导读】

国际知名的化妆品集团 YF 公司于 1886 年在美国纽约创立，当时，专为女性制作化妆品的企业数量不多，所以其创立之初就受到了女士们的欢迎，之后业务范围不断扩大，该公司著名的广告语"比女人更了解女人"已成为经典。具有悠久历史的 YF 公司曾获得多项荣誉，曾经是全球顶级的化妆品公司，发展高峰期在全球拥有超过 600 万名销售代表，产品美誉度也较高。

然而，随着时代的发展，YF 公司一直固守的销售模式，不再适应市场的飞速发展，即使后来有所转变，但因错过了时机，收效甚微。在其他国际著名化妆品公司的竞争之下，YF 公司的优势也不再突出。

20 世纪 90 年代末期，由于一些国家的法律法规不断健全，YF 公司不得不调整销售策略，增加销售网点，经营成本大幅度上升，业绩受到影响。2008 年，YF 公司出现了"贿赂门"事件，企业声誉不断下降。

2012 年，C 公司曾经提出以 110 亿美元收购该企业的谈判方案，但被 YF 公司拒绝。在此之后，YF 努力削减成本、修改产品、改善和销售代表关系等，但经营仍不见起色，股价大幅度下跌。2015 年 9 月，YF 公司负债超过 20 亿美元。为了自救，陆续卖掉了日本业务的多数股权，相继退出韩国、越南、爱尔兰等市场，并在 2015 年 12 月以 1.7 亿美元的价格将北美分公司 80.1% 的股权出售给了一家私募投资公司。但是，YF 公司的经营仍不见好转，高层管理人员屡屡辞职，员工数量不断减少，2017 年时其股价已下降 85%。2018 年，YF 公司的几位股东曾联合致信董事会，要求他们聘请财务顾问来探索战略选择方案，包括部分或者完全出售公司，但这一提议当时并未被接受。

巴西 N 公司创立于 1969 年，是巴西最大的化妆品公司之一，在拉丁美洲和法国拥有自己的专业销售团队，除了拥有自己的旗舰品牌外，还曾于 2012 年收购过澳大利亚某化妆品品牌、2017 年收购过法国某化妆品品牌。不过，公司 50% 以上的营业收入来自于巴西国内和拉美市场，欧洲、中东、非洲以及亚太地区的收入相对有限。随着美国、法国国际著名化妆品公司进入巴西和拉美市场且市场占有率不断上升，消费者的选择余地越来越大，化妆品市场的买方市场特性越来越明显，N 公司的销售业绩也不再理想。2013 年起，N 公司在巴西市场的利润长期低于期望值，2014 年后，公司排名开始大幅度下降。

2018 年，N 公司提出了改良原有销售模式、推升品牌国际化能力的构想，为达此目的，于 2018 年 9 月提出了收购 YF 公司的邀约，双方开始了接触和谈判。因 YF 公司采取了产品创新、部分产品提价、深耕全渠道建设、提升消费者体验等新策略，企业经营情况有所好转，因而要价较高，双方谈判陷入僵局。

然而，YF 公司本身的品牌老化、新老销售渠道统筹等问题并未彻底解决，暂时的业绩改善并无持续性，2018年的全年总收入仍然下跌超过10%。

2019年3月，YF公司承认正在与N公司就潜在交易进行初步谈判。5月，N公司宣布将以换股方式收购YF公司，涉及的股份价值20亿美元。N公司控股股东成立一家新上市公司收购YF公司。完成交易后，N公司原股东持有新公司76%的股权，YF公司原股东持有新公司24%的股权，新公司将在巴西和纽约证券交易所双重上市。

2019年9月，巴西证券交易委员会批准了新公司的申请，美国证券交易委员会宣布合资公司提交的F-4表格登记声明开始生效，这是完成交易的重要步骤。2019年10月，合资进程取得了更多的进展，N公司已经开始代表YF公司处理一些公共事务，表明之前的谈判僵局已经完全打破，巴西化妆品N公司收购YF公司的谈判接近尾声。

国际商务谈判是一项非常复杂的活动，不可能总是一帆风顺的，在谈判进行中经常出现僵局。谈判人员如何处理僵局对谈判结果具有重大影响，正确的处理会使谈判峰回路转、柳暗花明，处理不好就会使谈判破裂。处理僵局的前提是了解僵局的原因，然后方可对症下药。

第一节　国际商务谈判僵局的产生原因

国际商务谈判过程中，来自不同国家或公司的谈判人员，就某一项或多项商务事项进行协商，由于种种原因，难以达成共识，或者各自不做出让步，导致谈判无法进行下去而暂停或搁浅的情况，称为谈判僵局。谈判出现僵局，会影响合同的达成，或者拖延谈判的时间，对谈判参与方会产生一系列影响。如果双方都有成交的意愿，会尽量避免出现僵局。不过，国际商务谈判本身就是讨价还价、互相让步的过程，僵局的出现也是在所难免的。谈判僵局的出现，可能是台前因素导致的，包括台前客观因素和台前主观因素；也可能是幕后原因造成的，同样包括主观原因和客观原因。谈判中出现僵局，应该辨清原因、理性认识、慎重对待和解决，从而为最终协定的达成奠定基础。

一、台前客观因素导致的僵局

（一）自然条件差异

国际商务谈判人员之间，尤其是主谈人之间，可能会由于年龄、性别、职位的不同而产生特殊的心理状态，在谈判走向与预期不一致时而导致僵局产生。

首先，主谈人之间存在较大的年龄差异。即使在同一国家内，不同年龄的人之间都会存在沟通障碍，谓之"代沟"，何况是不同国家之间具有年龄差的人之间，这一现象可能更为突出。年龄较低的人与年龄较长的人在成长背景、思想观念、生活态度、兴趣爱好等方面存在较大的距离，甚至语言表达习惯也有较大不同。年轻人接受新鲜事物快，更偏爱网络社交媒体中较为流行的表达方法，如果年长的人不及时补充新知识，很容易与年轻人产生隔阂。代沟的存在是客观的，既有积极的影响，也有消极的影响，应妥善应对。

在国际商务谈判中，对于年龄相对小的一方来说，可能出现两种倾向：一种倾向是心理压力过大，自信不足，看到对方年长，担心自己知识和经验不如对方丰富，难以完成谈判任务，也怕对方轻视自己而患得患失，谈判中不敢跟对方争条件，说理底气不足，难以让对方做出较大的让步，最后无法妥协而导致僵局产生。另一种倾向是"勇者无畏"，在两方对阵时勇往直前,不把对手放在眼里。对手如果富于经验,会放慢谈判节奏,等"三板斧"用完之后再有理有据地进行反击,年轻的主谈人难以再把握谈判的主动权,导致谈判陷入僵局。

对于年龄相对大的一方来说,也存在两种倾向:一种倾向是,年龄虽长但经验不丰富。现代社会,人们的职业变化较为频繁,年长主谈人可能并没有更多的从业经验,也可能由于行业的变化而出现磨合期的不适应,先入为主、自以为是,导致对方反感,认为年长主谈人不懂装懂,甚至直接出言嘲讽,谈判陷入僵局。另一种倾向是,作为行业内的资深人士,久经考验、经验丰富,驾轻就熟,谈判中态度较为强势、盛气凌人,希望获取更多的利益,对方如果缺乏耐心,不过多纠缠,双方极易不欢而散。

其次,主谈人之间的性别差异。近年来,随着技术的不断进步,国际商务活动的门槛大大降低,国际商务谈判的参与人员也日益多元化,谈判人员之间存在性别差异也较为常见了。大多数情况下,性别差异不会对谈判进程产生实质性影响,但在少数情况下,也可能产生微妙的影响。可能产生的问题有两个方面。一方面,年长主谈人在面对比自己年轻的异性对手时,可能言语武断、轻视对方,极易导致对方产生抵触情绪,这种情绪积累到一定程度,可能会因小问题而爆发,导致双方在某一问题上互不让步,谈判陷入僵局。另一方面,某些男性主谈人在面对同年龄段或更为年轻的女性主谈人时,容易因对手的示弱和扮可怜而软化立场,如到退无可退之时对方仍极力争取,谈判自然会陷入僵局。这两个问题虽然属于谈判人员的心理障碍,但具有客观性,应该想方设法予以克服,谈判团队的负责人和其他人员也应该及时提醒。

最后,主谈人之间较大的地位或职位差异。国际商务谈判中,如果主谈人之间的地位或职位有较大差异,对各自来说均存优势与劣势。如果其中一方地位或职位较高,决策能力强,谈判效率高。但与此同时,也可能会有较大的心理压力,只许成功、不许失败,或者是极尽可能争取更多的利益,咄咄逼人,留给对方的让步与妥协空间较小,对方难以接受的情况下自然会使谈判陷入僵局;同时,一旦对手使用激将法,极易发生言语和立场冲突,难以达成协议。如果其中一方地位或职位相对较低,不利之处是决策能力没有对方强,容易招致对方的轻视,说理的效果较差;还有可能产生自卑心理,自觉低人一等,谈判中犹豫不决、优柔寡断,错失机会。有利之处在于,"无官一身轻",谈判中可以大胆争,勇敢闯,表现更为直率,力图获取更多的让步。

(二) 理解偏差

有时国际商务谈判进行了较长时间却无进展,陷入僵局,冷静下来分析原因,才发现彼此关注的重点根本不是一回事,此种谈判僵局就是由于理解偏差导致的沟通障碍引起的。

例如,某次中外商务谈判中,外方递过来的报价单中关于产品本身的技术水平介绍了其中包含的专有技术和商标价值等,中方以为外方的设备报价中已经包含了这些内容,经内部讨论后认为总体价格水平较为适中,没有进行过多的讨价还价就同意了外方的要求。可是,在接下来的谈判中,外方却单独把专有技术和商标作为谈判议题提了出来,中方人员质疑后,才了解到外方报价单中的说明仅仅是为了表明产品的质量较高,并非免费提供专有技术和商标。这样一来,原来已经达成一致的设备价格就显得较高了,当中方人员提出要重新讨论这一问题时,外方人员认为中方出尔反尔、缺乏诚意,表现得非常委屈,出现了抵触情绪,导致谈判无法正常继续进行。

再如，在某些情况下，理解偏差可能是由于谈判双方的肢体语言导致的。在倾听对方讲话的过程中，有的谈判人员可能会不自觉地点头，这种表现只是说明知道或理解了说话人表达的意思，而并非是观点上的认同。如果据此做出错误的判断，并提出新的要求，极有可能导致谈判陷入僵局。

二、台前主观因素导致的僵局

（一）谈判人员业务能力欠缺或职责不清

谈判团队的重要成员，尤其是主谈人，如果在商品知识、技术知识、商务知识、法律知识、市场行情等方面有较为明显的短板，且团队其他成员配合不力，或者与团队成员之间存在意见分歧，有可能导致谈判陷入僵局。

【案例分析】

某主谈人刚刚跳槽到一家新的公司后，接手了一项新的谈判任务——从国外采购产品的零部件。虽然其之前在原有公司积累了较为丰富的谈判经验，但毕竟两家公司生产的产品存在一定的差别，生产工艺也不相同，该主谈人还没有完全适应新公司的工作环境就仓促上阵，谈判中对方先是列出不准确的市场行情趋势进行试探，在未受到强有力反驳后，故意使用大量晦涩难懂的专业名词和术语，该主谈人碍于面子不愿向助手请教，导致某些部件的采购价格明显高于市场水平。公司进行合同审核时发现了这一问题，做出了合同不予盖章的决定，对方不愿意重新谈判，交易不了了之。

又如，我国某工厂准备从国外引进较为先进的设备和技术，为了完成谈判特意选派负责技术的副总工程师担任主谈人。为了降低成本，主谈人耐心地与国外谈判对手周旋，反复说理，谈判已经花费了较长的时间，但是未取得实质性进展。总经理焦急之下直接充任谈判负责人上谈判桌参与谈判，经常打断主谈人的发言，并做出了几项让步。主谈人认为总经理不信任他的工作，直接向上级主管机构反映问题，谈判无法继续进行。

（二）谈判人员表态不当或表达失误

俗话说"言多必失"。国际商务谈判过程中，任何一方都有可能在说理的过程中出现一些表态不当或表达失误的情况。这种情况如果出现在细枝末节的议题上，影响不太大；如果出现在交易主要条件的关键条款上，却有可能导致严重后果。谈判团队综合了外语、商务、法律、专业技术、财务等方面的人才，虽然有较明确的分工，但相互间的工作毕竟有交叉重叠，如果某些谈判人员在不适当的时机做了不适当的表态，或某些谈判人员怕担责任、无知、精于自我表现，都会导致谈判受阻，出现僵局。

【案例分析】

某南美国家为了发展本国的通信产业，准备从国外进口设备和先进技术，这一消息发布后，引来了美国、欧盟、日本、韩国等众多厂商。因为该国的总统打算将其作为重要成果用于竞选连任的宣传材料，所以施加了压力，希望谈判团队能够在5个月内完成工作任务。但因该国历史上曾经多次发生债务危机，且外汇储备并不丰厚，因此财政部门受到的监督和制约较大，所能拨付的外汇资金并不充裕，这给谈判人员造成的压力比较大。任务确立后，该国谈判组分别到美国、欧洲、日本、韩国的相关厂商所在地考察了设备情况，索取了各个厂商的报价，在分析了各不同厂商的优劣势之后，决定先选择欧洲的某公司作为谈判对象。因为该公司在世界市场上具有较高的知名度，很受该南美国家上层社会精英人士的认同。该公司作为一家高科技公司，技术水平较高，报价也较高。在邀请该公司谈判后，因进展缓慢，该南美国家的副主谈一时着急，就在谈判桌上猛烈抨击了欧洲国家历史上曾经对南美国家带来的伤害，认为欧洲国家应抱有愧疚感，从而在价格上做出较大的让步。这一番讲话让该欧洲公司的谈判人员非常不满，致使谈判无法继续，陷入了僵局。

三、幕后客观因素导致的僵局

（一）政治因素

除了上谈判桌的人员以外，谈判的幕后因素，包括幕后公司领导人员、后援人员，以及公司之外的政府因素、环境因素，甚至第三方干预等，都可能导致谈判陷入僵局或不了了之。其中，政治因素引起的僵局较为常见。近年来在贸易保护主义和单边主义抬头的情况下，某些国家以"国家安全"为名，以政治手段干预别国商务谈判和商务合作的事例屡见不鲜。

【案例分析】

2019年年中，美国政府高级官员使尽浑身解数力图阻止中国企业收购乌克兰航空发动机制造商M公司的计划。这一交易的谈判其实并非第一次进行，之前已经经历过较长时间的僵局。乌克兰M公司是该国一家为飞机和直升机生产发动机和工业燃气轮机的重要企业，是乌克兰证券交易所最具价值的公司之一，拥有员工约2万名。其产品质量优良，出口到世界100多个国家和地区。2014年后因俄乌关系发生重大变化，M公司生产大幅下降，逐步陷入困境。自20世纪90年代以来，M公司的产品就出口到中国。2014年，北京某航空产业投资有限公司开启了与M公司的谈判，准备收购其部分股份。整个谈判过程虽历经波折，但在2017年取得了重大进展。关键时刻，美国以该项交易将损害美国"国家安全"为由，横加阻拦。为尽可能阻止中国企业收购乌克兰M公司，美国采取了各种方法和措施，一方面在美国国内寻找能购买该公司股份的企业，另一方面向乌克兰政府施加了某种压力。乌克兰总检察院借口M公司有洗钱、偷税行为对其展开调查。2017年9月，乌克兰国家安全局怀疑M公司总裁"非法向中国投资者出售公司56%的股份"，怀疑新的持有者"打算摧毁该公司并将其技术带到国外"，乌克兰法院冻结了这笔交易。M公司否认所有指控，并称M公司是一家私人所有的股份制公司。在美国的不断煽动下，乌克兰国家安全局2018年4月突然搜查了M公司的工厂。乌克兰反垄断委员会对这一收购交易展开调查，并称只有中国企业同意将该公司25%的股份捐赠给乌克兰国有国防集团，时任乌克兰总统才会同意这笔交易。此后，该项交易谈判长期陷入僵局。

这一谈判2019年又迎来了新的转机。乌克兰某邻国专家分析后认为，美国的做法一方面是对乌克兰内政的干涉，同时也置M公司于险境，M公司不会得到美国的任何好处，因为美国根本不需要一个与本国产品相竞争的企业。如果不能在短期内解决问题，M公司最终的结局将如同乌克兰另一家著名的造船厂一样，破产倒闭。为了尽快摆脱困境，2019年8月，M公司签署了向中国企业转让50%以上股份的协议。为了阻止中国企业的收购，2019年10月，美国商务部、国防部等官员会见了国防承包商，国家安全委员会的成员强调了阻止中国企业收购M公司的重要性。11月，美国政府鼓励所谓的私人公司"黑水"的创始人P先生收购M公司。对于这一谈判以及类似的交易，美国的公开干涉和暗箱操作依然不会停止。

（二）技术因素

在国际生产网络和全球价值链分工体系下，工业半成品和零部件的交易规模急剧增大，与此相关的谈判也日益重要。无论是国际货物买卖谈判，还是合资谈判，涉及技术的条款比例都在提高。在国际技术贸易中，专利、专有技术、商标等本身就是交易的主要议题。国际商务谈判中的技术问题，涉及技术、技术服务等内容，技术的转让涉及技术的所有权和使用权，两者是可以分离的；技术服务的内容则更为复杂，包括技术指导、技术培训、工程设计、项目管理等，细微之处的变更或表述不同都会导致合同价格的很大变化。因此，技术因素历来是国际商务谈判的焦点，同时也是谈判僵局产生的重要原因。

【案例分析】

中海油某公司欲从澳大利亚某研发公司（以下简称 C 公司）引进地层测试仪，双方就该技术交易在 2000—2002 年期间举行了多次谈判。地层测试仪是石油勘探开发领域的一项核心技术，掌控在国外少数几个石油巨头公司手中，如斯伦贝谢、哈利伯顿等。他们对中国实行严格的技术封锁，不出售技术和设备，只提供服务，以此来占领中国广阔的市场，赚取高额垄断利润。澳大利亚 C 公司因缺乏后续研究和开发资金，曾在 2000 年之前主动带着他们独立开发的、处于国际领先水平的该设备来中国寻求合作者，并先后在中国的渤海和南海进行现场作业，效果很好。中方于 2000 年初到 C 公司进行全面考察，对该公司的技术设备很满意，并就技术引进事宜进行正式谈判。考虑到这项技术的重要性以及公司未来发展的需要，中方谈判的目标是出高价买断该技术。但 C 公司坚持只给中方技术使用权，允许中方制造该设备。他们不同意将公司赖以生存的核心技术卖掉，"委身"变成中方的海外子公司或研发机构。双方巨大的原则立场分歧使谈判在一开始就陷入僵局。中方向 C 公司表明了立场之后，对谈判进行"冷处理"——回国等待。迫于资金短缺的巨大压力，C 公司无法拖延谈判时间，在 2000—2002 期间，就交易条件多次找中方磋商，试图打破僵局。由于种种原因，双方最终没能达成协议，谈判以失败告终。

这一案例中，中澳双方谈判陷入僵局的主要原因，不是技术价格或技术转让费，而是技术所有权与技术使用权。澳方认为，出卖技术所有权就相当于卖掉了自己的公司。中方认为，如果澳方保留技术所有权而仅仅出售使用权，制造出来的设备只能在中国海域作业，不能到国外作业，还要长期依赖澳方不断更新技术，中方就变成了澳方的"提款机"，将会面临长期受制于人的困局，而且可能延误自身技术创新的努力和投入，得不偿失。因此，绝对不能放弃原有的立场。

（三）市场因素

谈判中因市场因素变化，谈判者对本方做出的承诺不好食言，又无意签约，而是采取拖延战术不了了之，对方忍无可忍，产生僵局。例如，市场价格突然变化，如果按双方洽谈的条件签约必然会带来较大的损失，如果违背承诺又担心对方不接受，此时便故意拖延，形成僵局。

【案例分析】

我国内蒙古某进出口公司向韩国某公司出口某种绿色食品。由于韩国消费市场很大，韩方派人到中方公司所在地谈判订货合同。上一单定价为 3950 美元/t，随着订单数量增加，货物渐显不足，市场价格攀升。中韩双方谈判时，市场价呈现波动状态。中方要求大幅提高成交价以防将来不能供货，韩方则坚称未来难料，马上涨价不公平，谈判僵持不下。

（四）成交条件差距太大

国际商务谈判中，即使双方都有成交的意愿，谈判人员素质都较高，谈判态度也都比较友好、坦诚与积极，如果谈判方案中所确定的成交条件差距太大，对交易潜力的判断有较大分歧，而且这种分歧难以弥合时，谈判就陷入僵局。这种僵局非常棘手，绝大多数会以谈判破裂而告终。

举个简单的例子，如果按照进口方的预算，最多只能出 1000 美元的单价购买某商品，而出口方的单位生产成本就达到 1100 美元，再加上合理的利润，出口方的报价一般都会高于 1300 美元。这种情况下，如果出口方满足进口方的要求，只能亏本销售，除非是为了开拓新市场，或者着眼于长期的交易关系，在接下来的交易中弥补损失。否则，很难有出口方会接受这样的条件。对于进口方来讲，因为交易金额的上限已经确定，如果想要达成协议，除非降低技术要求或质量要求，或者请求上级提高预算额度，后者可能还需要经过政府部门的审批，难度较大。否则，也很难接受这样的条件。

当然，随着时间的推移和情势的变化，这类谈判僵局也可能随着一方条件的放松而又重新恢复，并最终达成协议。

【案例分析】

某国经济水平较为落后，轻工业基础较差，有意从我国进口纺织设备，用于新建服装加工工厂。该国外债水平较高，外汇审批较为严格。该国某公司在和我国企业的谈判过程中，价格条款争执不下，我方主谈人反复向对方强调，中国作为世界第一纺织品和服装出口大国，相关设备技术水平较高且价格合理，对方难以找到这样物美价廉的供应商。对方表示理解，但还是不接受中方的报价，如果勉强接受，回国后可能会被调查。我方虽然对对方的立场表示理解，但难以接受亏本的价格，谈判陷入僵局后不了了之。

四、幕后主观因素导致的僵局

（一）上下级意见不一致

在绝大多数情况下，台前谈判人员无论自身的地位和资历如何，其幕后总还有上级人员或下级人员存在。在私营企业中，即使老板亲自担任主谈人，其公司员工作为下级，政府机构作为监管部门，自然而然存在上下级关系。由于各自的立场和观点不同，掌握的信息来源不同，所从事的专业不同，兴趣或关注点不同，会导致台前人员与幕后人员的看法存在分歧。这种分歧，如果处理得当，会促进谈判方案的完成；处理不当，会导致上下级失和，谈判也可能陷入僵局。

【案例分析】

某国准备从国外引进先进技术和设备，该国虽然建立了较为完善的市场经济体制，法律也比较健全，但执行得并不理想，各种利益集团在政策制定和执行中发挥着无形的影响。为了确保达到"少花钱、多办事"的目的，该国准备采用国际公开招标的方式完成交易，期待外国厂商相互竞争达到压价的目的。然而，在十几家国际知名企业投标之后，谈判组阅读投标方案时，发现其中三家国际知名公司所报的价格与本国政府部门事前确定的底价较为接近，总体方案差距不大。而这三家公司与该国不同政府部门，甚至与有影响力的民间人士有着千丝万缕的联系。其中一家公司是财政部比较青睐的中标者，另一家公司则是项目建设单位乐于接受的，而第三家公司与当地一位极有影响力的民间人士私交甚笃，在政府决策中发挥着特殊的影响力。谈判人员难以做出最后的决断，无法继续进行，工作陷入停滞。只好请示上级领导部门，上级部门经过一番综合平衡，最后才勉强解决问题。

（二）政府干预谈判和交易

在私营企业的商务交往中，遇到政府干预是非常棘手的事情。为了达成交易，或者为了阻止交易，任何一方都可能运用政府干预，而且这一做法常常能够奏效，因而在国际商务谈判中屡见不鲜。即使是发达国家的大公司，也难以摆脱政府干预的影响。

【案例分析】

2017年年底，美国某电信运营商A公司与中国H公司基本完成了谈判，双方拟进行合作，在美国市场推出新的手机产品，H公司随后在美国各城市挂出了产品广告牌，为扩大销售做了精心的准备。然而，相关信息公布后，美国18名国会议员联名致信联邦通信委员会（FCC）主席，要求FCC对H公司与美国运营商的合作展开严格调查，同时，应当审慎地评估中国电信公司在美国市场的渗透。多年以来，H公司进入美国市场的努力一直遭到美国政府的无端怀疑和指责。美国在没有出示任何可靠证据的情况下，单方面宣称H公司的产品不安全。早在2012年10月，美国国会情报委员会还曾发表调查报告，称H公司和另一家Z公司对美国安全构成威胁，建议阻止这两家企业在美国开展投资贸易活动。提出美国政府系统，特别是敏感部门，不应使用H公司和Z公司的设备，包括零部件；考虑到长期相关风险，鼓励美国的网络提供商和系统开发商积极寻求其他供应商。2017年4月，美国总统签署协议，废除了FCC针对互联网服务提供商（ISP）提出的隐私规则，正式推翻了美国前政府时代制定的隐私政策。2017年12月，FCC投票废除了"网络中立"（Net Neutrality）法规。在各方施压下，美国A公司于2018年1月宣布，取消与H公司在美国市场的合作协议。不仅如此，美国还继续施压其他国家，要求其他国家不要与H公司在5G网络建设中合作。其中，大洋洲的两个国家深受影响。美国国家安全局和国土安全局负责人向大洋洲两个大国的总理表达了"美国对中国参与5G网络建设的担忧"，包括"潜在安全隐患"。在美国的影响下，大洋洲两国以"国家安全"为名，禁止H公司参与5G网络建设。

国内外专家普遍认为，这其中遏制中国的意味更多，至于所谓的"维护国家安全"只是一个借口。众所周知，中国的高科技企业在5G网络建设方面的进展领先全球，中国在这一领域的发展和进步让西方国家难以接受。大洋洲两国历来与美国的关系十分紧密，某些人士对于该两国和中国的关系过于敏感。2018年8月，大洋洲某国宣布禁止H公司及Z公司为其规划中的5G网络供应设备。2018年11月，大洋洲另一国家的通信安全局也突然以所谓"国家安全风险"为由，反对该国的电信服务商SP公司使用中国H公司的5G设备。之后，H公司与大洋洲国家进一步合作的谈判处于僵持状态。但是，H公司的技术优势非常明显，很难被替代。虽然世界通信领域还有S公司、N公司和E公司，但是，H公司和Z公司的专利和零部件和其他公司之间也存在互通有无的关系，相互之间很难截然分开，离开了彼此，各自重建供应链将付出不菲的时间代价和财务成本，不具有任何技术上和经济上的合理性。2019年4月，大洋洲某国总理表示，该国并没有禁用H公司的5G，也不会因美国方面的影响而改变国家政策。2019年11月，该国SP公司宣布，已与N公司展开合作，并将S公司和H公司列入供应商名单，开始采用H公司的5G设备进行专网试用。

（三）谈判一方或双方的策略因素

策略因素导致的僵局为策略性僵局，即谈判的一方或双方有目的、有意识地制造僵局，给对方施加压力而为己方争取更好的条件、更充裕的时间或等待时机而采用的一种策略。这种僵局是谈判的一方或双方有意为之，主观因素较为浓烈，一般是在谈判中处于较为明显的优势地位，或者产品具有特殊性和垄断性时，才可以采用这种策略。但是，其风险较高，回旋余地小，很可能导致谈判破裂。

【案例分析】

某南亚国家近年来经济发展较快，在世界经济的排名中也不断上升。为了提高国内办公效率，该国 D 公司欲从国外引进办公设备生产线。日本公司的此类产品在国际市场享有盛誉，D 公司向日本公司发出询价信息后得到响应，双方就引进设备的技术和设备的交易条件进行谈判。日本公司认为，自身产品技术水平高，产品质量稳定，认为 D 公司除了跟自己合作外别无选择，因而确定了比较苛刻的条件。谈判开始后，日方坚持要按过去卖给其他国家的技术费和设备费来定价，坚决不让步。D 公司反复向对方申明，自身为发展中国家，人口众多，外汇储备规模有限，难以承受过高的价格，希望日本公司看到该国国内市场的巨大潜力和良好的发展前景，给予较为务实的价格。但日本公司不为所动，谈判陷入僵局。一个月后，日本公司驻南亚国家的代表得知，D 公司正与韩国和某西欧国家的厂商接触，并已发出前来磋商的邀请。韩国和西欧国家的同类设备虽然没有日本公司的质量稳定，但交易条件却非常优惠，技术水平也具有适用性，完全能够满足 D 公司的生产和销售需要。日方谈判人员马上将相关信息传回公司总部，希望得到下一步的指示。

第二节 国际商务谈判僵局的处理

多数情形下，僵局是谈判人员不希望看到的局面，但因谈判双方利益竞争的复杂性，僵局又是难以避免的，甚至是有意为之的。突破谈判僵局，需要综合各种因素，也需要台前幕后人员的相互理解和配合，根据决策制定者和执行者的领导意识、决策水平、外力干预，以及利用谈判人员的知识、经验、能力和技巧等，灵活应对，以便为协议或合同的签署清除障碍。

一、台前客观因素导致僵局的应对

（一）谈判之前加强对谈判人员的教育和心理建设

应从两方面着手。一方面，在国际商务谈判进行之前，或在日常的公司管理中，加强对谈判人员的培训和教育，聘请心理咨询师、行为专家、礼仪专家等进行讲解和疏导，强化谈判人员心理素质，做到未雨绸缪。通过信息收集了解对方谈判人员的自然情况和谈判风格后，应及时告知谈判人员做好相应准备。另一方面，在制订谈判方案时，对双方谈判人员的自然条件差异有所准备，必要时可进行全景模拟，针对本方谈判人员的弱点强化练习，以不断丰富其经验、提高素质，更自如地面对自然条件的不同。各种角色、各种可能的方案均应熟练掌握，这样上了谈判桌才能做到心中有数。至于超过演习方案之外的问题发生时，若有把握则及时处理，若没有把握则可以采用缓兵之计，待请示、研究之后再答复对方。

（二）谈判过程中加强团队配合

在国际商务谈判中，如果有团队配合，则处理因客观因素导致的僵局会更为灵活一些。虽然团队成员有比较明确的分工，但是毕竟是团队，如果因双方的理解出现了偏差，团队的所有成员都有责任，谈判对方也有责任，都有破解僵局的义务。所以，团队成员应集思广益，共同寻找解决问题的办法。如果问题实在棘手，也可以向对方坦诚指明问题，亮出态度，尽力取得对方的理解，大事化小，小事化了。

（三）制造竞争

在竞争激烈的世界市场上，大多数的公司，大多数的商品和服务，都有大量的竞争对手。单一厂商垄断买方或卖方市场的情况是很少见的，波音公司有空客这样的竞争对手，卫星发射服务方面，美国、中国的公司都具有较高的声誉，更不要说普通的商品或服务了。所以，应对僵局，制造竞争是一个较好的策略。可以同时和多家外国公司展开谈判，而且要把消息扩散出去。当然，制造竞争可以真制造，也可以策略性制造。不过，真的制造竞争，事先要考虑好时间和成本问题，也要考虑好封门的问题；策略性制造竞争，可信度要高。在谈判陷入僵局、久拖不决的情况下，竞争对手的出现是刺激对手做出让步或采取积极行动的"催化剂"。无心插柳柳成荫，有的时候，竞争对手可能真的可以给出更好的条件，双方最后达成协议。

二、台前主观因素导致僵局的处理

（一）更换谈判人员

如果我方谈判人员的业务能力有欠缺，或者与对方差距太大，确实会造成一系列问题。此时，可以征得对方同意，及时更换谈判人员，消除不和谐因素，缓和气氛，就有可能打破僵局，保持与对方的友好合作关系。这是一种迫不得已的、被动的做法，必须慎重。出于综合考虑，在谈判陷入僵局时更换谈判人员应该以客观理由为主，如果直截了当地指出其能力问题，对该谈判人员的声誉和职业生涯规划会产生较大的影响，影响其工作积极性，甚至可能造成其离职。所以，要出于关爱员工的角度，尽量不伤害谈判人员的自尊心，不打击其工作的积极性。

同时，更换谈判人员也要做好后续谈判的衔接。一般情况下，之前的谈判人员的某些妥协可能超过了应有的幅度，更换人员上场后可进行否定并同时向对方致歉。致歉由本方地位较高的负责人出来表达效果更好，这也是向对方施压，迫使对方放弃原先较高的要求，做出一些妥协，以利协议的达成。少数情况下，如果对方确实难以接受，那么，在后续的谈判中就更加注重整体权力和义务的平衡性，需要对方多做让步。

更换谈判人员，尤其是更换主谈人后，双方会形成一种新的谈判气氛，重新确立谈判风格，如果对方有交易的诚意，则双方都会更积极、更迅速地找到一致点，消除分歧，甚至使对方做出必要的、灵活的妥协，僵局由此而可能得到突破。

（二）改变谈判地点

有时候做了很大的努力，采取了许多办法、措施，谈判僵局还是难以打破，这时可以考虑改变一下谈判地点或环境。

在原有的谈判地点，谈判人员很容易陷入原有的思维模式和行为模式中，改变谈判地点或环境，会给人一种从头再来、面貌一新的感觉。比如，原来在公司的谈判间谈判，可以更换到酒店的会议室谈判，然后再配以合理的装饰，开场前播放优美的音乐，环境更舒适。这样，大家的心情也就自然而然地发生了变化，更为轻松、自然。双方可以多沟通，清除彼此的隔阂，也可以不拘形式地就僵持的问题继续交换意见，将严肃的讨论和谈判置于轻松活泼、融洽愉快的气氛之中。心情愉快，人也会变得慷慨大方，谈判桌上争论了较长时间而无法解决的问题，在新的地点和环境下也许就会迎刃而解了。

（三）领导人出面安抚

谈判中出现了僵局，有时可能是谈判人员本身的因素造成的。双方谈判人员如果互相产生成见，特别是主谈人在争论问题时对对方进行攻击，伤害了对方的自尊心，必然引起对方的怒气，谈判就很难继续进行下去，陷入僵局。此时即使是改变谈判场所，或采取其他缓和措施，也难以从根本上解决问题。形成这种局面的主要原因，是由于在谈判中不能很好地区分如何待事与待人。谈判中的争论，应该是对事不对人。

出现这样的问题，由领导人出面加以安抚效果较好。领导人出面的方式可以多种多样，可以是接见、宴请、私下会谈、观看文艺表演等。不过，领导人出面也要把握好一个原则，就是只过问，不参与。在领导人与对方见面的过程中，对方肯定会告状，也可能采用激将法，请领导人做出让步。领导人只能表示会再了解情况并促进协议达成，具体条件仍需谈判人员来决定。这样，既给了对方台阶，又没有越俎代庖。

（四）从对方的破绽中借题发挥

谈判实践说明，在一些特定的形势下，抓住对方的破绽小题大做，让对方措手不及，对于突破谈判僵局会起到意想不到的效果。从对方的破绽中借题发挥的做法有时被看作是一种无事生非、有伤感情的做法，然而，对于对方某些谈判人员的不合作态度或试图恃强凌弱的做法，运用从破绽中借题发挥的方法做出反击，往往可以有效地使对方有所收敛。相反，不这样做反而可能会招致对方变本加厉的进攻，从而使我方在谈判中进一步陷入被动局面。事实上，当对方不是故意地在为难我方，而我方又不便直截了当反击时，采用这种借力打力的做法，往往可以使对方知错就改、主动合作。

三、幕后客观因素导致僵局的处理

（一）理性认识和对待

在国际商务谈判中，僵局并不可怕，出现僵局是常态，只有以平常心来看待僵局，才能以平常心应对。许多谈判人员把僵局视为一种失败或无能的表现，总是竭尽全力避免僵局，在这种认识下，为避免出现僵局，事事处处迁就对方，一旦陷入僵局，很快失去信心和耐心，怀疑自己的判断力和能力，对预先制订的谈判方案产生怀疑，后悔当初。这种认识和看法阻碍了谈判人员更好地运用谈判策略，事事处处迁就对方，可能达成一个对己不利的协议。应该看到，僵局确实是对双方都不利的，不过如果能正确认识，恰当处理，会变不利为有利。在面对僵局时，需要理性分析，客观对待。有些僵局不是某个公司、某个个人所能左右的，很可能是特殊的时代、特殊的环境、特殊的关系、特殊的群体造就的。在商务谈判之前，进行环境因素分析和信息收集时，就应该考虑所有可能的影响。公司和个人能解决的僵局，尽量解决；解决不了的，静观其变。也许，时过境迁，会有转机。

（二）夯实说理的依据

如果谈判僵局是由技术因素引起的，用非技术的手段难以解决，此时技术数据和资料就成为判断僵局产生原因的关键，只有分清了原因及其性质，谈判双方才能根据分歧的严重程度，共同协商解决方法。

【案例分析】

我国云南省小龙潭发电厂，就6号机组脱硫改造项目于2002年与丹麦史密斯·穆勒公司签订了一系列脱硫改造合同，改造后检测结果，烟囱排放气体并未达到合同所承诺的技术指标。该发电厂于2004年与史密斯·穆勒公司为此事进行交涉，要求对方进行经济赔偿。索赔谈判前，我方在确认对方的责任方面进行了大量调研和数据收集工作。第一，咨询清华大学、北京理工大学等国内该领域的知名专家，在理论上对这一问题有了清晰的认识。第二，对改造后烟囱排放气体进行采样分析以及数据计算。另外，对比分析对方提供的石灰品质以及脱硫效率。根据调研结果，对照2002年原合同中的条款和参数，我方最终认定是史密斯·穆勒公司的责任。在正式索赔谈判中，双方在责任问题上各执一词，谈判出现了僵局。史密斯·穆勒公司采取了"打擦边球"的策略，试图推脱责任，把赔偿金额压到最低，强调合同要求脱硫率是90%，脱硫率瞬间值达到了这一指标，甚至还高于90%。但我方要求的是长期值而不是瞬间值，对方试图以瞬间值逃脱责任，而我方则以平均值说明问题。我方经过长期统计，平均值仅有80%左右，远远没有达到合同要求。然而，在脱硫剂石灰上，丹麦的国家制度规定石灰原料由国家提供，而我国则由企业自己提供。史密斯·穆勒公司认为，脱硫效率低是我方未提供合适的石灰造成的，我方应负一定责任。双方最终达成协议，一方面，史密斯·穆勒公司派遣相关人员继续进行技术改造；另一方面，对方就无法实现的合同技术指标部分进行赔偿。

在这一谈判僵局的处理中，焦点在于技术问题的责任划分。双方都重合同、重证据、重事实、重关系，都以脱硫改造后的气体排放实际情况为依据，摆事实、讲道理，充分揭示存在的技术问题及其原因。在推定对方应负的责任时，我方依据合同，用长期采样得来的统计数字说话，把对方应负的责任转化成确凿的数据。脱硫改造后排放气体的长期平均值仅有80%，说明技术上存在严重问题，对方无法狡辩。同时，我方在谈判过程中不是得理不让人，让对方沦为绝对的失败者，而是以退为进，适当让步给对方"面子"，来维护和调整已有的合作关系。我方允许对方派遣相关人员继续进行技术改造，既赢得了对方的主动配合，又使对方进行了经济赔偿，以弥补我方的损失。

（三）提高技术创新能力

我国作为世界贸易大国，同时作为世界最大的发展中国家，虽然技术水平有了较大提升，但与贸易强国相比，在很多领域还有不小的差距。在面对因技术原因而导致的谈判僵局时，根本的解决办法就是不断提高自主创新能力，提高讨价还价能力。

【案例分析】

我国基础设施建设取得了举世瞩目的成就，国际工程承包领域已经具备了很强的国际竞争力。少数国家不从自己身上找原因，不想办法奋发图强，却认为我国抢了他们的生意，屡屡习难。某西欧国家N属于建筑工程领域的世界强国，曾经包揽了全世界70%以上复杂桥梁的建设。但是，和我国相比，N国的建筑设计价格非常高，而且工程建设速度非常慢。

在我国已经通车的GZA大桥建设过程中，我们充分发挥了自身的能动性，不断提高自主创新能力，依靠自身的力量建成通车。GZA大桥被称为21世纪新七大世界奇迹之一，全长达到55km，投资超过1000亿元人民币。主体桥—岛—隧集群29.6km，也是整条隧道难度最大的线路。GZA大桥建成之后，创造了400多项专利，是全球最长公路沉管隧道和全球唯一深埋沉管隧道。GZA大桥的建成，为世界海底隧道工程提供了最为独特和宝贵的技术样本。

该工程建设是我国所有建筑技术的集大成者,拥有四个世界之最。然而在当年规划建设的时候,碰到了诸多难题。作为一个发展中国家,当时,我们的建筑工程技术虽然不弱,但还没有建设过如此庞大的工程,为了提高建设质量,我方并未轻率地先开工建设,而是秉持了谦虚好学、不懂就问的传统,先后请教了多国的建筑工程技术专家。但是,这毕竟是一个罕见的大工程,大多数外国专家提出的建议并不具有实用性,只有N国显现出自己的实力。于是,我们初步确立了和N国进行合作的方案,准备购买对方的一项专利,用于海底隧道建设,并开始和对方谈判。然而,N方却报出了1.5亿欧元咨询费的价格,按当时汇率折算相当于约15亿元人民币。这一价格过于高昂,远远超过了我国的预算。为了更好地建造这座大桥,确保工程质量,我方与N国公司的相关人员多次进行商讨,说明在预算情况允许的条件下,最多只能付给N国公司3亿元人民币,而N国公司的相关人员听到这个数字之后,便带着一种嘲讽的语气说,我给你唱一首祈祷歌吧。对方的举动表明:一方面,对方认为我方所给的咨询费太少,虽然这么高的咨询费已经超过了我方的预算;另一方面,他们看不起我方,举止无礼、傲慢,认为我方除了妥协别无他法。最终,我方决定放弃专利购买,改为自主研发造桥、造岛技术,谈判不欢而散。通过自我攻坚、大干快上,我国工程师和科学家们终于突破了各类难关,研究了一套新的、拥有自主知识产权的相关技术。GZA大桥于2009年动工,2018年正式通车。它使得珠海到香港的车程从3小时缩短到0.5小时,未来对大湾区建设的贡献难以估量。我国通过这一工程,大大提高了建筑领域的自主创新能力,整体水平更上一层楼。

(四)更改谈判议题的顺序

当谈判陷入僵局,经过协商而毫无进展,双方的情绪均处于低潮时,可以采用暂时避开该议题的办法,换一个新的议题继续谈判。由于议题和利益的关联性,当其他议题取得成功时,再回来谈陷入僵局的议题,便会比以前容易得多。同时,考虑到各交易条件的平衡性,也可以用"打包"交易来打破僵局。例如,在价格问题上双方互不相让,可以改谈交货期、付款方式等其他问题。或者进一步协商如何运用金融或保险工具来降低或避免风险,如果在这些议题上对方满意,再回头讨论价格问题,阻力就会小一些,商量的余地也就更大些,从而弥合分歧,使谈判出现转机。

对于牵涉多项议题的谈判,用这一策略打破僵局效果很好。比如,在一场包含6项议题的谈判中,有4项是重要议题,其余2项是次要议题。假设4项重要议题中已有3项达成协议,那么针对僵局,可以这样告诉对方:"4个难题已解决了3个了,剩下1个如果也能予以解决的话,其他的小问题就好办了,让我们再继续努力,好好讨论讨论唯一的难题吧。如果就这样放弃了,前面的工作就都白做了,大家都会觉得遗憾的!"这么一说,对方多半会同意继续谈判,僵局自然就化解了。

所谓"打包"交易,即向对方提出谈判方案时,各类条件搭配在一起,对方如果同意就都同意,如果不同意则全盘否定。这样,在面对因市场波动而引起的价格条款僵持局面时,就可以结合质量保证期、交货期、支付条件等,做一个统一的方案。例如,将机器设备的主机、备件、技术服务等,分别给出不同的搭配方案,主机价格高,可选普通备件、较低等级的服务;主机价格适中,可选质量高的备件和优质的服务等。这样做的好处在于各方案之间具有平衡性,各具优缺点,选择余地大,对方容易接受,可以起到突破僵局的作用。

（五）加强情感交流

谈判者在相互交往的过程中，通过适当的宴请、参观游览、馈赠礼品等，加强情感沟通，有助于打破僵局。这些活动或举动，会对增进双方的友谊、沟通双方的感情起到一定的作用，也是普通的社交礼仪的组成部分，西方学者幽默地称之为"润滑剂"策略。每一个精明的谈判者都知道，给予对方热情的接待、良好的照顾和服务，对于谈判往往产生重大的影响，对于破解谈判僵局是一个行之有效的方法，等于直接明确地向对手表示"友情第一"。经验表明，在一个轻松的非业务场合，双方推心置腹的诚恳交谈对缓和僵局十分有效。强调双方成功合作的重要性、双方之间的共同利益、以往合作的愉快经历、友好的交往等，对方态度会发生转换。

要特别注意，馈赠礼品要遵纪守法，考虑分寸，讲究艺术。一方面注意对方的商业文化和习俗，另一方面要防止贿赂之嫌。有些企业为了达到自身的利益，在谈判中将馈赠礼品这一社交礼仪等同于贿赂，不惜触犯法律，这是错误的。所以，馈赠礼品要选择社交范围之内的普通礼物，突出"礼轻情义重"。谈判时，招待对方吃一顿地方风味的午餐，赠送一些具有纪念意义的小礼物，并不是贿赂，提供这些平常的招待也没有违反职业道德。当然，如果对方馈赠的礼品比较贵重，通常意味着对方要在谈判中"索取"较大的利益。对此，要婉转地暗示对方礼物"过重"，予以推辞，并要传达出自己不会因为礼物的价值而改变谈判态度的信息。对于贵重的礼品，要按照相关法律规定或公司的惯例处理，不得私自留用。

（六）适当让步

国际分工和国际贸易的经典理论已经阐明，分工和交换乃是正和博弈，而非零和博弈，商务谈判是这种正和博弈的重要过程。谈判双方并非要在利益上争得你死我活，需要相互理解、相互配合。谈判只是交易的一部分，合同签订之后，还需要履行。如果一方在谈判中得利太少，必然在合同履行阶段试图弥补，从而给双方关系带来极大的隐患。所以，谈判中遇到僵局，如果确是我方原因引起，适当做出让步也是合情合理的。

谈判就是妥协的艺术，也是让步的艺术。如果不让步，就没有必要开始谈判了。实际上，从谈判的一方报价，另一方还价开始，双方都在进行让步，以达成立场逐渐接近、最后成交的目的。所以，在谈判面临僵局时，任何一方都应该反思，如果因为一些小的条件或要求而轻易使得谈判破裂，未免得不偿失。其实，只要在某些条件下稍做让步，很可能在其他条件上有所收获。失之东隅，收之桑榆。经验丰富的谈判者应该清楚，要以全局的眼光判断交易的利益，而非过多关注细枝末节。

以在中国设立中外合资企业的谈判来看，有些谈判人员纠结于利润分配、企业管理权、产品合格率、产品销售、广告宣传等尚未最后确定就匆匆放弃。事实上，合资一方有可能接受更多的企业管理权，而在利润分配方面做些让步。合资企业长达十几年乃至数十年的运营，势必要求双方多合作，各自的权利和义务趋于平等，只关注其中一个甚至几个条件的意义不大。

在国际商务谈判陷入僵局时，如果知己知彼，对国内、国际情况全面了解，对双方的利益所在把握得恰当准确，那么就可以在某些方面采取适当让步的策略，去换取另外一些方面的得益，以挽回濒临失败的谈判，达成双方都能接受的合同。当谈判陷入僵局时，应有这样的认识，即如果促使合作成功所带来的利益大于坚守原有立场而让谈判破裂所带来的好处，那么适当让步就是双方或我方应该采取的策略。

(七) 寻找其他交易对手

如果谈判僵局是由于双方成交底线差距太大造成的，这种僵局有的可以突破，有的则没有挽回余地，对此不要强求。应该知道，国际商务谈判的相当比例都是以失败而告终的，双方都有合情合理的原因而导致的谈判破裂不是任何一方的过错。这类事例可以使谈判人员反思己方对国际市场行情的调查和了解是否有误差，以及谈判前所确定的方案是否合理。比如，作为买方，确定的进口价格是否低于生产成本加上合理利润的值；作为卖方，本企业的工艺、技术是否落后于市场需求的变化，或者是本企业的生产成本是否居高不下，降低成本的进程是否慢于同行业的其他厂商。在此基础上，企业和个人才能成长，才能更好地在国际市场上参与竞争，谋求更大的发展。

随着世界市场的逐步扩大，越来越多的国家、越来越多的企业开始参与其中。作为产品生产方，只要货物适合消费者需要，价格合理，一家公司谈不成，还有众多的其他买主可供选择和接洽。作为购买方，更是可以货比三家，择优选择，在满足预算的条件下，尽量进口质量较好和技术水平较高的商品或服务。

四、幕后主观因素导致僵局的处理

(一) 休会或改期再谈

上下级之间出现意见分歧，短期内难以解决，只能暂时休会或改期再谈。这是形势的客观需要决定的。休会策略是谈判人员控制和调节谈判节奏、缓和谈判气氛、打破谈判僵局时经常采用的。一方内部出现了分歧，决策难以做出，另一方势必要等待。另外，如果双方因观点差异而出现分歧，各持己见、互不妥协，如果继续进行谈判，结果往往徒劳无益，有时甚至适得其反，比较好的做法就是休会。双方都需要时间思考，客观地分析形势、统一认识、商量对策。

休会或改期可以达到如下目的：仔细反思争议的问题，探究问题产生的根源；进一步分析谈判背景并收集信息，了解市场行情，补充论据和向对方质询的问题，调整谈判方案；内部集思广益，头脑风暴，发挥集体的力量，商讨打破僵局的方法；与上级领导或部门沟通确定下一步的谈判策略和技巧，以及需要幕后人员做出的配合和策应；己方可能做出的让步及步骤、时机；解除身体疲劳、缓解紧张情绪；预测对方下一步的策略，提出应对方案等。

休会或改期后，双方再按预定的时间、地点坐在一起时，会对原来的观点提出新的、修正的看法。这时，僵局就会较容易被打破。

(二) 坚持立场和原则不妥协

如果有较为充分的证据或迹象表明对手在故意制造僵局，施加压力，妥协退让已无法满足对方的欲望，最好的应对方法就是以牙还牙，坚持立场和原则不动摇，让对方自动放弃过高要求。比如，揭露对方制造僵局的用心，让对方放弃条件。对方可能会自动降低要求，使谈判进行下去。也可能离开谈判桌，以显示自己的强硬立场。如果对方想谈成这笔生意，他们会再来，这时，谈判的主动权就掌握在了我方的手里。如果对方不来也不可惜，因为如果继续谈判，只能使我方的利益降到最低，这样谈成还不如谈不成。

谈判陷入僵局时，如果双方的利益差距在合理限度内，即可明确地表明我方已无退路，希望对方能让步，否则我方情愿接受谈判破裂的结局。相反，如果双方利益差距太大，只靠单方面的努力与让步根本无法弥补时，就不能采用此策略。在做出这一选择时，必须要做最坏的打算，切忌在毫无准备的条件下盲目使用，这样只会吓跑对方，结果将是一无所获。如果运用这一策略而使僵局得以突破，我方就要兑现承诺，与对方签订协议，并在日后的执行中充分合作，保证合同的顺利执行，否则就会失去信誉。

（三）利用中间人斡旋

商务谈判中如果出现僵局，由第三人做中间人进行斡旋，往往会获得意想不到的效果。当谈判双方进入立场严重对峙、谁也不愿让步的状态时，由中间人来调解，有时能很快使双方立场出现松动。当谈判双方严重对峙而陷入僵局时，双方信息沟通就会严重受阻，互不信任，互相存有偏见甚至敌意。有些谈判要务必取得成果，不能中止或破裂，如索赔谈判，这时由第三人出面斡旋可以保全面子，使双方感到公平，信息交流可以畅通起来。中间人在充分听取各方解释、申辩的基础上，能很明显地发现双方冲突的焦点，分析其背后所隐含的利益分歧，据此寻求解决分歧的途径。谈判双方之所以自己不能这样做，主要原因是"不识庐山真面目，只缘身在此山中"。

中间人由双方挑选，可以是公司内的人，也可以是公司外的人。最好的中间人往往是和谈判双方都没有直接利益关系的第三人。一般要具有丰富的社会经验、较高的社会地位、渊博的学识和公正的品格。总之，中间人的威望越高，越能获得双方的信任，越能缓和双方的矛盾。中间人应该是双方熟识，为双方所接受的，否则就很难发挥其应有作用。在选择中间人时不仅要考虑其能动性，同时还要考虑其是否具有权威性。这种权威性是使双方受中间人影响，最终转变立场的重要力量。

（四）调解、仲裁与司法途径

当谈判僵局继续发展，严重对峙，双方均无有效办法解决时，可以采取调解、仲裁或司法途径来处理。

调解是通过仲裁机构或法院的调解程序来解决僵局的一种做法，索赔谈判中较为多见，需要支付一定的费用。调解对谈判双方并不是强制性的，仲裁机构或法院仅是作为中间人，对双方调解劝说。

仲裁是指通过专门的仲裁机构，按照仲裁规则解决纠纷的一种办法。仲裁必须是双方依据仲裁条款或仲裁协议来提交的，是双方当事人自愿的，虽然仲裁机构本身不是司法机构，但仲裁结果具有强制执行力，对双方都有约束作用。

司法途径是当谈判双方分歧严重，经协商、调解不成的，或者仲裁过程中出现了显失公平的情况，可以通过司法途径，即使用诉讼的方式处理僵局。这一方法在国际商务谈判中使用的概率不大，主要原因有：首先，程序较为正式，从起诉或应诉、审理、法庭做出裁决，有固定的程序，需要提交符合法律要求的相应的证据；其次，过程相对较长，法院立案、审理、做出判决，需要一定的时间，和仲裁相比耗时更长；再次，执行程序复杂，只有两国政府间签订有相应的司法互助协议，一国法院做出的判决才能在另一个国家得到执行，而仲裁裁决的执行因为有成员国数量众多的国际公约加以规范，执行较好；最后，对交易双方关系的伤害较大，法院审理案件过程中，需要调查取证，双方在此过程中都要收集和提交支持己方立场的材料，容易加深对对方的敌视情绪，商务合作关系难以继续维持。所以，除非双方的矛盾到了无法调和的程度，基本都不采用司法途径解决谈判僵局。

（五）政府首脑和政府部门协商

政府首脑、政府部门参与或干预的谈判，只有对等的政府首脑、政府部门才能接洽和协商，双方可以通过政府首脑、政府部门的干预或参与来打破僵局。政府部门间的协商，一般都体现在大事、要事上，所以要慎重对待，不过也有涉及合资企业的用地、环境评估等常规事项需要政府参与的情况。此时该参与就要参与，回避是不能解决问题的。

对于国际商务谈判的任何一方而言，开始谈判的目的都是相似的，达成一个对双方都有利的交易，获取经济或其他方面的收益。如果双方都有诚意，僵局的出现并不意外，也并不可怕，只要双方能够理智应对，应对僵局的途径也有诸多选择。商务谈判僵局处理得成功与否，从根本上来讲，既取决于台前谈判人员的经验、应变能力、知识等综合素质，也取决于幕后人员的策应和配合。很多情况下，僵局的原因并非单一的，处理僵局的策略也应该是复合的而非单一的，只要不相互矛盾，合理合法，都可以使用，也可同时采用多种方法。

复习思考题

1. 在国际商务谈判中，台前因素导致的僵局有哪些？
2. 在国际商务谈判中，幕后因素导致的僵局有哪些？
3. 台前因素导致的僵局有哪些应对方法？
4. 幕后因素导致的僵局有哪些应对方法？
5. 哪些因素导致的僵局是难以在短时期内处理的？

第十一章

国际商务谈判礼仪

【案例导读】

中国的一家公司要与美国一家公司洽谈引进技术的合作问题，谈判在美国进行。由于需要中途转机，中国的谈判代表几乎连续飞行了21个小时才到达目的地西雅图，此时为美方当地时间（太平洋时间）上午9:15。美方公司派人到机场迎接，包括公关部经理1人、翻译1人、司机2人。

美方公关部经理接到中方人员后，十分热情地问大家感觉如何，是否劳累。中国代表团人员出于礼貌和习惯回答说，还好还好。中方翻译把这句话译为"It is ok."美方翻译译为"Yes, we are ok."而美方公关部经理不知道这是中国人出于礼貌的答复，感觉非常意外，但同时也非常兴奋。因为，美方之前早已经为谈判做好了准备。现在正是工作时间，既然大家都不累，美方公关部经理提议，谈判可以马上开始了。

中方代表团人员眼见这种情形，面面相觑，但话已出口，不好收回，而且美方公关部经理热情友好，不好意思拒绝这样的安排，只好无可奈何地接受，但心中不太高兴。

于是，中方代表团成员拖着疲乏的身体，从机场直接赶往美方的公司，而行李被服务人员直接送到入住的酒店。由于经历了连续21个小时的飞行，中方人员的身体已经极度疲乏，谈判开始过程中，根本没有精力关注美方展示的关于中方拟引进技术的数据资料，脑子早已经乱成一锅粥。吃过午饭，美方准备继续举行会议，中方代表团眼看这种情形已无法应对，万般无奈之下表达了身体疲惫，无法继续会谈的意思。

美方公司只好暂停会议，安排次日会议议程。在回酒店的路上，中方代表抱怨美方公司做事不近人情，竟然在他们连飞21小时后直接开始会议，而不留给让他们休息的时间。而美方公司看到这种情形，责备公关部经理安排身体疲惫的中方代表团立马参加会议，搅乱了公司一天的计划。然而，公关部经理认为自己没有错，因为在机场时，当他问中方代表是否疲惫时，得到的答复是不疲惫。结果，由于前一天的安排让中方代表团成员体力透支，第二天身体并未恢复，时差也没有倒过来，所以会议再一次被推迟，美国公司对此也感到非常不解和愤怒。

谈判双方之间出现问题，一方面是双方文化差异的一种反映，当美方公关部经理询问中方人员感觉如何时，由于中国人习惯运用委婉、含蓄型的表达方式，说，还好还好。按照中国人的理解，中方代表虽嘴上说身体还好，但是结合他们长时间飞行、时差以及身体所表现出来的状态等因素，综合分析，大部分人都可以看出其言外之意是需要休息，只是礼貌性地答复美方经理的询问。然而，美国人习惯于理解字面意思，他们所接受的信息就是语言本身，极少数能与环境等客观因素联系起来。另一方面，美方作为主方，没有充分考虑客方谈判人员因旅途劳累和时差等因素而需要休息的客观存在，而是在中方代表到达当天就安排了谈判议程，不太合乎谈判礼仪。当然，中方没有提前透彻了解美国人的语言表达习惯，以及待人接物的礼仪特点，而是用中国国内传统的方式表达自己的观点，也有欠缺之处。

还有一个类似的例子。一个美国公司派代表到一个中国公司访问，中方公司的工作人员立刻给美国代表端上一杯茶。可是美国代表根本就不渴，并觉得这种茶很苦，但他觉得既然主人端上了茶，就应该喝掉。为了尽快喝掉这杯味道苦而他又根本不喜欢的茶，他喝的很快。可是每次喝到半杯的时候，就有工作人员立刻又把茶杯倒满。尽管他说了很多次，茶足够了，但是中国公司的工作人员执意倒茶。所以他的杯子一直是满的，他也就一直喝了下去。这种情况下，主人和客人都遵守了各自国家的礼貌，但是却造成了误解。

因而，在跨文化商务谈判过程中必须要高度重视文化的差异，注重谈判中以及交往中各国不同的礼仪和礼节。

在国际商务谈判中，双方都渴望获得对方的尊重与理解。因此，懂得并掌握必要的礼仪与礼节，是谈判人员必备的基本素养。礼仪和礼节是人们自尊和尊重他人的生活规范，是对客户表示尊敬的方式。同时，作为一种道德规范，礼仪和礼节也是文明程度的重要表现形式，它在一定程度上反映了国家、民族、个人的文化程度和社会风尚。

第一节 谈判中的礼仪

一、国际商务谈判礼仪的重要性

礼仪是世界上各民族的宝贵的文化积累和精神财富，它是根据各民族文化风俗而建立起来的一套形式、礼貌和仪式，这套形式、礼貌和仪式是人们在处理社会关系、业务交往或社会生活中认为可以接受或必需的行为规范。国际商务活动的礼仪是国际商务、贸易界在业务交往或社交活动中应遵守的一套礼貌的行为准则。这套行为准则是建立在尊重对方民族文化风俗的基础上的。一般来说，不同的民族文化有不同的礼仪。因此，当和来自不同民族文化的人进行交往时，必须了解对方的民族文化，以免失礼。

在当前国际贸易竞争越来越激烈的情况下，是否懂得国际商务礼仪显得越来越重要。一个公司生意的成败往往不仅取决于其产品的质量和价格如何，而且取决于其对待客户的态度如何，取决于其对国际商务礼仪的知识掌握如何。懂得国际商务礼仪，了解对方文化风俗，对外商有礼，就可能达成交易、赢得客户。不懂国际商务礼仪，不了解对方文化风俗，对外商失礼，就可能生意失败而失去客户。同时，是否懂得国际商务礼仪也是一个关系到个人和公司形象的问题。

谈判者的礼仪，在一定程度上反映了一个国家、一个民族或者一个人的文明程度、文化水平高低和社会风尚。中国被誉为"礼仪之邦"，每个中国人都应注意维护我们的形象。

二、迎送和见面礼仪

迎来送往是常见的社交活动。在谈判中，对前来参加谈判的人员，要视其身份和地位以及谈判的性质、双方的关系等，综合考虑安排。

对应邀前来谈判的，无论是官方人士、专业代表团，还是民间团体、友好人士，在他们抵达和离开时，都要安排相应身份的人员前往迎送。对重要的客商、初次来的客商，要去迎接；对一般的客商、多次来的客商以及习惯旅行的欧美商人，不接也不失礼。迎送礼仪方面要注意以下几点：

1. 确定迎送规格

主要依据前来谈判人员的身份和目的确定迎送规格，适当考虑双方关系，同时注意惯例，综合平衡。主要迎送人的身份和地位通常都要与来者相差不大，以对口、对等为宜。当事人因故不能出面，可灵活变通，由职位相当人士或副职代替。对此，无论做何种处理，都应从礼貌出发，向对方做出解释。其他迎送人员不宜过多。

也有从发展双方关系或其他需要出发，破格接待，安排较大的迎送场面。为了避免厚此薄彼，除非有特殊需要，一般都按常规办理。

2. 掌握抵达和离开的时间

必须准确掌握谈判来人乘坐的交通工具的抵达和离开时间，及早通知有关单位和全体迎送人员。如有变化，及时告知，做到既顺利接送来客，又不过多耽误迎送人员的时间。

迎接时，迎送人员应在来客抵达之前到；送行时，应在客人登机（车、船）前到。

3. 介绍

通常先将前来欢迎的人员介绍给来客，可由工作人员或欢迎人员中身份最高者介绍。

客人初到，一般较拘谨，主人宜主动与客人寒暄。

介绍时要有礼貌地以手示意，而不要用手指人。要讲清楚姓名、身份、国家和单位。国际商务谈判中，一般由双方主谈人或主要负责人相互介绍各自的组成人员。

介绍的顺序是：先把年轻的介绍给年长的；先把职位、身份较低的介绍给职位、身份较高的；先把男性介绍给女性，即使女性非常年轻或刚参加工作也是如此。这项规则在我国还没有形成风气，但在许多西方国家被广泛应用。先把客人引见给主人。在人多的场合，主人应对所有的客人一一认识，在谈判中这一点很重要。另外，对远道而来又是首次见面的客人，介绍人应准确无误地把客人介绍给主人。如果作为客人又未被介绍人发现，最好能礼貌而又巧妙地找别人来向主人引见；必要时毛遂自荐也不失礼。先把个人介绍给团体，然后介绍团体的成员。介绍时，除妇女和年长者外，一般都应起立；但在宴席、会谈桌上不必起立。被介绍人要微笑、点头以作表示。

4. 握手

握手时，时间长短要适宜，一般为三秒钟；力量要适度（不太大也不太小）；男性与女性握手时，往往只握手指即可；微笑注视对方，切忌左顾右盼；女士与人握手时应先脱去右手手套，但女士有地位者可不必；男士则必须脱去手套才能握手。

另外，握手要注意先后顺序。在上下级之间，上级伸手后，下级才能伸手相握；在男女之间，女士伸手后，男士才能伸手；在主人与客人之间，主人应先伸手，客人再伸手相握；多人握手时注意不能交叉，待别人握完后再伸手；在与人握手时，不要看着第三人。

最后应指出，握手并非全球性礼节。例如，东南亚一些佛教国家是双手合十致敬；日本、韩国是鞠躬行礼；美国人只有被第三人介绍后才行握手礼；东欧一些国家见面礼是相互拥抱等。

了解了这些习俗礼节，可以在对外谈判或其他活动中恰当地运用，避免尴尬。

5. 陪车

应请客人坐在主人的右侧。如有翻译人员，请其坐在司机旁边。上车时，最好请客人从右侧车门上车；主人从左侧车门上车，避免从客人膝前穿过。如果客人先上车，坐在主人的位置上，那也不必请客人再移位。

6. 其他

（1）迎送身份高的客人，事先在迎送地安排贵宾休息室，准备饮品。

（2）指派专人协助办理出入境手续及票务、行李托运等手续；及时把客人的行李送往住地，以便其更衣。

（3）客人抵达住地后，一般不要马上安排活动，应稍作休息，起码给对方留下沐浴更衣时间，只谈翌日计划，后续日程安排择时再谈。

（4）多头接待要协调，规格应相差不大，活动不要重复，不要脱节。

三、仪容与服饰礼仪

不同的仪容服饰有不同的效果，它反映出一个人的礼貌程度，也反映出一个人的精神面貌和文化修养程度。合适的仪容和服饰不仅体现出对自己的尊重，也体现出对他人的尊重，从而会对谈判产生有利的影响。在国际商务交往中，仪容与服饰礼仪是一个不容忽视的问题。

（一）仪容的基本要求

仪容一般指的是面容、发式、指甲修剪、眼镜佩戴、香水用量等。由于保持仪容整洁是每天的"例行公事"，因此人们往往有所忽略。但是，在国际商务谈判场合，必须特别注意保持仪容整洁，不可马虎。主要的要求是：头发要修整，发式要大方，要避免过分追求时尚，头发要保持清洁无头屑；首饰不要佩戴过多，一般不超过三种，且应是同一质地和款式的；眼镜镜片大小应合适，镜框要清洁，不可戴有镜链的眼镜；口腔要卫生，勤刷牙，忌吃洋葱和大蒜；指甲要保持清洁；香水和剃须水不可过量使用；男士胡须要经常修整；女士化妆要适度，不可浓妆艳抹；在业务交往场合，务必不要嚼口香糖。仪容要每天自检数次。

（二）服饰礼仪

在现代生活的各个方面，民族之间、国家之间的交往日趋频繁，衣着打扮在交往中的作用也日益明显和重要。作为国际商务谈判者，必须熟悉同外国谈判手交往中服饰的基本礼节。意大利影星索菲亚·罗兰说："你的衣服往往表明你是哪一类人物，它代表你的个性，一个与你会面的人往往自觉与不自觉地根据你的衣着来判断你的为人。"在你与谈判对手见面之后，对方首先注意的是你的仪表。仪表是对手获得的第一印象，这一印象的好坏将影响彼此的心理距离。如果想给对方留一个良好的印象，那么就要注意自己的着装。

1. 服饰款式的选择

美国有位谈判专家曾做过一个实验。当他身着西服以绅士模样出现时，向他问路或问时间的人大多彬彬有礼，而且基本上都是绅士。在同一地点，当他打扮成无业游民时，跟他接近交谈或借烟找话的，则多半是流浪汉。这说明，人的衣着在潜移默化地发生着作用。

国际社交场合中，正式、隆重、严肃的场合多穿深色礼服，不遵守这一礼仪就会带来麻烦。比如，1983年6月，美国前总统里根出访欧洲四国时，就曾因穿了一套格子西装而引起一场轩然大波。因为按照惯例，在比较重要的正式外交场合应着黑色礼服，以示庄重。

目前，大多数国家在穿着方面均趋于简化，隆重场合穿着深色质料的西装就可。极少数国家规定，妇女在隆重场合禁止穿长裤和超短裙。我国没有礼服和便服之分，一般情况下，男子的礼服为上下同色同质的西服，配黑皮鞋，系领带；女士可穿西装、民族服装、中式上装配长裙、旗袍、连衣裙等。应根据季节、地点的不同和活动性质、目的的不同而选择不同的服饰。

在谈判中，谈判者也可以通过着装这一"第二皮肤"来透视对方的个性、性格和心理状态。例如，谈判时穿宽大坚挺的服装是为了扩大自己的身围，想在精神上慑服对方；年龄小的谈判者穿深色服装，是为了提高自己在对方心目中的成熟度等。

在正式谈判场合，可以根据自己的体型选择合适的服装款式，从而掩盖自身外型上的缺陷，展示自己的外在美和内在美。服饰选择与体型的关系见表11-1。

表 11-1　服饰选择与体型的关系

体　型	服　饰　选　择
矮胖	低领、宽松、深色、轻软的衣服
矮小瘦削	浅灰、褐色等有膨胀感的衣服
高长瘦削	带有衬肩的大披领宽松上衣或细格条纹、大方格上衣，裤子不宜过于肥大
适中	各类款式的合身衣服

另外还要注意下列问题：

（1）旅途和郊游可着便装。

（2）穿长袖衬衫要将前后摆塞在裤内，袖口不要卷起。任何情况下不应穿短裤参加涉外活动。

（3）在家中或宾馆客房临时接待来访时，如来不及更衣，应请客人稍坐，立即穿上服装和鞋袜，不得赤脚或只穿睡衣接待客人。

1960年尼克松和肯尼迪竞选美国总统，就当时的政治影响来说，尼克松获胜的可能性远远超过肯尼迪。但是，尼克松在竞选演讲时穿着肥大的衣服，显得精神不振；而肯尼迪则打扮得衣冠楚楚，精神饱满。结果演讲时的服饰削弱了听众对尼克松的信任。

2. 服饰颜色的选择

服饰的颜色不宜过于单调，而应在某一色调的基础上求得变化。配色时不要太杂，一般不能超过三种颜色，另外不要用同比例搭配。

从颜色而言，黑色象征庄重，黑色的西服套装配上白衬衫，使人显得文雅、潇洒。白色象征纯洁、素雅、洁净，会给人以轻快的感觉。灰色服装则显得平静、纯朴，给人以谦和、平易的感觉。咖啡色象征着朴素、含蓄、浑厚，它是一种既平常又时髦的颜色。蓝色服装象征安静与智慧，穿着蓝色服装会显出文静和朴素。

3. 领带的选择

选领带也有讲究，心理学家认为，这会给初次见面的人一个深刻的印象。在美国，系什么样的领带往往表示一种主张。1988年，美国流行一种式样的领带，一些政治家和经济学家都系这种领带，当年9月份，日本首相竹下登访问美国时，有人送给他一条这样的领带。后来，竹下登在与美国总统的经济顾问举行会谈时，就系上这条领带，颇得美国方面的好感。美国总统的经济顾问对竹下登说："现在里根政府内的很多人也系这种领带，看来你是自由经济的信奉者。"这使本来很麻烦的谈判出现转机，变得异乎寻常的顺利。事后，日本人总结说，与美国人交朋友，领带是一个重要工具。

四、馈赠礼品的礼仪

古今中外的各种交往，几乎都离不开馈赠礼品这项活动。谈判人员在相互交往中馈赠礼品，一般除了表示友好、进一步增强友谊和今后不断联络感情的愿望外，更主要的是表示对此次合作成功的祝贺，以及对再次合作能够顺利进行所做的促进。既然如此，为表达心意而针对不同对象选择不同礼品，就成为一门敏感性、寓意性很强的艺术。如果不研究并真正弄懂馈赠的礼仪，其效果就会适得其反。故此送礼不是一件随随便便的简单小事，应予慎重对待。

送礼，首先要注意对方的习俗和文化修养。谈判人员的文化背景不一样，爱好和要求也会有所不同。例如，包括美国、英国、新西兰、加拿大和澳大利亚等国在内的英语国家通常不在商务活动中赠送礼品。但是在日本，送礼是建立和保持业务关系的一个重要因素。日本人不仅送礼给国际贸易客户，甚至送礼给客户的子女（如客户已婚并有子女的话）。给日本人送礼不宜在公开场合进行，除非在场者每人一份。同时，送礼给日本人时，最好多带一些礼品，因为除送给参加业务洽谈者外，还应送给那些未参加商务谈判但可左右谈判进程的上司。日本人不喜欢带有狐狸图案的礼品，因为日本人视狐狸为贪婪的象征。在阿拉伯国家，酒类不能作为礼品，更忌讳给当事者的妻子送礼品。在英国，受礼人讨厌有送礼人单位或公司标记的礼品。法国人不欣赏他人送菊花，原因在于法国人只有办丧事时才用菊花。所以，在馈赠礼品时要注意和重视这些差异。

根据调查，外国朋友大多喜欢我国如下几类礼品：

（1）景泰蓝礼品。景泰蓝是我国传统的工艺，用它制成的实用品种类繁多，并受到外国朋友的普遍欢迎。其中，男性主要欣赏用景泰蓝工艺制成的打火机、笔等，女士则欢迎饰物（如头饰、手镯）、镜子和随身盒等。

（2）玉佩。玉本身就洋溢着东方神秘的色彩，而我国的吉祥如意护身符就更是这样。由于西方流行宠物热，并专以东方神秘的玉为新宠，所以，哪一位外国朋友有幸获得一块玉佩垂挂在身，会十分自豪。他们对玉的挑选，常以色泽温润、明光通透为佳。此外，带有太极、八卦、龙纹等图案的玉制品也深得一部分西方人的喜爱。

（3）具有我国传统特色或印有汉字而非花草的服饰。这是一类最受国外青年人喜爱的礼品。美国人把蜗牛看作是吉祥的象征，因此，常用以各种材料制成的蜗牛赠送亲友。

（4）绣品。在我国的各种刺绣品中，近年来以苏绣、湘绣受到普遍欢迎。

（5）水墨字画、竹制工艺品、汉字纸扇、檀香木扇、中国结、各类茶具和瓷器也是具有我国特色的礼品。

在选择好上述礼品的同时，还要打好包装。在包装礼品前，必须取下价格牌。有些中国人在送礼时，尤其是在馈赠较为贵重的礼品时，往往不取下价格牌，目的是要对方了解礼品的贵重。然而对外送礼时，包装前必须取下价格牌，否则是失礼的。

古人所云"千里送鹅毛，礼轻情义重"，不但至今仍具时代感，而且普遍适用于国际社会，所以，馈赠礼品的价值不宜过重。礼物价值过重，往往会被认为是贿赂，从而引起对方不必要的疑虑。即使对方有时接受了重礼，送礼者也会达不到表明自己友好情谊的目的。

五、电话礼仪

（一）电话礼仪的重要性

电话是一种重要的交际工具，我们在同外国公司做生意时经常需要打电话。虽然通过电子邮件传递信息已成为同外国公司沟通的最重要工具，但是打电话仍然是从事业务交际的重要方式。无论是打电话或接电话，人们都希望对方能以礼相待。然而，不同文化习俗的国家有不同的礼节。中国就与西方国家有所不同。例如，在中国，电话铃响了，接电话人拿起听筒后，一般总是问："喂，你找谁？"然而，在西方国家，这样问是不礼貌的。一般人们都会使用礼貌语言，尤其是在公司、企业等单位里工作的人员，为了不得罪客户，更应注意使用礼貌用语。当然，不仅接电话如此，打电话亦然，因为无论接电话或打电话，都关系到客户。如接电话或打电话出现失礼，就会得罪客户，甚至可能会失去生意。

（二）如何打电话

打电话时，通话内容应力求简明扼要，节省接电话人的时间。因此，通话内容应事先准备好，并将通话内容的有关资料放在手头备查。

1. 选择适当的通话时间

如果打国际长途电话，应注意各国的时差。打公务电话应在对方的办公时间，打公务电话的最佳时间为对方时间的 9：00 ~ 17：00。打私人电话的最佳时间为上午九时至晚上九时。如有急事，须在对方未上班前或下班后打公务电话至对方家里，应首先表示歉意。例如，你可说："I'm sorry to have called you this late, but…"或"I'm sorry to have called you this early, but…"或"I hope I didn't wake you up."或"Did I wake you up?"或"I'm sorry to have waken you up."

即使是在对方办公时间内打公务电话，但对方很忙，也应首先表示歉意。这样做是很礼貌的。例如，你可说："I'm sorry to call you when you are very busy."

2. 打错电话

如拨错电话号码，应表示歉意，不要挂断了事。

3. 等对方电话铃响十次后再挂电话

打电话时，如果听到对方电话铃响了一两次而无人回答，不要立即挂断，应等对方电话铃响了十次后再挂电话。因为对方可能很忙，也可能电话机旁无人，应给对方留有余地。如果对方电话铃响了一两次无人回答即挂断电话，是不礼貌的行为。

4. 弄清对方是否是你要找的号码或公司，然后再说明自己的姓名与公司

一旦电话接通，首先应弄清对方是否是要找的号码或公司。例如，你可说："Is this 643-4846, Please?"或"Is this the ABC Company, please?"回答可能是："Yes, it is."或"No, it isn't."

如电话号码或公司是对的，则可向对方报自己的姓名与公司，再说明你要找的人的姓名。例如，你可说："Hello. This is Li Ming of the Beijing Import and Export Corporation. Can I speak to Mr. John Smith, please?"

对方问你姓名时不仅不答反而问对方姓名，是一种不礼貌的行为。

5. 留下口信或要求对方回电话

如要找的人不在，可留下口信，或要求对方回电话。如能留下自己的姓名、电话号码及最佳通话时间，是有礼貌的行为。如果是国际长途，最好还是自己重打，以免对方承担长途电话费，这样做也是有礼貌的。

6. 集中精力倾听对方讲话

有的人喜欢边打电话边乱涂乱写，或整理办公桌上的文件，或观察办公室内的活动，或玩弄手中的钢笔或铅笔，或做其他事情，以致未能集中精力倾听对方讲话，这是不礼貌的行为。应集中精力倾听，不应打断对方讲话，如果实在无法听清楚，可请对方重复。例如，可说："Pardon.（用升调）"或 "Pardon me.（用升调）"。

7. 汉语与英语在电话用语上的区别

汉语与英语在电话用语上存在区别。例如，打电话时说明自己的姓名时，汉语说法是："我是李明（I'm Li Ming）"。在英语中，这种说法是不符合习惯的，习惯说法应是："This is Li Ming"。同样，接电话时要问对方的姓名，汉语的说法是："请问您是谁？（Who are you, please?）"英语的习惯说法是："Who is speaking, please?"或"Who is it, please?"或"May I know who is calling, please?"

如果接电话的人就是对方要找的人，汉语的说法是："我就是（I am.）"在英语中的习惯说法却是："Speaking."或"This is he（she）speaking."

如果对方要找的人是你的同事，而你想知道对方的姓名，你可问："May I tell him（her）who is calling, please?"

如果对方要找的是经理，而你是经理的秘书，则可这样说："Who should I say is calling, please?"

8. 善于处理分散注意力的事情

打电话时，应避免与旁人谈话。如临时有急事必须马上处理，应请接电话人等一会，可说："Excuse me one moment, please."

如果打电话时有人进来，除非事先有约，否则来人应立即退出。如果来人不走，可向接电话人说一声："Excuse me"，然后有礼貌地对来人说："I'll be please to talk with you after this call."

9. 注意说话的声音与口气

说话的声音不宜太大或太小，口气应和蔼可亲。声音与口气是给对方的第一印象，应该善于用声音与口气来表达自己的思想感情，因为对方在电话里无法看到我方的面部和面部表情的（电视电话除外）。

10. 注意语言的使用

一方面，不可太不拘礼，如使用"名"而不用"姓"与适当尊称。如果知道对方喜欢如何称呼，应使用对方喜欢的称呼。但另一方面，也不可过分拘礼，如对方要求使用"名"而我方仍使用"姓"与尊称就不太合适。同时要注意措辞和语法，如不要说："Leave her do it."而应说："Let her do it."不要说："She ought not to have gone."而应说："She shouldn't have gone."

不要使用不规范、不地道的语言。

11. 结束谈话

打电话者有权结束通话。要注意通话时间不宜过长，否则会引起对方的反感。避免说一些与主题无关的话。

在结束谈判之前，应使用礼貌语言感谢对方接电话。例如，可说："Thank you for talking the call." 或 "It's been nice talking to you." 或 "I appreciate your talking the call."

（三）如何接电话

外来电话为公司提供了业务机会，如何接听外来电话关系到公司的形象和生意的成败，因此非常重要。下面就是一些接电话时应注意的问题。

电话铃响后应尽快接电话，但不要只响一次就接，应待电话铃响两三次后再接，因为如电话铃响一次即接，打电话者可能没有思想准备。

向对方问候，并给对方我方公司及自己的名字，这样做才是有礼貌的。例如，可说："Good morning, ABC Company. This is Li Ming. May I help you?"

当然，还有其他礼貌接电话的方法。例如，可向对方问候，并给对方你部门与你自己的名字，可说："Hello. Sales Department Li Ming. Who would you like to speak to, please?" 对方的应答可能是："May I talk to Mr. Zhang Xin, please?"

要尽量帮助打电话者，如你不是对方要找的人，可向对方说："Hold the line, please. I'll get him to the phone."

如对方要找的人就是你，则应认真听对方讲话，力求避免让对方重复所说的话。同时，手头应备一支笔、一张白纸或一本笔记本，以便随时记下通话的主要内容。

如果有人在办公室与你谈话，则一般不宜接电话，除非你在等候一个重要电话。如果在等候一个重要电话，应向与你谈话人说明，并请其原谅。

如果需要查找有关资料，而且需较长时间，则不宜请对方等，应告诉对方等你找到资料后再打过去。

第二节　日常交往中的礼仪

在国际商务谈判中，除了发扬我国的优良传统之外，还应该在日常交往中注意尊重各国的风俗习惯，了解他们的不同做法。

一、日常交往习俗

（1）守时守约。这是国际交往中极为重要的礼仪。参加谈判及其他活动，应按约定时间到达。过早抵达，会使主人因没准备好而难堪；迟到，则因让主人等候过久而失礼。万一因故迟到，要向主人表示歉意。如果因故不能应邀赴约，要有礼貌地尽早通知主人，并以适当方式表示歉意。一定要牢记，失约是很失礼的行为。

（2）尊妇敬老。在我国，敬老爱幼早已形成风尚，但尊重妇女还没有得到普遍重视。在许多国家的社交场合和日常生活中，都奉行"老人优先、女士优先"的原则。例如，上下楼梯或车辆、进出电梯，让老人和妇女先行；帮助同行的老人和妇女提拎较重的物品；进出大门，帮助老人和妇女开门、关门；同桌用餐，两旁若坐着老人和妇女，应主动照料，帮助他（她）们就座等。

（3）尊重风俗习惯。不同的国家、民族，由于不同的历史、文化、宗教等原因，各有其特殊的风俗习惯和礼节，应该了解和尊重。天主教徒忌讳"13"这个数字，尤其是"13日，星期五"，遇到这个日子，不举行宴请；印度、印度尼西亚、阿拉伯国家等，不能用左手与他们接触或用左手传递东西。使用筷子的国家，用餐时不可用一双筷子来回传递，也不能把筷子插在饭碗中间。日本人特别注意使用筷子的礼节，有"用筷子十忌"。保加利亚、尼泊尔等一些国家，摇头表示同意，点头表示不同意等。

（4）注意举止。坐、立、行所持姿势要标准。虽然不要求谈判人员有"坐如钟、站如松、行如风"的工夫，但也应"坐有坐相，站有站相"。谈判中的举止要端庄稳重，落落大方，表情要诚恳自然，和蔼可亲。站立时不要将身体歪靠一旁，不要半坐在桌子或椅子背上。坐时不要摇腿跷脚，更不要躺在沙发上，摆出懒散的姿态。走路时脚步要轻，不要和伙伴搭肩而行。谈话时，手势不应过多，不要放声大笑或高声喊人。

（5）吸烟方面的礼节。工作、参观、谈判和进餐中，一般不吸烟。特殊场合下应向对方询问，尤其当对方为女性时。如在场的人较多，或同座身份高的人都不吸烟，最好不吸烟。

二、交谈时的礼仪

（一）称呼

正式介绍时，应使用对方的尊称和对方的姓，同时要注意姓名的构成。一般来说，西欧和美国的姓名构成是名在前，姓在后；拉美国家一般是母亲名字在前，父亲名字在后。而讲西班牙语的国家，则是父亲名字在前，母亲名字在后。韩国和中国一样，姓在前，名在后。美国和比利时的已婚职业妇女，仍使用她们婚前的姓。在德国，"先生"或"女士"用在职称前，两者并用。菲律宾人也用"工程师""律师"等职称加上姓氏来称呼他们的上司。

在日本，在姓名后加"san"表示尊敬，意思接近于"先生"或"女士"，但这是一个敬语，切忌在自己姓名后加"san"。

如不知道如何称呼某人，可直接问对方本人。

在称呼对方姓名时，应注意自己的发音。如不知对方姓名如何发音，可直接问对方，因为将对方姓名读错是非常失礼的。

（二）名片交换

在不同国家，名片交换的重要程度不同。在国际贸易交往中，应根据有关国家的礼仪来决定名片如何交换。然而，无论用什么方法，名片交换是有利于互相介绍和相互了解的。

在设计和交换名片时，应注意以下几点：

1. 设计有两种语言的名片

设计一面是中文另一面是英文或东道主国家语言的名片。在名片上，应标有职务和头衔，这种头衔有利于对方给予恰当的礼遇。这种头衔在有些国家是重要的。

2. 把名片放在自己的口袋里或公文包内，以便随时取用

名片应保持完整无损，并放在一个精致的名片盒内。同时要带足够数量的名片，因为有时可能见面人数较多，交换名片时必须每人一张，数量不够会尴尬。

3. 了解递交名片的场合与时机

在美国和澳大利亚，交换名片比较随便，有时甚至并不交换。但在有些国家，交换名片则较隆重。

在日本，交换名片是在鞠躬和自我介绍后进行。客人先递交名片，被介绍者递交名片必须在被介绍之后进行。

在阿拉伯国家，名片交换一般是在会面后进行，但也往往在握手时交换名片。

在葡萄牙，名片交换是在见面后立即进行。

在丹麦，名片交换是在见面开始时进行。

在荷兰和意大利，通常是在第一次见面时递交名片。

4. 熟悉递交名片的方式

递交名片时，应把英文或东道国国家文字的一面朝上，把中文的一面朝下。

在中东、东南亚和非洲国家，应用右手递交名片，因为印度、印度尼西亚、马来西亚等国家认为右手是干净的，左手是不干净的。

在日本和新加坡，应用双手递交名片。

5. 懂得如何接受名片

当接到名片时，应说一声"谢谢"或点头，同时对名片加以研究，但不要玩弄名片，然后郑重地将名片放入名片盒内或夹到文件上。不要在接到名片后，一眼未看就直接放入口袋中，这是一种失礼的行为。

如参加会谈时接到的名片较多，可将名片在桌上摊开，并将名片与人对号，会谈结束时再将名片收起放好。这样做有利于在会谈进行中记住参加会谈者的名字。

（三）谈话与举止

（1）表情自然。不要离对方太近或太远，不要拉拉扯扯、拍拍打打。

（2）手势适当。手势要文明、幅度要合适，不要动作过大。不要用手指指人或拿着笔、尺子等物指人。

（3）加入他人谈话要先打招呼。他人在个别谈话时，不要凑近旁听。若有事需要与某人交谈时，要等他人谈完。有人主动和自己交谈时应乐于交谈，第三人参与交谈时，应以点头或微笑表示欢迎。谈话中遇有急事需处理或需离开时，应向对方表示歉意。

（4）人多时与所有人交谈。交谈现场超过三个人时，应不时地与在场所有人交谈几句，不要只和一两个人说话，而不理会其他人；所谈问题不宜让他人知道时，则应另择场合。

（5）给对方说话机会，自己也说话。自己讲话时要给对方发表意见的机会；对方讲话时也应寻找机会适时地发表自己的看法；善于聆听对方讲话，不要轻易地打断对方的发言；一般不谈与话题无关的内容，如对方谈到一些不便谈论的问题，不要轻易表态，可转移话题；对方发言时，不要左顾右盼，心不在焉，或注视他处，显出不耐烦的样子；不要做看手表、伸懒腰、玩东西等漫不经心的动作。

（6）谈话内容。谈话的内容不要涉及疾病、死亡等不愉快的话题；不谈荒诞离奇、耸人听闻、淫秽的话题；也不要随便谈论宗教问题。

（7）不询问。不问女士年龄、婚姻等状况；不问对方履历、工资、财产、衣饰价格等；不对他人评头品足，不讽刺他人。

（8）男士一般不要参加女士圈的讨论，也不要与女士无休止地交谈而引人反感侧目；与女士交谈要谦让、谨慎；不随便开玩笑；争论问题要有节制。

（四）交谈时的距离

与人交谈时，要保持适当的距离，这不但关系到对方是否能够听清楚，而且也是一个如何才更合乎礼仪的问题。说话时如离对方距离太远，会使对方误认为不愿与其友好和亲近，产生被拒绝的感觉，这显然是失礼的。然而，说话时如离对方距离太近，又会使对方产生一种不自在的感觉，因为侵犯了对方的私人领地。但是，国际上没有一个标准的距离可供人们遵守，而且私人领地的大小也因场合的不同而不同。在美国，站着交谈的距离为 60～90cm，这一距离在有些国家被认为太近，而在另一些国家又被认为太远。因此，应根据各个国家的不同情况保持适当的距离。

一般来说，俄罗斯、法国、西班牙、意大利以及中东和拉美国家的人，站着交谈的距离比美国稍近；阿拉伯人站着交谈的距离可小至 15cm，如大于 15cm，则被认为是对他们的不敬；东亚人交谈的距离一般为 45cm 以上。

三、宴请和赴宴的礼仪

（一）宴请礼仪

各个国家和民族都有自己的特点与习惯，采用何种宴请形式常根据活动目的、邀请对象及经费开支等各种因素决定。

（1）确定宴请形式。可以选择正式宴会、便宴、家宴和工作餐等形式，选择时主要考虑时间、费用、交易的重要程度等。

（2）确定邀请名义和对象。确定邀请对象的主要依据是主、客双方的身份，主、客身份应对等。身份低的人邀请对方高级人士，不礼貌，使人感到遭到冷遇；身份高的人邀请身份低的人，容易宠坏对方，属于规格过高，一般情况下也无必要；日常交往小型宴请，可根据具体情况以个人名义或夫妇名义出面邀请。

（3）确定邀请范围。确定邀请范围即确定邀请哪些人、什么级别、多少人、主人一方请什么人作陪。要多方面考虑，如宴请的性质、主宾的身份、国际惯例、对方招待我方的做法以及政治气候等。

（4）宴请时间和地点的选择。宴请时间应对主客双方都合适。注意不要选择对方的重大假日、有重大活动或有禁忌的日期和时间。小型宴请应首先征询主宾意见，最好相机当面询问，也可用电话联系。主宾同意后，时间即被认为最后确定，可按此时间邀请其他宾客。注意不要在客人住的宾馆招待设宴。

各种宴请活动一般均发请柬，工作餐可不发。选菜不是依据主人的爱好，而主要考虑主宾的喜好与禁忌。例如，伊斯兰教徒用清真席，不用猪肉，不用带酒精的任何饮料；印度教徒不能用牛肉；佛教人士吃素；也有因身体原因不能吃某种食品的，应事先询问并注意。如宴会上个别人有特殊需要，也可单独为其上菜。不可简单地认为海味是名贵菜而泛用，其实不少外国人并不喜欢，特别是海参。适宜用特色食品招待，无论哪一种宴请，事先均应开列菜单，征求主管负责人的同意。宴请不求豪华，以温暖、愉快、宾至如归为上，这是宴请成功的标志。

宴请要排好桌次和座次。国际上的习惯是，以离主桌位置远近决定桌次高低；同一桌上，以离主人的座位远近决定地位高低，右高左低。

（二）参加宴请的礼仪

（1）应邀。接到邀请后，能否出席要尽早答复，以便对方妥善安排。接受邀请后，不要随意改动；万一非改不可，尤其是主宾，应尽早向主人解释、道歉。

（2）出席时间。迟到、早退、逗留时间过短是失礼行为。主要的、身份高的客人可略晚到达，一般晚到五分钟；一般客人应略早到达，一般提前两三分钟。主宾退席后，其他客人再陆续告辞。

（3）入座。清楚自己的桌次和座位，不要随意乱坐。

（4）进餐。入座后，主人招呼，即可开始进餐。用餐时，身体与餐桌之间要保持适当的距离，以方便取食物和不影响邻座；进餐时，应尽量避免打喷嚏、长咳、打哈欠等，无法抑制时用餐巾纸掩住口鼻，避免对着他人。

（5）交谈。无论是主人、陪客或宾客，都应注意与同桌的人交谈，特别是左右邻座，应相互介绍认识并简略交谈，不要冷落其中的任何人。

（6）饮酒。在主人和主宾敬酒、致辞时，应暂停进餐，停止交谈，注意倾听，并向主人或主宾行注目礼。参加宴请时可适当饮酒，饮酒量宜控制在自己酒量的1/3左右；饮酒过量容易失礼、失态，一定要避免。

（7）喝茶、咖啡。喝茶或咖啡时，要用左手端碟子，右手端杯子喝，不要用搅拌用的茶匙把茶或咖啡送入口中。

（8）吃水果。水果一般会被去皮切成块，要用叉子或牙签取食。

（9）水盂。西式宴席上，在吃水果、龙虾或鸡时，有时递上一个小水盂，水上漂有花瓣或柠檬片，这是供洗手用的，千万不要饮用。

复习思考题

1. 迎送礼仪的要点有哪些？
2. 国际商务谈判场合的着装应注意哪些问题？
3. 设计和交换名片时应注意哪些问题？
4. 你在日常生活中打电话和接电话的礼仪与本章介绍的内容相比有哪些差距？
5. 简述介绍和握手的礼仪。

第十二章

世界各国贸易谈判机制与商人的谈判风格

【案例导读】

不同文化背景的人,思维方式、行为方式、工作方式也会存在较大的差异,在国际商务谈判中就会表现出不同的谈判风格。谈判之前如果不了解彼此,不仅会降低沟通和谈判的效率,甚至可能导致谈判陷入僵局或者破裂。在越来越多的企业融入世界市场的趋势下,关注不同国家的谈判风格差异是很有必要的。通常情况下,中国人在谈判时会先寒暄,或者做一些事情来活跃谈判气氛,细节性的问题也是在最终决策时才进行讨论的,注重谈判的走向。在最后需要做决定时,也是由大家共同商量和讨论。美国人通常比较直接,在谈判开局就会深入主题,针对细节问题进行谈论,并找出解决办法,在做最后决策时,谈判的主要人员都有最终的决策权。中国人在做决策时,由于要听取大家的意见并且需要进行协商,所以花费时间较长。美国人在做决策时,会在考虑清楚之后当机立断,花费时间较短。这两种商务谈判风格都是各自文化和习惯的自然结果,无谓对错,也无高低之别,就是各类因素综合的表现。这些差异,在谈判中可能会给彼此带来不适应。

江苏一家从事壁纸印刷业务的公司,准备从美国肯沃公司购买设备。不过,江苏公司没有从事过对外贸易活动,这是第一笔交易,所以缺乏相关经验。第一轮谈判在美国进行,当江苏公司谈判代表到达美国时,肯沃公司总裁因休假未能亲自到机场迎接,之后,既没有隆重的欢迎晚宴,也没有当地政府官员的接见,江苏公司的谈判人员感觉很沮丧。第二轮谈判在中国进行,当美方肯沃公司代表到中国时,江苏公司的总经理亲自到机场迎接,并且在安排美国一行人住宿后举办了隆重的欢迎晚会,邀请了许多市政府领导参加,充分照顾到了肯沃公司的面子。美方代表来的第二天,江苏公司特意安排相关车辆和人员,带肯沃公司的人员逛附近的景点。第三天,谈判开始了,江苏公司谈判代表花了大量的时间介绍公司的历史、文化等一些基本情况,实际上,这些基本情况与谈判没有什么直接的联系。至此,美国肯沃公司的代表实在无法容忍,打断了江苏公司代表的介绍,尖锐地指出,他介绍的内容肯沃公司早就做了了解,不然也不会与他们公司合作。没有必要再浪费时间了,应该赶紧进入正题。美方代表的插话,顿时使现场气氛陷入尴尬。

这一现象表明,不同国家商人的谈判风格存在巨大差异。在谈判的开局阶段,中国人倾向于建立长久的合作关系,所以在谈判前会有一些交流。而美国人目标感很强,不喜欢拐弯抹角,而且认为没有必要为一些不相关的事情浪费时间。当然,江苏公司方面尽地主之谊款待肯沃公司代表,使美方人员感受到了中国人的热情,一方面是中国传统文化和接人待物的礼貌表现,同时,江苏公司也并不认为这是与谈判无关的事情,反而认为这是谈判的组成部分。因此,是两国间不同的文化和思维方式造成了这种谈判风格上的不同,而导致双方在谈判的开局阶段就产生了矛盾。

英国哲学家培根曾在其《论谈判》一书中指出:"与人谋事,须知其性,以引导之"。

要谈生意，就要研究、了解谈判对手的谈判机制和谈判风格。由于世界各国政治体制不同，政府外贸决策和谈判机制有较大区别；又由于世界各国的历史传统、经济状况、文化背景、风俗习惯以及价值观念之间存在明显差异，所以各国谈判者在商务谈判中都会形成不同的谈判风格。如果不了解这些不同的谈判机制和谈判风格，就可能产生误解，既失礼于人，又因此而失去许多谈判成功的契机。一个合格的谈判者，需要熟悉各国文化的差异，了解不同国家、不同地区、不同民族的谈判风格，把握对方的价值观、思维方式、行为方式和心理特征，并巧妙地加以利用，采取灵活的谈判方式，掌握谈判的主动权，在国际商务谈判中不辱使命，维护自己的利益，取得预期的谈判成效。

第一节 我国主要贸易对象的贸易决策和谈判机制

一、欧盟的贸易决策和谈判机制

（一）欧盟贸易政策决策和谈判权的法理依据

欧盟共同贸易政策决策是由欧盟机构按照法定程序进行的，其决策程序和决策结果都要受到《欧共体条约》（TEC）和《欧盟条约》（TEU）的约束，欧洲法院有权依据《欧共体条约》和《欧盟条约》对共同体决策的程序和结果进行审理和判决。

贸易政策的决策程序是在《欧共体条约》第133条和第300条中进行规定的。有关货物贸易、部分服务贸易和知识产权措施的贸易协定是根据《欧共体条约》第133条进行的。根据《欧共体条约》第133条的规定，欧盟贸易政策主要涉及欧盟贸易关系的共同原则，如对外关税、进出口管制、保护措施和第三国市场准入等，以及欧盟通过国际协定的谈判融入多边贸易体系，包括优惠贸易协定、多边贸易谈判等。当欧共体拟议缔结的条约或协定的内容超越纯贸易事项而包括欧共体更广泛的领域时，《罗马条约》第238条提供了欧共体谈判与缔约的权力依据："共同体可以与第三国、国家集团或国际组织缔结旨在建立以相互的权利和义务、共同行动和特殊程序为特点的联系关系的协定。"显然，这是关于欧共体对外建立联系的一项一般性授权，涉及欧共体活动的各个领域，而不仅仅局限于贸易领域。实践表明，以第238条为法律依据缔结的三类联系协定都以欧共体与第三国的贸易关系为重要内容。欧盟贸易协定谈判程序为：欧盟委员会（以下简称欧委会）负责提案，并经咨询"133委员会"后，与欧盟部长理事会（以下简称理事会）代表商议得出欧盟的共同立场，并由欧委会代表欧盟直接进行谈判。部长理事会多数情况下以特定多数投票决定谈判的开始以及贸易协定的最终批准。在整个程序中，欧洲法院享有咨询权、通知权和部分同意权。同时，成员国、欧洲议会、部长理事会或欧委会，应就协定是否符合各大条约的规定征求欧洲法院的意见。

（二）欧盟贸易谈判机制中各参与主体的法律地位

1. 谈判的决策核心：理事会与"133委员会"

在欧盟目前的机构体系中，理事会的作用是立法和决策，可以单独或与欧洲议会一起行使立法权。理事会是贸易协定谈判机制的决策核心，具有双重性质：既是欧盟的决策和立法机构，受欧盟基础条约的约束，是欧盟整体利益的代表；又是成员国政府间机构，反映和维护各成员国政府的立场和利益，因而又被称为"成员国利益的代表"。

理事会在贸易政策领域的管辖权主要体现在：①政策自主法规的制定权，如共同海关关税、共同进出口制度、各项贸易保护制度等；②贸易保护政策领域最高的决策权；③贸易协定及与贸易有关的协定的缔结权，理事会决定是否进行谈判、谈判的方式和范围，协定最终以欧共体的名义缔结。根据《欧共体条约》第133及第300条，理事会授权启动谈判、通过谈判指示并最终缔结协定；而根据《建立欧洲宪法条约》（草案）第Ⅲ-227条，理事会可以任命谈判者或谈判团领导。

在贸易协定问题上，"133委员会"具有特殊职能。其一，欧盟在贸易协定中的立场的提案，它是唯一参与咨询的机构，欧洲议会并不参与咨询程序；其二，它就不公开的欧委会提案进行讨论；其三，专家和极富经验的欧委会官员的影响极深；其四，它具有实际上的决策权，尤其是对欧盟的谈判指示，各国贸易部长很少参与技术性的细节问题；其五，"133委员会"对修改欧委会的提案拥有主要的决策权。

理事会在做出某项决定时，通常应遵循"有效多数"原则，在特定情况下适用"协商一致"原则。从2004年11月1日起，欧盟理事会开始采用《尼斯条约》中规定的新版"有效多数"表决机制，即总票数为321票，有效多数为232票并且能够代表一半以上的成员国。《欧盟宪法条约》对此机制有所更新，规定通过决定只需得到55%的理事会成员（这些成员需来自至少15个成员国并代表65%以上的欧盟人口）的赞同。但是，如果要否决欧盟委员会或欧盟外交部长的提案，则需要有72%的理事会成员（代表65%以上的欧盟人口）的反对。

2. 谈判的执行机构：欧委会

欧委会是欧盟的常设执行机构，负责欧盟的实际事务。欧委会主席经欧洲议会批准后，由理事会以特定多数而非一致同意的方式任命。欧委会在贸易领域的管辖权主要包括：①贸易政策与法律的动议权，在欧共体自主贸易政策立法以及与第三国谈判并签订贸易协定方面，欧委会具有排他性的提案权。②贸易政策的执行权与管理权。③贸易政策的监督权。主要包括：主动或接受控告的情况下对成员国违反共同贸易政策的行为进行调查并要求该成员国纠正，若有关成员国在规定的期限内未能执行欧委会的意见，则欧委会可以向欧洲法院提起诉讼；提请欧洲法院审查部长理事会决定的合法性等。④国际协定的谈判权。根据《欧共体条约》第113条，欧委会是欧共体与第三国或其他国际组织之间的贸易协定的排他性谈判者。但对于不仅仅限于贸易领域的协定，成员国代表也参与谈判。特别是在贸易协定的动议及谈判方面，欧委会的影响是最重要的。

3. 谈判的监督机构：欧洲议会

欧洲议会是欧盟的监督和咨询机构，具有普遍的立法权。这是它不同于一般意义上的议会的地方，它可以充分利用知情权、强制磋商权、合作程序与共同决策程序、不信任投票等形式参与立法过程，并对整体事务进行监督。

《欧共体条约》规定，在贸易协定的谈判过程中，欧委会应就有关问题咨询欧洲议会。在日常工作中，欧委会通常向欧洲议会通报有关贸易事务。对某些特定的贸易法规的制定，欧洲议会与欧盟理事会共享决定权。欧洲议会在贸易领域的权力与作用也不断得到强化。根据《欧共体条约》第133条的规定，欧洲议会在贸易协定问题上没有强制性咨询权。而根据《欧共体条约》第300条的规定，在关于投资和服务的贸易协定方面，欧洲议会可以参与咨询，但并没有约束力，部长理事会可以不考虑议会的意见。对于重要的贸易谈判，欧委会需向欧洲议会做例行通知，并征得欧洲议会的同意。

（三）谈判中各参与主体内部及之间的权力平衡机制

欧盟本着"赐予、辅助和均衡"的原则来界定欧盟与各成员国之间的权力，成员国赋予欧盟权力，而不是欧盟赋予成员国权力，只有在成员国单独行动无法实现目标的情况下，欧盟才采取行动。同时，欧盟本着"共享、法制、分权和制衡"的原则来界定欧盟各机构的权力。

1. 欧委会内部的权力平衡

理论上讲，在将最终提案提交"133委员会"之前，欧委会需要内部达成一致。但是，与立法程序不同的是，关于在贸易协定中的立场的提案并不是由所有委员达成一致。

例如，环境委员可能并未参与批准关于贸易和环境问题的文件。环境总司的代表可以参加"133委员会"会议，但没有发言权。对于最终提案，其他总司参与咨询的期限也十分紧迫。而由于其他总司及各成员国的相应政府部门缺乏贸易政策方面的能力，使得期限显得尤其紧迫。而在人员配备方面，各司人员数量及素质也参差不齐，这也在另一个方面反映了欧盟和各成员国的政治和政策优先所在。

2. 欧委会和部长理事会之间的权力平衡

成员国贸易部长们在国际贸易问题上的能力不足，使得其很难详细评估欧委会的提案，或迅速介入具体问题。由于欧委会具有提案动议权并具有更多的技术和专业知识，"133委员会"中的理事会代表需要特定多数才能使欧委会修改其提案。欧盟在贸易协定的不同领域采取不同的立场，这就涉及不同的专业领域。在"133委员会"会议上，实际上是欧委会官员与各成员国商务或贸易参赞之间的较量。欧委会官员往往是国际贸易领域的资深专家，拥有更多的专业知识。而各国参赞在布鲁塞尔供职仅仅2~3年左右。在"133委员会"的副主管层次会议中，各成员代表经常发生变化，其专业知识水平也较低；在全体成员或主管层次的会议上，情况则好一些。而根据所讨论问题的不同，各成员国派出的贸易专家也不同，他们很少与欧委会或其他成员国进行联系或沟通。由于对于欧委会贸易总司官员提交提案并没有时间限制，这使得贸易总司往往在临近谈判时才提交提案，以减少其他利益方的干预，甚至包括来自"133委员会"的干预。

3. "133委员会"与各成员国政府部门的沟通与平衡

收到欧委会的提案后，"133委员会"中的理事会贸易代表将就非贸易问题，如环境问题，向国内进行咨询。"133委员会"中的成员国贸易官员们常常会感受到时间的压力，留给他们向国内相关专家进行咨询的时间很短，有时甚至需要现场对欧委会的立场做出回应。

4. 欧委会与欧洲议会之间的权力平衡

无论是对欧洲议会，还是对于大部分成员国议会来说，由于对欧委会的贸易政策提案缺乏正式和系统的咨询权，使得欧盟的贸易谈判缺乏应有的透明度。由于这个原因，欧洲议会在贸易问题上缺乏必要的能力。但议会在贸易政策方面的服务仍是必需的，尤其是对于那些非贸易专家、不得不经常面对贸易问题的理事会相关委员会而言。

5. 各成员国议会的审查功能

一般情况下，成员国议会并不正式参与欧盟国际贸易政策的咨询，它们仅仅是被告知情况。

二、美国贸易决策和谈判机制

（一）美国贸易决策和谈判的法律依据

美国贸易法律体系涵盖关税及海关法、进出口管理法律、贸易救济法律、基于安全考虑的贸易立法，以及为实施诸多对外贸易协定制定的国内立法等。美国是普通法系国家，其贸易法律体系既包括成文法也包括有效的法院判例，这些判例是对成文法的具体实施或有效补充。国会通过的成文法见于《法律汇编》，且大部分已收编于《美国法典》第 19 编中，而判例则印载于各法律报告中。

以下几部法律形成了美国贸易法律体系的支柱性立法：经修改后的《1930 年关税法》是关于关税制定和征收的主要法律，并就反倾销和反补贴问题做出了规定；经修改后的《1974 年贸易法》就非关税壁垒、对发展中国家的普惠制待遇、保障措施及 301 调查等问题做出了规定；经修改后的《1979 年贸易协定法》批准了东京回合谈判成果，将有关贸易救济、海关估价、政府采购、产品标准等成果纳入了美国的贸易法体系；《1988 年综合竞争与贸易法》增强了行政部门的贸易谈判权以及对不公平贸易采取措施的权力，并全面修订了当时存在的诸多贸易法律，包括反补贴反倾销的法律、《1979 年出口管理法》以及《1974 年贸易法》的 301 条款等。

另外，与贸易相关的法律还包括《1962 年贸易拓展法》《1984 年贸易和关税法》《美国加拿大自由贸易协定》(1988)、《北美自由贸易协定》(1993)、《〈乌拉圭回合协定法〉行政行为说明》(1994) 等。

下面介绍这些法律中较有影响的条款。①201 条款（全球保障条款）：规定为由于进口的增加而遭受严重损害的国内产业提供暂时的税赋减免；反对不公平贸易。②301 条款（总统报复条款）：规定对那些限制美国产品进口或对美国出口进行补贴的国家进行制裁。③超级 301 条款：要求美国贸易谈判代表向国会提交对美采取非公正措施、妨碍美国贸易国家的"黑名单"。④特别 301 条款：将贸易报复范围扩大到侵犯美国知识产权的贸易伙伴。⑤731 条款（反倾销条款）：规定对那些以低于公平价值的价格出口到美国的商品征收关税的权力。⑥303 条款（反补贴税条款）：规定对于对本国产业进行补贴的国家征税的权力。⑦337 条款（知识产权条款）：规定对违反或侵犯美国专利、版权或受保护的商业机密的国家进行报复。

（二）美国政府贸易决策和谈判主体

美国国会是贸易政策的制定者，美国《联邦宪法》第八款第一条授予国会管理与外国的商业往来和征收关税的权力。1934 年国会通过《互利贸易协议法》，授予美国总统与其他国家进行贸易谈判的权力。国会只能批准或者否决总统与外国签订的贸易协定，但是不能够修改协定的内容。

美国贸易代表办公室（USTR）是直属美国总统办公厅的内阁级机构，直接对总统和国会负责，接受总统的授权制定和执行贸易政策，代表美国进行双边和多边贸易谈判，并作为美国设在各国际贸易组织的代表。在美国国内，美国贸易代表办公室致力于国内贸易政策事务方面的跨部门协调，通过贸易政策审议小组（TPRG）和贸易政策参谋委员会（TPSC）协调联邦机构和办公室（例如商务部、财政部、国际贸易委员会等），形成决定和协调美国政府在国际贸易及与贸易相关事务的亚内阁级的工作机制。同时，美国贸易代表办公室还通过咨询委员会机制与包括民间组织在内的私营机构进行协调，征询其对贸易谈判、贸易协议的实施、美国贸易政策制定和执行以及实施的优先性的建议。此工作机制保证了美国的贸易政策和贸易谈判目标恰当地反映了美国私营机构的经济利益。因此，美国的利益团体除了通过其在国会中的议员代表来影响贸易政策制定以外，还可以通过咨询委员会机制表述自己的利益，争取影响政府的决策。

除了美国贸易代表办公室，美国商务部和美国国际贸易委员会也是处理国际贸易事务的主要联邦政府机构。美国商务部是负责经济事务的综合部门，其内设的国际贸易管理局主要负责美国贸易法律、法规、双边和多边贸易协定的实施，参与贸易政策制定，开展贸易推广，为美国企业提供咨询和培训，进行进出口管制等。美国国际贸易委员会是一个独立的、非党派性质的、准司法联邦机构，其职责范围包括判定美国产业是否因为外国商品的倾销或者补贴行为而受到损害；对某些不公平的贸易行为，如专利、商标的侵权行为进行裁决等。美国国际贸易委员会是一个更出于美国国内政治因素考虑的部门，因此国内利益团体更容易对其实施游说进而影响其决定。

（三）美国各贸易决策和谈判主体的法律地位

1. 国会

根据《联邦宪法》的贸易政策规制权，国会有如下权力：管制合众国与外国、各州之间以及与印第安部落之间的贸易。

这是《联邦宪法》对国会所享有的管制贸易权力的最直接的规范。《联邦宪法》缔造者认为，管制贸易的权力对于合众国的繁荣而言是一种至关重要的权力。该规定涉及以下4个方面的内涵：其一，管制贸易的《联邦宪法》含义，即"制定规则的权力通过规则使贸易得到了管制，被管制的对象是贸易"。其二，国会所享有的管制贸易的权力，从根本上排除了各州对贸易的管制和对联邦政府管制贸易权力的限制。其三，管制贸易的权力根本上不同于征税权力，后者可以共享，而前者是独占的。从《联邦宪法》的其他条款中也不能推论出各州拥有管制贸易的权力，或者由各州行使的公认权力。其四，国会管制贸易的权力范围由于是《联邦宪法》明确规定的权力，只要与各州、与外国的贸易或者交易均适用国会对其的管制。运用这种管制权的可以有多重目的，如税收目的、禁止目的、禁运目的、报复或贸易互惠目的，通过补贴、区别性关税以及通过特别优惠和特权来鼓励国内航行以及航运和商业利益，或是纯粹的政治目的等。

2. 总统

根据《联邦宪法》的规定，联邦议会拥有贸易谈判的权限，总统在与世界各国进行贸易谈判时，必须经国会授权。由于联邦议会拥有贸易谈判权严重限制了政府的行动，不适应全球双边自由贸易迅速发展的新形势，因此从克林顿政府开始，就要求修改《联邦宪法》，主张把贸易谈判权移交给政府。然而，由于共和党和民主党的长期对立，美国国会一直难以通过两党一致的议案，在很大程度上影响了美国双边自由贸易的开展。为此，乔治·布什在竞选总统时，就把贸易权限改称为"贸易促进授权（TPA）"。乔治·布什上台以后，经过不懈努力，特别是9·11事件以后，由于国会出现了超党派推动自由贸易的动向，2001年12月6日，众议院终于以1票之差通过了总统的要求。2002年7月27日，美国众议院又通过决议，正式批准了赋予总统贸易谈判权的《贸易促进授权法案》。这样一来，美国总统在贸易谈判中就拥有了自主决策权，可以主动而灵活地推动各种贸易谈判。然而，这一权限是有时间限制的，2005 年这一权限到期后，国会批准延长两年。2007 年 6 月 30 日，这一权限再次到期后，国会拒绝延长。因此，美国国会与总统之间就贸易谈判权限的博弈并未停止。

3. 美国国会与总统在贸易政策和谈判上的互动

根据美国《联邦宪法》，国会与总统共享贸易政策制定和贸易谈判的权力，这也是美国宪政体制设计下的必然结果。现实中，总统和国会在制定国际贸易政策时的利益诉求和战略定位并不完全一致，甚至会存在一定程度的对立与冲突。

一般来说，国会在美国贸易政策方面十分积极主动，他们严格审视政府的贸易政策和倡议，对某些政策的"据理力争"，常常迫使以总统为首的政府对外国贸易伙伴变得强硬。当然，国会与总统的分立也是相对的，国会通过的法律要总统签署才生效。

三、日本的贸易决策和谈判机制

（一）日本贸易政策决策与谈判的法律依据

日本有关对外贸易的法律体系包括作为基本法的《外汇及对外贸易管理法》和具体涉及对外贸易管理的《进出口交易法》，促进对外贸易发展的《贸易保险法》《日本贸易振兴会法》等。此外，根据有关进出口的法律，日本政府还颁布了《输入贸易管理令》和《输出贸易管理令》；在具体操作层面上，还有经济产业省颁布的《输入贸易管理规则》和《输出贸易管理规则》。

日本规范外贸活动的基本法是 1949 年 12 月 1 日颁布的《外汇及对外贸易管理法》。20 世纪 70 年代后期，日本着手对《外汇及对外贸易管理法》进行了较大的修正，并将其与原《外资法》合并起来，成为一部新的《外汇及对外贸易管理法》，于 1979 年 12 月 18 日颁布，并于 1980 年 12 月 1 日生效。新的《外汇及对外贸易管理法》规定，日本的外汇、外贸等对外交易活动基本上可自由进行，政府部门只在必要时对其进行最低限度的管理和调控。

《进出口交易法》允许日本的贸易商之间在价格、数量、品质等贸易条件方面协同作战，还可以结成贸易组织（出口协会、进口协会及进出口协会之类），必要时政府可以通过命令的形式对外贸进行调控。该法同时规定要防止不公正的出口贸易，确立对外贸易的秩序，以实现对外贸易的健全发展。

（二）日本政府对外贸易决策和谈判主体

日本政府的贸易管理组织主要包括：日本贸易会议、经济产业省、财务省、日本银行、日本进出口银行、经济企划厅、公正交易委员会等。日本贸易会议的主席由内阁总理大臣担任，其成员主要由经济产业省、财务省、农林水产省、外务省、国土交通省等重点省大臣、日本银行及进出口银行总裁、公正交易委员会委员长、经济企划厅长官等组成。

日本内阁会议是制定政策、协调各省厅之间关系的最高官僚机构。内阁会议的议长一般由内阁总理大臣担任，其成员主要包括财务省、外务省、经济产业省、国土交通省等重点省大臣、日本银行及进出口银行总裁等。在日本内阁会议中，与贸易相关的会议有"经济财政咨询会议"和"知识产权战略会议"。与贸易相关的法律、法规以及政策措施也必须经由内阁会议审议通过。

日本国会是贸易法律、法规的立法机构。通常制定与贸易相关的法律法规的建议由贸易促进和咨询机构或者由主管的政府机构根据贸易发展状况提出。上报内阁会议得到认可之后，由主管的政府机构的相关政策制定部门组织产、官、学共同研究商讨制定，然后上报内阁会议。经过内阁会议审查通过后，报国会批准、立法。

日本外务省经济局负责对外签署与贸易相关的多边条约和协定，处理国际贸易纠纷。同时，作为日本政府的对外联络窗口，外务省也向相关的省厅提出制定与贸易相关的政策、法律、法规的建议。

经济产业省是日本对外贸易政策的主要制定者和执行者，其实施也主要由经济产业省负责。

日本银行是日本国际金融与服务贸易相关政策的制定和实施机构。此外，日本银行作为日本的中央银行负责有关进出口贸易的审查、审批，并负责编制有关统计。日本建立了以日本银行、日本进出口银行为核心，以政府指定并严格监督、指导的外汇经营银行、汇兑商为基础的外贸金融管理体系。

日本经济企划厅负责预测国内经济发展的速度，制订公共投资计划，协调各方面对外经济政策等。

公正交易委员会则主要通过审查对外交易行为，处罚对外贸易中的非公正交易行为，维护对外交易的正常秩序。

（三）日本政府对外贸易决策和谈判机制

由于国土面积不大，国内区域发展水平差异不甚悬殊，国内民族成分单一，在贸易决策和谈判机制方面，日本中央政府各部门管理贸易的权力较大。如日本经济产业省设有9个地方分局，所有地方分局管理全部由经济产业省本部决定，不受地方政府干预。

尽管日本政府管理、调控国民经济的能力与欧美国家相比非常突出，但民间企业及其团体在政府经济决策与执行中并非无所作为；相反，日本各类经济团体、商协会名目繁多，十分发达，发挥着极为重要的作用。平时，这些机构维护市场秩序，建立行业规范和市场经济下的道德准则，并与国际同行开展交往。在政府决策酝酿过程中，这些组织积极提供咨询意见。日本政府各项政策制定发布后，由企业自发组建的经济团体、产业行会、流通商会、政府主办的半官半民组织等中观层次机构履行监督政策落实的职能，在日本称其为"中观经济管理体制"。对企业落实国家各项经济政策过程中出现的问题，这些经济团体组织也负责向政府反映和提出修改意见，在日本称之为"政策运营"。在日本政府宏观经济管理与企业微观层次经营之间，中观经济管理体制发挥了承上启下的重要作用。

（四）日本对外贸易谈判工作遵循的一般性原则

日本人的行为风格以精细、一丝不苟而闻名于世，在对外贸易谈判中，这种风格通常也得到了充分的体现。他们对外贸易谈判一般都遵循以下规则：

（1）对外谈判的决策方案必须事前拟定。

（2）决策方案由产、官、学、研组成政策研究课题组酝酿产生；由相应级别业务主管申请政策课题预算，委托一位知名专家学者任组长，组成政策课题研究小组。组长全权、独立负责从国家利益最大化（排斥政府各个部门追求部门利益最大化）角度出发制订方案，按期递交给政府。组成成员由组长选用，适当吸收政府部门负责具体业务工作人员参加，适当吸收企业代表，但是必须吸收所有相关行业的代表、所有相关业务领域有专长的学者。

（3）制订方案具有法定程序。第一步由研究小组拟定初步方案；第二步由政府主管部门按内部程序修改、完善方案；第三步交由相关行会组织提出修改意见；第四步按政府决策程序步步上报直至拥有权限的领导批准。

（4）课题组组长和主要政策研究课题成员直接参与重大谈判项目的进程，配合一线谈判组根据对方要价协商对策建议，经批准后继续交涉。

（5）信息对称原则。信息参与者与政府官员拥有同样的知情权。

（五）日本政府对外贸易谈判主要方略

作为一个典型的出口导向型国家，日本对外贸易谈判主要目标有4项：保护国内市场；保护并不断扩大海外市场；取得稳固可靠的海外资源来源；削弱、转移贸易争端压力。为此，日本采取了以下谈判方略：

（1）多边贸易谈判和双边自由贸易谈判并重。日本是一个出口规模庞大且高度多样化的国家，只有全球市场才能为其出口提供足够的空间。而当日本发现区域自由贸易安排已经不可阻挡，而多边贸易谈判步履维艰之后，也开始实施区域、双边自由贸易谈判。

（2）充分利用环境、文化、卫生等非经济价值为借口，尽可能少承担市场开放义务。对已经承诺的市场开放义务尽可能采用技术含量高的技术性贸易壁垒或国内牢固的关联交易结构使之名存实亡。前者如世贸组织农业谈判中日本提出的农业多种机能论、粮食安全保障论、农产品贸易均衡论、社会公众参与论等；后者如农产品、食品中农业化学品残留"肯定列表制度"，以及日本企业系列制度、企业交叉持股制度等。

（3）根据不同时期需要不断适时调整重点经贸合作国家（地区）。2003年以前，日本对外经贸合作重点对象是美国、"亚洲四小龙"、东盟。美国一直是其最大的贸易合作伙伴，日本对"亚洲四小龙"发展经贸关系主要是通过投资转移日本国内劳动密集型产业，但是对中国、韩国主要是进行技术转让的合作。日本对东盟的印度尼西亚、马来西亚、菲律宾前期进行经济援助，后期通过投资开展合作。2004年之后，日本企业投资重点转移到中国和东盟中的越南、泰国。随后，日本又将对外经贸合作重点转移到同样市场广阔、人口众多、增长迅速的印度、俄罗斯、巴西等新兴市场。

四、韩国的贸易决策和谈判机制

（一）韩国对外贸易决策与谈判的法律依据

韩国涉及贸易的法律主要包括《对外贸易法》《外国人投资促进法》《关税法》《外汇交易法》和《有关提高出口产品质量法》等。其中，《对外贸易法》是韩国贸易和投资管理领域的基本法律。此外，韩国产业资源部还通过定期或不定期公布《进出口公告》《进出口统合公告》和《进出口特别公告》来确定进出口贸易的各项具体政策。

《进出口公告》是韩国政府直接管理进出口贸易的重要手段，其主要内容是规定限制进口的产品种类和数量，主要涉及重要的战略性产品和部分农产品。

《进出口统合公告》是指产业资源部根据《对外贸易法》对韩国各行业主管部门制定的特别法中有关进出口贸易的限制措施综合后发布的政府公告。该公告主要依据WTO的规定，对有可能危害人类生命及健康安全、污染环境或有违国际公约的商品做出限制。

（二）韩国贸易决策和谈判主体

根据韩国《政府组织法》，产业资源部负责总的贸易政策的制定和实施；外交通商部的通商交涉本部负责对外通商交涉；农林部、海洋水产部、文化观光部、建设交通部、情报通信部等行业管理部门负责制定和实施涉及其主管领域的具体商品的贸易政策；产业资源部下属贸易委员会负责对因外国商品进口所造成损害产业的救济。

（三）韩国贸易政策形成与谈判机制

在政府层面，韩国外交通商部的通商交涉本部全权负责韩国的对外通商交涉业务，其职能是制定对外通商交涉政策、牵头组织对外经济磋商等业务，专门负责对外通商交涉。其下设情报支援、法律支援、民间咨询小组等机构，并委托对外经济政策研究院承担有关调研工作。

韩国在国际贸易谈判中非常注重发挥专业人士的作用。例如韩国规模最大的律师事务所——韩国广场（LEE&KO），吸收了世界各地专门从事世贸组织和双边贸易谈判的资深律师，世贸组织补贴委员会常设专家团委员也包括在内，协助政府和私营机构在多双边贸易谈判中解决各种贸易政策问题。该事务所几乎深入参与了韩国关税行政的全过程，参与了几乎所有在韩国进行的重要反倾销案件诉讼和应诉。

在韩国贸易政策的形成过程中，利益集团发挥了强大影响。除了企业界利益集团之外，各国与贸易相关的利益集团通常是工会和农业利益集团。韩国劳工组织化程度不高。相比之下，重重保护下的农业体制造就了强大的农民组织，不少基层政府也竭力代表农民利益，形成了在韩国政坛上呼风唤雨的农业利益集团，使韩国政府在农产品市场开放问题上格外小心翼翼。例如在大米市场准入问题的谈判上，韩国对义务进口量、关税化过渡期的长短等具体问题，都全面公开谈判进程，听取国民和农业部门的意见。即使2005年年底国会通过了有限开放大米市场的法案《大米协商批准动议案》，但韩国农民组织的反对声浪和活动一直未曾停止过。

（四）韩国政府对外贸易谈判方略

韩国经济发展战略类似日本，其贸易政策和贸易谈判目标相同，即保护国内市场、保护并不断扩大海外市场、取得稳固可靠的海外资源来源、削弱和转移贸易争端压力。在贸易谈判方略方面也有不少相似之处，较有特点的主要内容如下：

1. 积极参与和推动多边贸易谈判

与日本一样，韩国始终是多边贸易体制的坚定拥护者，把区域经济一体化看作多边贸易体制的补充。韩国认为，如果地区贸易的增长只是反映全球对自由贸易的普遍兴趣，是值得欢迎的；但地区主义令人担忧。因此韩国目前的立场是多边和区域/双边"两条腿走路"，以多边为主，区域、双边自由贸易谈判作为次优选择。

2. 根据实际情况表现出灵活务实态度

从韩国以往解决贸易纠纷的案例看，对于那些政府保护程度较小的行业，贸易纠纷比较容易平息。在1994—1997年的韩美汽车市场准入案例中，随着外部条件和国内经济状况的改变，韩国从强硬到做出让步，最终双方达成了相互妥协的结果。韩国拒绝了一部分美方要价，例如将进口汽车的关税从8%降到2.5%，但在降低国内税、简化对进口汽车的检验和认证程序、取消对进口汽车国内销售的歧视性措施等方面也做出了一定承诺，避免因小失大。

3. 利用民间力量抵制贸易伙伴要价

韩国的快速现代化加速了国家与社会的分离，为市民社会发展提供了广阔空间，遭到主流排斥的社会阶层以激进对抗方式争取合法权利成为韩国社会发展一个显著特征。这种特征也体现在国际竞争和贸易纠纷中。从西雅图到香港WTO部长级会议，韩国农民和其他抗议者自发组织通过多种形式以表达自己对利益的诉求。在韩美自由贸易谈判中，韩国政府发布减少韩国电影配额的决定,也引起了韩国电影人的激烈抗议活动,其人员构成的号召力、组织规模和激烈程度在全世界都是少见的。韩国社会的这种特点也给了韩国政府一件可以在贸易谈判中利用的工具,韩国政府有时候会有意识地利用这一特点逃避贸易伙伴的压力。当然,这一策略有时会失控,对韩国国家形象损害很大,得不偿失。

4. 强化贸易谈判的预见性

韩国重视对第三方贸易政策及其对韩国可能产生的影响的前瞻性研究,从而为潜在的贸易方面的问题提前做好准备。例如,韩国贸易投资振兴公社(KOTRA)指出,美国加大贸易领域的对华压力,可能将伤害到韩国企业对中国的中间材料和零部件出口以及在华韩企对美国的出口。KOTRA主张成立专家组,分析在经济全球化大潮之下,第三国的贸易政策将对韩国企业产生怎样的影响,并以此为中心,设定全面而统一的战略。

第二节 世界各国商人的谈判风格

一、美洲商人的谈判风格

(一)美国商人的谈判风格

在美国历史上,大批拓荒者曾冒着极大的风险从欧洲来到美洲,寻求自由和幸福。顽强的毅力和乐观向上、勇于进取的开拓精神,使他们在一片完全陌生的土地上建立了新的乐园。美国的经济、技术在世界上处于领先地位,国民经济实力也最为雄厚。所有这些,都使美国人对自己的国家深感自豪,对自己的民族具有强烈的自尊感与荣誉感。他们性格开朗、自信果断,办事干脆利落,重实际,重功利,事事处处以成败来评判每个人,信奉自我奋斗,这种心理在他们的贸易活动中充分表现出来,形成了美国商人独特的谈判风格。

在经商过程中,美国人通常比较直接,不太重视谈判前个人之间关系的建立。如果在业务关系建立之前竭力与美国对手建立私人关系,反而可能引起他们的猜疑。他们或许会认为对方的产品质量、技术水平存在问题才拉拢他们,反而使他们在谈判过程中特别警惕和挑剔,结果使过分"热情"的谈判对手备感委屈,甚至蒙受损失。他们喜欢公事公办,个人交往和商业交往是明确分开的。亚洲国家和拉美国家的人都有这种感觉:美国人谈生意就是直接谈生意,不注意在洽商中培养双方的友谊感情,而且还力图把生意和友谊清楚地分开,所以显得比较生硬。但美国人却认为:良好的商业关系带来彼此的友谊,而非个人之间的关系带来良好的商业关系。不过,美国人强调个人主义和自由平等,生活态度积极、开放,还是很愿意交朋友而且容易结交。美国人以顾客为主甚于以产品为主,他们很努力地维护和老客户的长期关系,以求稳定的市场占有率。

受美国文化的深刻影响,美国人对角色的等级和协调的要求比较低,往往尊重个人的作用和个人在实际工作中的表现。在企业的决策上,他们常常是以个人或少数人为特点,自上而下地进行,在决策中强调个人责任。他们的自我表现欲望很强,乐意扮演"牛仔硬汉"或"英雄"的形象,在谈判中表现出大权在握的自信模样。在美国人的谈判队伍中,代表团的人数一般不会超过七人,很少见到大规模的代表团。即使是有小组成员在场,谈判的关键决策者通常也只有一两个人,遇到问题,他们往往有权做出决定,"先斩后奏"之事时常发生。但他们在谈判前往往非常认真、充分、详细而规范地做资料准备,以便在谈判过程中能干脆、灵活地做决策。美国人在谈判某一项目时，除探讨所谈项目的品质规格、价格、包装、数量、交货期及付款方式等条款外，还包括该项目从设计到开发、生产工艺、销售、售后服务以及为双方能更好地合作各自所能做的事情等，从而全盘平衡，达成一揽子交易。

美国是一个高度发达的国家，生活节奏比较快。这使得美国人特别重视、珍惜时间，注重活动的效率。美国人的时间观念很强，办事要预约，并且准时。他们不喜欢事先没预约的不速之客来访；与美国人约会，早到或迟到都是不礼貌的。与美国人约会，一旦不能如期赴约，一定要致电通知对方，并为此道歉，否则将被视为无诚意和不可信赖。

美国谈判人员总是努力节约时间，不喜欢繁文缛节，希望省去礼节、闲聊，直接切入正题。他们喜欢谈判紧凑，强调尽可能有效率地进行，迅速决策不拖沓，尽量缩短谈判时间。所以在国际商务谈判中，美国人常抱怨其他国家的谈判对手拖延，缺乏工作效率；而这些国家的人也埋怨美国人缺少耐心。在美国人的价值观念中，时间是线性的而且是有限的，必须珍惜和有效地利用。对整个谈判过程，他们总有一个进度安排，精打细算地规划谈判时间，希望每一阶段逐项进行，并完成阶段性的谈判任务。美国人这种按照合同条款逐项进行讨论，解决一项，推进一项，直至最后完成整个协定的逐项议价方式被称为"美式谈判"。他们常用最后期限策略来增加对方的压力，迫使对方让步。

美国人做交易，往往以获取经济利益作为最终目标，更多考虑的是做生意所能带来的实际利益；而不是生意人之间的私人交情。所以，他们有时对日本人、中国人在谈判中要考虑其他方面的因素，如由政治关系所形成的利益共同体等表示不可理解。

尽管美国人注重实际利益，十分精于讨价还价，但他们一般不漫天要价，也不喜欢他人漫天要价。美国人注重以智慧和谋略取胜，他们会讲得有理有据，从国内市场到国际市场的走势甚至最终用户的心态等各个方面劝说对方接受其价格要求。美国商人对商品既重视质量，又重视包装。美国人不但对自己生产的商品不遗余力地追求内在品质和包装水平，而且对于购买的外国商品也有很高的要求。他们认为，做买卖要双方都获利，不管哪一方提出的方案都要公平合理。所以，美国人对于日本人、中国人习惯的注重友情和看在老朋友的面子上可以通融的做法很不适应。

美国人的自信也使他们在交往中习惯以自我为中心，显得缺乏耐心。谈判对手也就常常利用美国人缺乏必要的耐心的弱点从而获取最大利益。

美国是一个高度法制的国家。美国人重视契约，法律意识根深蒂固，律师在谈判中扮演着重要的角色。平均450名美国人就有一名律师。由于美国人口高度流动，使他们彼此之间无法建立稳固的持久关系，因而只能将不以人际关系为转移的契约关系作为保障生存和利益的有效手段。他们这种法律观念在商业交易中也表现得十分明显。由于生意场上普遍存在着不守诺言或欺诈等现象，美国谈判人员往往注重防患于未然，凡遇国际商务谈判，特别是谈判地点在国外时，他们一定要带上自己的律师，并在谈判中会一再要求对方完全信守有关诺言。他们认为，双方谈判的结果一定要达成书面的文件，借之明确彼此的权利和义务，将达成书面协议视为谈判成功的关键一步。美国人总是认真、仔细地订立合同，力求完美。合同的条款从产品特色、运送环节、质量标准、支付计划、责任分配到违约处罚、法律适用等无一不细致、精确，以至显得冗长而烦琐。但他们认为正是包含了各方面的标准，合同才提供了约束力，带来安全感。合同一旦签订，美国人会认真履约，不会轻易变更或放弃。在他们看来，如果签订合同不能履约，那么就要严格按照合同的违约条款支付赔偿金和违约金，没有再协商的余地。所以，他们也十分注重违约条款的洽商与执行。

美国人重合同、重法律，还表现在他们认为商业合同就是商业合同，朋友归朋友，两者之间不能混淆起来。私交再好，甚至是父子关系，在经济利益上也是绝对分明的。中国人的传统观念是：既然是老朋友，就可以理所当然地要对方提供比他人好的优惠待遇，出让更大的利益；美国人对此表示难以理解。这一点值得我方认真考虑，并在谈判中加以注意。

(二) 加拿大商人的谈判风格

加拿大是个移民国家，民族众多。各民族相互影响，文化彼此渗透。大多数人性格开朗、随和、友善、讲礼貌而不拘繁礼，强调自由、个性，注重实利，讲究生活舒适。

加拿大居民大多是法国人和英国人的后裔。受多元文化的影响，加拿大商人一般懂英、法两种语言。英语语系商人大多集中在多伦多和加拿大西部地区；法语语系的商人主要集中在魁北克地区。这两种不同语系的商人在商业谈判风格上差异较大。所以，和他们谈生意时，首先应注意他们的不同特点。

英语语系商人正统严肃，比较保守、谨慎、重誉守信。他们在进行商务谈判时相当严谨，一般对所谈事物的每一个细节都充分了解后，才可能答应要求。和他们谈判从进入实质阶段到决定价格这一段时间，进展较慢，常会卡在某个问题上。并且，英语语系商人在谈判过程中喜欢设置关卡，一般不会爽快地答应对方所提出的条件和要求，所以和他们进行商业谈判是颇费脑筋的。但"好事多磨"，对此要有耐心，急于求成往往不能把事情办好。不过，一旦最后拍板，签订了合同，他们很少出现违约的事情。

法语语系商人则恰恰相反，他们没有英语语系商人那么严谨。与法语语系商人刚刚开始接触时，会觉得他们都非常和蔼可亲、平易近人、客气大方。但是只要坐下来进行正式洽谈，涉及实质问题时，他们就判若两人，讲话慢慢吞吞，令人难以捉摸，要明确谈出一个结果是非常费劲的；甚至于签订合同之后，仍令对方有一丝不安。因此若希望和他们谈判成功，需颇具耐性。另外，法语语系商人对于签约比较马虎，常常在主要条款谈妥之后就急于要求签字。他们认为次要的条款可以等签完字后再谈，然而往往是那些未被引起重视的次要条款成为日后履约纠纷的导火索。因此，与他们谈判时应力求慎重，一定要在所有合同条款都定得详细、准确之后，才可签约，以避免不必要的纠纷。

加拿大商人多属于保守型，不喜欢价格经常上下变动，也不喜欢做薄利多销的生意，喜欢稳扎稳打。作为冰雪运动大国，加拿大人讨论的话题多与滑雪、滑冰、冰雕、冰球等有关。他们忌讳"13"这个数字，宴请活动不宜安排在与此有关的日子里。加拿大人喜欢蓝色，应邀作客时，可带上一束蓝色鲜花或蓝色包装的礼品。

(三) 拉美商人的谈判风格

拉丁美洲是指美国以南的地区，包括墨西哥、中美洲和南美洲，由于曾受过属于拉丁语系的西班牙和葡萄牙的殖民统治，所以称为拉丁美洲。它东临大西洋，西濒太平洋，与我国相距甚远，商业交流也较晚。拉丁美洲虽然与北美洲同处一个大陆，但人们的观念和行为方式却差别极大。因此，和拉美人谈生意、打交道时，一定要了解他们的谈判风格。

拉美人的生活比较悠闲、恬淡，他们不很注重物质利益，而比较注重感情，这与崇尚实际利益的美国人大为不同。因此，想与拉美人做生意，最好先与他们交朋友，一旦成为他们的知己后，选择生意对象时他们会优先考虑。同样，在与拉美人进行商务谈判中，感情因素也很重要，以公事公办、冷酷无情的态度对待他们是行不通的。相反，若彼此关系相熟，私交不浅，有事拜托他们，他们会毫不犹豫地优先办理，并充分考虑对方的利益和要求，这样，双方的会谈就会自然而然地进行下去。

由于历史上受外国的长期剥削，加上国内政治混乱，政变频繁，拉美许多国家的经济仍比较落后，经济单一化严重，贫富分化明显。但是拉美人有着强烈的民族自尊心，以自己悠久的历史和独特的文化而自豪，他们坚决反对并非常痛恨一些发达国家商人趾高气扬、自以为是的态度，不愿接受北美或欧洲人的教训式的谈话方式。拉美人总希望双方能在平等互利的基础上进行商贸合作，所以，和拉美人打交道时，千万不要表现出轻蔑的态度，要尊重他们的人格，尊重他们的历史。同时，由于拉丁美洲由众多的国家和地区构成，国际矛盾冲突较多，要避免在谈判中涉及政治问题。

拉美人最突出的特点是固执、个人至上和富于男子气概。同时他们也比较开朗、直爽，与处事精明敏捷的北美商人有所不同。拉美人较固执，在商贸谈判中对自己意见的正确性坚信不移，往往要求对方全盘接受，很少主动做出让步；如果他们对对方的请求感到不能接受，一般很难转变。个人至上的特点使得拉美人特别注意对方本人而不是对方所属的公司或者团体。他们判定对方的工作能力以及在公司、团体中所处的地位，往往是根据对方讲话的语气和神情。一旦他们认定对方有较强工作能力和丰富工作经验并且是公司、团体中的重要人物，就会对之肃然起敬，自然而然以后的谈判就会比较顺利。拉美人对男子气概的崇尚使他们瞧不起妇女，这可以在日常生活小事中看出来，他们不喜欢同女性谈判。当然这也有例外。如果女性能用带有权威的、不容置疑的语调和大量事实向他们表明：自己同他们一样有经验、懂技术、胜任任务，甚至做得比他们更好，并且令人信服地向他们展示自己的能力，就能让他们感到敬佩，从而暂时消退他们所谓的男子汉气概，因为拉美人是崇尚个人奋斗、敬仰成功者的。

和处事敏捷、高效率的北美人相比，拉美人显得十分悠闲、乐观，时间概念也较淡漠。他们的悠闲表现为有众多的假期，他们常常在洽商的关键时刻要去休假，生意就只好等他们休假完了再商谈。

拉美人不重视合同，常常是签约之后又要求修改，合同履约率也不高，特别是不能如期付款。

当然，拉美地区不同国家谈判人员的特点也不相同。如阿根廷人比较正统，喜欢握手；巴西人以好娱乐、重感情而闻名；智利人、巴拉圭人和哥伦比亚人做生意则比较保守等。

二、欧洲商人的谈判风格

（一）英国商人的谈判风格

英国是最早的工业化国家，早在17世纪，它的贸易就遍及世界各地；但英国人的民族性格是传统、内向、谨慎。尽管从事贸易的历史较早，范围广泛，但是其贸易洽商特点却不同于其他欧洲国家。

言行持重的英国人不轻易与对方建立个人关系，即使本国人，个人之间的交往也比较谨慎，很难一见如故；特别计较尊重"个人空间"，一般不在公共场合外露个人感情，也绝不随意打听他人的私事，未经介绍不轻易与陌生人交往，不轻易相信他人或依靠他人。

英国人有很强的民族自豪感和排外心理。与英国人交往初期，总感觉有隔阂，觉得他们高傲、保守、矜持；但慢慢地接近，建立起友谊之后，他们会十分珍惜并长期信任对方。与美国人相似，英国人习惯于将商业活动和个人生活严格分开，有一套关于商业活动交往的行为礼仪的明确准则。个人关系往往以完成某项工作、达成某个谈判为前提，是滞后于商业关系的。英国商人在商务活动中一般不善于从事日常的业务访问。所以，如果没有与英国人长期打交道的历史，没有赢得他们的信任，没有优秀的中间人做介绍，就不要期望与他们做大买卖。

尽管英国是老牌的资本主义国家，但平等和自由更多地表现在形式上。在人们的观念中，等级制度依然存在，英国还保留象征性的王室，在人们的社交场合，"平民"与"贵族"仍然是不同的。相应地，英国商人比较看重秩序、纪律和责任，组织中的权力自上而下流动，等级性很强，决策多来自于上层。他们比较重视个人能力，不喜欢分权和集体负责。在对外商务交往中，英国人的等级观念使他们比较注重对方的身份、经历、业绩、背景，而不像美国人那样更看重对方在谈判中的表现。所以，在必要的情况下，与英国人谈判，指派有较高身份、地位的人有一定的积极作用。

英国人崇尚准时和守时，有按日程或计划办事的传统；在商务活动中讲究效率，谈判大多进行得较紧凑，不拖沓。

英国人对于物质利益的追求，不如日本人表现得那样强烈，也不如美国人表现得那样直接。英国人认为，追求生活的秩序与舒适是最重要的，勤奋与努力是第二位的。所以，他们宁愿做风险小、利润也少的买卖，而不喜欢冒大风险、赚大利润的买卖。

英国人以绅士风度闻名世界，常常处变不惊、谈话轻描淡写。对他人和他物，英国人所能给的赞赏是"英国式的"。他们喜欢以他们的文化遗产、喂养的宠物等作为谈论的话题，尽量避免讨论政治、宗教、皇家是非等。初识英国人，最佳最安全的话题当然是天气。

英国商人十分注意礼仪。他们谈吐文明、举止高雅、珍惜社会公德，很有礼让精神。无论在谈判场内外，英国谈判人员都很注重体现个人修养，重视谈判业务。同时，他们也很关注对方的修养和风度，对方如果在谈判中显示出良好的教养和风度，就会很快赢得他们的尊重，为谈判成功打下良好的基础。

英国人谈判稳健，善于简明扼要地阐述立场、陈述观点，之后便是更多的沉默，表现出平静、自信而谨慎。他们常常在开场陈述时十分坦率，愿意让对方了解他们的有关立场和观点，同时也常常考虑对方的立场、行动；对于建议性意见反应积极，但采纳意见却并不痛快。英国商人的绅士风度还表现在他们在谈判时不轻易动怒，也不轻易放下架子，喜欢有很强程序性的谈判，一招一式恪守规定。谈判条件既定后不爱大起大落，注意钻研理论并注重逻辑性，喜用逻辑推理表明自己的想法。这种外交色彩浓厚的谈判风格常使谈判节奏受到一定制约。

在谈判中，与英国人讨价还价的余地不大。有时他们采取非此即彼的态度。在谈判关键时刻，他们往往表现得既固执又不肯花大力气争取，使对方颇为头痛。如果出现分歧，他们往往不肯轻易让步，以显其大国风范。

英国人很重视合同的签订，喜欢仔细推敲合同的所有细节；一旦认为某个细节不妥，便拒绝签字，除非对方耐心说服，并提供有力的证明材料。英国商人一般比较守信用，履约率比较高，注意维护合同的严肃性。但国际上对英国商人比较一致的抱怨是他们有不大关心交货日期的习惯，出口产品经常不能按期交货。所以，在与英国人签订的协议中万万不可忘记写进延迟发货的惩罚条款加以约束。

（二）德国商人的谈判风格

从整个民族的特点来看，德国人沉稳、自信、保守、好强、勤奋、严谨，办事富有计划性，工作注重效率、追求完美。德国谈判人员身上所具有的这种日耳曼民族的性格特征会在谈判桌上得到充分的展现。

德国人对发展个人关系和商业关系都很严谨，不大重视在建立商务往来之前先融洽个人关系。他们十分注重礼节、穿戴、称呼等。要想得到德国伙伴的尊重和信任，着装必须严肃得体。在交谈中，应避免提及个人隐私、政治以及第二次世界大战等。在与德国人最初的几次会面中，他们显得拘谨、含蓄甚至生硬。一旦彼此熟悉，建立商务关系且赢得他们的信任后，便能有希望长期保持。德国人不喜欢"一锤子"买卖，求稳心理强。

在商务谈判中，德国人强调个人才能；个人意见和个人行动对商业活动有重大影响。各公司或企业纪律严明，秩序性强。决策大多自上而下做出，不习惯分权或集体负责。

无论公事还是私事，德国人非常守时；在商业谈判和交往中忌讳迟到。对迟到者，德国人会毫不掩饰他们的不信任和厌恶。勤奋、敬业是德国人的美德。在欧洲，德国人的上班时间最长，8点以前上班，有时要晚上8点才下班。他们信奉的座右铭是"马上解决"，他们不喜欢对方支支吾吾以及"研究研究""考虑考虑"等拖拖拉拉的谈判语言。他们具有极为认真负责的工作态度、高效率的工作程序。所以，在德国人的办公桌上，看不到搁了很久、悬而未决的文件。德国人认为，一个谈判人员是否有能力，只要看一看他经手的事情是否被快速、有效地处理就清楚了。

德国人工作起来虽然废寝忘食，但他们也很注重与家人团聚，共享天伦之乐。因此，在德国，谈判时间一般不会定在晚上；而冒昧地请德国人在晚上谈判商务或是在晚上对之进行礼节性拜访，会让他们觉得对方不知趣。

尽管德国人比较保守，但他们办事雷厉风行，考虑事情周到细致，注重细枝末节，力争任何事情都完美无缺。在谈判前，他们收集资料详细，准备十分周密。他们不仅要调查研究所要购买或销售的产品，还要仔细研究对方的公司，以确定能否成为可靠的商业伙伴。只有在对谈判的议题、日程，标的物品质、价格，以及对方公司的经营、资信情况，和谈判中可能出现的问题及对应策略做了详尽研究、周密安排之后，他们才会坐到谈判桌前。这样，他们立足于坚实的基础之上，充分的准备使他们在谈判一开始便占据主动地位，谈判思维极有系统性、逻辑性。他们谈判果断，极注重计划性和节奏紧凑，一开始就一本正经地进入正题，喜欢直接表明所希望达成的交易，准确确定交易方式，详细列出谈判议题，提出内容详尽的报价表，清楚、坚决地陈述问题。谈判中，德国人语气严肃，陈述和报价清楚明白；谈判建议具体、切实，以一种清晰、有序和有权威的方式加以表述。

德国人在谈判中对本国产品极有信心，在谈判中常会以本国的产品为衡量标准。他们企业的技术标准相当严格，对于出售或购买的产品的质量要求很高，因此只有他们相信贸易伙伴的产品满足交易规定的高标准，他们才会与贸易伙伴做生意。当然，他们也不会盲目轻信贸易伙伴的承诺。但如果贸易伙伴不能信守诺言，那么就没希望得到大笔买卖的订单。从某种角度说，德国人对贸易伙伴在谈判中表现的评价，取决于贸易伙伴能否令人信服地说明其将信守诺言。

德国商人的自信与固执还表现在他们不太热衷于在谈判中采取让步方式。他们考虑问题周到、系统，缺乏灵活性和妥协性。他们总是强调自己方案的可行性，让步的幅度一般在

20%以内，因为他们坚信自己的报价是科学合理的。德国人总是千方百计迫使对方让步，常常在签订合同之前的最后时刻还在争取。

德国人对对方的资信非常重视，因为他们保守，不愿冒风险。他们不喜欢与声誉不好的公司打交道。

德国人有"契约之民"的雅称，非常重视和尊重契约。在签订合同之前，他们将每个细节都谈判到，明确双方的权利以及义务后才签字。这种谈判作风使得德国商人的履约率在欧洲最高。他们会一丝不苟地按照合同办事，诚实可信。同时，他们也严格要求对方，除非有特殊情况，绝不理会其贸易伙伴在交货和支付的方式及日期等方面提出的宽限请求或事后解释。他们重视商权，在德国的法律条文中有严格而明确的商权规定。例如，如果要取消代理契约，必须支付五年期间平均交易额的所得利润，否则不能取消代理契约等。

（三）法国商人的谈判风格

在近代世界史上，法兰西民族在社会科学、文学、科学技术方面都有着卓越成就，因此法国商人具有浓厚的国家意识和强烈的民族、文化自豪感。他们性格开朗、眼界豁达，对事物比较敏感，为人友善，处事时而固执、时而随和。

法国人乐观、开朗、热情、幽默，注重生活情趣，富有浓郁的浪漫情怀，非常重视彼此信任的朋友关系，并以此影响生意。在商务交往上，法国人往往凭借着彼此信赖进行；在未成为朋友之前，他们不会同贸易伙伴进行大宗交易，习惯先用小生意试探，建立信誉和友谊。因此，与法国人做生意，必须善于和他们建立友好关系。这不是一件十分容易的事情，需要长时间努力。在法国的社会交往中，家庭宴会常被视为隆重的款待，但无论是家庭宴会还是午餐招待，法国人都将之看作人际交往和发展友谊的时刻，而不认为是交易的延伸。因此，如果法国商人发现对方的设宴招待是为了利用交际来促进商业交易，他们会很不高兴，甚至断然拒绝参加。

法国家族企业多，讲究产品特色，不轻易做出超越自己财力范围的投资。一般情况下，法国公司的组织结构一般简单，自上而下的层次不多，比较重视个人力量，实行个人负责制，个人权力很大，很少集体决策。谈判也大多由个人承担责任，决策迅速。法国商人大多专业性强，熟悉产品，知识面广；即使是专业性很强的专业谈判，他们也能一个人独当一面。

对他人要求严格、对自己比较随便是法国人时间观的一大特点。如果对方迟到，不论出于何种原因都会受到冷遇；但他们自己若迟到，却会很自然地找个借口了事。在法国社交场合，有个非正式的习惯，主宾越重要，到得越迟。

法国人严格区分工作时间与休息时间，这与日本人相比有极大的反差。法国人工作时认真投入，讲究效率，休闲时痛快玩耍。他们十分珍惜假期，十分舍得在度假中花钱。八月是法国度假的季节，全国上下、各行各业的职员都休假。如果在七月谈判的生意，八月份也不会有结果。

法国商人大多十分健谈，富有感情，话题广泛，而且口若悬河，出口成章。在谈判开始时，他们喜欢聊一些社会新闻及文化方面的话题，以创造一种轻松友好的气氛；否则，将被视为"枯燥无味的谈判者"。法国商人在边聊边谈中慢慢转入正题，在最后做决定阶段，才一丝不苟地谈判。法国人非常尊重自己的传统文化和语言，对本民族的灿烂文化和悠久历史感到无比骄傲。他们时常把祖国的光荣历史挂在嘴边，诸如他们拥有巴黎公社、波拿巴王朝、法兰西共和国的历史等。法国人为自己的语言而自豪，他们认为法语是世界上最高贵、最优美的语言，因此在进行商务谈判时，他们往往习惯于要求对方同意以法语作为谈判语言，即使他们的英语讲得很好也是如此；除非他们在生意上对对方有所求。所以，要与法国人长期做生意，最好学些法语，如果能讲几句法语，将有助于形成良好的谈判气氛。此外，法国人在穿戴上十分讲究，在他们看来，衣着可以代表一个人的修养与身份。

法国人比较注重信用，一旦签约，会较好地执行。在合同条款中，他们非常重视交货期和质量条款。在合同的文字方面，法国人往往坚持使用法语。为此，与法国商人签订协议不得不使用两种文字，并且要商定两种文字的合同具有同等的效力。

在谈判方式的选择上，他们偏爱横向式谈判，谈判的重点在于整个交易是否可行，不太重视细节部分。主要问题谈妥后，他们便急于签约。他们认为具体问题可以以后再商量或是日后发现问题时再修改，经常出现昨天签的协议明天就要修改的情况。

法国商人不喜欢为谈判制定严格的日程安排，但喜欢看到成果，所以在各个谈判阶段，都有"备忘录""协议书"之类的文件，为后面的正式签约奠定基础。

（四）意大利商人的谈判风格

在欧洲国家中，意大利人比德国人少一些刻板，比英国人多一份热情。其谈判风格具有如下一些特点：

意大利的商贸业比较发达，意大利人与外商做生意的热情一般不是太高，他们更愿意与国内企业打交道。所以，与意大利人做生意要有耐心，要让他们相信我方的产品比他们国内生产的更价廉物美。

在处理商务时，意大利人通常不动感情。他们的决策过程也比较缓慢，但他们并不是像日本人那样要与同僚商量，而是不愿仓促表态。所以，对他们使用最后期限策略，作用较好。

意大利人并不像其他国家的人那样特别看重时间，约会、赴宴经常迟到，而且习以为常。有时候他们甚至不打招呼就不赴约，或单方面推迟会期。即使是对方精心组织的重要活动，也不一定能保证如期举行。但如果他们特别重视此次的交易，情况可能另当别论。

意大利人崇尚时髦，不论是商人还是旅行家，都衣冠楚楚，潇洒自如。他们的办公地点，一般设施都比较讲究；他们对生活中的舒适，如住宿、饮食都十分注重；对自己的国家及家庭也感到十分自豪与骄傲。

意大利人有节约的习惯，与产品质量、性能、交货日期相比，他们更关心的是花较少的钱买到质量、性能都说得过去的产品，而不愿多花钱追求高品质。只要能有理想的销价，他们会千方百计地满足对方的要求。

意大利人性格外向，情绪多变，喜怒常常表现出来。在谈话中，他们的手势也比较多，肩膀、胳膊、手甚至整个身体都随说话的声音而动，以至于有的专家认为，听意大利人说话，简直是一种欣赏。不过，意大利人喜好争论，常常会为很小的事情而大声争吵。在与意大利人进行商务谈判中，最好不要谈论国体政事，但可以听听他们或引导他们谈谈其家庭、朋友。当然，前提是与他们有了一定的交情。

意大利人对合同条款的注重明显不同于德国人，而接近于法国人。

（五）北欧国家商人的谈判风格

北欧主要是指挪威、丹麦、瑞典、芬兰等国家，也称斯堪的纳维亚国家。他们有着相似的历史背景和文化传统，都信奉基督教，历史上为防御别国的侵扰而互相结盟或是宣布中立以求和平。北欧是一个经济高度发达的地区。这几个国家地域广阔，人口稀少，社会政治经济十分稳定，与世界各地的贸易交往也具有较长的历史。北欧人心地善良、为人朴素、谦恭稳重、和蔼可亲。

北欧人是务实型的，工作计划性很强，凡事按部就班，规规矩矩。与其他国家的商人相比，北欧人谈判时沉着、冷静得多。他们的谈判节奏较为舒缓，即使在关键时刻也不动声色，但这种平稳从容的态度与他们的机敏反应并不矛盾，他们善于发现和把握达成交易的最佳时机并及时做出成交的决定。

北欧人耐心、十分讲究文明礼貌，也十分尊重具有较高修养的人。他们在与外国人交往时比较讲究礼仪，不论是正式谈判，还是非正式谈判。如果他们是东道主，会安排得有条不紊，尽量让客人满意。在谈判中他们喜欢追求和谐的气氛，但这并不意味着他们会一味地顺应对方的要求，如果对方只为自己利益着想，忽视了他们的利益或建议，他们就会改变对对方的看法，很可能放弃与对方做生意。实际上，北欧商人具有相当的顽固性和自主性，这也是一种自尊心强的表现。他们不喜欢无休止地讨价还价。在谈判中，凡是高质量、高档次、款式新奇的奢华消费品，他们都表现得兴致盎然，千方百计想达成交易；而对一般性商品则不屑一顾，常以种种苛刻条件让对方知难而退。另外，北欧人较为保守，他们更倾向于尽力保护他们现在拥有的东西。因此他们在谈判中更多地把注意力集中在怎样做出让步才能保住合同上，而不是着手准备其他方案以防做出最大让步也保不住合同的情况。

北欧人特别是瑞典人在商业交际中往往不太准时，虽然他们在其他社交场合中非常守时。

北欧人较为朴实，工暇之余的交际较少，晚间的招待一般在家里进行，不到外面餐馆去用餐。如果白天有聚餐，一般是在大饭店里预订好座位吃饭，这种宴会也不铺张浪费。如果是私下聚会，则往往只有咖啡和三明治。北欧人力戒铺张，他们把简朴的招待视为对朋友的友好表示，即使是对老主顾也是如此。

喜欢桑拿浴是北欧人的一个共同特点。如果与北欧人洽商，被他们邀请洗桑拿浴，说明对方受到了他们的欢迎，这是个好的开端。但如果不能适应长时间的热气，也要说明，这不是丢面子的事情。在许多情况下，可以在洗桑拿浴时与他们谈判，这可以免去正式谈判的许多不便。

（六）俄罗斯商人的谈判风格

俄罗斯是礼仪之邦。俄罗斯人热情好客，注重个人之间的关系，愿意与熟人做生意。他们的商业关系是建立在个人关系基础之上的。对方只有建立了个人关系，相互信任和忠诚，才会发展成为商业关系。没有个人关系，即使是一家优秀的外国公司进入俄罗斯市场，也很难发展。俄罗斯人主要通过参加各种社会活动来建立关系，增进彼此友谊。这些活动包括拜访、生日晚会、参观、聊天等。在与俄罗斯人交往时，必须注重礼节，尊重其民族习惯，对当地的风土民情表示出兴趣等，只有这样才会在谈判中赢得他们的好感、诚意与信任。

长期以来，俄罗斯是以计划经济为主的国家，中央集权的历史比较悠久。在涉外谈判中，一些俄罗斯人还带有明显的计划体制的烙印。由于体制严格的计划性束缚了个性能力的发挥，而且这种体制要求经办人员对所购进商品的适用性、可靠性和质量进行审查，并对所做出的决策承担全部责任。因此，俄罗斯人非常谨慎，缺少敏锐性和创新精神，墨守成规。

他们往往以谈判小组的形式出现，等级地位观念重，责任常常不太明确、具体。俄罗斯人推崇集体成员的一致决策和决策过程的等级化，喜欢按计划办事，一旦对方的让步与其原订目标有差距，要让他们让步特别困难；甚至俄罗斯人明知自己的要求不符合客观标准，也拒不妥协让步，协议难以达成。由于俄罗斯人在谈判中经常要向上级汇报情况，因而谈判中决策与反馈的时间较长。

俄罗斯人很重视仪表，喜欢打扮。在商务谈判中，他们也注意对方的举止，如果对方仪表不错，他们会比较欣赏；相反，如果对方不修边幅，他们会很反感。

俄罗斯人的谈判能力很强，他们特别重视谈判项目中的技术内容和索赔条款。为了尽可能以较低的价格购买最有用的技术，他们特别重视技术的具体细节，索要的东西也包罗万象，如详细的车间设计图样、零件清单、设备装配图样、原材料证明书、化学药品和各种试剂、各种产品的技术说明、维修指南等。所以，在与俄罗斯人进行洽商时要有充分的准备，可能要就产品的技术问题进行反复磋商。

俄罗斯人是讨价还价的行家里手，善于运用各种技巧。常用的技巧有制造竞争、有的放矢等。如果他们想要引进某个项目，首先要对外招标，引来数家竞争者，从而不慌不忙地进行选择；正常采取各种离间手段，让争取合同的对手之间竞相压价，相互残杀，最后从中渔利。俄罗斯人开低价常用的一个办法就是"我们第一次向你订货，希望你给个最优惠价，以后我们会长期向你订货""如果你们给我们以最低价格，我们会在其他方面予以补偿"，以此引诱对方降低价格。俄罗斯人重视合同，一旦达成谈判协议，他们会按照协议的字面意义严格执行；同时，他们也很少接受对手变更合同条款的要求。在谈判中，他们对每项条款，尤其是技术细节十分重视，并在合同中明确表示各条款。

（七）东欧商人的谈判风格

东欧诸国一般是指捷克、斯洛伐克、波兰、匈牙利、罗马尼亚、保加利亚等国，他们与我国的交往比较密切。这些国家的商人散漫，待人谦和。他们的谈判工作常常准备不足。在与我国企业谈判中，东欧商人注重实利，虽然顾及历史关系，但对现实利益紧抓不放。

东欧商人有以上共同特征，也有各自的差异。比如，匈牙利人具有东方人的气质，重视信誉，容易交往；罗马尼亚人精明、开朗，善于察言观色和讨价还价；捷克人进取心强，反应敏捷等。

三、亚洲商人的谈判风格

（一）日本商人的谈判风格

日本与中国一衣带水，同属于东方文化类型的国家。但是，现代的日本人兼有东西方观念，具有鲜明特点。日本人的谈判方式独特，被认为是"很难对付的谈判对象"或"圆桌武士"。

日本人相信良好的人际关系会促进业务的往来和发展，因此十分重视人际关系。彼此人际关系的建立及其信任程度，决定了与日本人建立商务关系的状况。日本人相信一定形式的介绍有助于双方尽快建立业务关系，因此，日本人在与外商进行初次商务交往时，他们往往通过私人接触或通过政府部门、文化机构以及有关的组织安排活动来建立联系。日本人喜欢先进行个人的直接面谈，而不喜欢通过书信交往。对于找上门的客商，他们则更乐意接触经熟人关系介绍来的。

日本商人的团体主义精神或集团意识在世界上是首屈一指的。与此相适应，日本企业的谈判代表多是由曾经共过事的人员组成，彼此之间互相信赖，有着良好的协作关系，团体倾向性强。谈判团内角色分工明显，但每个人都有一定的发言决策权，实行谈判共同负责制。日本商人的决策程序或步骤往往令谈判小组的每个成员感觉到自身参与的重要作用。它表现为两大特点：一是自下而上，上司批准。即先由下级或部属对某个方案进行讨论认同，然后再由上级领导决定。这一特点由于建立在充分讨论的基础上，因而容易执行；但决策时间过长，效率不高。二是认同在先，集体决策。谈判过程中，日本商人总是分成几个小组，任何个人都不能对谈判的全过程负责，决策必须征求全组人员的意见。任何决策只有在全组人员均认可后才能付诸实施。需要指出的是，日本人做决策费时较长；但一旦决定下来，行动起来却十分迅速。

　　由于认同在先，集体决策，因而日本人的决策过程较慢，并受到许多外国谈判人员的批评。因此，在与日本人的谈判过程中，想急于求成是不太现实的。日本人通常对截止日期、时间有限等不理不睬。在对方的各种压力之下，他们仍然心平气和、沉着冷静。另外，要让日本人在谈判中畅所欲言，必须花费大量的时间来与他们发展私人关系。总之，日本人为了一笔理想交易，可以毫无怨言地等待两三个月。只要能达到他们预想的目标，或取得更好的结果，时间对于他们来讲不是第一位的。

　　日本人在谈判时总显得彬彬有礼，富有耐心；实际上他们深藏不露，固执坚毅。一旦日本商人同意了一项提议，做出某种决定，他们往往坚持自己的主张，很难改变他们的决定，因为改变决定需要参与谈判的全体成员的同意。同时，日本人注重"面子"，不喜欢在公共场合发生冲突，往往采用委婉、间接的交谈风格，某些貌似肯定的回复，实际为否定的回答。这种间接的沟通方式容易误导对方。

　　在日本人的商业圈里，他们注重礼仪，对对方的感激之情往往借助于馈赠礼品或热情款待对方等方式来表达。馈赠礼品的时间通常在岁末或其他节假日。为了进一步了解对方，日本人常常邀请对方去饭店或其他场所。他们善于把生意关系人性化，精晓如何利用不同层次的人出场与对方不同层次的人交际，探明情况、研究对策、施加影响、争取支持；并且日本谈判人员总是善于创造机会，与对方的关键领导人物拉关系，以奠定成功的基础。重视发展人际关系，是日本人在商务谈判中屡获成功的重要保证。在国外，他们恪守所在国的礼节和习惯，谈判时则常在说说笑笑中讨价还价，使谈判在友好的气氛中进行；同时也使对方逐渐放松警惕，便于他们杀价。另外，日本人十分通晓"吃小亏占大便宜"和"放长线钓大鱼"的谈判哲理，无论在谈判桌前还是会场外，他们都善于用小恩小惠或表面的小利去软化对方的谈判立场，从而获取更大利益。

　　在合同问题上，日本人有一套自己的标准和原则。他们认为，相互之间的信任在业务往来中最重要，不必明白无误地签订详细的合同。合同在日本一向就被认为是人际协议的一种外在形式；即使书面形式的合同，内容也非常简短。他们大量依赖于口头协议，书面协议仅仅是纠纷产生时的参考文件。如果周围环境发生变化，使得情况有害于公司利益，那么合同的效力就会丧失。如果外商坚持合同中的惩罚条款，或是不愿意放宽业已签订的合同条款，日本人就会感到极为不满。不过，这种观念正在发生变化。

(二) 韩国商人的谈判风格

　　韩国是一个自然资源匮乏、人口密度很大的国家，近几十年经济发展较快。韩国人在长期的贸易实践中积累了丰富的经验，常在不利于己的贸易谈判中占上风，被西方国家称为"谈判的强手"。

谈判前，韩国人通常要对对方进行咨询了解，一般是通过海内外的有关咨询机构了解对方情况，如经营项目、生产规模、企业资金、经营作风以及有关商品的市场行情等。了解并掌握有关信息是他们坐到谈判桌前的前提条件。一旦韩国人愿意坐下来谈判，就可以肯定他们早已对这项谈判进行了周密准备、胸有成竹了。

韩国商人很注重谈判礼仪。他们十分在意谈判地点的选择，一般喜欢在有名气的酒店、饭店会晤、洽谈。如果由韩国人选择了会谈地点，他们会准时到达，以尽宾主之谊；如果由对方选择地点，他们则会推迟一会儿到达。在进入谈判会场时，一般走在最前面的是主谈人或地位最高的人，多半也是谈判的拍板者。韩国人特别重视谈判开始阶段的气氛，见面时总是热情地与对方打招呼，向对方介绍自己的姓名、职务等；当被问及喜欢用哪种饮料时，他们一般选择对方喜欢的饮料，以示对对方的尊重。

韩国人逻辑性强，做事条理清晰，谈判时注重技巧。谈判时他们往往先将主要议题提出讨论。按谈判的阶段，主要议题一般分为五个方面：阐明各自意图、叫价、讨价还价、协商、签订合同。对于大型谈判，他们更乐于开门见山、直奔主题。韩国人常用的谈判方法有两种，即横向式谈判和纵向式谈判。前者是先谈主要条款，然后谈次要条款，最后谈附加条款；后者是对双方共同提出的条款逐条协商，达成一致后，再转向下一条款进行讨论。有时也会两种方法兼而用之。他们还时常使用"声东击西""先苦后甜""疲劳战术"等策略。有些韩国人直到最后一刻仍会提出"价格再降一点"的要求。

（三）南亚、东南亚商人的谈判风格

南亚、东南亚包括许多国家，主要有印度尼西亚、新加坡、泰国、菲律宾、印度、马来西亚、巴基斯坦、孟加拉国等国家。这些国家与我国贸易往来频繁，互补性强，是我国发展对外经济贸易的重点地区之一。南亚、东南亚人随国别不同体现出不同的性格特点，从事商务谈判的方式也有所不同。

印度尼西亚除了雅加达等大城市用英语外，一般都使用马来语。印度尼西亚人非常有礼貌，与人交往也十分小心、谨慎，绝对不讲他人的坏话。在商务洽谈时，如果交往不深，虽然表面上十分友好亲密，但他们心中所想可能完全是南辕北辙、大相径庭；只有建立了推心置腹的友谊，才可能听到他们的真心话。另外，印度尼西亚人与北欧人有相反的特点，他们特别喜欢家中有客人来访，客人而且无论什么时候去访问都会很受欢迎。在印度尼西亚，随时都可敲门拜访以加深友情，这样也有利于商务谈判顺利进行。

新加坡是名副其实的华裔国家。新加坡华裔有着浓重的乡土观念，同甘共苦的合作精神非常强烈，他们的勤劳能干举世公认。他们重信义、惜友谊，同时讲面子。在商业交往中，他们十分看重对方的身份、地位及彼此关系。对老一辈华侨来说，"面子"在商业性洽谈中具有决定性意义，交易要尽可能以体面的方式进行。在交易中，如遇到重要决定，新加坡华侨商人往往不喜欢做成书面字据；但是一旦签约，他们绝不违约，并对对方的背信行为十分痛恨。

泰国是亚太地区新兴的发展中国家。泰国商人崇尚艰苦奋斗、勤奋节俭，不愿过分依附他人。他们的生意也大都由家族控制，不依赖外人。同业之间会互相帮助，但不会形成一个稳定的组织来共担风险。在商务谈判中，泰国人喜欢对方尽可能多地向他们介绍个人及公司的创业历程和业务开展情况。然而，要与他们建立推心置腹的友谊，要花费相当长的时间。当然这种关系一旦建立，他们就会非常信任对方，遇到困难，也会给对方通融。他们喜欢的是诚实、善良、富有人情味的合作伙伴，而不仅仅是精明强干的商人。

印度是个古老的国度，印度人观念传统，思想保守。印度人在商务谈判中往往不愿意做出负责任的决定，遇到问题时也常常喜欢找借口逃避责任。印度人思虑较多，要在商务往来中建立相互信任需要很长时间，无法亲密到推心置腹的地步。印度社会层次分明，等级森严，这与他们古老的宗教教义有关，因此与他们打交道，要注意这一点。

巴基斯坦和孟加拉国的国民绝大部分信仰伊斯兰教，在与其从事商务交往时应首先了解这两个国家的社会生活和风俗习惯；否则难免会因为小事刺伤对方的自尊心，妨碍商业活动。

巴基斯坦和孟加拉两国从事商业活动的人士是处于管理职位上的人，这些人出生于上流社会且以留学欧美者居多。他们不喜欢与对方用电话商谈，而希望对方亲自登门造访，双方促膝而谈，这样才能促成交易。与巴基斯坦和孟加拉两国商人做交易，会讲一口流利的英语至关重要，否则会被认为没有受过良好的教育而遭到蔑视，从而影响商业活动。谈判中还应注意的一点是，任何约定都必须做成书面字据，以防日后产生纠纷。

（四）阿拉伯商人的谈判风格

由于地理、宗教和民族等问题的影响，阿拉伯人以宗教划派，以部落为群。他们性情固执，比较保守，家族观念、等级观念很强，不轻易相信别人。尽管不同的阿拉伯国家在观念、习惯和经济力量方面存在较大差异，但整体来讲却有较强的凝聚力。

在阿拉伯国家中，谈判决策由上层人员负责，他们在谈判中起着重要作用，但中下级谈判人员向上层提供的意见或建议也会得到高度重视。阿拉伯人等级观念强烈，企业的总经理和政府部长们往往自视为战略家和总监，不愿处理日常的文书工作及其他琐事。许多富有的阿拉伯人是依靠金钱和家庭关系获得决策者地位的，而不是依靠自己的能力，因此他们的实际业务经验少，有时甚至对公司运营情况一无所知，不得不依靠自己的助手和下级工作人员。所以，在阿拉伯国家常有这种情况，决策者只对宏观问题感兴趣，专家以及技术员则更注重对结构严谨、内容详实的资料加以论证。

阿拉伯人特别重视谈判的早期阶段，在这一阶段，他们会下很大工夫打破沉默局面，制造气氛。他们不喜欢一见面就匆忙谈生意，认为这是不礼貌的，所以希望能花点儿时间谈谈社会问题和其他问题，一般要占去15分钟或更多的时间，有时甚至要聊几个小时。经过长时间的、广泛的、友好的会谈，在彼此敬意不断增加的同时，他们其实已就谈判中的一些问题进行了试探、摸底，并间接地进行了讨论。

阿拉伯人的谈判节奏较缓慢。他们不喜欢通过电话来谈生意。从某种意义上说，与阿拉伯人的一次谈判只是部分地同他们进行一次磋商。如果外商为寻求合作前往拜访阿拉伯人，第一次很可能不但得不到自己期望出现的结果，还会被他们的健谈所迷惑，有时甚至第二次乃至第三次都接触不到实质性话题。遇到这种情况，要耐心而镇静。一般说来，阿拉伯人看了某项建议后，会交给手下去证实是否有可行性；如果感兴趣，他们会在自认为适当的时候安排由专家主持的会谈。阿拉伯人有时决策过程较长，甚至给人不太讲究时间观念、随意中断或拖延谈判的印象，但这不能归结于他们拖拉和无效率，可能表明他们对对方的建议有不满之处；或者因为尽管他们暗示了哪些地方不满但对方却没有捕捉到这些信号，也没有做出积极的反应。这时，他们并不当着对方的面说"不"字，而是根本不做任何决定。他们希望时间能帮助他们达到目的，否则就让谈判的事在置之不理中自然地告吹。

阿拉伯人注重小团体和个人利益，所以他们谈判的目标层次极为鲜明，在阿拉伯人看来，没有讨价还价就不是一场严肃的谈判。无论是大商店还是小商店均可讨价还价，标价只是报价。在商务谈判中更是如此，他们甚至认为，不还价就买走东西的人，还不如讨价还价后什么也不买的人受尊重。

几乎所有阿拉伯国家的政府都坚持让外国公司通过代理商来开展业务，代理商从中获取佣金。一个好的代理商对业务的开展大有裨益。他可以帮雇主与政府有关部门取得联系，促使有关方面尽早做出决定；帮助安排货款的收回、劳务使用、物资运输、仓储等诸多事宜。

需要指出的是，阿拉伯人具有沙漠地区的传统。他们十分好客，对任何人来访，都会十分热情地接待。因此，谈判过程也常常被一些突然来访的客人打断，主人可能会抛下我方，与新来的人谈天聊地。所以，与他们谈判，我方必须适应这种习惯，学会忍耐和见机行事。这样，我方就会获得阿拉伯人的信赖。这是达成交易的关键。此外，阿拉伯人信奉伊斯兰教，禁忌特别多，酒是绝对不能饮的，自然，酒也不能作为礼品馈赠。而且，在谈生意时，要尽量避免涉及政治问题，更要远离女性话题。

四、其他地区商人的谈判风格

（一）大洋洲商人的谈判风格

大洋洲包括澳大利亚、新西兰、斐济等20多个国家和地区。其中澳大利亚和新西兰是两个较发达、也较为重要的国家，居民有70%以上是欧洲各国移民，其中以英国和法国的移民后裔最多，多数国家通用英语。

澳大利亚人较为守时，在商务谈判中很重视办事效率。他们派出的谈判人员一般都具有决定权，以免在决策中浪费时间。他们极不愿意把时间花在不能做决定的空谈中，也不愿采用开始高报价然后慢慢讨价还价的办法。他们采购货物时大多采用招标方式，以最低报价成交，根本不予讨价还价的机会。

澳大利亚人待人随和，不拘束，乐于接受款待。但他们认为招待与业务无关，公私分明。澳大利亚人在签约时十分谨慎，不太容易签约；但一旦签约，也较少发生毁约的现象。他们重视信誉，而且成见较重，加上全国行业范围狭窄，如果谈判中有不妥的言行会产生广泛的不良影响，所以对方必须给他们留下美好的第一印象，才能使谈判顺利进行。

新西兰人在商务活动中重视信誉，责任心很强，加上经常进口货物，多与外商打交道，他们都精于谈判，很难对付。

（二）非洲商人的谈判风格

非洲是面积仅次于亚洲的世界第二大洲，包括50多个国家，人口众多。绝大多数国家属于发展中国家，经济贸易不发达。不同地区、不同国家的人在种族、历史、文化等方面的差异极大，因而他们的国情、生活、风俗、思想等方面也各具特色。

非洲人有许多禁忌，如非洲人认为左手是不洁的，因此尽管非洲人也习惯见面握手，但不能用左手来握，否则会被认为是不尊重。

在非洲诸国中，南非的经济实力最强，黄金和钻石的生产流通是其经济的最大支柱。南非商人的商业意识较强，他们讲究信誉，付款守时。他们一般会派出有决定权的人负责谈判，不会拖延谈判时间。尼日利亚的经济实力也较强，虽以农业为主，但石油储量丰富，工业发展很快。其当权人物都受过高等教育，能巧妙运用关税政策，低价进口物美价廉的外国商品。扎伊尔以农业为主，是重要的矿产国，其国民普遍缺乏商业知识和技巧。坦桑尼亚、肯尼亚和乌干达三国位于非洲东部，已初步形成共同市场，期望经济合作。三国的地方资本近年来有所发展，但商人缺乏经验，推销也不可靠，因此与当地商人洽商时，不能草率行事。

复习思考题

1. 简述欧盟贸易谈判机制中各参与主体的法律地位。
2. 美国政府外贸谈判的法律依据是什么？
3. 日本政府对外贸易决策和谈判主体有哪些？
4. 美国与日本商人的谈判风格有何异同？
5. 欧洲商人的谈判风格有什么共同点？
6. 东南亚和大洋洲商人的国际商务谈判风格有什么共同之外？

参 考 文 献

[1] 维克托. 国际谈判 [M]. 屈李绅，赵围，樊海军，译. 2版. 北京：华夏出版社，2004.
[2] 贲恩正. 21世纪商势 [M]. 北京：现代出版社，1998.
[3] 陈文静. 国际商务谈判中促使对方让步的策略 [J]. 对外经贸实务，2015（3）：57-59.
[4] 程润明，程洁. 国际商务礼仪 [M]. 上海：上海外语教育出版社，1996.
[5] 丁建忠. 国际商业谈判 [M]. 北京：中信出版社，1992.
[6] 丁建忠. 商务谈判教学案例 [M]. 北京：中国人民大学出版社，2005.
[7] 弗尔达姆. 荣格心理学导论 [M]. 刘韵涵，译. 沈阳：辽宁人民出版社，1988.
[8] 范云峰，贾文华. 谈判高手 [M]. 北京：京华出版社，2004.
[9] 甘华鸣，李湘华. 沟通：下 [M]. 北京：中国国际广播出版社，2001.
[10] 黄宏章. 三峡工程首例对日索赔纪实 [J/OL]. 人民网，http：//www.people.com.cn/GB/channel1/10/20001127/328365.html.
[11] 郎丽华. 国际贸易案例精选 [M]. 北京：经济日报出版社，2005.
[12] 刘恩久，李筝. 心理学简史 [M]. 兰州：甘肃人民出版社，1986.
[13] 刘厚元. 对外交往与经贸谈判 [M]. 北京：中国青年出版社，1993.
[14] 刘华芹. "一带一路"构建全方位开放和共赢发展新格局 [EB/OL]. 商务部商务历史专栏，专题研究板块，http：//history.mofcom.gov.cn/?page_id=39.
[15] 李月菊，张悦清. 透过三则实例看国际商务谈判僵局的成因与化解 [J]. 对外经贸实务，2010（2）：68-70.
[16] 李爽，于湛波. 商贸谈判 [M]. 北京：清华大学出版社，2012.
[17] 刘向丽，黄旭. 特朗普政府贸易保护主义的原因分析 [J]. 日本研究，2018（2）：21-30.
[18] 刘向丽，于洋. 英国脱欧的贸易原因及启示 [J]. 天津师范大学学报（社会科学版），2017（4）：58-63.
[19] 刘园. 国际商务谈判 [M]. 2版. 北京：首都经济贸易大学出版社，2007.
[20] 卢玺媛. 中美文化差异对跨文化商务谈判的影响及应对策略 [D]. 开封：河南大学，2014.
[21] 罗子明. 消费者心理学 [M]. 北京：中央编译出版社，1994.
[22] 吕继红，瑶砚函. 如何打破商务谈判中的僵局 [J]. 上海商业，2014（9）：40-46.
[23] 罗子明. 消费者心理学 [M]. 北京：中央编译出版社，1994.
[24] 马静舒. "五通"正成为"一带一路"建设的强大助推器 [EB/OL]. 中国网，http：//opinion.china.com.cn/opinion_14_164514.html.
[25] 雪映. 谈判法律范例谋略 [M]. 北京：中国方正出版社，1997.
[26] 薛志友. 孙子兵法与三十六计 [M]. 北京：中央民族大学出版社，2004.
[27] 沈丽花. 基于礼貌理论的国际商务谈判语用策略——以一次中外商务谈判实际案例为例 [J]. 郑州航空工业管理学院学报（社会科学版），2014（2）：81-85.
[28] 孙成志. 组织行为学 [M]. 大连：东北财经大学出版社，1999.
[29] 宋锡祥. 美欧TTIP谈判的重要议题及其对中国的启示 [J]. 上海对外经贸大学学报，2019（1）：37-48，84.
[30] 孙庆和，张福春. 实用商务谈判大全 [M]. 北京：企业管理出版社，1999.
[31] 唐齐千. 谈判艺术与礼仪 [M]. 北京：民主与建设出版社，1998.

[32] 唐宜红. 当前全球贸易保护主义的特点及发展趋势 [J]. 学术前沿, 2017 (9): 82-89.
[33] 王国庆. 辩论技巧 [M]. 北京: 中国国际广播出版社, 1990.
[34] 王厚双. 国际贸易政策呈周期性变化的原因探讨 [J]. 国际经贸探索, 2003 (2): 13-18.
[35] 王厚双, 刘向丽. 国际贸易摩擦: 理论、法理、经验与对策研究 [M]. 北京: 九州出版社, 2008.
[36] 王磊. 美日贸易摩擦及谈判的双层博弈——以"美日结构性障碍协议"为例 [D]. 济南: 山东大学, 2012.
[37] 谢承志. 公关谈判艺术 [M]. 上海: 同济大学出版社, 2001.
[38] 谢识予. 经济博弈论 [M]. 上海: 复旦大学出版社, 1997.
[39] 杨晶. 商务谈判 [M]. 北京: 清华大学出版社, 2005.
[40] 张勤, 李永堂, 张淑芬. 经济谈判 [M]. 北京: 中国经济出版社, 1989.
[41] 张维迎. 博弈论与信息经济学 [M]. 上海: 生活·读书·新知三联书店上海分店, 上海人民出版社, 1996.
[42] 祖荣祺. 倾听艺术与技巧 [M]. 北京: 中国社会出版社, 1997.
[43] KUN-CHANG LEE, SOON-JAE KWON. The use of cognitive maps and case-based reasoning for B2B negotiation [J]. Journal of Management Information Systems, 2006 (4): 337-376.
[44] RAJESH KUMAR. Communicative conflict in intercultural negotiations: The case of American and Japanese business negotiations [J]. International Negotiation, 1999 (4): 63-78.
[45] ROBERT B MCKERSIE, TERESA SHARPE, THOMAS A KOCHAN, ADRIENNE E EATON, GEORGE STRAUSS, MARTY MORGENSTERN. Bargaining theory meets interest-based negotiations: a case study [J]. Industrial Relations, 2008 (1): 66-96.
[46] STEPHEN E WEISS. Creating the GM-Toyota joint venture: a case in complex negotiation [J]. Columbia Journal of World Business, 1987 (7): 23-37.
[47] ZHOU XIUYUN. Modeling the economic growth rate of E-Commerce firms [J]. USA-China Business Review, 2003 (3): 14-18.